Physica-Schriften zur Betriebswirtschaft

Physica-Schriften zur Betriebswirtschaft

Herausgegeben von

K. Bohr, Regensburg · W. Bühler, Mannheim · W. Dinkelbach, Saarbrücken · G. Franke, Konstanz · P. Hammann, Bochum · K.-P. Kistner, Bielefeld · H. Laux, Frankfurt O. Rosenberg, Paderborn · B. Rudolph, Frankfurt

---

Informationen über die Bände 1-25 sendet Ihnen auf Anfrage gerne der Verlag.

Band 26:
Joannis N. Paraschis
Optimale Gestaltung von Mehrprodukt-Distributionssystemen - Modelle-Methoden-Anwendungen -

Band 27:
Engelbert Götz
Technische Aktienanalyse und die Effizienz des deutschen Kapitalmarktes

Band 28:
Stefan Kiener
Die Principal-Agent-Theorie aus informationsökonomischer Sicht

Band 29:
Frank Ruhl
Erfolgsabhängige Anreizsysteme in ein- und zweistufigen Hierarchien

Band 30:
Alfred Wagenhofer
Informationspolitik im Jahresabschluß

Band 31:
Heinrich Kuhn
Einlastungsplanung von flexiblen Fertigungssystemen

Band 32:
Markus Funk
Industrielle Energieversorgung als betriebswirtschaftliches Planungsproblem

Band 33:
Michael Wosnitza
Das Agency-theoretische Unterinvestitionsproblem in der Publikumsgesellschaft

Band 34:
Andreas Dieter Robrade
Dynamische Einprodukt-Lagerhaltungsmodelle bei periodischer Bestandsüberwachung

Band 35:
Rudolf Vetschera
Entscheidungsunterstützende Systeme für Gruppen

Band 36:
Heike Yasmin Schenk
Entscheidungshorizonte im deterministischen dynamischen Lagerhaltungsmodell

Band 37
Thomas Hartmann-Wendels
Rechnungslegung der Unternehmen und Kapitalmarkt aus informationsökonomischer Sicht

Band 38
Erich Keller
Entscheidungswirkungen von Bankbilanzen am Aktienmarkt

Band 39
Klaus B. Schebesch
Innovation, Wettbewerb und neue Marktmodelle

Band 40
Thomas Hamann
Simulation von Informationsprozessen auf idealtypischen Börsenmärkten

Band 41
Günter Lassak
Bewertung festverzinslicher Wertpapiere am deutschen Rentenmarkt

Band 42
Erwin Esser
Angebotspreisbestimmung für das kundenindividuelle Projektgeschäft

Band 43:
Renate Hecker
Informationsgehalt von Optionspreisen

Band 44:
Thomas Spengler
Lineare Entscheidungsmodelle zur Organisations- und Personalplanung

Band 45:
Christoph Kaserer
Optionsmärkte und Risikoallokation

Band 46:
Bernd Hempelmann
Qualitäts- und Kommunikationspolitik angesichts von Produktrisiken

Band 47
Stephan Schumacher
PPS-Systeme für Unternehmen der Klein- und Mittelserienfertigung

Band 48
Andreas Bölte
Modelle und Verfahren zur innerbetrieblichen Standortplanung

Andrea Piro

Betriebswirtschaftliche Umweltkostenrechnung

Gestaltung einer flexiblen Plankostenrechnung als betriebliches Umwelt-Informationssystem

Mit 13 Abbildungen

Physica-Verlag
Ein Unternehmen des Springer-Verlags

Dr. Andrea Piro
Gaußstraße 20
D-66123 Saarbrücken

ISBN-13: 978-3-7908-0807-0

Piro, Andrea:
Betriebswirtschaftliche Umweltkostenrechnung: Gestaltung einer flexiblen Plankostenrechnung als betriebliches Umwelt-Informationssystem / Andrea Piro. - Heidelberg: Physica-Verl., 1994
(Physica-Schriften zur Betriebswirtschaft; Bd. 49)
Zugl.: Saarbrücken, Univ., Diss., 1993
ISBN-13: 978-3-7908-0807-0 **e-ISBN-13: 978-3-642-48103-1**
DOI: 10.1007/978-3-642-48103-1
NE: GT

88/2202-5 4 3 2 1 0 - Gedruckt auf säurefreiem Papier

Vorwort

Das Spannungsfeld zwischen dem traditionellen betriebswirtschaftlichen Gebiet der Kostenrechnung und dem durch die zunehmende Relevanz von Umweltaspekten bei unternehmerischen Entscheidungen geprägten Gebiet des betrieblichen Umweltschutzes bildet die Grundlage dieser Arbeit, die unter dem Titel „Betriebswirtschaftliche Umweltkostenrechnung – Gestaltung einer flexiblen Plankostenrechnung als betriebliches Umwelt-Informationssystem" vom Fachbereich Wirtschaftswissenschaft der Universität des Saarlandes im Dezember 1993 als Dissertation angenommen wurde. Die Idee, eine flexible Plankostenrechnung unter dem Aspekt der Eignung als Instrument der Informationsbereitstellung und Entscheidungsunterstützung für den Bereich des betrieblichen Umweltschutzes zu analysieren und weiterzuentwickeln, geht auf eine Anregung meines akademischen Lehrers, Herrn Prof. Dr. Werner Dinkelbach, zurück, an dessen Lehrstuhl für Allgemeine Betriebswirtschaftslehre, insbesondere Unternehmensforschung, ich als wissenschaftliche Mitarbeiterin tätig war.

Herrn Prof. Dr. Werner Dinkelbach gilt mein besonderer Dank für die Betreuung und Unterstützung meines Promotionsvorhabens sowie die vielen Freiräume, die mir von ihm während meiner Zeit am Lehrstuhl gewährt wurden. Für die Übernahme der Zweitberichterstattung danke ich Herrn Prof. Dr. Horst Glaser. Bei den Herren Prof. Dr. Volker Steinmetz und Dr. Gerd Waschbusch bedanke ich mich für die Mitwirkung im Disputationsausschuß.

Herzlich bedanken möchte ich mich bei Herrn Martin Ziegler und Herrn Dr. Fritz Wengler für die sorgfältige Durchsicht des Manuskripts. Die Gespräche mit ihnen trugen zur Klärung vieler offener Fragen bei. Meinen Kollegen, den Herren Andreas Kleine, Michael Linke, Markus Riess und Bernd Serf, gebührt Dank für die stete Diskussionsbereitschaft und die Unterstützung in EDV-technischen Fragen. Während des Erstellens der Arbeit habe ich die angenehme Atmosphäre am Lehrstuhl sehr geschätzt, zu der Frau Karin Hunsicker wesentlich beigetragen hat.

Saarbrücken, den 12. März 1994 Andrea Piro

Vorwort

Inhaltsverzeichnis

Einleitung

Die zunehmende Relevanz von Umweltaspekten bei unternehmerischen Entscheidungen führt zu einer Aufwertung des Aufgaben- und Verantwortungsbereichs des betrieblichen Umweltschutzes. Diese Entwicklung verlangt nach verbesserten Möglichkeiten der Informationsbereitstellung und Entscheidungsunterstützung für den betrieblichen Umweltschutz. Ein bedeutendes betriebliches System der Informationsbereitstellung und Entscheidungsunterstützung für die kurzfristige Planung ist die flexible Plankostenrechnung. Die zunehmende Relevanz von Umweltaspekten verlangt nach einem **betrieblichen Umwelt-Informationssystem** und beeinflußt gleichermaßen die Gestaltung einer flexiblen Plankostenrechnung als **betriebswirtschaftliche Umweltkostenrechnung**.

Die flexible Plankostenrechnung wurde als geschlossenes System zuerst in den USA angewandt. „Im Jahre 1936 trat J. N. HARRIS in seinem inzwischen in den USA berühmt gewordenen Aufsatz: 'What Did We Earn Last Month?' mit seinen Ideen an die Öffentlichkeit, wobei er für sein Verfahren erstmalig die Bezeichnung Direct Costing prägte" (KILGER 1981, S. 79). Erst nach dem zweiten Weltkrieg wurde in Deutschland, wohl infolge des nun wieder stattfindenden internationalen Gedankenaustauschs, der Grenzkostengedanke wieder aufgegriffen. – Erstmals erschien der Gedanke der Grenzkostenrechnung in der deutschen Literatur in einer Arbeit SCHMALENBACHs, der forderte, nur die „primären Unkosten" zu kalkulieren, während die „sekundären Unkosten", die durch den Betrieb in seiner Gesamtheit verursacht werden, durch Rohgewinne zu decken sind (vgl. SCHMALENBACH 1928, S. 6f.; zitiert nach SEICHT 1988, S. 35f.).

Der Begriff „Grenzplankostenrechnung" wurde von PLAUT geprägt (vgl. SCHEER 1988, S. 5). Zur theoretischen Begründung der flexiblen Plankostenrechnung hat KILGER wesentliche Beiträge geleistet. Mitte der 50er Jahre hatte er im Rahmen seiner Habilitation einen Forschungsauftrag der Deutschen Forschungsgemeinschaft mit dem Thema „Entwicklung und Aufbau der flexiblen Plankostenrechnung" erhalten (vgl. SEICHT 1988, S. 44) und darauf aufbauend in weiteren Arbeiten die flexible Plankostenrechnung als ein theoretisch geschlossenes System entwickelt. In den Arbeiten SCHMALENBACHs, PLAUTs und KILGERs wird die Kostenrechnung von einem Instrument der Abrechnung und Dokumentation zu einem mit der betrieblichen Gesamtplanung abgestimmten **entscheidungsorientierten Kostenrechnungssystem** ausgebaut.

In der betriebswirtschaftlichen Literatur gibt es eine Vielzahl von Ansätzen zur Erfassung von Umweltschutzkosten in einer betriebswirtschaftlichen Kostenrechnung (vgl. u.a. FLEISCHMANN/PAUDTKE 1977; KEITER 1980; KLOOCK 1990a, 1990b und 1992; SCHREINER 1990 und 1992; STÖLZLE 1990; HAASIS 1991; ROTH 1992). Sie stellen aber nur ansatzweise eine theoretisch geschlossene Konzeption einer betriebswirtschaftlichen Umweltkostenrechnung dar.

Inwiefern die Berücksichtigung von Umweltaspekten bei unternehmerischen Entscheidungen die Gestaltung einer flexiblen Plankostenrechnung beeinflußt und welche Erweiterungen bzw. Veränderungen einer traditionellen flexiblen Plankostenrechnung daraus resultieren, soll im Rahmen dieser Schrift untersucht und analysiert werden. Ausgangspunkt der Überlegungen ist die von KILGER und PLAUT entscheidend geprägte Ausgestaltungsform einer flexiblen Plankostenrechnung. Die durch den Schutz der natürlichen Umwelt induzierten Gestaltungsempfehlungen betreffen die folgenden Problembereiche.

- Wie können die durch unternehmerische Tätigkeit verursachte Umweltinanspruchnahme und Maßnahmen zum Schutz der natürlichen Umwelt in einer flexiblen Plankostenrechnung abgebildet werden? Sind betriebswirtschaftliche Kostenbegriffe überhaupt geeignet, einen durch Umweltinanspruchnahme verursachten Güterverzehr zu erfassen? Oder ist die Festlegung eines neuen, **ökologischen Kostenbegriffs** erforderlich?

- Wie können Maßgrößen festgelegt werden, die als ein **Maß für ökologische Knappheit** eine Bewertung der durch unternehmerische Tätigkeiten verursachten Umweltinanspruchnahme und eine Beurteilung von Umweltschutzmaßnahmen hinsichtlich ihres Beitrags zum Schutz der natürlichen Umwelt erlauben?

- Wie müssen die Kostenrechnungsteilsysteme erweitert bzw. modifiziert werden, um die Planung, Erfassung, kalkulatorische Verrechnung und Kontrolle der **Kosten für den Umweltschutz** gewährleisten zu können? Wie können dabei auftretende Probleme der Abgrenzung von prozeß- und umweltschutzbedingten Kosten vermieden bzw. gelöst werden?

- Inwiefern kann eine **interne Umweltkostenrechnung** die Bereitstellung entscheidungsrelevanter Umweltkostendaten gewährleisten? Wie muß sie konzipiert sein, um ihre Aufgaben als **betriebliches Umwelt-Informationssystem** zu erfüllen?

Die vorliegende Schrift ist in drei Teile gegliedert. Im ersten Teil werden grundsätzliche Überlegungen zur Integration von Umweltaspekten in einer flexiblen Plankostenrechnung angestellt. Zur inhaltlichen Festlegung des Begriffs der natürlichen Umwelt werden eine anthropozentrische Betrachtungsweise und eine funktionale Umweltdefinition unterstellt (vgl. Kapitel 1.1). Die Berücksichtigung eines durch Umweltinanspruchnahme verursachten Güterverzehrs in betriebswirtschaftlichen Kostenauffassungen wird in Kapitel 1.2 untersucht. Der wertmäßige Kostenbegriff scheint grundsätzlich zur Erfassung geeignet, sofern er sowohl bezüglich des Mengengerüsts (vgl. Kapitel 1.2.2) als auch der Bewertung (vgl. Kapitel 1.2.3) um die ökologische Dimension erweitert wird. In Kapitel 1.2.4 wird ein Problem der Produktionsplanung unter Berücksichtigung einer produktionsbedingten Inanspruchnahme von Umweltgütern und ausgewählter Umweltschutzmaßnahmen beispielhaft geschildert; die wesentlichen Überlegungen und Ergebnisse dieser Schrift werden im folgenden unter Zuhilfenahme dieses Zahlenbeispiels illustriert.

Der zweite Teil beschäftigt sich mit den durch Berücksichtigung von Umweltaspekten bei unternehmerischen Entscheidungen erforderlichen Modifikationen einer flexiblen Plankostenrechnung. In Kapitel 2.1 wird insbesondere die Frage diskutiert, wie das betriebliche Umweltschutzziel neben dem betrieblichen Gewinnziel im unternehmerischen Zielsystem verankert werden kann. Aus der Gestaltung des unternehmerischen Zielsystems werden Anforderungen an die Konzeption einer internen Umweltkostenrechnung abgeleitet. Überlegungen hinsichtlich der Motive, die die unternehmerische Bereitschaft zu einer aktiven Umweltpolitik begründen können, schließen den zweiten Teil ab (vgl. Kapitel 2.3).

Im dritten Teil werden detaillierte Empfehlungen zur Gestaltung der Kostenrechnungsteilsysteme einer internen Umweltkostenrechnung entworfen. In der Kostenartenrechnung stellt sich die Frage, ob und inwiefern Kosten der Umweltinanspruchnahme und der Umweltschutzmaßnahmen in das faktororientierte Gliederungsschema integrierbar sind (vgl. Kapitel 3.1). Im Rahmen der Kostenstellenrechnung wird ein Verfahren entwickelt, das die vollständige Erfassung und Transparenz der Kosten für den Umweltschutz im System der Kostenrechnung sicherstellt (vgl. Kapitel 3.2). Die kalkulatorische Verrechnung der Kosten für den Umweltschutz auf die erwünschten Hauptprodukte (vgl. Kapitel 3.3.1) und die verursachungsgerechte Zuordnung zu einzelnen Umweltschutzmaßnahmen (vgl. Kapitel 3.3.2) gehören zu den Aufgaben der Kalkulation in einer internen Umweltkostenrechnung. Die Möglichkeiten der Erfolgsanalyse in einer internen Umweltkostenrechnung mit stufenweiser Fixkostendeckung werden in Kapitel

3.3.3 analysiert. Die Kontrolle der Kosten für den Umweltschutz erfordert die Entwicklung eines eigenständigen Kostenkontrollansatzes (vgl. Kapitel 3.4). Die Erfüllung der dispositiven Aufgaben einer internen Umweltkostenrechnung wird in Kapitel 3.5 behandelt. Für ausgewählte Entscheidungsprobleme wird dabei die Eignung einer internen Umweltkostenrechnung als betriebliches Umwelt-Informationssystem dargestellt und diskutiert.

Eine kurze Zusammenfassung der wesentlichen Untersuchungsergebnisse schließt die Arbeit ab.

Kapitel 1

Grundsätzliche Überlegungen zur Integration von Umweltaspekten in ein internes betriebliches Rechnungswesen

1.1 Inhaltliche Festlegung des Umweltbegriffs

Die sachliche Abgrenzung von Natur und Umwelt gestaltet sich vor allem wegen der äußerst komplexen naturwissenschaftlichen Zusammenhänge und der vielfältigen Verbindungen von Natur und menschlichen Aktivitäten recht schwierig. Die folgenden Überlegungen knüpfen an eine **funktionale Umweltdefinition** an, die als Hauptkriterium für eine inhaltliche Festlegung des Umweltbegriffs gewählt wird. Zudem wird eine **anthropozentrische Betrachtungsweise** unterstellt, d.h., die Umwelt soll vor allem in ihrer Bedeutung für den Menschen untersucht werden.

Funktionen werden in der Ökonomie allgemein als die Möglichkeit zur Erbringung von Leistungen charakterisiert. Funktionen der Umwelt werden hier als die Möglichkeit **zur Erbringung von Umweltleistungen** verstanden. So werden beispielsweise in der Raumordnung und Landesplanung Daseinsgrundfunktionen, wie etwa Wohnung, Arbeit, Versorgung, Bildung, Verkehr, Erholung, Kommunikation, unterstellt. In der Forstwirtschaft werden Waldfunktionen untersucht, etwa die des Wasserschutz- oder Wirtschaftswaldes (vgl. HÖH 1991, S. 14). Zweckmäßigerweise werden solche Funktionen zu vier **Hauptfunktionen** der Umwelt zusammengefaßt. Es sind die Haupt-

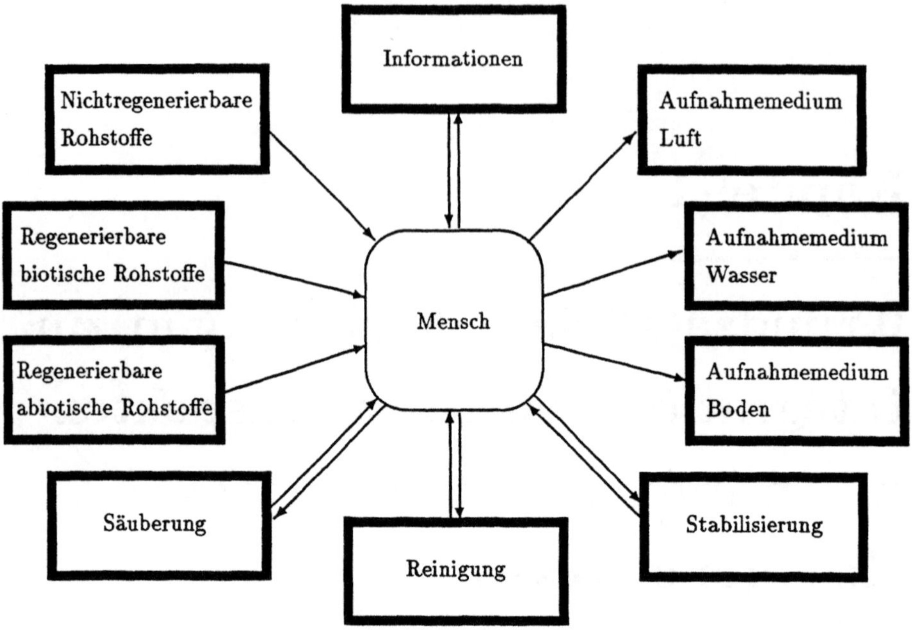

Abbildung 1.1: Umweltfunktionen

funktionen der Produktion, der Regelung, des Aufnehmens (Trägerfunktionen) und der Information (vgl. Der Rat von Sachverständigen für Umweltfragen 1987, S. 40ff.; vgl. auch SIEBERT 1978, S. 2; STREBEL 1980, S. 18).

Die **Produktionsfunktionen** der Umwelt haben die Versorgung des Menschen mit Gütern der natürlichen Umwelt zur Erfüllung von Elementarbedürfnissen und die Verfügbarmachung von natürlichen Ressourcen zur Aufgabe (vgl. Der Rat von Sachverständigen für Umweltfragen 1987, S. 41). Die Umwelt tritt also als **Lieferant von natürlichen Ressourcen** gegenüber dem Menschen auf. So stellt sie neben nichtregenerierbaren natürlichen Ressourcen zur energetischen und nichtenergetischen Nutzung regenerierbare biotische und abiotische Rohstoffe zur Verfügung. **Nichtregenerierbare natürliche Ressourcen** sind etwa fossile Energieträger, Kernbrennstoffe, Erze, Salze, Steine, Erden. **Regenerierbare biotische Rohstoffe** umfassen wildwachsende Ressourcen, wie Holz, Fasern, Harz, Kautschuk, Torf, Elfenbein, Häute, Felle, und Ressourcen aus spezifischen Anpflanzungen oder Haltungen von Organismen, die durch

Züchtung für den Nutzungszweck hergerichtet werden und dazu Energie und Stoffe aus der Umwelt erhalten (vgl. Der Rat von Sachverständigen für Umweltfragen 1987, S. 41). **Regenerierbare abiotische Rohstoffe** werden auch als **Elementargüter** bezeichnet, da sie der Erfüllung von Elementarbedürfnissen dienen; es sind Sonnenenergie als Licht- und Wärmequelle, Sauerstoff, Wasserkraft, Wind und geothermische Energie (vgl. u.a. FREY 1980, S. 50f.; NEUMANN 1980, S. 468ff.; HÖH/ROEMER 1991, S. 49f.).

Die **Regelungsfunktionen** haben zur Aufgabe, wichtige Vorgänge des Naturhaushalts, die durch den Menschen beansprucht werden, im Gleichgewicht zu halten sowie die Folgen der Einwirkungen aufzufangen und auszugleichen (vgl. HÖH 1991, S. 16). Wichtige Regelungsfunktionen sind **Säuberungs- und Reinigungsfunktionen** und die **Funktion der Stabilisierung.** Zu den Säuberungs- und Reinigungsfunktionen gehören der Abbau von festen Abfallstoffen, die Selbstreinigung von Gewässern, die Filterung der Luft durch Wälder oder auch die Wasseraufbereitung durch natürliche Bodenpassage. Die Funktion der Stabilisierung umfaßt die Abschirmung kosmischer Strahlung, die Dämpfung klimatischer oder meteorologischer Einwirkungen durch Wälder und Gewässer, die Zurückhaltung von Wasser in der Pflanzendecke und im Boden sowie die Verhinderung von Bodenerosion (vgl. Der Rat von Sachverständigen für Umweltfragen 1987, S. 42).

Die **Trägerfunktionen** der Umwelt bestehen darin, „daß die Umwelt die Aktivitäten, Erzeugnisse und Abfälle menschlichen Handelns aufnehmen und tragen (ertragen) muß" (Der Rat von Sachverständigen für Umweltfragen 1987, S. 41). Sie können als Gegenstück zu den Produktionsfunktionen gesehen werden, weil im Gegensatz zu diesen – wie in Abbildung 1.1 ersichtlich – der Energie- und Stofffluß vom Menschen zur Umwelt gerichtet ist (vgl. HÖH 1991, S. 15). Die Umwelt tritt somit gegenüber dem Menschen als **Lieferant von Aufnahmekapazitäten**, Aufnahme-, Pollutions- oder allgemein von Umweltmedien auf.

„**Informationsfunktionen** beschreiben den Fluß oder Austausch von Informationen zwischen Umwelt und Menschen bzw. menschlicher Gesellschaft und anderen Lebewesen. Informationen dienen zur Orientierung, zur Wahl eines bestimmten Verhaltens zur Umwelt und vor allem zur Regelung von Bedürfnisbefriedigungen" (Der Rat von Sachverständigen für Umweltfragen 1987, S. 41).

Alle Güter, die die Umwelt zur Erfüllung von Produktions-, Regelungs-, Träger- und Informationsfunktionen zur Verfügung stellt, werden als **Umweltgüter** bezeichnet.

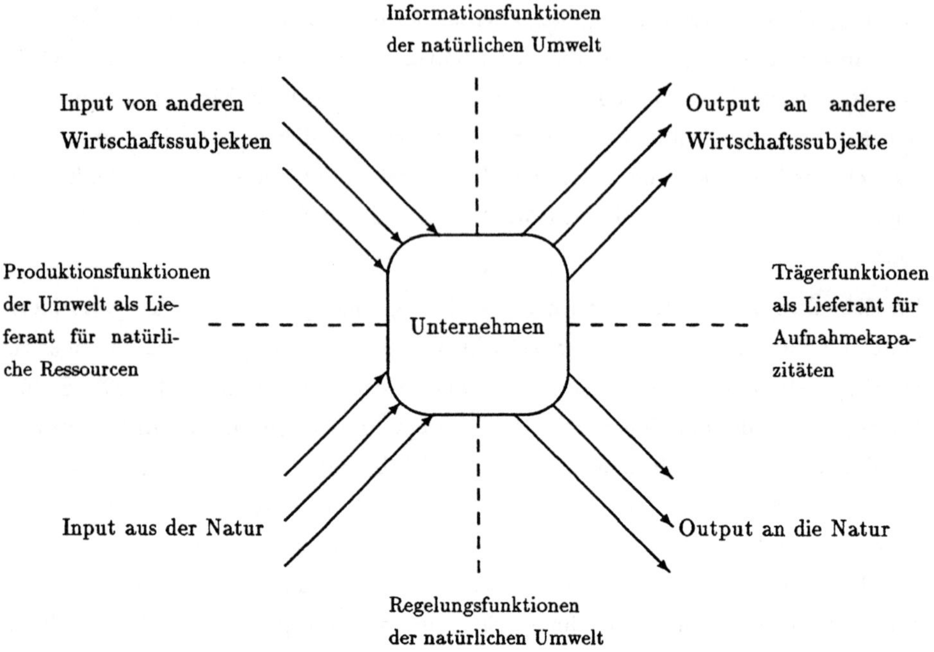

Abbildung 1.2: Umweltinanspruchnahme durch unternehmerische Tätigkeit

In Abbildung 1.2 steht die **Einwirkung des Menschen auf die Umwelt** – synonym werden die Begriffe **Umweltnutzung, Umweltinanspruchnahme durch den Menschen** verwendet – in einer ganz speziellen Weise im Mittelpunkt. Es wird die Inanspruchnahme der Umwelt durch unternehmerische Tätigkeit dargestellt (vgl. u.a. OSPELT 1977, S. 12ff., insb. Abb. 1-6; SCHREINER 1988, S. 22; DYCKHOFF 1991a, S. 290; WICKE 1991, S. 7, insb. Abb.2). Dabei wird die **natürliche Umwelt als Funktionseinheit** aus Produktions-, Regelungs-, Träger- und Informationsfunktionen, also als **Umweltsystem** verstanden, das im Rahmen des Prozesses der betrieblichen Leistungserstellung und Leistungsverwertung genutzt wird (vgl. u.a. RUNGE 1989, S. 44ff.).

Führt die Umweltinanspruchnahme zu einer Beeinträchtigung einer Umweltfunktion derart, daß diese zumindest in der bisherigen Weise nicht mehr in Anspruch genommen werden kann, wird im folgenden von **Umweltbelastung, Umweltverschmutzung, Umweltschaden** oder auch **Umweltverzehr** gesprochen.

Der Prozeß der betrieblichen Leistungserstellung und Leistungsverwertung wird in dieser Schrift in einer weiteren Form – im Gegensatz zu der in der betriebswirtschaftlichen Literatur üblichen Sichtweise – betrachtet. Der Prozeß der betrieblichen Leistungserstellung umfaßt erstens die **Beschaffung** von Gütern von anderen Wirtschaftssubjekten (links oben in Abbildung 1.2) und von Umweltgütern als Input aus der Natur (links unten in Abbildung 1.2), zweitens die **Produktion** der erwünschten Hauptprodukte sowie gegebenenfalls die **Entsorgung** unerwünschter, nicht verwertbarer Nebenprodukte bzw. die **Wiederverwendung** nicht unerwünschter, verwertbarer Nebenprodukte, die zwangsweise als Kuppelprodukte bei der Herstellung der erwünschten Hauptprodukte angefallen sind (vgl. RIEBEL 1955, S. 126ff.; DINKELBACH 1991, S. 363). Bei der **Verwertung der betrieblichen Leistung** interessiert die Umweltinanspruchnahme, die sich aus unternehmerischen Absatzaktivitäten, dem Konsumentenverhalten beim Gebrauch der erwünschten Hauptprodukte sowie der Entsorgung bzw. Wiederverwendung nach Konsum ergeben. Denn auf „die Gesundheit unbeteiligter Dritter wirken sich die Abgase der Kraftwagen und der Lärm von Baumaschinen aus, die Verwendung von Bioziden hat oft über die Nahrungsketten eine unerwünschte Anreicherung in menschlichen Körpern zur Folge, die Plastikverpackungen und Einwegflaschen belasten bei ihrer Beseitigung den Naturhaushalt usw.“ (EICHHORN 1972, S. 637). Zudem werden den Unternehmen zukünftig durch die **Rücknahmeverpflichtung für gebrauchte Produkte**, beispielsweise für Autowracks, Altöle, Verpackungsabfälle ..., Kosten der Umweltinanspruchnahme durch den Gesetzgeber internalisiert (vgl. u.a. HAASIS 1991, S. 12, 2), so daß es wichtig ist, diese Kosten bereits heute abschätzen zu können. Die Frage, wer die eigentlichen Verursacher der durch den charakterisierten Prozeß der betrieblichen Leistungserstellung und -verwertung induzierten Umweltinanspruchnahme sind, wird im folgenden Kapitel 1.2.1 diskutiert.

Strategien für die Umweltschonung, auch als **Umweltschutzmaßnahmen** bezeichnet, können aus Sicht des Unternehmens zum einen danach unterschieden werden, ob sie auf der Input- oder Outputseite des Unternehmens ansetzen (links bzw. rechts in Abbildung 1.2) und zum anderen, ob sie die Funktionen der natürlichen Umwelt direkt oder indirekt in Anspruch nehmen (unten bzw. oben in Abbildung 1.2) (vgl. DYCKHOFF 1991b, S. 6f.). **Direkte Umweltschutzmaßnahmen** dienen einerseits der Vermeidung bzw. der Verminderung der Entnahme natürlicher Ressourcen aus der Umwelt (links unten in Abbildung 1.2) und andererseits der Vermeidung bzw. Verminderung der Abgabe unerwünschter Nebenprodukte an die natürliche Umwelt (rechts unten in Abbildung 1.2). Bei **indirekten Umweltschutzmaßnahmen** handelt es sich nicht um Vermeidungs- bzw. Verminderungsmaßnahmen, sondern um die geeignete Behandlung produktionsbedingter Rückstände. Dabei kann die **Rückstandsbehandlung** einerseits durch Maßnahmen der Weiterverwendung oder Weiterverwertung, synonym werden die Begriffe Rückstandsrecycling, Rückstandsverwertung oder einfach Recycling verwendet, und andererseits durch Maßnahmen der Rückstandsumwandlung, Rückstandsbeseitigung oder Entsorgung vollzogen werden. Die **Rückstandsverwertung** stellt auf das möglichst lange Verbleiben der nicht unerwünschten Nebenprodukte im Wirtschaftskreislauf ab (links und rechts oben in Abbildung 1.2). Bei der **Rückstandsumwandlung** oder **Rückstandsbeseitigung** werden unerwünschte Nebenprodukte vom Produzenten selbst oder von speziell dafür vorgesehenen Wirtschaftssubjekten – wie etwa Kläranlagen von Gebietskörperschaften oder die Verwerter industrieller Reststoffe (vgl. WALTER 1990, S. 84ff.) – in die natürliche Umwelt weniger belastende Rückstände transformiert und erst dann in die natürliche Umwelt eingetragen (links oben und schließlich rechts unten in Abbildung 1.2; vgl. auch DYCKHOFF 1991b, S. 7). Umweltschutz kann aber nur als Strategie zur **relativen Umweltschonung** verstanden werden, nämlich als Schutz der Umwelt im Verhältnis zu ökologisch schlechteren Konzeptionen (vgl. STREBEL 1980, S. 86).

In der Literatur wird grundsätzlich in Maßnahmen des **additiven Umweltschutzes**, oft auch als **end of pipe-Technologien** bezeichnet, und in Maßnahmen des **integrierten Umweltschutzes** unterschieden, ohne daß diese Begriffe mit einheitlicher Bedeutung belegt sind (vgl. STRÜMPEL/LONGOLIUS 1990, S. 74f.). In dieser Schrift werden Maßnahmen, mit denen Umweltbelastungen durch Rückhaltung, Rückführung oder Umwandlung – nach Entstehen der verwertbaren bzw. nicht verwertbaren Nebenprodukte – vermieden oder vermindert werden, als Maßnahmen des additiven Umweltschutzes angesehen; in der bisher verwendeten Terminologie sind sie als indirekte Strategien zur Umweltschonung bezeichnet worden. Im Gegensatz dazu wird bei integrierten Umweltschutzmaßnahmen, bisher als direkte Strategien der relativen Umweltschonung bezeichnet, die Entstehung von potentiellen Umweltbelastungen von vornherein vermieden (vgl. SCHREINER 1988, S. 312; STEGER 1990b, S. 34f.; STREBEL 1990, S. 4f.). Recycling und Entsorgung stellen somit additive Umweltschutzmaßnahmen dar (im Gegensatz zu TROGE 1988, S. 114ff.); sie erfordern ihrerseits Stoff- und Energieverbräuche und verursachen erneute Rückstände (vgl. SCHREINER 1988, S. 63, S. 132 und S. 137).

Zu Abbildung 1.2 ist abschließend noch festzustellen, daß die Abgabe produktionsbedingter Nebenprodukte an die natürliche Umwelt in Form von Emissionen dargestellt ist. Immissionen, also die Wirkungen dieser Emissionen beispielsweise auf den Menschen, etwa in Form eines erhöhten Krankenstandes, sind nicht explizit zu erkennen.

1.2 Umwelt in betriebswirtschaftlichen Kostenauffassungen

1.2.1 Zugrundegelegter Kostenbegriff

Mit den folgenden Überlegungen wird begrifflich zu klären versucht, inwiefern der Verzehr von Gütern, der als **soziale Kosten** angesehen wird, als **betriebswirtschaftliche Kosten** erfaßt werden kann.

Eine Ursache für die Umweltbelastungen durch unternehmerische Tätigkeit liegt im **Auseinanderklaffen von einzel- und gesamtwirtschaftlichen Kosten**, denn der durch die einzelwirtschaftliche Produktion verursachte Güterverzehr ist in der Regel höher als der im einzelwirtschaftlichen Rechnungswesen berücksichtigte, mit der Folge, daß andere Wirtschaftsubjekte oder auch die Gesellschaft insgesamt diesen zusätzlichen Werteverzehr tragen müssen (vgl. u.a. MELLEROWICZ 1973, S. 19f.; HEINEN/PICOT 1974, S. 345f.). „Die wohl häufigste und wichtigste Forderung, die im Rahmen von marktwirtschaftlichen Lösungsvorschlägen dieses Problems erhoben wird, ist die Einbeziehung (Internalisierung) der sozialen Kosten in das Rechnungswesen der verursachenden Betriebswirtschaften: der Verursacher soll die bislang externalisierten (sozialen) Kosten selbst tragen (Verursacherprinzip)" (HEINEN/PICOT 1974, S. 346; vgl. auch ALBACH 1988, S. 1159).

Es ist nun aber schwierig zu entscheiden, wer der Verursacher dieser negativen externen Effekte ist. „Im Falle der Autoabgase kommen sowohl die Hersteller von benzinbetriebenen Fahrzeugen oder die Erzeuger von bleihaltigen Treibstoffen als auch die Kraftwagenfahrer selbst in Betracht" (EICHHORN 1972, S. 637). Aus diesem Grund scheint es sinnvoll, sich von dem üblichen Verständnis sozialer Kosten als „alle primär technologisch bedingten, durch Unternehmungen verursachten, externen Belastungen, welche von Dritten, nämlich von Haushalten, von Unternehmungen oder von der Gesellschaft als ganzer, in Form von erhöhten Aufwendungen bzw. Ausgaben oder in Form von realen Beeinträchtigungen oder Schäden getragen werden" (MICHALSKI 1965, S. 109) zu lösen und eine **Bindung der sozialen Kosten an das erwünschte Hauptprodukt** vorzunehmen, unabhängig davon, wer als Umweltverschmutzer in Frage kommt, der Produzent, Weiterverarbeiter, Händler oder Konsument (vgl. EICHHORN 1972, S. 637; FEHL/OBERENDER 1976, S. 155f.).

Um die Umweltinanspruchnahme des in Kapitel 1.1 charakterisierten Prozesses der betrieblichen Leistungserstellung und Leistungsverwertung zu erfassen, muß der **gesamte Lebenszyklus des erwünschten Hauptprodukts** von seiner Entstehung bis zu seinem endgültigen Ausscheiden aus dem Wirtschaftskreislauf betrachtet werden. Es erscheint zudem zweckmäßig, die Bestimmung der sozialen Kosten der Erstellung und Verwertung des erwünschten Hauptprodukts dem betrieblichen Rechnungswesen als **Umwelt-Informationssystem** zu überlassen, da dadurch die Produzenten die gesamtwirtschaftlichen Kosten des erwünschten Hauptprodukts kennen und somit einer Fehlsteuerung im gesamtwirtschaftlichen System besser entgegengewirkt werden kann (vgl. EICHHORN 1972, S. 636).

Diesem Gedanken folgt auch die **ökologische Buchhaltung** (vgl. MÜLLER-WENK 1978, S. 18ff.). „Dabei werden nicht nur die im Unternehmen selbst auftretenden Umweltbelastungen und Inanspruchnahmen von natürlichen Ressourcen verbucht, sondern es werden zusätzliche Auswirkungen auf vor- und nachgelagerte Produktionsstufen sowie beim Ge- bzw. Verbrauch der Produkte und beim konsumbedingten Abfall berücksichtigt, und zwar sowohl als zusätzliche Belastung, als auch als Entlastung für das Unternehmen“ (FREIMANN 1989, S. 84; vgl. auch ROTH 1992, S. 239). Damit könnten etwa im Rahmen von unternehmerischen Preisfindungsprozessen, sofern die Kosten der Umweltinanspruchnahme verursachungsgerecht auf die erwünschten Hauptprodukte verrechnet werden, die Produktpreise eine Nachfragelenkung in Richtung auf umweltfreundlichere Produkte bewirken (vgl. SCHREINER 1990, S. 210).

Es stellt sich nun die Frage, ob die bislang in der betriebswirtschaftlichen Literatur diskutierten Kostenbegriffe eine Einbeziehung dieser externen Verzehrarten in das betriebliche Rechnungswesen erlauben. In den folgenden Überlegungen soll der auf SCHMALENBACH zurückgehende **wertmäßige Kostenbegriff** im Mittelpunkt stehen. Eine ausführliche Diskussion der Einbeziehung von sozialen Kosten in ein betriebliches Rechnungswesen auf der Grundlage des **pagatorischen Kostenbegriffs** nach KOCH und RIEBEL, die die Auffassung vertreten, daß sich Kosten grundsätzlich aus Ausgaben ableiten (vgl. KOCH 1958, S. 363f.; RIEBEL 1990, S. 76f.), findet sich unter anderem bei HEINEN/PICOT 1974, S. 349ff.

Die Vertreter des wertmäßigen Kostenbegriffs definieren Kosten „als den bewerteten Verbrauch von Produktionsfaktoren“ einer Periode „für die Herstellung und den Absatz der betrieblichen Erzeugnisse und die Aufrechterhaltung der hierfür erforderlichen Kapazitäten" (KILGER 1987, S. 23; vgl. auch HEINEN 1983, S. 57ff.; DELLMANN 1984, S. 282; HUMMEL/MÄNNEL 1986, S. 73f.; KLOOCK/SIEBEN/SCHILDBACH 1990, S. 29f.). Kosten haben demnach ein **Mengengerüst**, nämlich den Verzehr an Produktionsfaktoren einer Periode, und ein **Wertegerüst**, das in vielen Fällen mit den effektiv zu zahlenden Marktpreisen übereinstimmt, aber auch die Bewertung knapper Produktionsfaktoren zusätzlich mit sogenannten Opportunitätskosten verlangt. Unter Opportunitätskosten werden der Nutzenentgang bzw. die Gewinneinbuße verstanden, die entstehen, wenn eine Einheit eines knappen Produktionsfaktors einer bestimmten Verwendung zugeführt und dadurch einer anderen Verwendungsmöglichkeit entzogen wird (vgl. KILGER 1987, S. 23f.).

Wird die natürliche Umwelt als knapper Produktionsfaktor angesehen, ist ihr Verzehr im Mengengerüst der wertmäßigen Kosten abgebildet. Eine Einordnung eines Produktionsfaktors natürliche Umwelt in das betriebswirtschaftliche Produktionsfaktorensystem wird in Kapitel 1.2.2 vorgenommen. Die Bestimmung eines Wertegerüsts, genauer die Bewertung des Verzehrs eines knappen Produktionsfaktors natürliche Umwelt ist Gegenstand der Kapitel 1.2.3 und 1.2.4.2.

Gelingt die Festlegung von Mengen- und Wertegerüst, ist eine Abbildung **aller Kosten der Umweltinanspruchnahme**, synonym wird der Begriff **Umweltkosten** verwendet, in einem internen Rechnungswesen auf der Grundlage des wertmäßigen Kostenbegriffs prinzipiell unproblematisch (vgl. HEINEN 1975, S. 235; BESCHORNER 1976, S. 41).

1.2.2 Umwelt im betriebswirtschaftlichen Produktionsfaktorensystem

In diesem Kapitel werden zunächst einige Vorüberlegungen zu einem **Produktionsfaktor (Produktivfaktor) natürliche Umwelt** angestellt und anschließend eine Einordnung der Umwelt in das betriebswirtschaftliche Produktionsfaktorensystem nach KILGER vorgenommen, um zu zeigen, daß es sich bei dem Produktionsfaktor natürliche Umwelt um einen variablen Produktionsfaktor handelt, dem folglich in der Kostentheorie variable Umweltkosten entsprechen (vgl. KILGER 1975, Sp. 3100f.).

Das erste geschlossene System der betriebswirtschaftlichen Produktionsfaktoren wurde von GUTENBERG publiziert, der die Produktionsfaktoren zunächst in die Faktorklassen der **Elementarfaktoren** und des **dispositiven Faktors** einteilte (vgl. GUTENBERG 1951, S. 3ff.). Während die Elementarfaktoren die Unterklassen objektbezogene menschliche Arbeitsleistung, Betriebsmittel und Werkstoffe enthalten, bezeichnet der dispositive Faktor die funktionsbezogene Arbeit der Geschäfts- und Betriebsleitung, die „divergierend, planend und gestaltend den gesamtbetrieblichen Arbeitsvollzug steuert, ihm sein Gepräge gibt und sich so in ihm manifestiert" (GUTENBERG 1951, S. 7).

Nach KERN und FALLASCHINSKY hat das Produktionsfaktorensystem GUTENBERGs aus zwei Gründen breite Anerkennung in der betriebswirtschaftlichen Literatur gefunden. Zum einen handelt es sich „um die erste geschlossene, ausführliche Erörterung dieses Komplexes in der Betriebswirtschaftslehre", und zum anderen steht GUTENBERGs System „nicht isoliert als einführende Bemerkung in seinem Werk, sondern bildet die Grundlage der nachfolgenden produktions- und kostentheoretischen Erörterungen. ... Die Verfolgung des produktionstheoretischen Ansatzes bildet somit den Zweck der Faktorsystematik" (KERN/FALLASCHINSKY 1978, S. 580).

In den siebziger Jahren haben einige Autoren, aufbauend auf dem Produktionsfaktorensystem GUTENBERGs, differenziertere Produktionsfaktorensysteme vorgelegt, die zum Teil unterschiedliche Ziele verfolgen. Während KILGER und BUSSE v. COLBE/LAßMANN die „Analyse der Wirkungsweise der Produktionsfaktoren im Produktionsprozeß" im Hinblick auf die Zwecke der Kostenrechnung ihrer Faktorsystematik zugrunde legen (KILGER 1975, Sp. 3098; vgl. auch BUSSE v. COLBE/LAßMANN 1975, S. 61ff.), dient die von WITTMANN vorgeschlagene Systematik der Einteilung des Untersuchungsgegenstands in eigenständige Problembereiche. So unterteilt er die Potentialfaktoren in die Problembereiche: Humanfaktoren, Anlagen, Grundstücke, Wissen, Rechte und sonstige Potentialfaktoren, die beispielsweise Ansprüche auf Dienste beinhalten können; zu den Materialfaktoren werden Rohstoffe, Zulieferteile (Materialhauptfaktoren) sowie Hilfs- und Betriebsstoffe einschließlich Energie (Materialnebenfaktoren) zusammengefaßt (vgl. WITTMANN 1977, S. 585ff.).

„Die natürliche Umwelt ist im Faktorsystem von GUTENBERG und in den gesamten Weiterentwicklungen wiederum nur in ihrer Funktion als Lieferant natürlicher Ressourcen berücksichtigt, z.B. in Gestalt des Faktors Werkstoff" (STREBEL 1980, S. 39; vgl. auch STEVEN 1991, S. 512).

Grundsätzlich ist zu sagen, daß den gesamten Produktionsfaktorensystemen **kein einheitlicher Produktionsfaktorbegriff** zugrunde liegt. In der betriebswirtschaftlichen Literatur gibt es keine einheitliche Meinung darüber, welche Eigenschaft(en) ein

(Wirtschafts-)Gut erfüllen muß, um Produktionsfaktor zu sein. Eine Vielzahl von Autoren führt allein das Kriterium der **Unverzichtbarkeit bei der Leistungserstellung** an. Als Produktionsfaktoren werden demnach „alle Sachgüter und Leistungen bezeichnet, die in den Produktions- bzw. Kombinationsprozeß einer Unternehmung eingehen und dort zur Hervorbringung anderer Sachgüter und Leistungen dienen" (KILGER 1975, Sp. 3097; vgl. auch KERN/FALLASCHINSKY 1978, S. 582; GUTENBERG 1983, S. 2f.). „Dies trifft für die Umwelt sowohl in bezug auf die Entnahme von Rohstoffen und Energie zu, als auch für die Nutzung der natürlichen Umwelt als Aufnahmemedium für feste, flüssige, gas- und strahlenförmige Abfälle, Emissionen und Lärm" (SCHREINER 1988, S. 18).

Weitere Autoren fordern zusätzlich zur Unverzichtbarkeit bei der Leistungserstellung die Erfüllung einer weiteren Eigenschaft. „Zum einen kann ein Gut in einem Produktionsprozeß nur dann als Produktionsfaktor betrachtet werden, wenn durch Entfernen dieses Faktors aus dem Produktionsprozeß dieser – zumindest in der bisherigen Weise – nicht fortgeführt werden kann. Zum anderen muß ein Produktionsfaktor im Rahmen einer ökonomischen Analyse ein begrenzt zur Verfügung stehendes und finanzielle Mittel bindendes Gut sein, ..." (DINKELBACH 1983, S. 8; vgl. auch BOHR 1979, Sp. 1482). „Da Umweltgüter kaum substituierbar und nicht beliebig vermehrbar und damit knapp sind, ..." (HANSMEYER 1979, Sp. 2029) und die Nutzung der Umwelt tatsächlich finanzielle Mittel bindet, bedarf es einer Einbeziehung der Umwelt in die ökonomische Analyse und somit einer Einordnung der Umwelt in das betriebswirtschaftliche Produktionsfaktorensystem (vgl. HEIGL 1989a, S. III-0, 12). – Durch Umweltinanspruchnahme werden finanzielle Mittel etwa in Form steigender Gewinnungskosten für Rohstoffe als Folge der abnehmenden Ergiebigkeit der Vorräte, in Form erhöhter Kosten der Schadensregulierung und der meist durch Auflagen erzwungenen Vorsorgemaßnahmen, in Form steigender Kosten für die Inanspruchnahme der Umwelt als Aufnahmemedium für Produktions- und Konsumrückstände als Folge der Verknappung von Aufnahmefähigkeiten bei Boden, Luft und Wasser sowie die damit verbundenen erhöhten Anforderungen durch Auflagen bei der Abfall-, Abwasserbehandlung, bei der Abluftreinigung und beim Lärmschutz gebunden (vgl. SCHREINER 1988, S. 19f.).

KERN und FALLASCHINSKY legen in Erweiterung des Produktionsfaktorensystems von GUTENBERG eine erste Faktorsystematik vor, in der sie in die Klasse der Elementarfaktoren explizit die Umweltinanspruchnahme aufnehmen (vgl. KERN/FALLASCHINSKY 1979, S. 17).

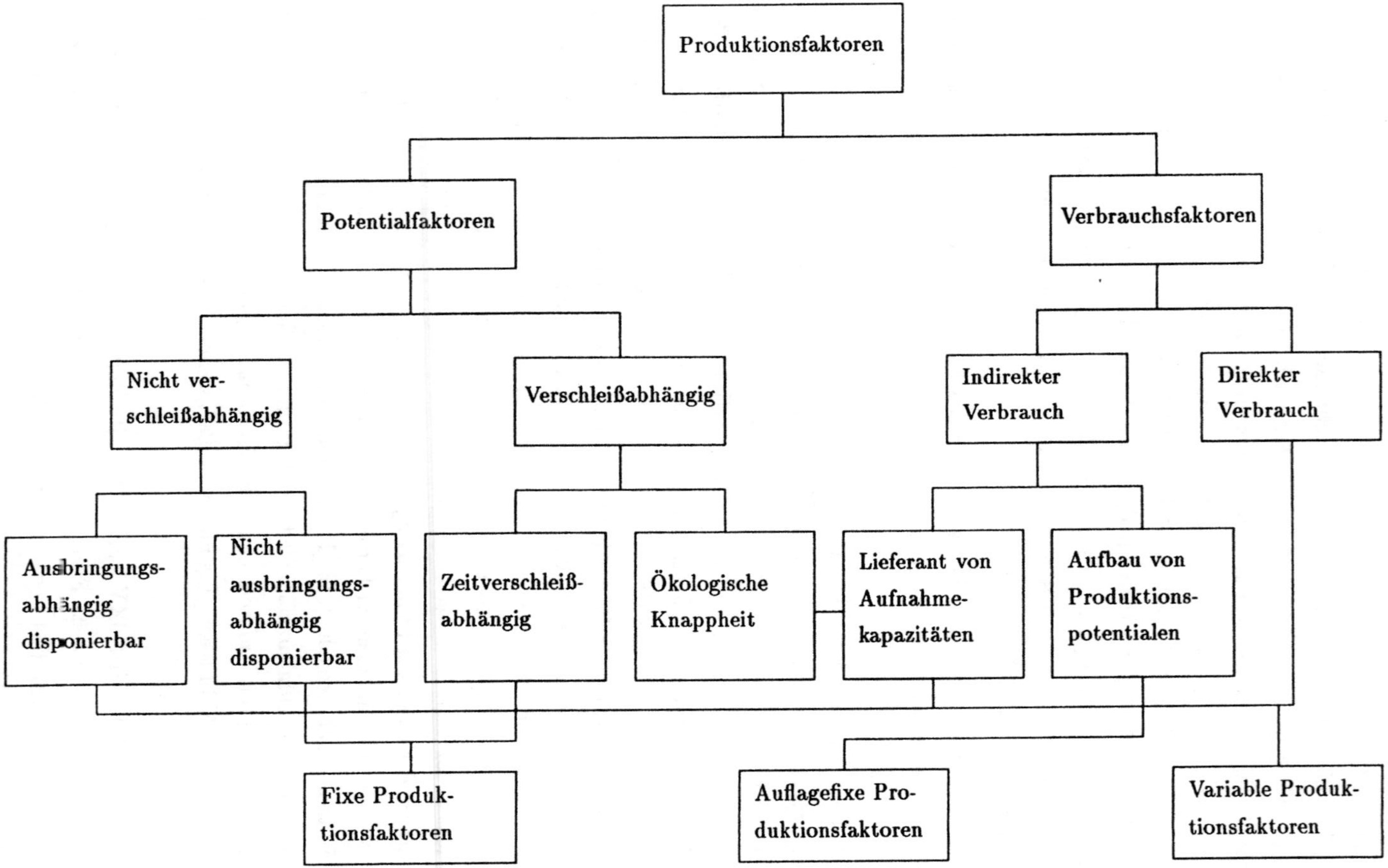

Abbildung 1.3: Umwelt im betriebswirtschaftlichen Produktionsfaktorensystem (in Anlehnung an: KILGER 1975, Sp. 3099f.)

Man betrachte Abbildung 1.3. **Potentialfaktoren** sind durch einen auf einen Produktionsprozeß bezogenen anteiligen Verbrauch gekennzeichnet und können im Produktionsprozeß mehrfach eingesetzt werden (vgl. u.a. KILGER 1986, S. 69). Sie können entweder **Verschleiß unterliegen**, im Sinne einer Verminderung der Fähigkeit des Potentialfaktors Leistungen in den Produktionsprozeß abzugeben bzw. für diesen bereitzustellen, oder nicht **verschleißabhängig** sein.

Bei den möglichen Verschleißursachen werden **Zeit- und Gebrauchsverschleiß** unterschieden. Wird als Verschleißursache ausschließlich Zeitverschleiß wirksam, liegt ein **reiner Potentialfaktor** vor (vgl. KILGER 1975, Sp. 3099). „Diese Kennzeichnung gilt offenbar nicht für die Umwelt als Produktivfaktor, da diese allein durch Zeitablauf – ohne Produktion oder Konsum – weder als Quelle von Ressourcen noch als Aufnahmemedium für Abfälle verzehrt wird“ (STREBEL 1980, S. 41). Von den Fällen, daß ein Umweltgut, beispielsweise ein alter Baum, infolge seines natürlichen Alterungsprozesses nicht mehr in der Lage ist, natürliche Säuberungs- und Reinigungsprozesse im Rahmen der Regelungsfunktion der Umwelt durchzuführen (vgl. Kapitel 1.1), wird hier abgesehen.

Wird die Verminderung des Leistungspotentials des Produktionsfaktors durch seine Inanspruchnahme im Produktionsprozeß und/oder in nachgelagerten Prozessen (Absatz, Entsorgung, Wiederverwertung ...) verursacht, liegt **Gebrauchsverschleiß** vor. „Wasser kann seine Eigenschaft, als Produktionsmittel und als Teilnehmer ökologischer Regelkreise zu dienen, durch die Einleitung von Schadstoffen oder durch Erwärmung verlieren; Rohstoffreserven werden unwiederbringlich aufgebraucht“ (HEINEN 1983, S. 123). Es wird deutlich, daß hier ein Verzehr vorliegt, weil diese sozialen Kostengüter „ihre Fähigkeit, zur Erstellung betrieblicher Leistungen in ökonomisch sinnvoller, d.h. in den Zielen von Betrieb und Unternehmung entsprechender Weise beizutragen, ganz oder teilweise verlieren“ (BÖRNER 1961, S. 35). Beim Produktionsfaktor natürliche Umwelt sollte statt von Gebrauchsverschleiß von **ökologischer Knappheit** gesprochen werden. „Ökologische Knappheit ist für eine bestimmte Einwirkungsart bzw. das von dieser betroffene Umweltgut definiert als eine Funktion des gegenwärtigen Ausmaßes der Summe aller Einwirkungen dieser Art innerhalb eines relevanten räumlichen Bereichs sowie des ‘kritischen Ausmaßes’ dieser Einwirkungen, welches zum Übergang des entsprechenden Umweltgutes von einem akzeptablen in einen inakzeptablen Zustand führt“ (MÜLLER-WENK 1978, S. 36). Aus dieser Definition ist zunächst festzuhalten, daß ökologische Knappheit nicht auf die Einheit von Produktions-, Regelungs-, Träger- und Informationsfunktionen der natürlichen Umwelt bezogen ist, sondern jeweils auf eine bestimmte Art der Umweltinanspruchnahme (Einwirkungsart), etwa die Eintragung von Abwasser mit einem bestimmten Phosphorgehalt, und ein ganz bestimmtes Umweltgut, etwa ein stehendes Gewässer, abstellt.

Existiert für den Abbau einer natürlichen Ressource bzw. die Immission in ein Aufnahmemedium eine **kritische Rate**, beispielsweise gemessen in verbrauchten Ressourceneinheiten bzw. eingetragenen Mengeneinheiten je Zeiteinheit, bei deren Überschreitung mehr oder weniger unmittelbare Wirkungen eintreten, die ökologisch nicht mehr akzeptabel sind, ist der Fall der **Ratenknappheit** oder auch **relativen Knappheit** gegeben. „Die Knappheit besteht darin, daß dem Wachstum der tatsächlichen Verbrauchsrate (Immissionsrate) durch die kritische Verbrauchsrate (Immissionsrate) Grenzen gesetzt sind“ (MÜLLER-WENK 1978, S. 37f.). Beispielhaft sei die Gewässerverschmutzung durch direkt oder indirekt sauerstoffzehrende Substanzen genannt, die bis zu einem gewissen Umfang ohne ökologische Schäden bleibt, bei einer Erhöhung der Belastungsintensität aber zu einer Eutrophierung des Gewässers führt (vgl. MÜLLER-WENK 1991, S. 262).

Führt die **kumulative Langzeitwirkung** eines Ressourcenabbaus oder einer Immission dazu, daß die Ressource nach einer endlichen Zahl von Jahren erschöpft bzw. das Aufnahmemedium aufgefüllt ist, liegt der Fall der **Kumulativknappheit** oder auch **absoluten Knappheit** vor. Gedacht sei hier an den Abbau von fossilen Energieträgern, bei dem infolge der unendlich langsamen Neubildung der Vorräte jeder Abbau der Erschöpfung der Vorräte einen weiteren Schritt entgegenführt (vgl. MÜLLER-WENK 1978, S. 38 und 1991, S. 262).

Da Potentialfaktoren durch einen auf einen Produktionsprozeß bezogenen anteiligen Verbrauch und somit durch eine mehrfache Wiedereinsatzbarkeit im Produktionsprozeß gekennzeichnet sind, besitzt die natürliche Umwelt im Falle der Kumulativknappheit eindeutig Potentialfaktoreigenschaft. Liegt im Falle der Ratenknappheit die tatsächliche Verbrauchsrate bzw. Eintragungsrate unter der kritischen Verbrauchsrate bzw. Eintragungsrate, besitzt die natürliche Umwelt ebenfalls Potentialfaktoreigenschaft (im Gegensatz zu STREBEL 1980, S. 42 und PLEIN 1989, S. 52). Wie bei den nicht verschleißabhängigen Potentialfaktoren (Nutzungsfaktoren), beispielsweise Mietleistungen, ist auch der Ausnahmefall denkbar, daß eine Produktion ohne Verringerung des Leistungspotentials der natürlichen Umwelt stattfindet, beipielsweise im Falle der Sonnenenergie (vgl. PLEIN 1989, S. 53). In Folge der beliebig teilbaren Einsetzbarkeit der Sonnenenergie in einem Produktionsprozeß ist sie als **ausbringungsabhängig disponierbarer Potentialfaktor** einzuordnen. Im Regelfall wird aber die natürliche

Umwelt durch Produktion und Konsum sowohl als Lieferant natürlicher Ressourcen als auch als Aufnahmemedium für Rückstände aufgezehrt, so daß entsprechend der Terminologie der Produktionstheorie von einem **gebrauchsverschleißabhängigen Potentialfaktor** gesprochen werden kann.

Erst wenn im Falle der Ratenknappheit die kritische Verbrauchs- bzw. Eintragungsrate mindestens erreicht ist, wird das betrachtete Umweltgut durch den Produktionsprozeß (die Umweltinanspruchnahme) sofort verbraucht und steht als Produktionsfaktor, zumindest in der bisherigen Weise, nicht mehr zur Verfügung. Erst in diesem Fall besitzt die natürliche Umwelt **Verbrauchsfaktoreigenschaft.** Gehen die Produktionsfaktoren unmittelbar in die betrieblichen Produkte ein und sind Bestandteil des Endprodukts, liegt **direkter Verbrauch** vor. **Indirekter Verbrauch** ist gegeben, wenn die Produktionsfaktoren nur mittelbar in die Produkte eingehen, beispielsweise der Bereitstellung von Betriebsmittelleistungen dienen (vgl. KILGER 1975, Sp. 3100). Unterstellt man, daß betriebliche Produktion dann und nur dann stattfinden kann, wenn die Möglichkeit besteht, produktionsbedingte Rückstände emittieren zu können, dann dient die Inanspruchnahme der natürlichen Umwelt als Aufnahmemedium der Bereitstellung von Betriebsmittelleistungen und ist somit als indirekter Verbrauch anzusehen.

Zusammenfassend kann also gesagt werden, daß die natürliche Umwelt ähnlich wie ein Betriebsmittel in der Faktorensystematik eine Zwischenstellung einnimmt (vgl. KILGER 1975, Sp. 3099), denn als Funktionseinheit ist die Umwelt ein Potentialfaktor, aber die Inanspruchnahme einzelner Umweltgüter, die beliebig teilbar sind und bei ihrem Einsatz im Produktionsprozeß untergehen, ist als Verbrauchsfaktor anzusehen.

In den vorangegangenen Überlegungen wurde gezeigt, daß die natürliche Umwelt zum einen ein **wichtiger Produktionsfaktor** für den Prozeß der betrieblichen Leistungserstellung und Leistungsverwertung ist und zum anderen – wie Abbildung 1.3 zeigt – als **variabler Produktionsfaktor** im Rahmen dieses betrieblichen Prozesses eingeordnet werden kann. Dies ist ein wichtiges Ergebnis zur Beurteilung der Eignung eines Grenzplankostenrechnungssystems zur Abbildung der Inanspruchnahme der natürlichen Umwelt durch unternehmerische Tätigkeit.

1.2.3 Bewertung nach ökologischen Knappheitskalkülen

Die Diskussion der Mengenkomponente in Kapitel 1.2.2 hat gezeigt, daß soziale Kosten, verursacht durch Umweltinanspruchnahme, als betriebswirtschaftliche Kostengüter eingestuft werden können. Zu klären bleibt aber nun noch die Frage, ob und wie der zuvor mengenmäßig bestimmte Verzehr in Geldeinheiten überführbar ist. „Da die Preislosigkeit ein typisches Kennzeichen der meisten sozialen Kostengüter ist, stellt ihre Umwandlung in Geldbeträge für die einzelne Betriebswirtschaft ein schwieriges Problem dar. Wo nicht eine verbindliche gesellschaftliche Zielfunktion – ein bekanntlich theoretisch wie praktisch unlösbares Problem – oder eine konkrete betriebliche Zielsetzung die Ableitung von Bewertungsregeln ermöglichen, müssen Ersatzkriterien herangezogen werden“ (HEINEN 1983, S. 124).

In der volkswirtschaftlichen Literatur finden sich zahlreiche Ansätze zur monetären Bewertung von Umweltschäden. Analytisch und systematisch sind diese Bewertungsansätze nach zwei grundsätzlichen **Wegen der Schadensschätzung** zu differenzieren. Der erste Weg liegt in der wissenschaftlichen Beschreibung des Mengengerüsts eines Schadens und der anschließenden Bewertung mit pagatorischen Kosten oder Schattenpreisen. Die Erforschung von Präferenzen der von den Schäden betroffenen Wirtschaftssubjekten, die durch ihre tatsächliche oder erfragte Zahlungsbereitschaft ausgedrückt werden können, bildet den zweiten Weg (vgl. Der Rat von Sachverständigen für Umweltfragen 1987, S. 81). Ansätze der ersten Gruppe sind die Bewertung mit Vermeidungs-, Beseitigungs-, Ausweich-, Schadens- bzw. Wiederherstellungskosten (vgl. u.a. KEITER 1980, S. 3/96, 2; GÖRG 1981, S. 144ff.; SEIDEL/MENN 1988, S. 23f.) und die Bewertung mit Erlöseinbußen etwa im Bereich der Land- und Fortswirtschaft bzw. mit durch Umweltschäden induzierten Preisveränderungen bei Grundstücken und Gebäuden (vgl. ROTH 1992, S. 205ff.). Kritisch ist an diesen Bewertungsansätzen anzumerken, daß die Kostenkategorien zum einen nicht immer klar voneinander abgrenzbar sind und zum anderen zu einer **Unterbewertung der Umweltschäden** führen, da beispielsweise bei der Bewertung mit Beseitigungskosten irreparable Schäden nicht berücksichtigt werden, oder auch eine Vielzahl von zur Bewertung erforderlichen Daten nicht beschafft werden kann. Eine ausführliche Darstellung und kritische Beurteilung der Bewertungsansätze beider Gruppen findet sich u.a. bei DOROW 1991a, S. 36ff. und ROTH 1992, Kapitel 2.3.3.

„Angesichts der nicht zu unterschätzenden Probleme einer geldmäßigen Bewertung sozialer Kosten taucht allerdings die Frage auf, ob es, unabhängig von der grundsätzlichen Möglichkeit, sinnvoll ist, eine Bewertung der Verzehrsmengen in Geldeinheiten anzustreben. Statt dessen könnte beispielsweise eine **mengenmäßige kostenrechnerische Behandlung** dieser Verzehrsarten in Betracht gezogen werden“ (HEINEN/PICOT 1974, S. 363). Dieser Vorschlag wird von MÜLLER-WENK mit dem

System der ökologischen Buchhaltung aufgegriffen (vgl. MÜLLER-WENK 1978) und von einer Vielzahl von Autoren befürwortet (vgl. u.a. STREBEL 1980, S. 158ff.; SCHREINER 1988, S. 268ff.; KLOOCK 1990b, S. 28f.).

Als ein wesentlicher Bestandteil der ökologischen Buchhaltung ist die Ermittlung von **Äquivalenzkoeffizienten** als ein **Maß für ökologische Knappheit** anzusehen. „Grundlage dieser Ermittlung ist die Auffassung, daß die verschiedenartigen Umwelteinwirkungen, die von einem Unternehmen bzw. den produzierten Gütern ausgehen, zwar qualitativ in mancher Hinsicht sehr unterschiedlich sind, jedoch zumindest in Bezug auf eine Qualität gleichartig und damit quantitativ vergleichbar sind: sie nehmen 'knappe Umwelt' in Anspruch“ (FREIMANN 1989, S. 85). Nachdem im vorangegangenen Kapitel 1.2.2 bereits eine Definition von ökologischer Knappheit gegeben und diese durch die Diskussion von Raten- und Kumulativknappheit präzisiert wurde, soll hier eine geeignete Bewertung nach ökologischen Knappheitskalkülen gefunden werden. Mit Hilfe der Äquivalenzkoeffizienten soll erreicht werden, daß einzelne Unternehmen – entsprechend ihres Anteils an der Umweltinanspruchnahme durch die Gesamtgesellschaft – partizipieren.

Im Falle der Ratenknappheit bezeichne F_{it} die Abbaumenge einer natürlichen Ressource i in Periode t [NRE_i/Periode] bzw. die Eintragungsmenge an produktionsbedingten Nebenprodukten der Art i in ein Aufnahmemedium in Periode t [NPE_i/Periode]. $F_{K_{it}}$ sei die kritische Rate in Periode t für den Abbau einer natürlichen Ressource i [NRE_i/Periode] bzw. die Eintragung einer Nebenproduktart i in ein betrachtetes Aufnahmemedium [NPE_i/Periode], bei deren Erreichen mehr oder weniger ökologisch bedenkliche Wirkungen eintreten. Die einfachste Form der Definition eines Äquivalenzkoeffizienten wäre nun

$$AeK_{1_{it}}^{R}(F_{it}) = \frac{1}{F_{K_{it}} - F_{it}},$$

mit der Dimension Nutzenbelastungseinheiten [NBE] je Einheit der verbrauchten natürlichen Ressource i [NRE_i] bzw. je eingeleitete Einheit der Nebenproduktart i [NPE_i]. In dieser Form wird die Inanspruchnahme eines Umweltgutes, ausgedrückt durch die Variable F_{it}, zur kritischen Inanspruchnahme $F_{K_{it}}$ in Beziehung gesetzt und mit Nutzenbelastungseinheiten bewertet (vgl. MÜLLER-WENK 1978, S. 40). Liegt die tatsächliche Inanspruchnahme sehr dicht an der kritischen Inanspruchnahme, nimmt $AeK_{1_{it}}^{R}(F_{it})$ hohe Werte an, d.h., der Abbau einer Einheit der natürlichen Ressource i wird mit vielen Nutzenbelastungseinheiten bewertet und gilt als ökologisch bedenklich.

Der nach Abbau der natürlichen Ressource noch verfügbare Teil, $F_{K_{it}} - F_{it}$, gilt als ökologisch knapp. Ist F_{it} sehr gering, nimmt $AeK^R_{1_{it}}(F_{it})$ auch kleine Werte an.

Die Bewertung mit Nutzenbelastungseinheiten impliziert die Annahme eines irgendwie definierten Nutzens, hier **ökologischen Nutzens** oder auch einer bestimmten **Umweltqualität**. Zur Problematik der Festlegung einer bestimmten Umweltqualität sei auf die volkswirtschaftliche Literatur verwiesen (vgl. u.a. FREY 1980, S. 53; MÖLLER/OSTERKAMP/SCHNEIDER 1981, S. 39ff.; ENDRES 1985; WICKE 1991). In diesem Kapitel sei ein irgendwie definierter ökologischer Nutzen vorausgesetzt.

In der ökologischen Buchhaltung des Unternehmens würde der so definierte Äquivalenzkoeffizient mit dem tatsächlichen Verbrauch der Ressource i bzw. der Eintragungsmenge der Nebenproduktart i, somit dem Mengengerüst der dem Unternehmen zurechenbaren Umweltkosten, multipliziert, um die Umweltinanspruchnahme durch das Unternehmen in Nutzenbelastungseinheiten zu ermitteln (vgl. MÜLLER-WENK 1978, S. 40).

Nun ist an dieser Definition kritisch anzumerken, daß sie das Verhältnis der Abbau- bzw. Eintragungsrate einer Volkswirtschaft zur kritischen Abbau- bzw. Eintragungsrate unberücksichtigt läßt. Zum Beispiel beträgt für die natürliche Ressource 1 in Periode t die tatsächliche Abbaurate $F_{1t} = 10$ [NRE_1/Periode], die kritische Abbaurate wird mit $F_{K_{1t}} = 100$ [NRE_1/Periode] angenommen. Die Eintragung der Nebenproduktart 2 in ein betrachtetes Aufnahmemedium in Periode t beträgt $F_{2t} = 810$ [NPE_2/Periode], die kritische Eintragungsrate ist $F_{K_{2t}} = 900$ [NPE_2/Periode]. Bei der bisherigen Definition würden beide Einwirkungsarten mit gleich vielen Nutzenbelastungseinheiten, nämlich $AeK^R_{1_{1t}} = AeK^R_{1_{2t}} = 1/90$ [NBE/NRE_1] bzw. [NBE/NPE_2], belastet werden, obwohl der Verbrauch der natürlichen Ressource 1 10 % des kritischen Verbrauchs beansprucht, während die Eintragung der Nebenproduktart 2 bereits 90 % der kritischen Eintragungsrate verzehrt, was sicherlich ökologisch bedenklicher ist (vgl. MÜLLER-WENK 1978, S. 40).

Aus diesem Grund scheint die Definition

$$AeK^R_{2_{it}}(F_{it}) = \frac{1}{F_{K_{it}} - F_{it}} \frac{F_{it}}{F_{K_{it}}} = \frac{F_{it}}{(F_{K_{it}} - F_{it})F_{K_{it}}}$$

geeigneter (vgl. MÜLLER-WENK 1991, S. 261ff.). Die Dimension hat sich durch die Gewichtung mit dem Verhältnis von tatsächlicher Verbrauchs- bzw. Eintragungsrate

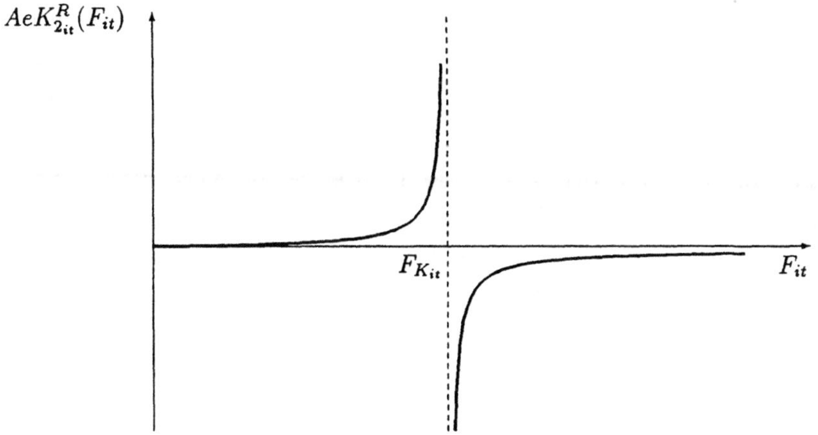

Abbildung 1.4: Äquivalenzkoeffizient nach MÜLLER-WENK

zur kritischen Verbrauchs- bzw. Eintragungsrate nicht geändert. Für das oben geschilderte Beispiel betragen $AeK^R_{2_{1t}}(F_{1t}) = 1/900\ [NBE/NRE_1]$ und $AeK^R_{2_{2t}}(F_{2t}) = 1/100\ [NBE/NPE_2]$. Zur graphischen Veranschaulichung des Verlaufs von $AeK^R_{2_{it}}(F_{it})$ dient Abbildung 1.4.

$AeK^R_{2_{it}}(F_{it})$ besitzt an der Stelle $F_{K_{it}}$ eine Polstelle mit Vorzeichenwechsel. Im Intervall $0 \leqq F_{it} < F_{K_{it}}$ ist $AeK^R_{2_{it}}(F_{it})$ eine in der Variablen F_{it} streng monoton steigende, streng konvexe Funktion, d.h., eine marginale Erhöhung der tatsächlichen Verbrauchsrate F_{it} führt stets zu einer steigenden Zunahme des Äquivalenzkoeffizienten. M.a.W.: Die ökologische Bedenklichkeit des Verbrauchs einer weiteren Einheit der natürlichen Ressource i nimmt stets zu. Nimmt F_{it} sehr kleine Werte an, wird der Äquivalenzkoeffizient praktisch null, $\lim_{F_{it}\to 0} AeK^R_{2_{it}}(F_{it}) = 0$, der Verbrauch der natürlichen Ressource i bzw. die Eintragung der Nebenproduktart i gilt als ökologisch nicht bedenklich oder die noch verfügbaren Ressourcenbestände bzw. die noch vorhandenen Aufnahmekapazitäten sind nicht knapp im ökologischen Sinne. Je dichter F_{it} bereits an $F_{K_{it}}$ liegt, umso stärker steigt, mit steigenden Zuwächsen, der Äquivalenzkoeffizient und geht schließlich gegen unendlich, $\lim_{F_{it}\to F_{K_{it}}} AeK^R_{2_{it}}(F_{it}) = \infty$. Eine weitere Erhöhung von F_{it} gilt als ökologisch sehr bedenklich, die noch verfügbaren natürlichen Ressourcen bzw. die noch vorhandenen Kapazitäten der Aufnahmemedien sind ökologisch knapp.

Nach MÜLLER-WENK ist $AeK^R_{2_{it}}(F_{it})$ für das halboffene Intervall $F_{it} \geqq F_{K_{it}}$ nicht definiert. „Diese Fälle von untragbar hoher Umweltbelastung wären durch Verbote auszuschließen“ (MÜLLER-WENK 1991, S. 263). Betrachtet man aber nur einmal für die Bundesrepublik Deutschland vor dem 03.10.1990 die Stickstoff- und Phosphoreinträge in Gewässer aus häuslichen Abwässern, ohne industrielle und landwirtschaftliche Abwässer, für die Jahre von 1969 bis 1983, so ist festzustellen, daß die vorhandenen Abwasserlasten aus häuslichen Abwässern sehr deutlich über den zulässigen Werten liegen (vgl. Der Rat von Sachverständigen für Umweltfragen 1987, S. 309f., insb. Abbildung 2.4.11). Und gerade Umweltbelastungen müssen in einer ökologischen Buchhaltung abbildbar sein, genauer: Der Abbau einer natürlichen Ressource i bzw. die Eintragung einer Nebenproduktart i in ein betrachtetes Aufnahmemedium muß für den Fall $F_{it} \geqq F_{K_{it}}$ mit einem **positiven Äquivalenzkoeffizienten** bewertbar und addierbar sein. Ein weiteres Problem ist numerischer Natur; ein Äquivalenzkoeffzient, der den Wert unendlich annimmt, kann nicht in weitere Berechnungen, etwa in die Lösung eines linearen Programms zur mehrstufigen Produktionsplanung unter Berücksichtigung produktionsbedingter Umweltinanspruchnahme bzw. -belastung (vgl. Kapitel 1.2.4.2), übernommen werden. Hingegen ist die Wahl eines degressiven Funktionsverlaufs oberhalb der kritischen Rate $F_{K_{it}}$ als sinnvoll anzusehen. Nach Überschreiten der kritischen Verbrauchs- bzw. Eintragungsrate steigt die ökologische Bedenklichkeit mit jeder weiteren marginalen Erhöhung der tatsächlichen Verbrauchs- bzw. Eintragungsrate mit sinkenden Zuwächsen. Der ökologische Schaden tritt mit Erreichen der kritischen Rate ein und wird durch weitere marginale Erhöhungen der tatsächlichen Rate auch weiter erhöht. Da aber das betrachtete Umweltgut bzw. die Umweltleistung, die es dem Menschen bisher zur Verfügung gestellt hat, nicht mehr in der bisherigen Weise bestehen, d.h. durch Umweltbelastung aufgezehrt sind, kann sich der weitere ökologische Schaden auch nur mit sinkenden Zuwächsen erhöhen.

Deshalb wird für das offene Intervall $F_{it} > F_{K_{it}}$ eine positive, streng monoton steigende, streng konkave Funktion vorgeschlagen. Die Polstelle wird weggeschnitten; damit sollen eigentlich unendlich große Äquivalenzkoeffizienten durch vergleichsweise große ersetzt werden. Insgesamt ist beispielsweise folgende Definition denkbar (zur Diskussion weiterer denkbarer Definitionen eines Äquivalenzkoeffizienten vgl. u.a. AHBE/BRAUNSCHWEIG/MÜLLER-WENK 1990, S. 20ff.).

$$Aek^R_{3_{it}}(F_{it}) = \begin{cases} \dfrac{1}{F_{K_{it}} - F_{it}} \dfrac{F_{it}}{F_{K_{it}}} & 0 \leqq F_{it} \leqq 0.9999 F_{K_{it}} \\ \dfrac{9999}{F_{K_{it}}} & 0.9999 F_{K_{it}} \leqq F_{it} \leqq 1.0001 F_{K_{it}} \\ \dfrac{1}{F_{K_{it}} - F_{it}} \dfrac{F_{it}}{F_{K_{it}}} + \dfrac{20.000}{F_{K_{it}}} & F_{it} \geqq 1.0001 F_{K_{it}} \end{cases}$$

An dieser Definiton ist das willkürliche Wegschneiden der Polstelle und Ersetzen durch $9999/F_{K_{it}}$ für den Bereich $0.9999F_{K_{it}} \leqq F_{it} \leqq 1.0001F_{K_{it}}$ kritisch anzumerken. Denn hier werden unendlich große Äquivalenzkoeffizienten nicht durch relativ große, für alle betrachteten Umweltgüter i gleiche Konstanten ersetzt, sondern die Bewertung ist von $F_{K_{it}}$ abhängig. Desweiteren ist die Definition $AeK^R_{2_{it}}(F_{it})$ in der Umgebung von $F_{K_{it}}$ sehr sensitiv; diese Gegebenheiten kann Definition $Aek^R_{3_{it}}(F_{it})$ gar nicht ausdrücken. Nach diesen Überlegungen wird zur Definition der Äquivalenzkoeffizienten eine logistische Funktion der Form

$$AeK^R_{it}(\frac{F_{it}}{F_{K_{it}}}) = \frac{k}{1+e^{b(1-\frac{F_{it}}{F_{K_{it}}})}} - \frac{k}{1+e^b}, \quad k, b > 0$$

vorgeschlagen. Konzeptionell entspricht eine logistische Funktion dem Verlauf von Letalkurven in der Beurteilung toxischer Wirkungen. „Die Frage nach ökologischer Knappheit ist vom Ansatz her ökotoxikologisch ausgerichtet, doch sind für ganze Ökosysteme keine Dosis-Wirkungs-Beziehungen bekannt" (BRAUNSCHWEIG 1988, S. 68f.). Trotzdem scheint der Verlauf einer logistischen Funktion als Erklärungsmodell plausibel.

Es ist $e^{b(1-F_{it}/F_{K_{it}})}$ stets nichtnegativ und damit auch $k/(1+e^{b(1-F_{it}/F_{K_{it}})})$. Der Nenner ist stets größer als 1, und es gilt $0 < k/(1+e^{b(1-F_{it}/F_{K_{it}})}) < k$ bzw. $0 \leqq AeK^R_{it}(F_{it}/F_{K_{it}}) < ke^b/(1+e^b)$. Da $e^{b(1-F_{it}/F_{K_{it}})}$ streng monoton fallend ist, wird der Nenner der logistischen Funktion mit wachsendem F_{it} immer kleiner. Daraus folgt, daß $AeK^R_{it}(F_{it}/F_{K_{it}})$ eine streng monoton steigende Funktion ist. Das zeigt sich auch beim Betrachten der ersten Ableitung

$$\frac{dAeK^R_{it}}{dF_{it}} = \frac{bk\frac{1}{F_{K_{it}}}e^{b(1-\frac{F_{it}}{F_{K_{it}}})}}{\left(1+e^{b(1-\frac{F_{it}}{F_{K_{it}}})}\right)^2}.$$

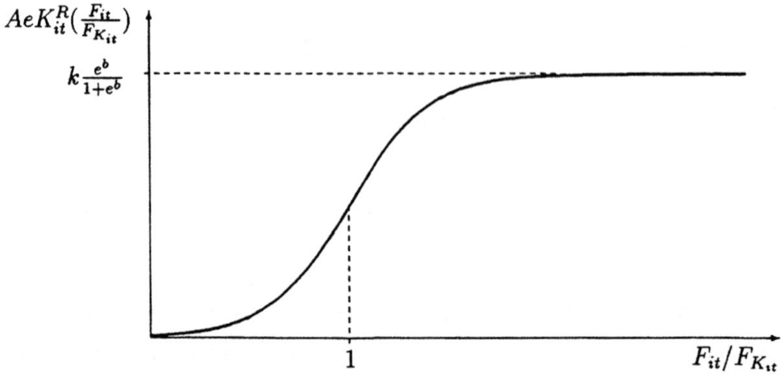

Abbildung 1.5: Logistische Funktion als denkbare Definition eines Äquivalenzkoeffizienten

Da der Nenner stets größer als 1 ist und $b, k, 1/F_{K_{it}} > 0$ gilt, folgt $dAeK_{it}^R/dF_{it} > 0$. Für die zweite Ableitung gilt

$$\frac{d^2 AeK_{it}^R}{(dF_{it})^2} = \frac{b^2 k \frac{1}{F_{K_{it}}^2} e^{b(1-\frac{F_{it}}{F_{K_{it}}})}\left(e^{b(1-\frac{F_{it}}{F_{K_{it}}})} - 1\right)}{\left(1 + e^{b(1-\frac{F_{it}}{F_{K_{it}}})}\right)^3}.$$

Notwendige Bedingung für die Existenz eines Wendepunktes ist das Nullsetzen der zweiten Ableitung. Da der Nenner stets größer als 1 ist, $k, b^2, 1/F_{K_{it}}^2 > 0$ und $e^{b(1-F_{it}/F_{K_{it}})} > 0$ gilt, folgt daraus $e^{b(1-F_{it}/F_{K_{it}})} - 1 = 0$ oder $F_{it}/F_{K_{it}} = 1$. Die dritte Ableitung an dieser Stelle ergibt einen von null verschiedenen Wert. Für $F_{it}/F_{K_{it}} = 1$ ergibt sich also ein Wendepunkt; es ist $AeK_{it}^R(1) = 1/2\ ke^b/(1 + e^b)$.

Zur Einschränkung auf den relevanten Bereich wird die oben definierte Funktion nur über dem halboffenen Intervall $F_{it}/F_{K_{it}} \geqq 0$ betrachtet. Da bei einer Umweltinanspruchnahme $F_{it} = 0$ der Äquivalenzkoeffizient ebenfalls gleich null sein soll, ist noch der von der Variablen F_{it} unabhängige Term $k/(1 + e^b)$ zu subtrahieren. Zur Veranschaulichung dient Abbildung 1.5. Als wichtiges Ergebnis ist festzuhalten, daß die Konstanten b und k für alle betrachteten Umweltgüter i gleich gewählt werden können und so eine „Normierung" im Intervall $0 \leqq AeK_{it}^R(F_{it}/F_{K_{it}}) < ke^b/(1 + e^b)$ erreicht werden kann.

Für das vorab geschilderte Zahlenbeispiel betragen die Äquivalenzkoeffizienten

$$
\begin{aligned}
AeK_{1t}^{R}(F_{1t}/F_{K_{1t}}) &= k/(1+e^{0,9b}) - k/(1+e^{b}) \quad [NBE/(F_{1t}/F_{K_{1t}})] \\
AeK_{2t}^{R}(F_{2t}/F_{K_{2t}}) &= k/(1+e^{0,1b}) - k/(1+e^{b}) \quad [NBE/(F_{2t}/F_{K_{2t}})]
\end{aligned}
$$

in Nutzenbelastungseinheiten pro Prozent der kritischen Rate. Nach Division durch die jeweilige kritische Rate sind die Äquivalenzkoeffzienten wieder in den Dimensionen $[NBE/NRE_1]$ bzw. $[NBE/NPE_2]$ angebbar. Für beispielsweise $b = 5$ und $k = 100$ ergeben sich folgende Werte $AeK_{1t}^{R}()/F_{K_{1t}} = (100/(1+e^{4,5}) - 100/(1+e^{5}))/100 = 0,0042$ $[NBE/NRE_1]$ und $AeK_{2t}^{R}()/F_{K_{2t}} = (100/(1+e^{0,5}) - 100/(1+e^{5}))/900 = 0,0412$ $[NBE/NPE_2]$. Es gilt $AeK_{1t}^{R}(1/10)/F_{K_{1t}} < AeK_{2t}^{R}(9/10)/F_{K_{2t}}$, d.h., die Eintragung einer weiteren Einheit der Nebenproduktart 2 ist ökologisch bedenklicher als der Abbau einer weiteren Einheit der natürlichen Ressource 1.

Die Anwendung der logistischen Funktion für den Fall $F_{it} \geqq F_{K_{it}}$ sowie die zugehörige Berechnung von F_{it} bzw. $F_{K_{it}}$ wird nun unter Zugrundelegung realer Daten illustriert. „Phosphor und Stickstoff sind als Nährstoffe für den Aufbau organischer Substanz – also für das Pflanzenwachstum unentbehrlich. Wasserpflanzen verwenden zum Aufbau ihrer organischen Substanz Stickstoff und Phosphor durchschnittlich im Gewichtsverhältnis 7:1. In vom Menschen unbeeinflußten Gewässern liegt das Verhältnis von N:P in der Größenordnung von 50:1 bis 80:1, ... Das Verhältnis von N:P in deutschen Flüssen hat sich durch Phosphoreinträge auf etwa 15:1 bis 10:1 eingeengt" (Der Rat von Sachverständigen für Umweltfragen 1987, S. 289). Die Quellen des Phosphors in Gewässern sind in erster Linie häusliche, industrielle sowie landwirtschaftliche Abwässer, wobei in den häuslichen Abwässern etwa die Hälfte des Phosphors aus Wasch- und Reinigungsmitteln stammt (vgl. Der Rat von Sachverständigen für Umweltfragen 1987, S. 290, insb. Tabelle 2.4.14). Die Schadwirkung des Phosphors in Gewässern liegt in der Zunahme des Pflanzen- und Algenwachstums mit der Folge einer Verkrautung oder Veralgung von Flußläufen und Seen, einer Verschiebung des Artenspektrums zu schnell wachsenden Arten mit hohem Nährstoffbedarf und führt neben weiteren Sekundäreffekten zu einer Beeinträchtigung von Geschmack und Geruch des Wassers mit nicht unerheblichen Auswirkungen auf die Trinkwassergewinnung (vgl. Der Rat von Sachverständigen für Umweltfragen 1987, S. 290).

Die für die Einleitung häuslichen Abwassers zulässigen abflußbezogenen Abwasserlasten können wie folgt bestimmt werden. Zugrundegelegt werden der Verdünnungsanteil in l/s (Liter pro Sekunde) Wasserführung des Gewässers, unter Vernachlässigung des Selbstreinigungsvermögens und der Vorbelastung, sowie die auf bestimmten Gewässergüteklassen basierenden Mindestanforderungen (vgl. Der Rat von Sachverständigen für Umweltfragen 1987, S. 267f. und S. 308ff.). Die biologische Gewässergüte der Fließgewässer in der Bundesrepublik Deutschland vor dem 3.10.1990 wird nach einem siebenstufigen Beurteilungsraster bewertet, von Güteklasse I (unbelastet bis sehr gering belastet) bis hin zu Güteklasse IV (übermäßig verschmutzt). Güteklasse II-III gilt als kritisch belastet und charakterisiert Gewässerabschnitte, deren Belastung mit organischen sauerstoffzehrenden Substanzen einen kritischen Zustand bewirkt - Fischsterben infolge Sauerstoffmangels ist möglich, bei Makroorganismen tritt ein Rückgang der Artenzahl auf, gewisse Arten neigen zu Massenentwicklung, Algen bilden häufig größere flächendeckende Bestände. Es handelt sich aber meist noch um ertragreiche Fischgewässer (vgl. Umweltbundesamt 1989, S. 305f.). Der Gewässerabschnitt der Saar bei Saarbrücken wird Mitte der achtziger Jahre in die Gewässergüteklassen III (stark verschmutzt) bzw. III-IV (sehr stark verschmutzt) eingeordnet (vgl. Umweltbundesamt 1989, S. 309).

Bei Zugrundelegung von Gewässergüteklasse II-III gilt für die Einleitung von Phosphor eine Höchstgrenze von $0,4$ $[mg\ P/l]$ (Milligramm Phosphor je Liter), von Ammonium $1,0$ $[mg\ NH_4-N/l]$ (Milligramm Ammonium je Liter) und für den biochemischen Sauerstoffbedarf in fünf Tagen gilt eine Höchstgrenze von $7,0$ $[mg\ BSB_5/l]$ (vgl. Der Rat von Sachverständigen für Umweltfragen 1987, S. 268, insb. Tabelle 2.4.1). Der BSB_5-Wert gilt als Maß für den biochemischen Sauerstoffbedarf, der in fünf Tagen erforderlich ist, um Abwasser biologisch zu reinigen. Er ist damit ein Maß für die Belastung des Wassers mit leicht abbaubaren Stoffen. – Bei Zugrundelegung der Gewässergüterklasse II-III sind Einwohnergleichwerte von $3,5$ $[g\ P/Ed]$ (Gramm Phosphor pro Einwohner und Tag), 11 $[g\ N/Ed]$ (Gramm Stickstoff pro Einwohner und Tag) und 60 $[g\ BSB_5/Ed]$ zulässig.

Daraus können maximal zulässige abflußbezogene Abwasserlasten, d.h. **kritische Raten**, für Phosphor, Stickstoffverbindungen und BSB_5 wie folgt bestimmt werden

$$\begin{aligned} F_{K_P} &= (0,4 \cdot 24 \cdot 60 \cdot 60)/(3,5 \cdot 1000) &= 9,8742 \quad [E/(l/s)], \\ F_{K_N} &= (1,0 \cdot 24 \cdot 60 \cdot 60)/(11 \cdot 1000) &= 7,8545 \quad [E/(l/s)], \\ F_{K_{BSB_5}} &= (7,0 \cdot 24 \cdot 60 \cdot 60)/(60 \cdot 1000) &= 10,08 \quad [E/(l/s)] \end{aligned}$$

(vgl. Der Rat von Sachverständigen für Umweltfragen 1987, S. 310). Der Periodenindex t wurde hier aus Gründen der leichteren Lesbarkeit weggelassen.

Im Jahr 1983 lag die durchschnittliche Belastung deutscher Gewässer mit Phosphor aus häuslichen Abwässern, berechnet auf Einwohner je l/s Wasserführung eines Gewässers, bei $F_P = 104$ $[E/(l/s)]$, mit Stickstoffverbindungen bei $F_N = 96$ $[E/(l/s)]$ und durch BSB_5 bei $F_{BSB_5} = 29$ $[E/(l/s)]$ (vgl. Der Rat von Sachverständigen für Umweltfragen 1987, S. 309, insb. Abbildung 2.4.11).

Für $b = 5$ und $k = 100$ lassen sich folgende Äquivalenzkoeffizienten berechnen.

$$\begin{aligned}
AeK_P^R(F_P/F_{K_P})/F_{K_P} &= (100/(1+e^{5\cdot(-9,5324)}) - 100/(1+e^5))/9,8742 \\
&= 10,0596 \quad [NBE/(E/(l/s))], \\
AeK_N^R(F_N/F_{K_N})/F_{K_N} &= (100/(1+e^{5\cdot(-11,2222)}) - 100/(1+e^5))/7,8545 \\
&= 12,6463 \quad [NBE/(E/(l/s))], \\
AeK_{BSB_5}^R(F_{BSB_5}/F_{K_{BSB_5}})/F_{K_{BSB_5}} &= (100/(1+e^{5\cdot(-1,8769)}) - 100/(1+e^5))/10,08 \\
&= 9,8534 \quad [NBE/(E/(l/s))].
\end{aligned}$$

Eine Reihung der Einwirkungsarten nach relativer Inanspruchnahme ergibt

$$F_N/F_{K_N} > F_P/F_{K_P} > F_{BSB_5}/F_{K_{BSB_5}} > 1.$$

Die Reihung der Äquivalenzkoeffizienten ergibt

$$AeK_{BSB_5}^R/F_{K_{BSB_5}} < AeK_P^R/F_{K_P} < AeK_N^R/F_{K_N}.$$

Als Ergebnis ist festzuhalten: Bei allen Einwirkungsarten sind ökologisch nicht akzeptable Zustände eingetreten, d.h. $F_i/F_{K_i} > 1$ $(i = P, N, BSB_5)$. Bei einem Vergleich der drei Einwirkungsarten bezüglich der ökologischen Bedenklichkeit weiterer Belastungen – unter Annahme einer Gewässergüte der Klasse II-III – gilt, daß die weitere Einleitung von Sauerstoff in Mengen, die von Mikroorganismen innerhalb von fünf Tagen verbraucht werden können, als weniger ökologisch bedenklich gilt als die Eintragung einer weiteren Einheit einer Phosphorverbindung und diese wiederum weniger ökologisch bedenklich ist als die Eintragung einer weiteren Einheit einer Stickstoffverbindung. – Jede abflußbezogene Abwasserlast eines Unternehmens kann mit für industrielle Abwässer in entsprechender Weise berechneten Äquivalenzkoeffizienten bewertet und in die ökologische Buchhaltung des Unternehmens übernommen werden.

Im Falle der Kumulativknappheit definiert MÜLLER-WENK den Äquivalenzkoeffizienten in der Form

$$AeK_{it}^K(F_{it}) = \frac{1}{R_{it} - n_i F_{it}} \frac{n_i F_{it}}{R_{it}},$$

wobei R_{it} die bekannten Reserven an natürlichen Ressourcen i und n_i einen normativen Zeithorizont darstellen, bis zu dessen Erreichen die verfügbaren Reserven bei heutiger

Abbautechnik und Abbauvolumen aufgebraucht sind (vgl. MÜLLER-WENK 1978, S. 39 und S. 42); hier ist $AeK_{it}^{K}(F_{it})$ für $n_i F_{it} \geqq R_{it}$ nicht definiert. Was im Falle der Kumulativknappheit auch sinnvoll ist, da bei Erreichen der Reservenhöchstmenge R_{it} die Ressource völlig aufgezehrt ist und nicht länger zur Verfügung stehen kann.

Es ist nun noch zu überlegen, wem die Festlegung kritischer Raten $F_{K_{it}}$ bzw. die Festlegung eines normativen Zeithorizonts n_i und somit die Bestimmung von Äquivalenzkoeffizienten zu übertragen ist. „Die AeK müssen von dritter Seite (Staat, internationale Organisationen) allgemein verbindlich festgelegt werden. Sie sind als **dynamische Größen** zu betrachten, welche von Zeit zu Zeit revidiert werden müssen, falls sich die Voraussetzungen, auf denen ihre Berechnung fußt, wesentlich geändert haben" (MÜLLER-WENK 1978, S. 24). Beispielsweise könnte das vom Statistischen Bundesamt konzipierte „Statistische Umweltökonomische Berichtssystem" (STUBS) (vgl. DOROW 1991b, S. 26ff.) als Ausgangspunkt für die Bestimmung der erforderlichen Äquivalenzkoeffizienten dienen (vgl. KLOOCK 1990b, S. 29; im Gegensatz zu ROTH 1992, S. 243).

Insgesamt kann als Ergebnis dieses Kapitels festgehalten werden, daß mit Hilfe der Äquivalenzkoeffizienten $AeK_{it}^{R}(F_{it}/F_{K_{it}})$ bzw. $AeK_{it}^{K}(F_{it})$ eine nach ökologischen Knappheitskalkülen **„mengenmäßige"Bewertung** des zuvor bestimmten Mengengerüsts aller Kosten der Umweltinanspruchnahme gefunden wurde. Da im innerbetrieblichen Rechnungswesen aber üblicherweise nicht mit „mengenmäßigen Kosten" gearbeitet wird, soll hier doch noch ein Schritt weiter gegangen werden. Eine mögliche Überführung der „mengenmäßigen" Bewertung in Geldgrößen mit Hilfe der Dualitätstheorie der linearen Programmierung folgt der Idee der von BÖHM und WILLE entwickelten **Grenzpreisrechnung** (vgl. BÖHM/WILLE 1974) und wird in Kapitel 1.2.4.2 beispielhaft illustriert.

1.2.4 Ökologische Kosten

1.2.4.1 Kalkulatorische Abgrenzung ökologischer Kosten

Die bisherigen Überlegungen haben gezeigt, daß der wertmäßige Kostenbegriff geeignet ist, einen durch Umweltinanspruchnahme verursachten Güterverzehr zu erfassen, soweit er sowohl bezüglich des Mengengerüsts als auch der Bewertung um die ökologische Dimension erweitert wird. Da der einem Kostenrechnungssystem zugrundeliegende Kostenbegriff entscheidend von dem Formalziel des Benutzers der Kosteninformationen abhängt (vgl. KLOOCK/SIEBEN/SCHILDBACH 1990, S. 28), wird in Anlehnung an SCHREINER ein neuer Kostenbegriff, **ökologische Kosten**, eingeführt, der auf der Konzeption des wertmäßigen Kostenbegriffs basiert. Der einer traditionellen Kosten- und Leistungsrechnung zugrundeliegende Begriff der substantiellen (wertmäßigen) Kosten ist aus dem Formalziel der Substanzerhaltung abgeleitet (vgl. SCHREINER 1990, S. 200f.; siehe dazu auch ADAM 1970, S. 133ff.; KILGER 1987, S. 89f. und S. 116). Eine ausführliche Diskussion der Konzeptionen der Kapital- und Substanzerhaltung sowie ihre Berücksichtigung im unternehmerischen Zielsystem findet sich u.a. bei BUSSE v. COLBE 1960, Sp. 5311ff.; BÖRNER 1975, Sp. 2100ff.; SIEBEN/SCHILDBACH 1981, Sp. 1516ff.

Der Begriff der ökologischen (wertmäßigen) Kosten, der zunächst parallel zum herkömmlichen Kostenbegriff Verwendung finden soll, muß zum einen geeignet sein, um als Planungs-, Steuerungs- sowie Kontrollgröße für das betriebliche Umweltschutzziel zu fungieren, und zum anderen seine finanzwirtschaftliche Ausschließlichkeit verlieren (vgl. SCHREINER 1990, S. 200). SCHREINER spricht weiterführend vom Unternehmensziel einer „umweltverträglichen Substanzerhaltung" und folgert: „Je konsequenter Substanzerhaltung an ökologischen Kriterien orientiert ist, umso geringer wird die Diskrepanz zwischen dem substantiellen und dem ökologischen Kostenbegriff. Anzustrebendes Ziel wäre, Identität der beiden Begriffe zu erreichen" (SCHREINER 1990, S. 203).

Die in Abbildung 1.6 zugeordneten Kostenbegriffe lassen sich wie folgt voneinander abgrenzen. Die **Grundkosten**, die nach Art und Höhe dem in der Finanzbuchhaltung als Kosten verrechnetem Zweckaufwand entsprechen, können tendenziell als pagatorische Kosten interpretiert werden. Werden für die Zwecke der Kostenrechnung Aufwandspositionen in anderer Höhe verrechnet als in der Finanzbuchhaltung, ist eine weitere Abgrenzung vom Zweckaufwand der Finanzbuchhaltung erforderlich, der alle Aufwendungen, die durch den eigentlichen Betriebszweck verursacht werden, umfaßt. Nach KOSIOL werden diese **kalkulatorischen Kostenarten**, die meist aus unterschiedlichen Wertansätzen resultieren, als **Anderskosten** bezeichnet (vgl. KILGER 1987, S. 25). So stellen kalkulatorische Abschreibungen zur Erfassung des Verschleiß von mehrperiodig nutzbaren Betriebsmitteln in aller Regel Anderskosten dar. „Die Finanzbuchhaltung richtet sich bei der Abschreibungsberechnung nach handels- und steuerrechtlichen Vorschriften, sie berücksichtigt steuerlich zulässige Sonderabschreibungen und ordnet im Rahmen der zulässigen Ermessensspielräume die Abschreibungsberechnung der Bilanzpolitik unter. In der Kostenrechnung dagegen versucht man, die Abschreibungen so zu berechnen, daß die Teilperioden mit Abschreibungsbeträgen belastet

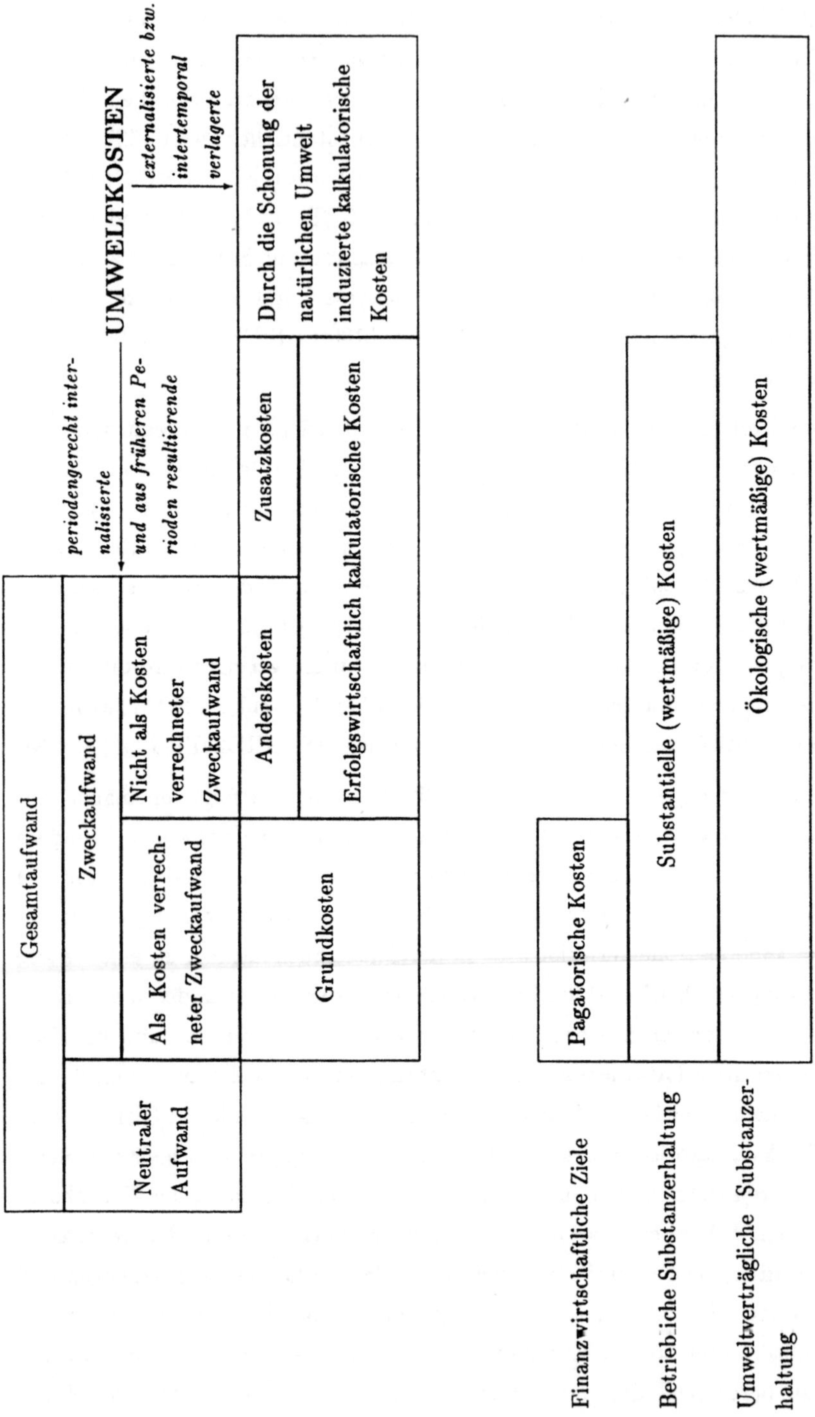

Abbildung 1.6: Ökologische Kosten (vgl. KILGER 1987, S. 25; SCHREINER 1990, S. 201)

werden, die möglichst genau dem Verschleiß entsprechen" (KILGER 1987, S. 26).

Aufgrund der Annahme eines wertmäßigen Kostenbegriffs sind in der Kostenrechnung kalkulatorische Kostenarten erforderlich, die nicht zahlungswirksam sind und somit in der Finanzbuchhaltung nicht als Aufwandspositionen angesetzt werden. Es handelt sich hierbei um **Opportunitätskosten**, die also zusätzlich zum Zweckaufwand der Finanzbuchhaltung anfallen; sie werden nach SCHMALENBACH als **Zusatzkosten** bezeichnet (vgl. SCHMALENBACH 1925, S. 11). In Einzelfirmen oder Personengesellschaften, in denen Inhaber leitende Funktionen ausüben, ohne hierfür feste Gehälter zu beziehen, sind als Zusatzkosten der sogenannte kalkulatorische Unternehmerlohn in Höhe des Gehalts einschließlich der Personalnebenkosten eines vergleichbaren leitenden Angestellten einer Aktiengesellschaft gleicher Größe anzusetzen, denn man kann „sich auf den Standpunkt stellen, daß die Einzelfirma erst dann einen Gewinn erzielt hat, wenn neben den übrigen Kosten auch ein Betrag in Höhe eines Geschäftsführergehalts verdient worden ist" (KILGER 1987, S. 27).

Die bisher angeführten kalkulatorischen Kostenarten sind erfolgswirtschaftlich motiviert. Werden weitere, durch Umweltinanspruchnahme induzierte, kalkulatorische Kostenarten angesetzt, verändert sich der **substantielle** zum **ökologischen Kostenbegriff.**

Umweltkosten umfassen alle Kostenarten, die durch Umweltinanspruchnahme verursacht werden (vgl. Kapitel 1.2.1). Ein Teil dieser Umweltkosten schlägt sich bereits in den Grundkosten und auch in den erfolgswirtschaftlich kalkulatorischen Anderskosten nieder, d.h., Kosten der Umweltnutzung werden bereits internalisiert. Sie stellen periodengerecht internalisierte Umweltkosten und Umweltkosten früherer Perioden dar (vgl. SCHREINER 1990, S. 201; Abbildung 1.6).

Tendenziell **verursachungsgerecht internalisierte Umweltkosten** können durch öffentliche Abgaben und/oder durch Erfüllung gesetzlicher Umweltschutzauflagen erzwungen werden sowie durch Haftungsansprüche Dritter oder durch freiwillige Umweltschutzmaßnahmen verursacht sein (vgl. SCHREINER 1990, S. 202).

Abgaben sind ein Sammelbegriff für alle kraft öffentlicher Finanzhoheit erhobenen Pflichtzahlungen, die Einzelwirtschaften leisten müssen. Spezielle Abgaben umfassen Gebühren und Beiträge; generelle Abgaben sind Steuern und Zölle. **Gebühren** werden als Entgelt für eine spezielle Gegenleistung einer Behörde oder öffentlichen Anstalt erhoben; Beispiele sind Müllabfuhrgebühren oder die Abwasserabgabe, die von den Ländern für das Einleiten von Abwasser in ein Gewässer erhoben wird (vgl. §1 AbwAG 1987; §1 WHG 1986). **Beiträge** werden als verhältnismäßige Kostenbeteiligung an im öffentlichen Interesse liegenden Vorhaben von jedem erhoben, der dauernden Sondervorteil davon hat; bei ihnen besteht also eine spezielle Gegenleistung seitens des Gemeinwesens, die jedoch nicht im Verhältnis zur Leistung stehen muß (vgl. auch §4, Abs. 2 Satz 3 WHG). Vom Staat erhobene Gebühren und Beiträge zählen zu den Grundkosten, da sie zur Realisation des unternehmerischen Sachziels aus Zahlungsverpflichtungen gegenüber dem Staat anfallen (vgl. KLOOCK/SIEBEN/SCHILDBACH 1990, S. 106).

Kosten, die durch die **Erfüllung von Umweltschutzauflagen** erzwungen werden, können zum einen Gewinnungskosten für natürliche Ressourcen sein, nämlich der Teil, der durch Auflagen für die Schadensregulierung oder zu treffende Vorsorgemaßnahmen verursacht ist, beispielsweise die Aufwendungen im Braunkohlentagebau. Zum anderen können es die erhöhten Kosten für die Inanspruchnahme der Umwelt als Aufnahmemedium für Produktions- und Konsumrückstände als Folge der Verknappung von Aufnahmefähigkeiten bei Luft, Wasser und Boden sein. So stellt der Gesetzgeber infolge der Verknappung höhere Anforderungen an die Abfallbehandlung, beispielsweise hinsichtlich der Deponietechnik bei Sonderabfällen (vgl. §§3, 4, 5a AbfG 1986), an die Abwasserbehandlung, etwa in Form zusätzlicher Klärstufen, sowie bei der Abluftreinigung und beim Lärmschutz (vgl. BImSchG 1986; SCHREINER 1988, S. 19f.). Ein Teil dieser Kosten stellt **Umweltkosten früherer Perioden** dar, denn das betrachtete soziale Kostengefüge ist aufgrund intertemporaler Verlagerungen der Umweltbeanspruchungen früherer Generationen – die Folge sind Verknappungseffekte bei natürlichen Ressourcen, Altlasten und eine reduzierte bzw. nicht mehr vorhandene natürliche Regenerationsfähigkeit bei einer Vielzahl von Umweltgütern – stark verzerrt. Zugleich verlagert die heutige Generation in einem nicht bestimmbaren Ausmaß Kosten der Umweltinanspruchnahme auf zukünftige Generationen (vgl. SCHREINER 1990, S. 199).

Kosten, die durch Umweltschutzauflagen erzwungen werden, können Grundkosten oder auch erfolgswirtschaftlich kalkulatorische Kosten sein. So können **erfolgswirtschaftliche Anderskosten** beispielsweise als kalkulatorische Wagniskosten zur kostenmäßigen Erfassung produktionsbedingter Abwässer-, Luftverschmutzungs- oder Bergschäden (vgl. KILGER 1987, S. 27 und S. 152f.) sowie infolge Haftungsansprüche Dritter entstehen. Auch kalkulatorische Abschreibungen auf vom Gesetzgeber erzwungene Umweltschutzmaßnahmen stellen erfolgswirtschaftliche Anderskosten dar. Während in der Finanzbuchhaltung erhöhte Absetzungen für abnutzbare bewegliche und unbewegliche

Wirtschaftsgüter des Anlagevermögens, die zu mehr als 70 % Umweltschutzzwecken dienen und nach dem 31.12.1974 sowie vor dem 1.1.1991 angeschafft oder hergestellt worden sind, nach §7d EStG geltend gemacht werden können (vgl. §7d Abs. 1 EStG 1987; BEA/KÖTZLE 1977, S. 556f.; KIESCHKE 1982, S. 194f.; CZERNEY/RIESTERER 1985, S. 9ff.; RIESTERER 1985, S. III-9.1, 9ff.; HEIGL 1989b, S. 70f.), werden in der Kostenrechnung kalkulatorische Abschreibungen zur periodengerechten Zuordnung des leistungsbedingten Werteverzehrs angesetzt.

Kosten, die nicht verursachungsgerecht, sondern gemäß dem **Gemeinlastprinzip** (vgl. u.a. WICKE 1980, S. 3/41, 3f.) internalisiert werden, sind beispielsweise erhöhte Kosten für Energie, Wasser, Rohstoffe, Transporte, aber auch Kosten infolge eines eventuell erhöhten Krankenstandes der Mitarbeiter, soweit sie durch allgemeine Umweltbelastungen, genauer durch Kostenexternalisierungen anderer Wirtschaftssubjekte, verursacht sind. Sie stellen Grundkosten dar. Werden vom Staat Umweltkosten pauschal, in Form höherer genereller oder spezieller Abgaben überwälzt, stellen diese ebenfalls, wie auch höhere Versicherungsbeträge, soweit sie nicht an konkrete Einzelrisiken geknüpft sind, Grundkosten dar (vgl. SCHREINER 1990, S. 202).

Kosten, die durch freiwillige Umweltschutzmaßnahmen verursacht werden, stellen eine verursachungsgerechte Internalisierung von Umweltkosten dar und werden als **umweltschutzinduzierte kalkulatorische Kostenarten** (vgl. Abbildung 1.6), die auch in – nun aber umweltschutzinduzierte – Anders- und Zusatzkosten unterteilt werden können, abgebildet. Freiwillige Umweltschutzmaßnahmen können zum einen durch die Bereitschaft zu einer aktiven Umweltschutzpolitik motiviert sein (vgl. FRESE/KLOOCK 1989, S. 4) oder zum anderen infolge in absehbarer Zeit zu erwartender staatlicher Maßnahmen ergriffen werden.

Umweltkosten sind gesamtwirtschaftliche Kosten, die alle Kostenarten umfassend der Gesamtgesellschaft durch Umweltinanspruchnahme bzw. Umweltbelastung entstehen. Ein Teil dieser Kosten wird – wie vorab gezeigt – durch öffentliche Abgaben, durch Erfüllung gesetzlicher Umweltschutzauflagen oder auch durch Haftungsansprüche Dritter tendenziell verursachungsgerecht bzw. nicht verursachungsgerecht gemäß dem Gemeinlastprinzip internalisiert. Dieser Kostenanteil stellt betriebswirtschaftliche bzw. einzelwirtschaftlich verrechnete (wertmäßige) Kosten dar und wird im folgenden als **Umweltschutzkosten** bezeichnet (vgl. RENTZ 1979, S. 18f.; KEITER 1980, S. 3/96, 3; HAASIS 1991, S. 12, 1f.; ROTH 1992, S. 107). Werden die Umweltschutzkosten um durch freiwillige Umweltschutzmaßnahmen verursachungsgerecht internalisierte Umweltkosten ergänzt, wird von **ökologischen Kosten** gesprochen.

1.2.4.2 Exemplarische Bestimmung ökologischer Kosten

Eine mögliche Überführung der in Kapitel 1.2.3 mit Hilfe von Äquivalenzkoeffizienten vorgenommenen „mengenmäßigen" Bewertung der Umweltkosten in Geldgrößen kann durch die Bewertung eines knappen Produktionsfaktors natürliche Umwelt mit Knappheitspreisen oder auch „Grenzpreisen" (BÖHM/WILLE 1974, S. 15) erfolgen. Die Bewertung mit Grenzpreisen folgt der Konzeption SCHMALENBACHs einer **entscheidungsorientierten Kostenbewertung,** nach der die Bewertung eines Produktionsfaktors aus einer **ökonomischen Zielsetzung** und der gegebenen **Datenkonstellation** abzuleiten ist (vgl. ADAM 1970, S. 38). „Jede Bewertung hängt ab vom verfolgten Rechnungszweck. ...Für ein und dasselbe Gut können verschiedene Wertansätze in Frage kommen. Davon ist der Wert der 'richtige' Wert, der dem jeweiligen Rechnungsziel am dienlichsten ist" (SCHMALENBACH 1963, S. 141). Die abgeleiteten Kostenwerte haben auch nur unter dieser speziellen Zielvorstellung ihre Gültigkeit. Sie entsprechen somit individuellen Wertvorstellungen, sind aber objektiv nachprüfbar (vgl. ADAM 1970, S. 38; KILGER 1973b, S. 533).

Den in bezug auf eine bestimmte Zielsetzung „richtigen" Wertansatz bezeichnet SCHMALENBACH als Kalkulationswert, optimale Geltungszahl oder auch Betriebswert (vgl. SCHMALENBACH 1925, S. 15 und 1948, S. 22). „Die optimale Geltungszahl ist ein zahlenmäßiger Betrag, mit dem die Kosten und Leistungen anzusetzen sind, um von den wirtschaftlichen Wahlmöglichkeiten die jeweilig wirtschaftlichste bestimmen zu können" (SCHMALENBACH 1963, S. 141). Bestimmungsgrund für die optimale Geltungszahl ist der Nutzen, „das ist leicht erkennbar daran, daß Gegenstände, die Kosten verursacht haben und nicht nützlich sind, keinen Wert haben, während Gegenstände, die nützlich sind, aber keine Kosten verursacht haben, einen Wert erhalten; dieses nur mit der Einschränkung, daß es sich um Gegenstände handeln muß, die eine gewisse Seltenheit besitzen" (SCHMALENBACH 1963, S. 164). Existieren für einen Produktionsfaktor keine Beschaffungs- oder Verwendungshemmnisse, d.h., das Entscheidungsfeld ist in bezug auf diesen Faktor offen, dann entspricht der Kalkulationswert den Grenzausgaben. Der Grenznutzen, definiert als Grenzausgabe zuzüglich Grenzgewinn, ist für die Faktoren, die den Engpaß der Produktion determinieren, Bestimmungsgrund des Kalkulationswertes (vgl. ADAM 1970, S. 38f.). Das von SCHMALENBACH entworfene, auf Grenznutzenvorstellungen basierende Konzept der optimalen Geltungszahl hat im Dualtheorem der linearen Programmierung seine Bestätigung und Verallgemeinerung erfahren (vgl. KILGER 1973b, S. 535; H. HAX 1981, Sp. 1695). Diese Idee liegt den nachfolgenden Ausführungen zugrunde.

Am Beispiel eines Produktionsplanungsproblems einer zyklischen, mehrfachen starren Kuppelproduktion (vgl. KILGER 1973a, S. 350f.; RIEBEL 1979, Sp. 1012ff.) werden zum einen die Berücksichtigung von indirekten Umweltschutzmaßnahmen, in Form eines innerbetrieblichen Recyclings (vgl. DINKELBACH 1990, S. 66) und einer betrieblichen Entsorgung (vgl. Kapitel 1.1), und zum anderen die Inanspruchnahme der natürlichen Umwelt sowohl als Lieferant natürlicher Ressourcen als auch als Lieferant von Aufnahmekapazitäten illustriert. Die Bewertung der einzelnen Kuppelprodukte und der produktionsbedingten Umweltinanspruchnahme geschieht mit Hilfe der Dualitätstheorie der linearen Programmierung. Dabei stellt sich das Problem der Behandlung von ex definitione nicht verursachungsgerecht zurechenbaren variablen Kosten der Kuppelproduktion. Einer Lösung dieses Problems wollen wir uns mit Hilfe der parametrischen linearen Programmierung nähern.

Das Produktionsplanungsproblem wird zunächst verbal beschrieben und anschließend als lineares Programm formuliert (zur Formulierung von Problemen der Produktionsplanung als lineare Programme vgl. u.a. KILGER 1973a, Kapitel 3; DINKELBACH/LORSCHEIDER 1990, Kapitel 4). In einer ersten Modellformulierung ($LP1$) werden unter der Zielsetzung, einen gewinnmaximalen Produktionsplan zu finden, zunächst nur die indirekten Umweltschutzmaßnahmen berücksichtigt. In einer zweiten Modellformulierung ($PLP2$) wird **zusätzlich** die Umweltinanspruchnahme explizit betrachtet und die nicht verursachungsgerecht zurechenbaren variablen Kuppelprozeßkosten als Parameter in der Zielfunktion berücksichtigt. Die Diskussion der gefundenen Ergebnisse schließt sich an.

In einer ersten Fertigungsstufe, Fertigung I, werden aus einer Rohstoffmischung, die aus dem Rohstoff R und der natürlichen Ressource NR im Mischungsverhältnis 1 : 1 besteht, die beiden **erwünschten Kuppelprodukte** $P1$ und ZP gefertigt. Absolut werden zur Erstellung einer Einheit der Stoffmischung $d_{RF_I} = 0,5$ $[FE/ME]$ von Rohstoff R sowie $d_{NRF_I} = 0,5$ $[NRE/ME]$ der natürlichen Ressource NR benötigt. Rohstoff R kann unbegrenzt zu einem Faktorpreis von $q = 0,5$ $[GE/FE]$ beschafft werden. Die Inanspruchnahme der natürlichen Ressource NR verursacht keine pagatorischen Kosten, wird aber mit einem Äquivalenzkoeffizienten $AeK^K_{NR} = 4$ $[NBE/NRE]$ bewertet. Das erwünschte Hauptprodukt $P1$ kann zu einem Verkaufspreis $p_1 = 20,2$ $[GE/PE_1]$ auf dem Absatzmarkt bis zu einer Absatzhöchstmenge von 800 $[PE_1]$ angeboten werden. Das erwünschte Zwischenprodukt ZP wird in einer nachfolgenden, zweiten Fertigungsstufe, Fertigung II, veredelt. Bei der Fertigung von $P1$ und ZP fallen zwangsläufig das **nicht unerwünschte Nebenprodukt** $NP1$ sowie die **unerwünschten Nebenprodukte** $NP2$ und $NP3$ an; dabei zerfällt die Rohstoffmischung im Verhältnis $1:2:1,5:3:2,5$ in $NP1$, $NP2$, $NP3$, $P1$ und ZP. 20% des Nebenprodukts $NP1$ werden nach einer kostenverursachenden Überarbeitung, wobei die **variablen** Überarbeitungskosten $k_{\ddot{u}} = 7,5$ $[GE/NPE_1]$ betragen, ihrem Entstehungsprozeß wieder zugeführt, um den Rohstoff R zumindest teilweise zu substituieren. Bei der Überarbeitung treten keine Mengenverluste auf. Bei der Wiederverwertung ist unterstellt, daß rezykliertes $NP1$ den originären Rohstoff R im Verhältnis $1:1$ ersetzen kann. Die verbleibenden, nicht rezyklierbaren 80% $NP1$ können ohne weitere Bearbeitung an die Umwelt abgegeben werden; die daraus resultierende Umweltinanspruchnahme wird mit einem Äquivalenzkoeffizienten $AeK^R_{NP1} = 7$ $[NBE/NPE_1]$ bewertet. In einer zweiten Fertigungsstufe wird das Zwischenprodukt ZP zum erwünschten Hauptprodukt $P2$ veredelt; dabei entstehen $P2$ und das unerwünschte Nebenprodukt $NP4$ im Verhältnis $3:2$. $P2$ kann zu einem Verkaufspreis $p_2 = 25,5$ $[GE/PE_2]$ bis zu einer Absatzhöchstmenge von 350 $[PE_2]$ verkauft werden. Die unerwünschten Nebenprodukte $NP2$, $NP3$ und $NP4$ müssen aufgrund zu erfüllender Umweltschutzauflagen in einer weiteren Prozeßstufe, betriebliche Entsorgung, in die Umwelt weniger belastende Rückstände umgewandelt werden. Die betriebliche Entsorgung steht mit einer beschränkten Kapazität von 4700 $[KE]$ zur Verfügung. Die Belastungskoeffizienten für die Rückstandsumwandlung sind $m_2 = 4$ $[KE/NPE_2]$, $m_3 = 5$ $[KE/NPE_3]$ bzw. $m_4 = 8$ $[KE/NPE_4]$. Dabei fallen **variable** Entsorgungskosten von $k_{E2} = 1$ $[GE/NPE_2]$, $k_{E3} = 1,1$ $[GE/NPE_3]$ bzw. $k_{E4} = 2$ $[GE/NPE_4]$ an. Nach der Rückstandsumwandlung werden noch 70% $NP2$, 50% $NP3$ und 25% $NP4$ emittiert. Ihre Umweltinanspruchnahme wird mit Äquivalenzkoeffizienten $AeK^R_{NP2} = 11$ $[NBE/NPE_2]$, $AeK^R_{NP3} = 4$ $[NBE/NPE_3]$ bzw. $AeK^R_{NP4} = 12$ $[NBE/NPE_4]$ bewertet. Fertigung I, Fertigung II und die Überarbeitungsanlage stehen mit ausreichend großen Kapazitäten zur Verfügung.

Da eine Zurechnung der (Herstell-)Kosten eines Kuppelprozesses auf die einzelnen Kuppelprodukte immer willkürlich bleibt (vgl. KILGER 1987, S. 355f.), werden hier neben den fixen auch die variablen Kuppelprozeßkosten, deren Entstehung unterbliebe, wenn auf die Produktion verzichtet würde, **ohne Zurechnung auf die einzelnen Kuppelprodukte**, in Abzug gebracht. In der Kostenrechnung wird üblicherweise auf den Ausweis produktindividueller Stückkosten verzichtet, statt dessen werden die variablen Kuppelprozeßkosten **rechnerisch** jeweils bestimmten Leiteinsatz- oder Leitausbringungsmengen zugeordnet und durch Mengenflußrestriktionen sichergestellt, daß die Relationen der Kuppelprodukte untereinander eingehalten werden (vgl. u.a. BRINK

1969, S. 50 und 56; KILGER 1987, S. 355). Die variablen Herstellkosten des Kuppelprozesses Fertigung I setzen sich aus den Beschaffungskosten für den Rohstoff R sowie für die natürliche Ressource NR und den Fertigungskosten k_F $[GE/ME]$ zusammen, die in Höhe von $k_F = 1,41$ $[GE/ME]$ angenommen werden. Die variablen Fertigungskosten k_F werden der **Leiteinsatzmenge** der Rohstoffmischung zugeordnet. Für die Fertigung II sollen keine variablen Kuppelprozeßkosten anfallen. Sie könnten aber in entsprechender Weise der (Leit-)Einsatzmenge des Zwischenprodukts ZP zugeordnet werden. Es fallen **fixe Kosten** in Höhe von 493,9 $[GE]$ in Fertigung I, 213,6 $[GE]$ in der Überarbeitung, 705 $[GE]$ in Fertigung II und 587,5 $[GE]$ in der betrieblichen Entsorgung an; die **fixen Kosten der gesamten Produktionsfolge** betragen somit 2000 $[GE]$; sie werden en bloc in Abzug gebracht und bleiben deshalb in der jeweiligen Zielfunktion der linearen Programme unberücksichtigt. Zur Darstellung des Produktionsablaufs dient Abbildung 1.7.

Zur Formulierung des Produktionsplanungsproblems werden die folgenden Variablen definiert.

x_R := Einsatzmenge des Rohstoffs R $[FE]$,

x_{NR} := Einsatzmenge der natürlichen Ressource NR $[NRE]$,

x_M := Menge der Rohstoffmischung der Fertigung I $[ME]$,

x_{Pj} := Produktions-(=Absatz-)menge des Hauptprodukts Pj $[PE_j]$ $(j = 1,2)$,

x_{Nj} := Menge der Nebenproduktart NPj $[NPE_j]$ $(j = 1,2,3,4)$,

x_Z := Menge des Zwischenprodukts ZP $[ZPE]$.

Bleibt zunächst die produktionsbedingte Umweltinanspruchnahme, sofern ihre Beachtung nicht durch gesetzliche Umweltschutzauflagen erzwungen wird, unberücksichtigt, d.h., es werden nur die indirekten Umweltschutzmaßnahmen betrachtet, und soll für das vorliegende Produktionsplanungsproblem eine gewinnmaximale Lösung gefunden werden, beschreibt $(LP1)$ eine mögliche Modellformulierung.

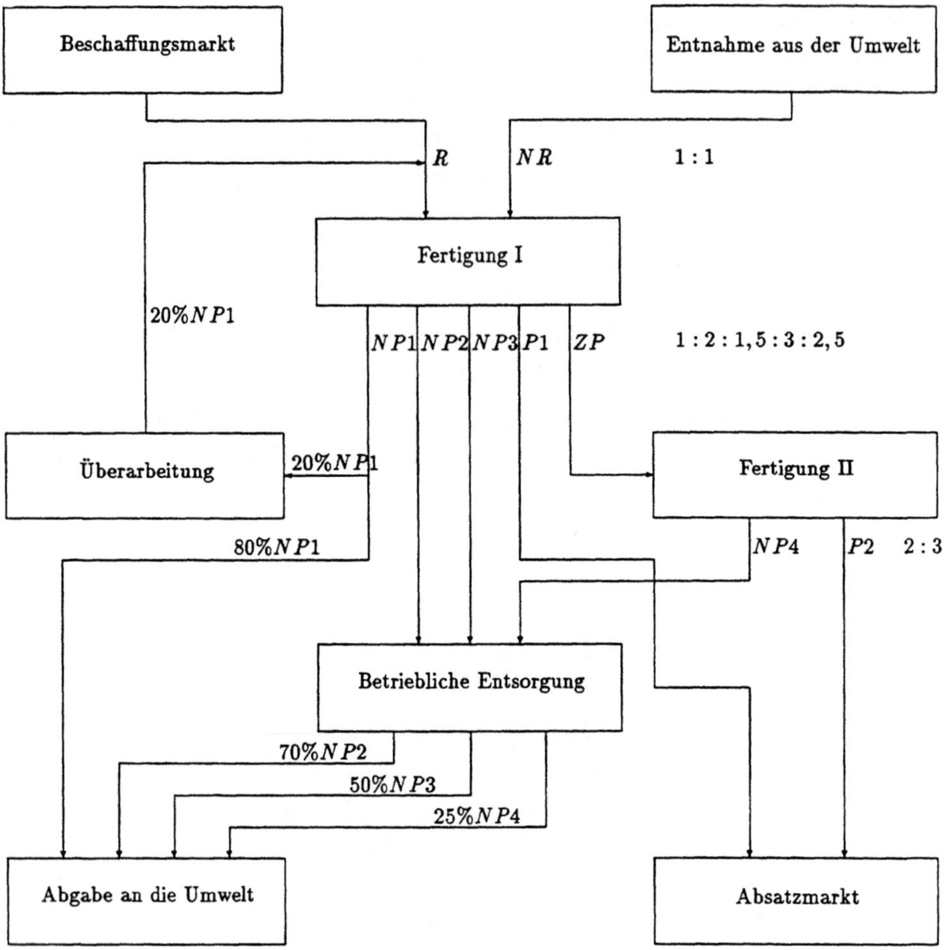

Abbildung 1.7: Zyklische mehrfache starre Kuppelproduktion

$(LP1)$

$$max\ DB := 20,2x_{P1} + 25,5x_{P2} - 0,5x_R - 1,41x_M - 1,5x_{N1} - 1x_{N2} - 1,1x_{N3} - 2x_{N4}$$

$$\begin{array}{llllllllll}
u.d.N.\ (1) & + & 0,5x_M & - & x_{NR} & & & & & = 0 \\
(2) & + & 0,5x_M & - & x_R & - & 1(0,2x_{N1}) & & & = 0 \\
(3) & - & 0,1x_M & & & + & x_{N1} & & & = 0 \\
(4) & - & 0,2x_M & & & + & x_{N2} & & & = 0 \\
(5) & - & 0,15x_M & & & + & x_{N3} & & & = 0 \\
(6) & - & 0,3x_M & & & & + & x_{P1} & & = 0 \\
(7) & - & 0,25x_M & & & & & + & x_Z & = 0 \\
(8) & & & & & & & x_{P2} & - 0,6x_Z & = 0 \\
(9) & & & & & & x_{N4} & & - 0,4x_Z & = 0 \\
(10) & & & & & & & x_{P1} & & \leqq 800 \\
(11) & & & & & & & x_{P2} & & \leqq 350 \\
(12) & & & & & & 4x_{N2} & + 5x_{N3} & + 8x_{N4} & \leqq 4700 \\
(14) & & & & & & \multicolumn{3}{r}{x_M, x_{NR}, x_R, x_{N1}, x_{N2}, x_{N3}, x_{N4}, x_{P1}, x_{P2}, x_Z} & \geqq 0
\end{array}$$

Die Nebenbedingungen *(1)* und *(2)* beschreiben die Rezeptur für die Rohstoffmischung der Fertigung I. Die Kopplungs- bzw. Zerfallsgleichungen *(3)* bis *(7)* legen das starre Mengenverhältnis der Kuppelprodukte der Fertigung I untereinander fest. So stellen *(4)* und *(5)* beispielsweise sicher, daß bei Einsatz einer Einheit der Rohstoffmischung $NP2$ und $NP3$ im festen Mengenverhältnis $2 : 1,5$ anfallen. *(2)* und *(3)* zusammen bewirken, daß bei Entstehen einer Einheit des Nebenprodukts $NP1$ in Fertigung I und infolge der Substituierbarkeit des Rohstoffs R durch rezykliertes $NP1$ nur noch $0,48\ [FE/ME]$ des originären Rohstoffs R zur Erstellung einer Einheit der Rohstoffmischung benötigt werden. Die Materialstückkosten k_M des Kuppelprozesses Fertigung I betragen bei Recycling $k_M = 0,48q = 0,24\ [GE/ME]$; die variablen Herstellkosten k_H – ohne Beschaffungskosten für die natürliche Ressource NR – können mit $k_H = k_M + k_F = 1,65\ [GE/ME]$ angegeben und rechnerisch der Leiteinsatzmenge der Rohstoffmischung zugeordnet werden. *(8)* und *(9)* beschreiben die Input-Output-Relationen des Kuppelproduktionsprozesses in Fertigung II. Nebenbedingung *(10)* bzw. *(11)* stellt die Einhaltung der Absatzhöchstmenge für das erwünschte Hauptprodukt $P1$ bzw. $P2$ sicher. Mit Nebenbedingung *(12)* wird die Kapazitätsinanspruchnahme der betrieblichen Entsorgung durch die maximal verfügbare Kapazität von $4700\ [KE]$ nach oben begrenzt.

In die Zielfunktion gehen neben den Erlösen aus dem Verkauf der erwünschten Hauptprodukte $P1$ und $P2$ die **nach dem Verursacherprinzip direkt zurechenbaren**

Kosten, auch als **abtrennbare Kosten** (vgl. u.a. BÖHM/WILLE 1974, S. 79f.) bezeichnet – hier sind es die Überarbeitungskosten für $NP1$ sowie die Kosten der betrieblichen Entsorgung für $NP2$, $NP3$ bzw. $NP4$ –, und die **nicht verursachungsgerecht zurechenbaren Herstellkosten des Kuppelprozesses** ein, die rechnerisch der Leiteinsatzmenge der Rohstoffmischung zugeordnet werden. Sie werden als **verbundene Kosten** der Kuppelprodukte bezeichnet, denn es „ist technisch unmöglich, Teile der Kosten dadurch zu vermeiden, daß auf die Produktion eines der Kuppelprodukte verzichtet wird" (BÖHM/WILLE 1974, S. 77; vgl. auch RIEBEL 1979, Sp. 1017). Die Produktion ist dann als wirtschaftlich anzusehen, wenn die Umsatzerlöse aus Verkauf der erwünschten Hauptprodukte über die Deckung der abtrennbaren Überarbeitungs- bzw. Entsorgungskosten hinaus insgesamt die Deckung der verbundenen Kuppelprozeßkosten erlauben. „Es kann völlig offen bleiben, welche Produkte ... im einzelnen diese Deckung bringen, wenn sie dies nur in ihrer Gesamtheit tun" (BÖHM/WILLE 1974, S. 81).

Die optimale Lösung von $(LP1)$ ist $\mathbf{x}_1^* = (x_R^*; x_{NR}^*; x_M^*; x_{P1}^*; x_{P2}^*; x_{N1}^*; x_{N2}^*; x_{N3}^*; x_{N4}^*; x_Z^*)$ $= (960; 1000; 2000; 600; 300; 200; 400; 300; 200; 500)$ mit dem maximalen Gewinn $G_1^* = DB^*(\mathbf{x}_1^*) - 2000 = 15.040 - 2000 = 13.040$ $[GE]$. Da $G_1^* > 0$, gilt die Produktion unter Berücksichtigung der indirekten Umweltschutzmaßnahmen als wirtschaftlich. Eine **Sensitivitätsanalyse** bezüglich der der Leiteinsatzmenge der Rohstoffmischung zugeordneten variablen Fertigungskosten k_F der Kuppelproduktion Fertigung I zeigt, daß sich bei Variation von k_F im halboffenen Intervall $-\infty < k_F \leqq 8,93$ die gefundene optimale Basislösung $\mathbf{x}_1^*$ nicht ändert. Der optimale Zielfunktionswert ist $DB^*(\mathbf{x}_1^*; k_F) = 17.860 - 2000k_F$. Für $k_F = 8,93$ ist $DB^*(\mathbf{x}_1^*; k_F) = 0$, d.h., die Umsatzerlöse aus Verkauf der erwünschten Hauptprodukte erlauben über die Deckung der abtrennbaren Überarbeitungs- bzw. Entsorgungskosten hinaus die Deckung der verbundenen variablen Kuppelprozeßkosten, nicht aber die Deckung der fixen Kosten der gesamten Produktionsfolge. Der **kritische Wert** $k_F = 8,93$ könnte hier auch als **kurzfristige Obergrenze** der variablen Fertigungskosten des Kuppelprozesses bezeichnet werden. Für $k_F > 8,93$ ist $\mathbf{x}_1^* = \mathbf{o}$.

Durch Realisierung von $\mathbf{x}_1^*$ wird die natürliche Umwelt sowohl als Lieferant natürlicher Ressourcen, $x_{NR}^* = 1000$ $[NRE]$, als auch als Lieferant von Aufnahmekapazitäten, durch Emission von $0,8x_{N1}^* = 160$ $[NPE_1]$, $0,7x_{N2}^* = 280$ $[NPE_2]$, $0,5x_{N3}^* = 150$ $[NPE_3]$ bzw. $0,25x_{N4}^* = 50$ $[NPE_4]$, in Anspruch genommen. Mit Hilfe der Äquivalenzkoeffizienten werden die Umweltinanspruchnahmen bewertbar und addierbar. Insgesamt beträgt die bewertete, durch die Realisierung von $\mathbf{x}_1^*$ verursachte Umweltinanspruchnahme $AeK^K_{NR} \cdot x^*_{NR} + AeK^R_{NP1} \cdot 0,8x^*_{N1} + AeK^R_{NP2} \cdot 0,7x^*_{N2} + AeK^R_{NP3} \cdot 0,5x^*_{N3} + AeK^R_{NP4} \cdot 0,25x^*_{N4} = 4 \cdot 1000 + 7 \cdot 160 + 11 \cdot 280 + 4 \cdot 150 + 12 \cdot 50 = 9400$ $[NBE]$.

Wird im Rahmen einer aktiven Umweltpolitik – unter Zugrundelegung des Ziels der Gewinnmaximierung – als **freiwillige** direkte Umweltschutzmaßnahme, Vermeidungs- bzw. Verminderungsmaßnahme (vgl. Kapitel 1.1), die Summe der bewerteten Umweltnutzungen auf $\overline{\overline{NB}} = 7050$ $[NBE]$ begrenzt, beschreibt $(PLP2)$ eine mögliche Problemformulierung. Dabei werden die der (Leit-)Einsatzmenge der Rohstoffmischung zugeordneten variablen Fertigungskosten des Kuppelprozesses als **Parameter t in der Zielfunktion** erfaßt. $(PLP2)$ ist also ein **parametrisches lineares Programm** mit einem Parameter in der Zielfunktion.

$(PLP2)$

$max\ DB_{Zf} := 20,2x_{P1} + 25,5x_{P2} - 0,5x_R - tx_M - 1,5x_{N1} - 1x_{N2} - 1,1x_{N3} - 2x_{N4}$

u.d.N. (1) – (12) und *(14)* wie *(LP1)*

(13) $4x_{NR} + 5,6x_{N1} + 7,7x_{N2} + 2x_{N3} + 3x_{N4} \leqq 7050$

für $t \in \mathbb{R}$

Durch die explizite Berücksichtigung der Umweltinanspruchnahme hat sich an der Zielfunktion nichts geändert; mit Nebenbedingung *(13)* kommt die Begrenzung der bewerteten Umweltnutzungen auf 7050 $[NBE]$ hinzu.

Für das halboffene Intervall $-\infty < t \leqq 8,93$ lautet die optimale Lösung von $(PLP2)$ $\mathbf{x}^*_2(t) = (x^*_R(t); \ldots; x^*_Z(t)) = (720; 750; 1500; 450; 225; 150; 300; 225; 150; 375)$ mit dem maximalen Gewinn $G^*_2(t) = DB^*_{Zf}(t) - 2000 = 13.395 - 1500t - 2000 = 11.395 - 1500t$ $[GE]$. Für $t > 8,93$ ist $\mathbf{x}^*_2(t) = \mathbf{o}$ mit $DB^*_{Zf}(t) = 0$ bzw. $G^*_2(t) = -2000$.

Für $(PLP2)$ lassen sich also in Abhängigkeit des Parameters t zwei **kritische Bereiche** bestimmen, in denen sich die jeweils gefundene optimale Basislösung nicht ändert. Der Definitionsbereich von $DB^*_{Zf}(t)$, d.h. die Menge der kritischen Bereiche, sei als $\mathbf{Q}_{Zf}$ bezeichnet. Die **optimale Lösungsfunktion** $DB^*_{Zf}(t)$ ist konvex über $\mathbf{Q}_{Zf}$. Die optimale Lösungsfunktion $DB^*_{Zf}(t)$ ist linear für alle t aus einem kritischen Bereich und somit über $\mathbf{Q}_{Zf}$ (vgl. DINKELBACH 1969, S. 93).

Für $t = k_F = 1,41$ ist $\mathbf{x}^*_2 = \mathbf{x}^*_2(t) = (720; 750; 1500; 450; 225; 150; 300; 225; 150; 375)$ und $G^*_2(k_F) = DB^*_{Zf}(\mathbf{x}^*_2; k_F) - 2000 = 9280$ $[GE]$. Da $G^*_2(k_F) > 0$, ist auch hier die Produktion wirtschaftlich.

Als ein erstes, triviales Ergebnis ist festzuhalten, daß infolge der gewählten Vermeidungsmaßnahme der maximale Gewinn um $G^*_1 - G^*_2(k_F) = 3760$ $[GE]$ gesunken ist.

Zur weiteren Ergebnisdiskussion bedarf es noch einiger Überlegungen. Die abtrennbaren Kosten je Bezugsgrößeneinheit werden von BÖHM und WILLE als „Leistungskostensätze" (BÖHM/WILLE 1974, S. 30) bezeichnet; für die Inanspruchnahme knapper Produktionsfaktoren werden zusätzlich Opportunitätskostensätze je Bezugsgrößeneinheit gebildet, die BÖHM und WILLE als „Leistungserfolgssätze" (BÖHM/WILLE 1974, S. 50) bezeichnen. Die Leistungskosten und die Leistungserfolgsätze werden zu dem „Leistungsertragssatz" (BÖHM/WILLE 1974, S. 40) bzw. dem „Standard-Grenzpreis" (BÖHM/WILLE 1974, S. 65) zusammengefaßt.

Die abtrennbaren Überarbeitungs- und Entsorgungskosten können hier als Leistungskostensätze je Faktor- bzw. Nebenprodukteinheit eingeordnet werden. Die Leistungserfolgs- bzw. Leistungsertragssätze können aus der optimalen Lösung des zu $(PLP2)$ korrespondierenden dualen Programms $(DPLP2)$ abgelesen werden. $(DPLP2)$ ist ein parametrisches lineares Programm mit einem **Parameter t im Begrenzungsvektor**. Zur Formulierung von $(DPLP2)$ werden die folgenden Variablen definiert.

y_1 := Leistungserfolg bzw. -ertrag der natürlichen Ressource NR $[GE/NRE]$,
y_2 := Leistungskosten, pagatorische Kosten des Rohstoffs R $[GE/FE]$,
y_3 := Leistungsertrag, ökologische Kosten des Nebenprodukts $NP1$ $[GE/NPE_1]$,
y_4 := Leistungsertrag, ökologische Kosten des Nebenprodukts $NP2$ $[GE/NPE_2]$,
y_5 := Leistungsertrag, ökologische Kosten des Nebenprodukts $NP3$ $[GE/NPE_3]$,
y_6 := Grenznutzen des Hauptprodukts $P1$ $[GE/PE_1]$,
y_7 := Leistungserfolg bzw. -ertrag des Zwischenprodukts ZP $[GE/ZPE]$,
y_8 := Grenznutzen des Hauptprodukts $P2$ $[GE/PE_2]$,
y_9 := Leistungsertrag, ökologische Kosten des Nebenprodukts $NP4$ $[GE/NPE_4]$,
y_{10} := Leistungserfolg der Absatzbeschränkung des Hauptprodukts $P1$ $[GE/PE_1]$,
y_{11} := Leistungserfolg der Absatzbeschränkung des Hauptprodukts $P2$ $[GE/PE_2]$,
y_{12} := Leistungserfolg der betrieblichen Entsorgung $[GE/KE]$,
y_{13} := Leistungserfolg des Produktionsfaktors natürliche Umwelt $[GE/NBE]$.

Bei der Bildung von $(DPLP2)$ wird auf die Überführung von $(PLP2)$ in ein **lineares Programm in Normalform** (vgl. DANTZIG 1966, S. 148) verzichtet, da dazu die Gleichungen *(1)* bis *(9)* durch je zwei Ungleichungen ersetzt werden müßten. Im Dualen der Normalform würden somit 22 – nun aber nichtnegativ vorzeichenbeschränkte – Variablen benötigt. Die in $(DPLP2)$ verwendeten, zu den Gleichungen *(1)* bis *(9)* von $(PLP2)$ korrespondierenden Dualvariablen $y_1(t), \ldots, y_9(t)$ sind nicht vorzeichenbeschränkt. Es läßt sich aber beweisen, daß das Duale eines linearen Programms in

$$
\begin{array}{lll}
(DPLP2) & & \\
min\ \ Z_{B_g} := 800y_{10} + 350y_{11} + 4700y_{12} + 7050y_{13} & & \\
u.d.N.\ (1)\ +0,5y_1 + 0,5y_2 - 0,1y_3 - 0,2y_4 - 0,15y_5 - 0,3y_6 - 0,25y_7 & \geqq & -t \\
(2)\ -y_1 + 4y_{13} & \geqq & 0 \\
(3)\ -y_2 & \geqq & -0,5 \\
(4)\ -0,2y_2 + y_3 + 5,6y_{13} & \geqq & -1,5 \\
(5)\ +y_4 + 4y_{12} + 7,7y_{13} & \geqq & -1 \\
(6)\ +y_5 + 5y_{12} + 2y_{13} & \geqq & -1,1 \\
(7)\ +y_6 + y_{10} & \geqq & 20,2 \\
(8)\ +y_7 - 0,6y_8 - 0,4y_9 & \geqq & 0 \\
(9)\ +y_8 + y_{11} & \geqq & 25,5 \\
(10)\ +y_9 + 8y_{12} + 3y_{13} & \geqq & -2 \\
(11)\ y_1, y_2, y_3, y_4, y_5, y_6, y_7, y_8, y_9 \in \mathbb{R};\ \ y_{10}, y_{11}, y_{12}, y_{13} & \geqq & 0 \\
\text{für}\ \ t \in \mathbb{R} & &
\end{array}
$$

Normalform dem hier beschriebenen Programm ($DPLP2$) gleich ist (vgl. DANTZIG 1966, S. 146ff.).

Zunächst wird ($DPLP2$) für den kritischen Bereich $-\infty < t < 8,93$ betrachtet. Da die optimale Basislösung $\mathbf{x}_2^*(t)$ des primalen Problems **eindeutig**, d.h., es existieren keine Mehrfachlösungen, und **nicht degeneriert** ist, ist die optimale Basislösung $\mathbf{y}^*(t)$ von ($DPLP2$) **nicht degeneriert** und **eindeutig** (vgl. u.a. DINKELBACH 1992, S. 16, insb. Satz (1.38)). Aus dem von KOOPMANS formulierten **Preistheorem der linearen Programmierung** (vgl. KOOPMANS 1951, S. 86) - in anderen Schriften auch als **Satz vom komplementären Schlupf** bezeichnet (vgl. u.a. DANTZIG 1966, S. 158; DINKELBACH 1992, S. 18f.) - folgt unmittelbar, daß die Leistungserfolgssätze $y_{10}^*(t) = y_{11}^*(t) = y_{12}^*(t) = 0$ sind, da die Absatzhöchstmengen von $P1$ und $P2$ bzw. die Kapazität der betrieblichen Entsorgung keine restriktiven Nebenbedingungen des Entscheidungsfeldes darstellen. Eine Erhöhung beispielsweise der Entsorgungskapazität um eine weitere Einheit bleibt ohne Auswirkung auf den maximalen Deckungsbeitrag $DB_{Zf}^*(t)$ bzw. den maximalen Gewinn $G_2^*(t)$. Daraus läßt sich weiter ableiten, daß der Grenznutzen der erwünschten Hauptprodukte $P1$ und $P2$ ihrem Marktpreis entspricht, d.h. $y_6^*(t) = 20,2$ $[GE/PE_1]$ (aus *(7)*) bzw. $y_8^*(t) = 25,5$ $[GE/PE_2]$ (aus *(9)*).

Da Rohstoff R keine weiteren knappen Produktionsfaktoren beansprucht und seine Beschaffung unbegrenzt möglich ist, wird sein Verzehr mit einem Leistungsertragssatz in Höhe des Leistungskostensatzes bzw. der (pagatorischen) Beschaffungskosten bewertet, d.h. $y_2^*(t) = 0,5$ $[GE/FE]$ (aus *(3)*) (vgl. u.a. HEINEN 1983, S. 430; HELLWIG 1987, S. 81). Jede weitere eingesetzte Einheit des Rohstoffs R wird cet. par. den maximalen (Gesamt-)Deckungsbeitrag bzw. den maximalen Gewinn um $0,5$ $[GE]$ vermindern.

Bei entsprechender Anwendung des Satzes vom komplementären Schlupf sind die übrigen Dualvariablen $y_1^*(t), y_3^*(t), y_4^*(t), y_5^*(t), y_7^*(t), y_9^*(t)$ und $y_{13}^*(t)$ aus dem folgenden Gleichungssystem bestimmbar.

$$
\begin{array}{lrrrrrrrrcl}
(1)' & +0,5y_1^* & -0,1y_3^* & -0,2y_4^* & -0,15y_5^* & -0,25y_7^* & & & & = & -t+5,81 \\
(2)' & -y_1^* & & & & & & + & 4y_{13}^* & = & 0 \\
(4)' & & y_3^* & & & & & + & 5,6y_{13}^* & = & -1,4 \\
(5)' & & & y_4^* & & & & + & 7,7y_{13}^* & = & -1 \\
(6)' & & & & y_5^* & & & + & 2y_{13}^* & = & -1,1 \\
(8)' & & & & & y_7^* & -0,4y_9^* & & & = & 15,3 \\
(10)' & & & & & & y_9^* & + & 3y_{13}^* & = & -2
\end{array}
$$

Aus den Gleichungen *(2)'*, *(4)'*, *(5)'*, *(6)'*, *(8)'* und *(10)'* lassen sich $y_1^*(t)$, $y_3^*(t)$, $y_4^*(t)$,

$y_5^*(t)$, $y_9^*(t)$ und $y_7^*(t)$ in Abhängigkeit von $y_{13}^*(t)$ darstellen und in *(1)'* einsetzen. Daraus resultieren

$$\text{(1)''} \quad 4,7y_{13}^* = 8,93 - t$$

$$\text{(1)'''} \quad y_{13}^*(t) = 1,9 - 10/47t.$$

Auf der linken Seite der Gleichung *(1)''* wird die Umweltinanspruchnahme durch die gesamte Produktionsfolge bezogen auf eine Einheit der Rohstoffmischung in Höhe von 4,7 $[NBE/ME]$ mit dem Leistungserfolg y_{13}^* $[GE/NBE]$ des Produktionsfaktors natürliche Umwelt bewertet. Auf der rechten Seite von *(1)''* wird der Saldo aus Erlösen und abtrennbaren Kosten der gesamten Produktionsfolge bezogen auf eine Einheit der Rohstoffmischung in Höhe von 8,93 $[GE/ME]$ um die der Rohstoffmischung rechnerisch zugeordneten variablen Kuppelprozeßkosten t vermindert. Auf der rechten Seite von *(1)'''* können 1,9 $[GE/NBE]$ als der **relative Deckungsbeitrag pro Einheit der Engpaßbelastung** interpretiert werden (vgl. KILGER 1973a, S. 84f.). In *(1)'''* wird der relative Deckungsbeitrag um die nicht verursachungsgerecht, sondern nur rechnerisch zugeordneten variablen Kuppelprozeßkosten pro Einheit der Engpaßbelastung vermindert.

Die übrigen Dualwerte lassen sich nun ebenfalls in Abhängigkeit von t angeben. Es sind: $y_1^*(t) = 4y_{13}^*(t) = 7,6 - 40/47t$ $[GE/NRE]$ (aus *(2)'*), $y_3^*(t) = -1,4 - 5,6y_{13}^*(t) = -12,04 + 56/47t$ $[GE/NPE_1]$ (aus *(4)'*), $y_4^*(t) = -1 - 7,7y_{13}^*(t) = -15,63 + 77/47t$ $[GE/NPE_2]$ (aus *(5)'*), $y_5^*(t) = -1,1 - 2y_{13}^*(t) = -4,9 + 20/47t$ $[GE/NPE_3]$ (aus *(6)'*), $y_9^*(t) = -2 - 3y_{13}^*(t) = -7,7 + 30/47t$ $[GE/NPE_4]$ (aus *(10)'*) und $y_7^*(t) = 7,2 - 0,4y_9^*(t) = 12,22 + 12/47t$ $[GE/ZPE]$ (aus *(8)'*). Aus diesen Zusammenhängen ist erkennbar, daß den einzelnen Kuppelprodukten **entsprechend der Höhe ihrer Umweltinanspruchnahme** verbundene variable Kuppelprozeßkosten zugeordnet werden. Diese Vorgehensweise wird in der Kostenrechnung üblicherweise als **Äquivalenzziffern-** oder **Verteilungsverfahren** zur Kalkulation von Kuppelprodukten bezeichnet (vgl. KILGER 1987, S. 361; Kapitel 3.3.1).

Die Äquivalenzziffernkalkulation wurde ursprünglich für Unternehmen konzipiert, die mehrere Produktarten mit einem hohen Grad innerer Verwandtschaft herstellen, etwa „weil sie aus dem gleichen Ausgangsstoff und mit Hilfe gleichartiger Produktionsverfahren hergestellt werden ...“ (KILGER 1987, S. 315). Äquivalenzziffern sind dabei Verhältniszahlen, die angeben, wie sich die Kostenverursachung der einzelnen Produkte von den Kosten eines gewählten Einheitsproduktes unterscheiden (vgl. KILGER 1987,

S. 315). Bei Kuppelproduktion kann es aber ex definitione keine Äquivalenzziffern geben, die dem **Verursachungsprinzip** entsprechen. In der Kostenrechnung werden häufig „Maßgrößen chemischer oder physikalischer Eigenschaften der Kuppelprodukte" (KILGER 1987, S. 361; vgl. auch TILLMANN 1954, S. 166ff.) bzw. „Maßgrößen ökonomischer Eigenschaften der Kuppelprodukte" (KILGER 1987, S. 362; vgl. auch TILLMANN 1954, S. 157ff.) als Äquivalenzziffern verwendet. Bei dem betrachteten Produktionsplanungsproblem werden die **Äquivalenzziffern aus der Umweltinanspruchnahme**, allgemein aus der Inanspruchnahme des die Produktion limitierenden Produktionsfaktors, abgeleitet.

Die optimalen Dualwerte sollen nun aber Auskunft darüber geben, inwiefern sich der optimale Zielfunktionswert $DB^*_{Zf}(t)$ ändert, wenn ein Kuppelprodukt cet. par. einer anderen Verwendung zugeführt wird. Da keinerlei Informationen über die Kostenverursachung vorliegen, kann beispielsweise aus $y^*_7(t) = 12,22 + 12/47t$ $[GE/ZPE]$ gar nicht gefolgert werden, daß sich $DB^*_{Zf}(t)$ tatsächlich um $(12,22 + 12/47t)$ vermindert, wenn eine Einheit des Zwischenprodukts ZP zwar in der Fertigung I hergestellt, aber einer alternativen Verwendung anstelle der Veredelung in der Fertigung II zugeführt wird, denn $12/47t$ werden der Zwischenprodukteinheit nur **rechnerisch** zugeordnet. Zur Bestimmung sinnvoll interpretierbarer Dualwerte dürfen die variablen Kuppelprozeßkosten deshalb **nicht** einer Leiteinsatz- bzw. Leitausbringungsmenge zugeordnet werden. Für den kritischen Bereich $-\infty < t < 8,93$ ist zwar die optimale Lösung des Primalen $\mathbf{x}^*_2(t)$ stabil, die korrespondierende optimale Lösung des Dualen $y^*(t)$ wird aber durch die willkürliche Verrechnung verzerrt und **für weitere Interpretationen unbrauchbar**. Deshalb wird vorgeschlagen, die verbundenen variablen Kuppelprozeßkosten bei der Interpretation der Dualwerte wie folgt zu behandeln.

Die zur Lösungsinterpretation geeigneten Dualvariablen $y^*_1, \ldots, y^*_{13}$ lassen sich aus $y^*_1(t)$, $\ldots$, $y^*_{13}(t)$ für $t = 0$ ableiten. Die optimale Lösung von $(DPLP2)$ lautet $\mathbf{y}^* = (y^*_1; \ldots; y^*_{13}) = (7,6; 0,5; -12,04; -15,63; -4,9; 20,2; 12,22; 25,5; -7,7; 0; 0; 0; 1,9)$ mit dem optimalen Zielfunktionswert $Z^*_{B_g} = 13.395$ $[GE]$.

Der Leistungserfolgssatz des knappen Produktionsfaktors natürliche Umwelt beträgt $y^*_{13} = DB^*_{Zf}(\mathbf{x}^*_2; 0)/\overline{\overline{NB}} = 13.395/7050 = 1,9$ $[GE/NBE]$ für $0 \leqq \overline{\overline{NB}} \leqq 9400$. Die Dualvariable y^*_{13} kann als **Grenzrate der Substitution** zwischen dem Gewinnziel und der Begrenzung der Umweltinanspruchnahme bzw. Umweltbelastung interpretiert werden. Bei einer marginalen Erhöhung der Belastungsgrenze im Intervall $0 \leqq \overline{\overline{NB}} < 9400$ ist eine Erhöhung des Gewinns um $1,9$ $[GE/NBE]$ möglich; umgekehrt geht mit einer Verminderung der Umweltinanspruchnahme bzw. Umweltbelastung immer ein Verzicht auf realisierbaren Deckungsbeitrag bzw. Gewinn einher. Wird eine Einheit der Umweltinanspruchnahme bzw. Umweltbelastung vermieden, verursacht dieser Verzicht **Opportunitätskosten in Höhe des entgangenen Deckungsbeitrags bzw. Gewinns.** Ist die vermiedene Umweltinanspruchnahme mit einem vermiedenen Schaden an der natürlichen Umwelt gleichzusetzen, kann hier auch von **Schadensvermeidungskosten** gesprochen werden.

Die Entnahme einer Einheit der natürlichen Ressource NR verursacht weder pagatorische Kosten noch (wertmäßige) Umweltschutzkosten (vgl. Abbildung 1.6). Jede entnommene Einheit von NR wird aber mit einem Äquivalenzkoeffizienten $AeK_{NR}^{K} = 4$ $[NBE/NRE]$ bewertet, so daß sich ökologische Kosten in Höhe von $y_1^* = 4y_{13}^* = 7,6$ (aus *(2)*) bestimmen lassen. Die Dualvariable y_1^* gibt an, was jede Einheit der natürlichen Ressource NR cet. par. wert ist. Sie liefert somit einen Anhaltspunkt, über die **marginale Zahlungsbereitschaft** bei einer mit pagatorischen Kosten verbundenen Beschaffung. y_1^* kann somit als **kurzfristige Beschaffungspreisobergrenze** für die natürliche Ressource NR interpretiert werden (vgl. BRINK 1969, S. 65).

Die ökologischen Kosten des nicht unerwünschten Nebenprodukts $NP1$ sind $y_3^* = -1,5 + 0,2y_2^* - 5,6y_{13}^* = -12,04$ (aus *(4)*). Sie setzen sich aus den (wertmäßigen) Überarbeitungskosten für den rezyklierbaren Anteil von 20% $NP1$, $-0,2 \cdot 7,5 = -1,5$ $[GE/NPE_1]$, abzüglich der Faktorpreisersparnis, $+0,2y_2^*$, für den Einsatz als rezyklierter Rohstoff R und den Kosten der Umweltinanspruchnahme durch Emission von 80% $NP1$, $-5,6y_{13}^*$, zusammen. Könnte das Entstehen einer Einheit des nicht unerwünschten Nebenprodukts NP_1 vermieden werden, würde sich G_2^* um 12,04 $[GE]$ erhöhen (vgl. H. HAX 1963, S. 331). Die ökologischen Kosten des unerwünschten Nebenprodukts $NP2$ sind $y_4^* = -1 - 4y_{12}^* - 7,7y_{13}^* = -15,63$ (aus *(5)*). Sie setzen sich aus den (wertmäßigen) Kosten der betrieblichen Entsorgung und den Kosten der Umweltinanspruchnahme durch Emission von 70% $NP2$ zusammen. In analoger Weise werden die ökologischen Kosten von $NP3$ y_5^* (aus *(6)*) und von $NP4$ y_9^* (aus *(10)*) bestimmt. Die Dualwerte y_4^*, y_5^* und y_9^* geben Auskunft über die Zahlungsbereitschaft, wenn die Emission nach einer innerbetrieblichen Rückstandsumwandlung der nicht verwertbaren Nebenprodukte $NP2$, $NP3$ und $NP4$ mit einer Umweltabgabe belegt würde.

Die Bewertung des Zwischenprodukts ZP mit der Dualvariablen y_7^* kann aus *(1)* bzw. *(8)* abgelesen werden. Nebenbedingung *(1)* erfaßt dabei den bewerteten Input der Fertigung I, $2y_1^* + 2y_2^*$, der zur Herstellung einer Einheit von ZP erforderlich ist, und den bewerteten Output der Fertigung I, $-0,4y_3^* - 0,8y_4^* - 0,6y_5^* - 1,2y_6^*$, der zwangsweise bei der Herstellung einer Einheit von ZP anfällt. M.a.W.: Nebenbedingung *(1)* beschreibt die **Grenzkosten** der Herstellung des Zwischenprodukts ZP. Nebenbedingung *(8)* betrachtet die Verwertung von ZP in Fertigung II. Sie definiert den **Grenzertrag** der Verwendung des Zwischenprodukts ZP. Es ist $y_7^* = 2y_1^* + 2y_2^* - 0,4y_3^* - 0,8y_4^* - 0,6y_5^* - 1,2y_6^* = 0,6y_8^* + 0,4y_9^* = 12,22$ $[GE/ZPE]$ der **Grenzpreis** des Zwischenprodukts, welcher sowohl gleich den planmäßigen Grenzkosten der Herstellung als auch dem planmäßigen Grenzertrag der Verwertung ist. Dadurch führen Grenzpreise „wie Marktpreise zum Ausgleich zwischen dem internen Angebot an Erzeugnissen und der internen Nachfrage ..." (BÖHM/WILLE 1974, S. 65). Der Grenzpreis y_7^* des Zwischenproduktes kann als Verrechnungspreis in das interne Rechnungswesen übernommen werden (vgl. BÖHM/WILLE 1974, S. 270).

Für den zweiten kritischen Bereich $t > 8,93$ lautet die optimale Lösung des Primalen $\mathbf{x}_2^* = \mathbf{o}$ und entsprechend ist $\mathbf{y}(t) = (y_1^*(t); \ldots; y_{13}^*(t)) = (0; 0,5; -1,4; -1; -1,1; 20,2; 14,5; -2; 25,5; 0; 0; 0; 0)$ mit $Z^* = 0$. Da die mit Äquivalenzkoeffizienten bewertete, produktionsbedingte Umweltinanspruchnahme gleich null ist und somit unter der vorgegebenen Grenze von 7050 $[NBE]$ liegt, werden keine **durch die Schonung der natürlichen Umwelt induzierten kalkulatorischen Kosten** (vgl. Abbildung 1.6) verrechnet. Die natürliche Ressource NR ist „ohne Wert", d.h. $y_1^* = 0$ (vgl. WENKE 1961, S. 18ff.). Die unerwünschten Nebenprodukten $NP2, NP3$ und $NP4$ werden mit ihren innerbetrieblichen Entsorgungskosten, das nicht unerwünschte Nebenprodukt $NP1$ wird mit den Überarbeitungskosten abzüglich der durch Recycling erzielbaren Faktorpreisersparnis bewertet. Der Verrechnungspreis für das Zwischenprodukt ZP ergibt sich beispielsweise aus Sicht der Verwertung in Fertigung II aus $y_7^* = 0,6 \cdot 25,5 - 0,4 \cdot 2 = 14,5$ $[GE/ZPE]$.

Die vorangegangenen Überlegungen zeigen, daß zur Ableitung von **entscheidungsrelevanten Kosten niemals** die Dualwerte, „Mengen, Kosten und Erlöse von Kuppelprodukten **isoliert** betrachtet werden" dürfen, „die aus dem gleichen Prozeß resultieren oder von anderen Kuppelprozessen abhängig sind" (KILGER 1973a, S. 354).

Die Kritik an der Standardgrenzpreisrechnung bzw. an der Verwendung von aus den Dualvariablen linearer Programme abgeleiteten Kostenwerten greift an der praktischen Durchführbarkeit dieses Bewertungsverfahrens an, denn wenn „empfohlen wird, knappe Einsatzgüter in der Kostenrechnung mit Opportunitätskostensätzen zu bewerten, wird nämlich meist übersehen, daß die Ermittlung dieser Opportunitätskostensätzen die Formulierung und Lösung eines linearen ... Programms voraussetzt. ... Die Dispositionen, für die die Kostenrechnung die Grundlagen liefern soll, liegen also schon fest, wenn man die Opportunitätskostensätze berechnet hat" (H. HAX 1965,

S. 207; vgl. auch ADAM 1970, S. 38; KILGER 1973b, S. 537 und 1981, S. 101; RIEBEL/PAUDTKE/ZSCHERLICH 1973, S. 40f.).

Diesem Einwand ist erstens entgegen zu halten, daß es nicht nur um die Bestimmung des Produktionsprogramms geht, sondern auch um die Wirkungen von Datenänderungen, hier Kapazitäts- bzw. Absatzhöchstmengenänderungen, auf die betrachtete Zielgröße (vgl. BÖHM/WILLE 1974, S. 405; KISTNER 1991, S. 167f. und S. 175). Diese Informationen liefern die Dualvariablen. Zweitens gelingt mit der Dualitätstheorie der linearen Programmierung bei der Bewertung von marktpreislosen Kuppelprodukten allgemein eine Feststellung ihres individuellen Nutzens (vgl. TILLMANN 1954, S. 157 und 165). Und drittens hat bei diesem Bewertungsverfahren der zugrundegelegte Kostenbegriff seine finanzwirtschaftliche Ausschließlichkeit verloren (vgl. u.a. KISTNER 1991, S. 170), was bei der Bewertung knapper Produktionsfaktoren und somit der Bestimmung von ökologischen Kosten zwingend der Fall sein muß.

Es ist nun eine Grundsatzentscheidung darüber zu treffen, ob die Berücksichtigung des Umweltschutzes als Unternehmensziel **integrativ** in einem internen Rechnungswesen erfolgen oder in Form von Sonderrechnungen **neben** dem traditionellen internen Rechnungswesen eingerichtet werden soll. Die integrative Berücksichtigung des Umweltschutzes führt zu erheblichen inhaltlichen und methodischen Erweiterungen einer traditionellen Kosten- und Leistungsrechnung. Diesen Erweiterungen liegt der ökologische Kostenbegriff zugrunde. Die Durchführung von Sonderrechnungen neben einer traditionellen Kostenrechnung dient lediglich der Abbildung erfolgswirtschaftlicher Auswirkungen von Umweltschutzmaßnahmen mit dem Ziel, den Anteil der Umweltkosten bzw. Umweltschutzkosten an den substantiellen Kosten transparent zu machen (vgl. SCHREINER 1990, S. 203ff.). Die Wahl zugunsten einer integrativen Berücksichtigung des Umweltschutzes in der Kostenrechnung oder einer Einrichtung von Sonderrechnungen ist einerseits abhängig von der unternehmerischen Zielgestaltung und andererseits von der Bereitschaft zu einer aktiven Umweltpolitik im Gegensatz zu einem lediglich passiven Umweltverhalten (vgl. KLOOCK 1990b, S. 2ff.). Diese Zielmuster unternehmerischer Umweltpolitik werden im nachfolgenden Kapitel 2.1.1 charakterisiert und daraus in Kapitel 2.1.2 Anforderungen an die zu konzipierende Kostenrechnung abgeleitet.

Kapitel 2

Umweltinduzierte Modifikationen einer flexiblen Plankostenrechnung

2.1 Ausgestaltung des internen Rechnungswesens als Spiegelbild des unternehmerischen Zielsystems

2.1.1 Typologie betrieblicher Umweltpolitik

In einer zeitlich strukturierten Planung legt die **langfristige Rahmenplanung** für das Gesamtunternehmen für längere Zeiträume Art und Umfang der Arbeitsgebiete fest, auf denen das Unternehmen tätig sein will. Dabei werden von der Leitung des Unternehmens Entscheidungen über Leit- und Oberziele getroffen, die richtungsweisend für alle Unternehmensbereiche sind (vgl. KILGER 1986, S. 111). „Unter einem Ziel versteht man einen zukünftigen, gegenüber dem gegenwärtigen im allgemeinen veränderten, erstrebenswerten und vom Entscheidungsträger gewollten Zustand, der auch als Endzustand bezeichnet wird“ (DINKELBACH 1982, S. 20). In der langfristigen Rahmenplanung bestimmt der Entscheidungsträger, die Unternehmensleitung, beispielsweise über die Zugehörigkeit zu bestimmten Branchen, über bestimmte Produktgruppen und Absatzgebiete, für die Produktions- und Wachstumsziele gesteckt werden, über globale Forschungs- und Entwicklungsziele, Standortveränderungen und Neugründungen von Zweigbetrieben, aber auch über eine bestimmte Image- oder langfristige Ausschüttungspolitik (vgl. u.a. GROCHLA 1969, Sp. 1309; GÄLWEILER 1974,

S. 129; KILGER 1986, S. 111).

Die Leit- und Oberziele der langfristigen Rahmenplanung sind in der Regel nicht in Form quantitativer Zielgrößen angebbar, „dennoch dürften sie implizit in den meisten Fällen an der Zielsetzung einer langfristigen Gewinnmaximierung oder Überschußmaximierung ausgerichtet sein, ... " (KILGER 1986, S. 113). Von einer Vielzahl von Autoren wird in der aktuellen betriebswirtschaftlichen Literatur die Möglichkeit postuliert, „Umwelt als eigenständiges, hochrangig angesiedeltes Element im unternehmerischen Zielsystem etablieren zu können ... Denn aus den originären, betriebswirtschaftliches Denken im eigentlichen Sinne erst konstituierenden Zielen Gewinn und Rentabilität ist Umweltschutz nicht ableitbar" (WAGNER 1990, S. 14; vgl. auch FRESE/KLOOCK 1989, S. 4; SCHREINER 1990, S. 203ff.; WAGNER 1992, S. 919). Auf der Ebene der langfristigen Rahmenplanung sollte aufgrund des zugrundegelegten Zeithorizonts und des richtungsweisenden Charakters der festgelegten Ziele für die Gesamtunternehmung eine Entscheidung über das betriebliche Umweltschutzziel angesiedelt sein (im Gegensatz zu KRÄMER 1990, S. 140). Dabei ist zu überlegen, in welcher Weise das betriebliche Umweltschutzziel neben dem betrieblichen Gewinnziel im unternehmerischen Zielsystem verankert sein kann (vgl. GÄLWEILER 1974, S. 118f.; HAUSCHILDT 1980, Sp. 2423f.; MEFFERT 1990, S. 82 ff.; STEGER 1990a, S. 51f.).

Nach FRESE/KLOOCK wird eine Typologie von Zielmustern betrieblicher Umweltpolitik zum einen dahingehend unterschieden, ob das Umweltschutzziel als Sachziel oder Formalziel neben dem im Rang eines Formalziels stehenden Gewinnziel steht (vgl. KOSIOL 1969, Sp. 178f.), zum anderen nach der Unternehmensphilosophie und daraus abgeleitet nach dem Verhalten gegenüber der natürlichen Umwelt (vgl. FRESE/KLOOCK 1989, S. 4ff.). „Legt die Geschäftsleitung fest, daß sie sich an Umweltveränderungen überwiegend ex post anpassen will, so spricht ALBACH von einer statisch adaptiven Unternehmensphilosophie. Beabsichtigt sie dagegen, mit den Aktionsparametern ihrer Langfristplanung gestaltend Einfluß auf Umweltveränderungen auszuüben und sie sogar ... selbst herbeizuführen, so legt sie ihren Entscheidungen eine dynamisch aggressive Unternehmenspilosophie zugrunde" (KILGER 1986, S. 111; vgl. auch MÜLLENDORF 1981, S. 33ff.). – „Beim Umweltschutz als Sachziel strebt ein Unternehmen danach, ein Absatzsortiment zu produzieren und anzubieten, dessen Fertigung und anschließende Nutzung sowie Entsorgung die Umwelt gar nicht oder geringer als seine Konkurrenzprodukte belastet" (KLOOCK 1990c, S. 108). „Wird der Umweltschutz in den Rang eines Formalziels erhoben, dann ist die Schonung der Umwelt – letztlich als moralisches Postulat im Sinne einer Sozalverantwortlichkeit der Unternehmen – eine autonome, eigenständige und damit endogene Handlungsmaxime" (FRESE/KLOOCK 1989, S. 4; im Gegensatz zu LANGE 1978, S. 100f.; vgl. auch RÜCKLE 1989, S. 54f.). Aus der Zielgestaltung auf der Ebene der langfristigen Rahmenplanung sind die Anforderungen an die Kosten- und Leistungsrechnung nicht in direkter Weise ableitbar, da diese ein Informationsinstrument der kurzfristig operativen Planung darstellt (vgl. KILGER 1981, S. 16; DÖRNER 1984, S. 70ff.; LACKES 1989, S. 35f.).

In einer zeitlich strukturierten Planung obliegt es der zweiten Stufe, der **strategischen Planung**, die richtungsweisenden Leit- und Oberziele der langfristigen Rahmenplanung zu konkretisieren. Nach traditionellem Verständnis soll die strategische Planung der langfristigen Sicherung, Erhaltung und sofern möglich dem Ausbau der Stellung eines Unternehmens im Markt dienen (vgl. GÄLWEILER 1974, S. 135; ALBACH 1978, S. 703; KILGER 1986, S. 113). Aber unter dem Gesichtspunkt der gesellschaftlichen und ökologischen Verantwortung eines Unternehmens sind inhaltliche Veränderungen der strategischen Planung notwendig. KREIKEBAUM spricht in diesem Zusammenhang von der Abkehr von einem lediglich quantitativen hin zu einem qualitativen Wachstum und fordert: „Die strategischen Entscheidungen der Unternehmen müssen konsequenterweise von der Einsicht geleitet werden, daß dadurch möglichst keine Umweltbelastung erfolgt. Läßt sich aber eine Umweltbelastung nicht vermeiden, so ist darauf zu achten, daß diese durch den Einsatz geeigneter Vorkehrungen so gering wie möglich gehalten wird" (KREIKEBAUM 1991, S. 230; vgl. auch MÜLLENDORF 1981, S. 15). Eine ausführliche Diskussion der durch Schonung der natürlichen Umwelt induzierten inhaltlichen Veränderungen der strategischen Planung findet sich u.a. bei SCHMID 1989, S. 110ff.

Als nächste Planungsstufe folgt auf die strategische Planung die **langfristige operative** oder auch **taktische Planung**, deren Aufgabe darin besteht, „konkrete Maßnahmen zum Erreichen der mit Hilfe der Planstrategie angestrebten Ziele zu planen" (KILGER 1986, S. 115). In der langfristigen operativen Planung werden unter anderem Entscheidungen über betriebliche Teilkapazitäten, den langfristigen Personaleinsatz, Forschungs- und Entwicklungsaktivitäten und Maßnahmen zur langfristigen Beschaffungssicherung getroffen. Als umweltorientierte **Aktionsparameter** können hier (im Gegensatz zu KREIKEBAUM 1991, S. 230) die Verminderung des Ressourcenverbrauchs, die Substitution umweltschädigender durch umweltgerechtere Produktionstechnologien, generell der Übergang von end of pipe-Technologien zu integriertem Umweltschutz, die umweltfreundliche Produktpolitik und die Beseitigung von bereits eingetretenen Umweltschäden genannt werden (vgl. auch SCHREINER 1988, S. 53).

Entscheidungen dieser Art beeinflussen die Aus- und Einzahlungsströme für längere Zeiträume. Zu ihrer Analyse und Beurteilung können die Wirtschaftlichkeitskriterien der Investitionsrechnung angewendet werden (vgl. KILGER 1986, S. 116). Daneben müssen aber auch die ökologischen Auswirkungen der genannten Maßnahmen erfaßt, bewertet und somit letztlich beurteilt werden (vgl. u.a. BETGE 1988, S. 524ff.).

Die letzte Stufe eines zeitlich strukturierten Planungssystems ist die **kurzfristige operative Planung**. Ihr Planungszeitraum beträgt in der Regel ein Jahr, zerlegt in kürzere Teilperioden der Länge eines Monats oder auch einer Woche. Den Entscheidungen der kurzfristigen operativen Planung werden die nur langfristig variierbaren Aktionsparameter der langfristigen operativen Planung als feste Rahmendaten zugrundegelegt. „Insbesondere geht die kurzfristige operative Planung von einer gegebenen Grundstruktur des Produktionsprogramms und gegebenen Betriebsmittelkapazitäten aus" (KILGER 1986, S. 116). Auf dieser Planungsebene ist eine Grenzplankosten- und Deckungsbeitragsrechnung angesiedelt.

Bei einem **passiven Umweltverhalten** als Ausdruck einer statisch adaptiven Unternehmensphilosophie wird Umweltschutz lediglich aufgrund staatlicher Auflagen betrieben. Dabei erfolgt die Zusammenstellung des Produktions- und Absatzprogramms sowie die Gestaltung des Produktionsvollzugs innerhalb des vom Gesetzgeber festgelegten Rahmens (vgl. u.a. WICKE 1988, S. 16ff.; SCHMIDT 1991, S. 185f.). Die externen Umweltschutzauflagen wirken als Restriktionen des Entscheidungsfeldes (im Gegensatz zu STREBEL 1980, S. 49); Abgaben für verbleibende Emissionen werden als Grundkosten (vgl. Kapitel 1.2.4.1) und somit als Gewinnminderungen hingenommen oder nach Möglichkeit in Verkaufspreisen auf die Konsumenten überwälzt. Aus einem passiven Umweltverhalten resultieren für eine Kostenrechnung keine umweltorientierten Anforderungen, denn jede Kostenrechnung muß die gesetzlich oder auch vertraglich vorgegebenen Rahmenbedingungen des realen Wirtschaftsgeschehens explizit mitberücksichtigen bzw. mitabbilden, wenn sie ihre Aufgaben als Planungs-, Kontroll-, Entscheidungsunterstützungs- und Publikationsinstrument für eine Unternehmensführung erfüllen soll (vgl. KLOOCK 1990b, S. 4). Eine traditionelle Kostenrechnung auf der Grundlage eines substantiellen (wertmäßigen) Kostenbegriffs (vgl. Kapitel 1.2.4.1, insb. Abbildung 1.6) ist somit ausreichend bei einem passiven Umweltverhalten. – Bei einem passiven Umweltverhalten und der Verankerung des Umweltschutzes im Rang eines Formalziels sprechen FRESE/KLOOCK von einem vorgetäuschten Formalziel Umweltschutz, das ohne Wirkung auf betriebliche Umweltschutzaktivitäten ist, oder auch von einem Public Relations-Objekt Umweltschutz (vgl. FRESE/KLOOCK 1989, S. 6).

Beim Übergang von einem passiven Umweltverhalten zu einer **aktiven Umweltpolitik** als Ausdruck einer dynamisch aggressiven Unternehmensphilosophie rücken alle vom Unternehmen verursachten Kosten der Umweltinanspruchnahme ins Blickfeld der Unternehmenssteuerung und somit auch der Kostenrechnung (vgl. KLOOCK 1990b, S. 5). Nach SCHREINER sind dabei zwei grundlegend verschiedene Ansätze einer Kostenrechnung erkennbar: zum einen eine Kostenrechnung zur Beurteilung der Leistungs- und Erfolgswirksamkeit umweltschutzbezogener Maßnahmen und zum anderen eine Kostenrechnung als Instrument zur Umweltbelastungs- und -entlastungsrechnung (vgl. SCHREINER 1988, S. 197ff. und 1992, S. 941f.).

Der Ansatz einer Kostenrechnung zur Beurteilung der Erfolgswirksamkeit umweltschutzbezogener Maßnahmen ist aus der Bereitschaft zu einer aktiven Umweltpolitik abgeleitet, die als eine **Unternehmenspolitik zur Reduzierung externer Kosten der Umweltnutzung** charakterisiert werden kann. Die Reduzierung der externen Kosten der Umweltnutzung erfolgt durch „das Angebot umweltschonender Produkte, die im Rahmen umweltverträglicher Produktionsprozesse erzeugt werden" (KLOOCK 1990a, S. 136), über externe Auflagen hinaus, soweit das Gewinnziel gesteigert, zumindest aber nicht beeinträchtigt wird.

Eine Kostenrechnung als Instrument zur Umweltbelastungs- und -entlastungsrechnung ist aus einer Umweltpolitik abgeleitet, die als **Unternehmenspolitik zur Minimierung externer Kosten der Umweltinanspruchnahme** charakterisiert werden kann. „Alle betrieblichen Aktivitäten müssen dann vor ihrer Realisation danach beurteilt werden, ob sie dem Anspruch umweltschonenden Verhaltens gerecht werden .... Die gleichzeitige und möglicherweise gleichwertige Berücksichtigung des Gewinnziels und des Anspruchs der sozialen gesellschaftspolitischen Verantwortung führt damit zu dem komplexen Problem, einen Ausgleich zwischen heterogenen Zielkomponenten zu gewährleisten" (FRESE/KLOOCK 1989, S. 4; vgl. auch MEFFERT 1990, S. 84ff.; im Gegensatz zu NORK 1992, S. 189f.). – Beide Kostenrechnungsansätze sind nur durch erhebliche inhaltliche und methodische Erweiterungen einer traditionellen Kostenrechnung realisierbar, so daß nach KLOOCK auch von **Umweltkostenrechnungen** gesprochen werden soll (vgl. KLOOCK 1990a, S. 139ff.).

2.1.2 Vorüberlegungen zu einer Theorie der Umweltkostenrechnung

Eine auf der Produktionstheorie basierende Kostentheorie ist Baustein einer Theorie der Kostenrechnung (vgl. DELLMANN 1979, S. 324). Der Gegenstand einer **umweltorientierten Produktionstheorie** ist in der Ermittlung und Darstellung von **mengenmäßigen** Beziehungen zwischen den ausgebrachten erwünschten Hauptprodukten und den eingesetzten Produktionsfaktoren, insbesondere dem Produktionsfaktor natürliche Umwelt (vgl. Kapitel 1.2.2), und von hierbei gewählten Strategien zur Schonung der natürlichen Umwelt zu sehen. In zahlreichen betriebswirtschaftlichen Schriften liegt das Hauptaugenmerk auf **indirekten Umweltschutzmaßnahmen**, insbesondere innerbetriebliches Recycling und Entsorgung, und der **Inanspruchnahme der Trägerfunktionen der natürlichen Umwelt** (vgl. u.a. KISTNER 1983, S. 390ff.; JAHNKE 1986, S. 61ff.; DINKELBACH 1988, S. 57ff.; DINKELBACH/PIRO 1989, S. 400ff. und S. 474ff; PLEIN 1989, S. 66ff.; DINKELBACH 1990, S. 63ff.; DINKELBACH/PIRO 1990, S. 642ff. und S. 700ff.; DINKELBACH 1991, S. 366ff.; Kapitel 1.1). Die Inanspruchnahme der **Produktionsfunktionen der natürlichen Umwelt** wird in nur wenigen Schriften berücksichtigt (vgl. KISTNER 1989, S. 32ff.; DINKELBACH 1991, S. 363ff.; DYCKHOFF 19991b, S. 8 und S. 17ff.).

Der Übergang von einer umweltorientierten Produktionstheorie zu einer **umweltorientierten Kostentheorie** erfolgt mit der **monetären Bewertung** der Inanspruchnahme des Produktionsfaktors natürliche Umwelt. Der Inhalt der Bewertungsfunktion bzw. die Wahl des Kostenbegriffs der ökologischen Kosten wurde in Kapitel 1.2.4 diskutiert. Der Gegenstandsbereich einer umweltorientierten Kostentheorie liegt in der Analyse der durch den Einsatz des Produktionsfaktors natürliche Umwelt entstehenden Kosten, ihrer Bestimmungsfaktoren und der Bestimmung von Gesetzmäßigkeiten zwischen der Höhe der Kosten und den Ausprägungen der Kostenbestimmungsfaktoren (vgl. u.a. PRESSMAR 1971, S. 157ff.; KLOOCK 1984, S. 283ff.; FANDEL 1987, S. 218f.; KILGER 1987, S. 34ff.; LACKES 1989, S. 28).

Die Analyse und Ausgestaltung von praktisch eingesetzten bzw. einsetzbaren Kostenrechnungssystemen gehören zum Gegenstandsbereich einer Kostenrechnungstheorie (vgl. LACKES 1989, S. 34). Der Gegenstandsbereich einer **Umweltkostenrechnungstheorie** umfaßt die Analyse und Ausgestaltung eines praktisch einsetzbaren Kostenrechnungssystems zur Unterstützung einer aktiven Umweltpolitik. Ein Teil ihrer Gestaltungsempfehlungen wird auf den Erkenntnissen einer umweltorientierten

Produktions- und Kostentheorie beruhen; ein anderer Teil wird sich an Überlegungen der praktischen Durchführbarkeit orientieren.

Als eine aktive Umweltpolitik integrierende operative Plankostenrechnung unterliegt eine Umweltkostenrechnung **grundsätzlich** den gleichen konzeptionellen Anforderungen wie das jeweilige operative Plankostenrechnungssystem (vgl. KLOOCK 1990a, S. 140). Die beiden bedeutendsten Ausgestaltungsformen operativer Plankostenrechnungssysteme sind die von RIEBEL konzipierte **Einzelkosten- und Deckungsbeitragsrechnung** (vgl. RIEBEL 1990) und die von PLAUT und KILGER geprägte **Grenzplankostenrechnung** (vgl. u.a. PLAUT/MÜLLER/MEDICKE 1973; PLAUT 1976, S. 5ff.; KILGER 1981). Obwohl beiden Systemen die Zielsetzung einer entscheidungsorientierten Kostenrechnung und die Behandlung der fixen Kosten als Periodenkosten gemeinsam ist, unterscheiden sie sich erheblich sowohl in der Semantik der verwendeten Terminologie – in beiden Systemen werden die Begriffe Einzelkosten und Deckungsbeitrag mit unterschiedlicher Bedeutung verwendet – als auch in inhaltlichen Gestaltungsaspekten (vgl. KILGER 1981, S. 90ff.; LACKES 1989, S. 55). In den folgenden Ausführungen ist an eine Umweltkostenrechnung stets als Weiterentwicklung einer Grenzplankostenrechnung im Sinne KILGERs gedacht.

Im Rahmen einer betrieblichen Umweltpoltik zur Reduzierung externer Kosten der Umweltnutzung wird Umweltschutz insoweit betrieben, als die Verfolgung des Gewinnziels dadurch nicht eingeschränkt wird. Deshalb muß die erste Aufgabe einer zu konzipierenden Umweltkostenrechnung in der **Beurteilung der Erfolgswirksamkeit umweltschutzbezogener Maßnahmen** bestehen. Da Umweltschutz nicht nur gemäß der staatlichen Umweltschutzauflagen, sondern darüber hinaus durch Ergreifen **freiwilliger Umweltschutzmaßnahmen** betrieben wird, sofern die Verfolgung des Gewinnziels dadurch nicht beeinträchtigt wird, kann die kostenrechnerische Aufgabe nicht allein darin bestehen, Umweltschutzkosten transparent zu machen; der zu konzipierenden Kostenrechnung muß vielmehr der **ökologische Kostenbegriff** zugrunde liegen. Ökologische Kosten sind Umweltschutzkosten zuzüglich der durch freiwillige Umweltschutzmaßnahmen verursachungsgerecht internalisierten Umweltkosten (vgl. Kapitel 1.2.4.1, insb. Abbildung 1.6). Der Teil der ökologischen Kosten, der über die Umweltschutzkosten hinaus berücksichtigt wird, soweit die Verfolgung des Gewinnziels dadurch nicht beeinträchtigt wird, soll im folgenden als **ökologische Anderskosten** bezeichnet werden. Die Anforderungen an die zu konzipierende Kosten- und Leistungsrechung liegen somit in der Planung, Erfassung, kalkulatorischen Verrechnung, Kontrolle von Umweltschutz- sowie ökologischen Anderskosten und der Entscheidungsvorbereitung –

auch als die dispositiven Aufgaben einer entscheidungsorientierten Kostenrechnung bezeichnet. Die zu konzipierende Umweltkostenrechnung wird im folgenden als **interne Umweltkostenrechnung** bezeichnet (in Anlehnung an KLOOCK 1990a, S. 141ff.); ihre Konzeption wird ausführlich in Kapitel 3 diskutiert.

Eine betriebliche Umweltpolitik zur Minimierung externer Kosten der Umweltnutzung erfordert die Ausgestaltung einer Kostenrechnung auf der Grundlage des ökologischen Kostenbegriffs. Es sind **alle** dem Unternehmen zurechenbaren Umweltinanspruchnahmen bzw. Umweltbelastungen durch geeignete Umweltschutzmaßnahmen zu minimieren. Der Teil der ökologischen Kosten, der über die Umweltschutz- und ökologischen Anderskosten hinaus durch freiwillige Umweltschutzmaßnahmen internalisiert wird, sei als **ökologische Zusatzkosten** bezeichnet (vgl. Kapitel 1.2.4.1). Zur Beurteilung der betrachteten Umweltschutzmaßnahmen sind ökologische Kosten alleine aber nicht ausreichend. Ihnen muß der Beitrag der Umweltschutzmaßnahmen zur Erreichung, Erhaltung oder auch Verbesserung einer als wünschenswert angesehenen Umweltqualität, ein ökologischer Nutzen, gegenübergestellt werden. Somit sind zur Erweiterung einer traditionellen Kostenrechnung neben neuen Objekten der Rechnungslegung auch neue Rechnungszwecke und Zielgrößen zu definieren (vgl. SCHREINER 1990, S. 205). Eine Umweltkostenrechnung als Instrument einer Umweltbelastungs- und -entlastungsrechung könnte auch als **ökologieorientierte Kosten-Nutzen-Rechnung** bezeichnet werden. Die Gestaltung einer ökologieorientierten Kosten-Nutzen-Rechnung wird in dieser Schrift nicht behandelt.

2.2 Kalkulationsobjekte einer Umweltkostenrechnung

Die Erfüllung der vielfältigen Aufgaben einer traditionellen Kosten- und Leistungsrechung, oftmals wird in der Literatur auch von einem **Zweckpluralismus** der Kostenrechnung gesprochen (vgl. u.a. DELLMANN 1979, S. 327; KILGER 1987, S. 9ff.), impliziert die Abbildung des realen Wirtschaftsgeschehens durch die Formulierung eines Modells. „Ein Modell ist eine isomorphe Abbildung eines als empirisches System vorliegenden Ausschnittes der Wirklichkeit auf ein numerisches System" (DINKELBACH 1973, S. 161). Nach KLOOCK stellt eine Kostenrechnung eine vereinfachte Abbildung des realen Wirtschaftsgeschehens mit seinen realen Kalkulationsobjekten als Urbilder in die Menge der spezifischen Kalkulationsobjekte einer Kostenrechnung als Modell der Urbilder dar (vgl. KLOOCK 1990a, S. 130, insb. Abb. 1). **Kalkulationsobjekt, Untersuchungsobjekt, Abbildungsobjekt** oder auch **Bezugsobjekt** einer Kostenrechnung „kann jeder relevante Tatbestand aus dem Betriebsgeschehen sein, dem Kosten zum Zwecke der gesonderten Betrachtung zugeordnet werden sollen" (FASSBENDER 1964, S. 27; vgl. auch KLOOCK/SIEBEN/SCHILDBACH 1990, S. 197; RIEBEL 1990, S. 706). Ein Kalkulationsobjekt ist in jedem Einzelfall sorgfältig abzugrenzen und dem jeweiligen spezifischen Auswertungsziel bzw. Informationsbedarf anzupassen (vgl. HUMMEL 1970, S. 51).

Wird die Kostenrechnung als **Modell** begriffen, dann stellt sie eine isomorphe, eineindeutige Abbildung der als empirisches System, d.h. als bereits aufbereiteter und von allen Nebensächlichkeiten bereinigter Ausschnitt des realen Wirtschaftsgeschehens, vorliegenden Kalkulationsobjekte in Zahlengrößen, also als numerisches System, dar (vgl. DINKELBACH 1973, S. 161). Eine ausführliche Diskussion des Modellcharakters einer Kostenrechung findet sich bei ENGELMANN 1980, S. 12ff. und SCHWEITZER/KÜPPER 1991, S. 80ff. Danach wird die Kostenrechung bezüglich ihres Geltungsanspruchs als **Realmodell**, bezüglich der Abbildungspräzision als **quantitatives Modell**, bezüglich der Sicherheit der Modellgrößen als **deterministisches Modell** und im Hinblick auf den zeitlichen Bezug als **statisches Modell** eingeordnet, dessen Entwicklung als dynamisches Modell, bespielsweise als dynamische Grenzplankostenrechung, insbesondere bei Entscheidungen mit unterschiedlichen Fristigkeitsgraden (vgl. KILGER 1987, S. 117), geboten erscheint. Bezüglich des Wissenschaftsziels ist eine differenzierte Einordnung sinnvoll. Dient die Kostenrechung der Erfassung von Istkosten, verfolgt sie ein deskriptives Wissenschaftsziel und ist demzufolge ein **quantitatives Beschreibungs-** bzw. **Ermittlungsmodell.** Die auf die Istkostenerfassung folgende Weiterverrechnung setzt aber die Kenntnis von Zusammenhängen zwischen Kostenhöhe und Ausprägung der entsprechenden Kostenbestimmungsfaktoren voraus, „so daß theoretische Elemente bei der Ermittlung von Periodenkosten für die einzelnen Kostenträger und von Stückkosten verwendet werden müssen" (SCHWEITZER/KÜPPER 1991, S. 81). Die Kostenplanung verfolgt ein theoretisches Wissenschaftsziel, denn sie setzt eine auf der Produktionstheorie basierende Kostentheorie voraus, deren grundlegendes Ziel im Auffinden und Überprüfen von Kostenhypothesen besteht, und kann als **Prognosemodell**, als spezielle Form eines **Erklärungsmodells**, angesehen werden. Bezüglich des instrumentalen Charakters ist zu sagen, daß die Kostenrechnung „auf die Gestaltung des Unternehmungsprozesses zielt bzw. diese unterstützt" (SCHWEITZER/KÜPPER 1991, S. 82). Zur Erfüllung der dispositiven Aufgaben der Kostenrechnung sollen die von ihr bereitgestellten Kostendaten in zahlreiche **Entscheidungsmodelle** eingehen. Ein Entscheidungsmodell kann „als eine formale Darstellung eines Entscheidungsproblems aufgefaßt werden, die im einfachsten Fall wenigstens eine Alternativenmenge und wenigstens eine auf dieser definierte Zielfunktion enthält" (DINKELBACH 1980, Sp. 625). Die Kostenrechnung stellt somit **kein** Entscheidungsmodell dar, sondern kann als Instrument der Entscheidungsvorbereitung bzw. der Entscheidungsunterstützung angesehen werden, da sie die zur Formulierung von Entscheidungsmodellen erforderlichen Daten erst zur Verfügung stellt (vgl. das gewählte Beispiel zur Bestimmung ökologischer Kosten in Kapitel 1.2.4.2 und Kapitel 3.5).

Eine Kostenrechnung erfaßt hauptsächlich Geschäftsvorfälle **innerhalb** des Unternehmens; es handelt sich dabei um wirtschaftliche Tatbestände und Vorgänge im Unternehmen, die im Zusammenhang mit dem betrieblichen Kombinationsprozeß anfallen (vgl. KILGER 1987, S. 13f.). Gegenüber einer traditionellen Kosten- und Leistungsrechnung tritt durch die Berücksichtigung der natürlichen Umwelt ein **Wandel der Kalkulationsobjekte** ein. Die Ursache für einen durch Berücksichtigung der natürlichen Umwelt induzierten Wandel sieht KLOOCK in geänderten unternehmerischen Zielvorstellungen, „die auch durch gesellschaftliche Entwicklungen, wie z.B. im Bereich des Umweltschutzes, beeinflußt werden" (KLOOCK 1990a, S. 135) und so neue unternehmerische Aktivitäten auslösen können; dieser Wandel wird als **urbildbedingt** charakterisiert. Eine aktive Umweltpolitik, wie sie in Kapitel 2.1.1 diskutiert wurde, führt zu einem urbildbedingten Wandel der Kalkulationsobjekte.

Ein **abbildbedingter** Wandel orientiert sich hingegen an der Kritik an bestehenden Kostenrechnungsystemen. So kann beipielweise die Konzeption einer Prozeßkostenrechnung, die in aktueller betriebswirtschaftlicher Literatur kontrovers diskutiert wird (vgl. u.a. HORVATH/MAYER 1989, S. 215ff.; FRANZ 1990a, S. 127ff. und 1990b, S. 202ff.; GLASER 1990, S. 3ff., 1991, S. 223ff. und 1992a, S. 287f.; KÜTING/LORSON 1991, S. 1422ff.), als durch die Kritik an einer Grenzplankostenrechnung motivierter abbildbedingter Wandel der Kalkulationsobjekte angesehen werden (vgl. KLOOCK 1990a, S. 134, insb. Abb. 3).

Zur Unterstützung einer aktiven Umweltpolitik kommen als **zusätzliche** Kalkulationsobjekte alle **kurzfristig realisierbaren Umweltschutzmaßnahmen** hinzu (vgl. KLOOCK 1990a, S. 142). Dies setzt einerseits eine systematische und möglichst vollständige Erfassung **aller** einem Unternehmen zurechenbaren Umweltinanspruchnahmen bzw. Umweltbelastungen voraus und andererseits müssen umfassende Kenntnisse darüber bestehen, welche Umweltschutzmaßnahmen technisch möglich und somit realisierbar sind.

Eine systematische und möglichst vollständige Erfassung von potentiell realisierbaren Umweltschutzmaßnahmen erfordert eine geeignete **Maßnahmenklassifizierung.** Entsprechend der vorgeschlagenen Systematik der Abbildung 1.2 sollen die Umweltschutzmaßnahmen zunächst dahingehend unterschieden werden, ob sie der **Vermeidung** bzw. der **Verminderung** externer Effekte oder dem **Abbau** nach Entstehen der externen Effekte aus Umweltinanspruchnahme dienen. Die Abbaumaßnahmen sollen desweiteren in Maßnahmen des **Recycling** bzw. der **Entsorgung** und diese wiederum dahingehend unterschieden werden, ob sie **unternehmensintern** oder **-extern** durchgeführt werden. Zudem sollen Maßnahmen betrachtet werden, die zur **Realisierung** und **Durchsetzung** von Vermeidungs- bzw. Abbaumaßnahmen beitragen; sie werden in **vorbeugende** und **laufende** Maßnahmen unterteilt. Maßnahmen, die die Einhaltung gesetzlicher Umweltvorschriften oder auch vertraglich vereinbarter Umweltschutzauflagen überwachen und sicherstellen, werden als laufende Kontroll- und Sicherungsmaßnahmen des betrieblichen Umweltschutzes bezeichnet (vgl. ROTH 1992, S. 63f.).

Desweiteren muß eine systematische und möglichst vollständige Erfassung aller dem erwünschten Hauptprodukt zurechenbaren Umweltinanspruchnahmen bzw. Umweltbelastungen während des gesamten Produktlebenszyklus erfolgen, wobei **alle** Stufen des in Kapitel 1.1 charakterisierten Prozesses der Leistungserstellung und Leistungsverwertung berücksichtigt werden müssen. Als **Prozeßstufen** sollen für den Bereich **innerhalb** des Unternehmens die **Funktionsbereiche** Beschaffung, Produktion, Absatz und Wiederverwertung bzw. Entsorgung nach Konsum unterschieden werden; für den Bereich **außerhalb** des Unternehmens soll ein durchschnittliches Konsumentenverhalten unterstellt werden, das dem bei der Produktentwicklung erwarteten Verhalten entspricht. Zusätzlich soll noch der Bereich der **Unternehmensführung** mit in die Betrachtung einbezogen werden, da die interne Umweltkostenrechnung für diesen **entscheidungsrelevante** Daten zur Verfügung stellen soll. Einen Überblick über potentiell realisierbare Umweltschutzmaßnahmen gibt Tabelle 2.1.

Bei Vermeidungs- bzw. Verminderungsmaßnahmen im Bereich der Beschaffung ist an ein Vermeiden bzw. Vermindern des umweltschädlichen Input von ökologisch knappen Primärrohstoffen gedacht. Dabei umfassen die Primärrohstoffe die **abiotischen Primärrohstoffe** – bergbauliche Erzeugnisse (Kohle, Erdgas, Erdöl, Torf, Eisenerze, NE-Metallerze, Kalisalze, Rohphosphate, Natururan, ...), Steine und Erden (Natursteine, unbearbeitete Erden, Tonschiefern, Kalk- und Dolomitstein, Sand ...) –, die

Umweltschutzmaßnahmen / (Funktions-) Bereiche		Beschaffung	Produktion	Absatz und Rücknahme nach Konsum	Unternehmensführung
zur **Vermeidung** bzw. **Verminderung** externer Effekte		Verzicht auf, sparsamer Einsatz oder teilweise Substitution von ökologisch knappen Umweltgütern Bevorzugter Einsatz von umweltfreundlich hergestellten Einsatzstoffen bzw. Vorprodukten	Verzicht auf umweltbelastende und Substitution durch umweltgerechte Herstellungsverfahren Höchstgrenzen für produktionsbedingte Emissionen	Umweltgerechte Produkt- und Sortimentsgestaltung Abfallvermeidung Ökologische Produktdeklaration und ökologische Kriterien berücksichtigende Preisbildung	Aufwertung der Langfristplanung im Sinne einer verbesserten Folgenabschätzung
zum **Abbau** externer Effekte	Verwertung durch internes bzw. externes Recycling	Bevorzugter Einsatz von rezyklierten statt originären Einsatzstoffen	Verwertbare Nebenprodukte und Verwertungsaspekte bei Produkt- und Prozeßgestaltung	Rücknahme und interne Verwertung Weiterverkauf verwertbarer Nebenprodukte	Einrichtung eines Sozialkosten-Informationssystems
	Interne bzw. externe Entsorgung		Deponiestätten Umwandlung in weniger umweltbelastende Stoffe	Rücknahme und Entsorgung	
zur **Realisierung** bzw. **Durchsetzung** von Vermeidungs- und Abbaumaßnahmen		Vorbeugende und laufende Kontroll- und Sicherungsmaßnahmen			Aufbau eines ökologischen Kontrollsystems und Rückmeldung an die Langfristplanung

Tabelle 2.1: Klassifizierung potentieller Umweltschutzmaßnahmen (in Anlehnung an KLOOCK 1990a, S. 143 und 1990b, S. 6)

biotischen Primärrohstoffe – Pflanzen, Tiere und Mikroorganismen – und die **Elementargüter** – Licht, Luft, Wind, Wärme, Wasser. Die Maßnahmen des Vermeidens bzw. Verminderns könnten durch einen **völligen Verzicht** auf ihren Einsatz, durch **Einsparung** bzw. einen effizienten Einsatz oder durch ihre **teilweise Substitution** durch in der natürlichen Umwelt reichlich vorkommende, ökologisch nicht knappe originäre Ressourcen oder durch rezyklierte Sekundärrohstoffe realisiert werden. Zu den Sekundärrohstoffen gehören **abiotische Sekundärrohstoffe** – Metallschrott, Altöl, Altpapier, Altglas, Altkunststoff, Altstoffe aus Bauschutt, ... – und **biotische Sekundärrohstoffe** – Kompost und Stoffe tierischen Ursprungs (Dünger, Knochenmehl, Biogas, ...) – (vgl. Kapitel 1.1; STREBEL 1980, S. 94; ROTH 1992, S. 66). Es wird also in erster Linie eine verminderte Inanspruchahme der Produktionsfunktionen der natürlichen Umwelt angestrebt. So kann beispielsweise der ökologisch knappe Produktionsfaktor „Trink- und Brauchwasser" durch eine sparsame Verwendung geschont werden. Der bei industriellen Prozessen oft beträchtliche Bedarf an Frischwasser könnte durch einen vermehrten Einsatz von nur geringfügig erwärmtem Kühlwasser und wenig verschmutztem Brauchwasser eingeschränkt werden (vgl. STREBEL 1980, S. 96).

Im Bereich der Produktion sind ein völliger **Verzicht** auf umweltbelastende Herstellungsverfahren bzw. die **teilweise Substitution** von umweltbelastenden durch umweltfreundliche Herstellungsverfahren, etwa durch Wirkungsgradsteigerungen bei Energieumwandlungsprozessen (vgl. OSPELT 1977, S. 64; FUNK 1990, S. 86f. und S. 99) oder durch der eigentlichen Produktion **vorgeschaltete** Maßnahmen zur Vorbehandlung einzusetzender Verbrauchsfaktoren – etwa zum Entfernen von Schadstoffen aus Roh- oder Brennstoffen – (vgl. LANGE 1978, S. 181f.; HAASIS 1987, S. 124f.) denkbar. Allgemein ist der Verzicht auf end of pipe-Technologien und statt dessen die Berücksichtigung eines **integrierten Umweltschutzes** bereits bei der Produkt- und Produktionsprozeßgestaltung wünschenswert und sinnvoll (vgl. STREBEL 1980, S. 97ff.; MALINSKY/KANATSCHNIG 1990, S. 6; ROTH 1992, S. 66; WICKE/HAASIS/SCHAFHAUSEN/SCHULZ 1992, S. 173ff.). Sind installierte Herstellungsverfahren nicht durch kurzfristig realisierbare Verfahrensmodifikationen umweltgerechter zu gestalten, kann eine **Einschränkung** bzw. **Verringerung** des Produktionsniveaus zur Vermeidung bzw. Verminderung von produktionsbedingten Emissionen beitragen.

Im Bereich des Absatzes sind die Eliminierung umweltbelastender Produkte aus dem Produktions- und Absatzprogramm und ihre Substitution durch umweltfreundliche Produkte, die Reduzierung von Produkt- bzw. Transportverpackungen und die Verlängerung der Lebensdauer der Produkte, bespielsweise durch die Erhöhung ihrer Reparaturfähigkeit, zu nennen (vgl. ROTH 1992, S. 66; WICKE/HAASIS/SCHAFHAUSEN/SCHULZ 1992, S. 189f.). Desweiteren kann eine ökologische Produktdeklaration und eine ökologische Kriterien berücksichtigende Preisbildung (vgl. MALINSKY/KANATSCHNIG 1990, S. 6) auf das Käuferverhalten Einfluß nehmen und so mittel- bis langfristig zu einer Substitution von umweltbelastenden durch umweltgerechtere Produkte beitragen.

Verwertungsmaßnahmen im Bereich der Beschaffung zielen auf den bevorzugten Einsatz von rezyklierten statt originären Einsatzstoffen, beispielsweise durch eine verstärkte Einrichtung und Nutzung von unternehmensinternen Abfallbörsen bzw. durch die vermehrte Nutzung von Abfallbörsen der Industrie- und Handelskammern. Im Bereich der Produktion sollten Verwertungsaspekte bereits bei der Produkt- und Prozeßgestaltung berücksichtigt werden. **Internes Recycling** umfaßt das unternehmensinterne und das Recycling in dem Entstehungsprozeß, also alle Maßnahmen der Wiederverwendung von verwertbaren Nebenprodukten in dem Unternehmen, in dem sie auch entstanden sind (vgl. OSPELT 1977, S. 68ff.). **Externes Recycling** bezeichnet hingegen alle Maßnahmen der Verwendung von verwertbaren Nebenprodukten, die nicht dort entstanden sind, wo sie wiedereingesetzt werden; JAHNKE unterscheidet dabei zwischen **intrabetrieblichem Recycling**, als dem Zukauf von verwertbaren Nebenprodukten von anderen Unternehmen bzw. aus dem Konsumtionsbereich, und **extrabetrieblichem Recycling**, als dem Verkauf von verwertbaren Nebenprodukten an andere Unternehmen bzw. an die Konsumenten (vgl. JAHNKE 1986, S. 29ff.; vgl. auch ISFORT 1977, S. 134; STREBEL 1980, S. 101f.).

Entsorgung bezeichnet die physische **Beseitigung** von Rückständen, Schadstoffen, Abfällen, ..., allgemein von nicht verwertbaren Nebenprodukten, durch ihre physikalische und chemische Transformation in ökologisch weniger schädliche, im Idealfall unschädliche, Substanzen und Energien (vgl. STREBEL 1980, S. 100; HAASIS 1987, S. 125ff.). Eine weitere Entsorgungsmaßnahme ist auch in der **Diffusion** bzw. **Zerstreuung** von nicht verwertbaren Nebenprodukten zu sehen. Wird Entsorgung als **Verdünnungsstrategie** durchgeführt, ist damit eine gleichmäßige Verteilung von Rückständen in Luft bzw. Atmosphäre, Wasser oder Boden durch Emission und Immission gemeint, wobei aber gewährleistet sein muß, daß höchstzulässige Werte nicht überschritten werden (vgl. STREBEL 1980, S. 102). Im Gegensatz dazu bedeutet eine **Konzentrationsstrategie** ein kompaktes räumliches Zusammenfassen, also Deponieren von nicht verwertbaren Nebenprodukten, wobei Emissionen außerhalb der

Deponiestätte soweit wie möglich vermieden werden sollen.

Im Hinblick auf die Unterstützung einer aktiven Umweltpolitik sollte die Langfristplanung, im Sinne einer verbesserten Technologie- bzw. Produktfolgenabschätzung, eine Aufwertung erfahren (vgl. Kapitel 2.1). Desweiteren ist die Einrichtung eines Sozialkosten-Informationssystems zur Kostenpotentialanalyse (vgl. u.a. BETGE 1988, S. 517ff.; KLOOCK 1990b, S. 22ff.; ROTH 1992, Kapitel 5) bei einer weiteren Verschärfung der Umweltschutzgesetzgebung und verstärkten Durchsetzung des Verursacherprinzips dringend geboten. Die nicht näher konkretisierten Kontroll- und Sicherungsmaßnahmen könnten zu einem ökologischen Kontrollsystem ausgebaut werden, das Rückmeldungen an die Langfristplanung, insbesondere an die Folgenabschätzung, gibt (vgl. MALINSKY/KANATSCHNIG 1990, S. 6).

Alle diskutierten Umweltschutzmaßnahmen müssen nun dahingehend untersucht werden, ob sie kurz-, eher mittel- oder nur langfristig realisierbar sind. Mittel- bis langfristig realisierbare Umweltschutzmaßnahmen – etwa die Einrichtung von unternehmensinternen Abfallbörsen, die Wahl zwischen Eigen- bzw. Fremdentsorgung, die Berücksichtigung von Verwertungsaspekten bei der Produkt- und Prozeßgestaltung, ... (vgl. Tabelle 2.1) – sind in der Regel mit Investitionen verbunden und verlangen eine auf Einzahlungen und Auszahlungen basierende Investitionsrechnung zu ihrer Beurteilung. Zum Aufbau der Jahresplanung und den damit verbundenen kurzfristigen Entscheidungen, wobei gegebene Nutzenpotentiale und gegebene Betriebsmittelkapazitäten unterstellt sind, bildet die Kosten- und Leistungsrechnung eine geeignete Grundlage, da bei einem Planungszeitraum der Länge eines Jahres, der in kürzere Teilperioden der Länge eines Monats oder einer Woche zerlegt wird, eine genaue Erfassung der Kapitalbindung nicht von Interesse ist; eine pauschale Berechnung kalkulatorischer Zinsen ist ausreichend. Aufgabe der Kostenrechnung ist es nun, für jedes Planungs- bzw. Entscheidungsproblem die **relevanten** Kosten, die von den variierten Aktionsparametern funktional abhängig sind, zu planen und anzugeben (vgl. KILGER 1981, S. 186f.).

2.3 Motive für eine aktive Umweltpolitik

Die Motive oder auch Anreize für eine aktive Umweltpolitik liegen in erster Linie in den Nachteilen eines passiven Umweltverhaltens begründet. Als grundsätzlich nachteilig ist ein „**ungeprüfter, automatischer Verzicht auf mögliche Umweltschutzmaßnahmen** und damit auf umweltorientierte Alternativen, die die Wirtschaftlichkeit verbessern können" (KLOOCK 1990c, S. 109), anzusehen. Bei einem in dieser Weise charakterisierten Umweltverhalten wird insbesondere auf die Möglichkeiten einer aktiven Umweltpolitik zur Reduzierung externer Kosten der Umweltnutzung verzichtet (vgl. u.a. DINKELBACH/PIRO 1990, S. 703 und S. 704; KLOOCK 1990c, S. 109; ROTH 1992, S. 45).

Als Folge eines reaktiven, defensiven Umweltverhaltens werden Unternehmen vermehrt in die Rolle von Anpassern bzw. Nachahmern gedrängt. Dies schlägt sich in **strategischen** und auch **operativen Kostennachteilen** nieder. Strategische Kostennachteile entstehen als Folge nicht rechtzeitig erkannter bzw. nicht ergriffener Substitutionsmöglichkeiten oder auch nicht eingerichteter Wiederverwendungskreisläufe. Daher müssen längerfristig steigende Rohstoff-, Energie- sowie Wasserkosten und höhere Entsorgungskosten hingenommen werden (vgl. GÜNTHER 1988, S. 124f.; MELLER 1988, S. 154f., S. 159 und S. 162; STEGER 1988, S. 157; TROGE 1988, S. 105ff.; KLOOCK 1990c, S. 109). Operative Kostennachteile sind die Folge des Verzichts auf einen effizienten Ressourceneinsatz oder auf eine Verminderung der Abfallentstehung. Daher müssen Rohstoff-, Energie-, Wasser- und Abfallbeseitigungskosten in Kauf genommen werden (vgl. WINJE/LORENZ 1988; S. 146 und S. 149; VIEREGGE 1990, S. 90; DYLLICK 1991, S. 26f.). Sie können aufgrund der Konzeption der Kosten-Erfahrungskurve kurzfristig nicht so einfach abgebaut werden (vgl. KILGER 1986, S. 146ff.; KLOOCK 1990c, S. 109).

Eine aktive Umweltpolitik könnte desweiteren eine **Verminderung der Kosten der Risikoabsicherung** bewirken. Eine Verschärfung der gesetzlichen Auflagen im Bereich des Umweltschutzes und eine gewachsene Risikosensibilität in der Gesellschaft führen zu vermehrten Ansprüchen an die Unternehmen und an ihre Haftpflichtversicherer, die sich steigenden Kosten der Beseitigung von Umweltschäden gegenüber sehen. Aktiver Umweltschutz, der der Vorsorge zur Verminderung von Risiken und der Verhinderung von Störfällen gilt, kann in diesem Bereich sicherlich Kosteneinsparmöglichkeiten aufdecken (vgl. SIEGMANN 1990, S. 57; DYLLICK 1991, S. 27f.). Das Argument, daß im Zuge von Umweltschutzmaßnahmen Kosteneinsparungen realisierbar sind, sollte aber kritisch beleuchtet werden. Für eine erfolgsorientierte Unternehmensführung sind das Aufdecken und Ausnutzen von Kosteneinsparpotentialen von ureigenstem Interesse; deshalb kann in der Verfolgung von Umweltschutzzielen zwar das auslösende Element für Kosteneinsparungen, nicht aber das eigentliche Ziel gesehen werden. Vielmehr weist die Realisierbarkeit von Kosteneinsparungen durch Umweltschutzmaßnahmen auf das bisherige Versagen der Unternehmensführung bzw.

der implementierten Kosten- und Leistungsrechung hin (vgl. SCHREINER 1990, S. 206).

Mit zunehmendem Umweltbewußtsein der Kreditgeber, Lieferanten, Konkurrenten und Kunden – allgemein der Marktteilnehmer – können den Unternehmen bei lediglich passivem Umweltverhalten Finanzierungs-, Beschaffungs- bzw. Absatznachteile (vgl. KLOOCK 1990c, S. 109; DYLLICK 1991, S. 28ff.) durch eine **Verschlechterung des Produkt- und auch Unternehmensimages** entstehen. Hingegen wird bei Unternehmen, die eine aktive Umweltpolitik betreiben, die Schonung der natürlichen Umwelt in komplementärer Beziehung zu der Sicherung der Wettbewerbsfähigkeit und der Verbesserung des Unternehmens- und Produktimages gesehen (vgl. STEGER 1988, S. 161ff.; MEFFERT 1990, S. 85). Desweiteren können mit einem zunehmenden Umweltbewußtsein bereits beschäftigter oder zukünftiger Mitarbeiter Unternehmen mit einem passiven Umweltverhalten **Personalnachteile** entstehen (vgl. KLOOCK 1990c, S. 109). Denn als besonders förderlich wird die Verfolgung von Umweltschutzzielen für die **Mitarbeitermotivation** (vgl. WICKE 1988, S. 24; MEFFERT 1990, S. 85) sowie für die **Erhöhung der Attraktivität als zukünftiger Arbeitgeber** angesehen (vgl. DYLLICK 1991, S. 31). Aktiver, vorausschauender Umweltschutz, der beispielsweise in einer Umweltverträglichkeitsprüfung mittels Selbstkontrolle **vor** den gesetzlich obligatorischen Anmeldeverfahren oder der Berücksichtigung des Umweltschutzes bereits bei der Wahl von Einsatzstoffen und Verfahren besteht, kann zu einer **Verbesserung der Planungseffizienz, kürzeren Genehmigungsfristen** und **verminderten Genehmigungsauflagen** führen (vgl. DYLLICK 1991, S. 27).

Zusammenfassend ist festzuhalten, daß es eine Fülle von Gründen gibt, aktive Umweltpolitik zu betreiben. „Um diese zu begründen, muß nicht mehr eine besondere moralische Verantwortung für die natürliche Umwelt oder unsere Nachwelt angerufen werden. Es genügt hierzu auf das aufgeklärte Eigeninteresse der Unternehmungen selber zu verweisen“ (DYLLICK 1991, S. 32; vgl. auch KIRCHGEORG 1990, S. 8ff. und S. 232ff.).

Kapitel 3

Konzeption einer internen Umweltkostenrechnung

3.1 Gestaltung der Kostenartenrechnung

Die Kostenartenrechnung hat die Aufgabe, „den mengenmäßigen Verbrauch an Produktionsfaktoren zu erfassen, zu bewerten und anzugeben, wie die Kostenartenbeträge im System der Kostenrechnung weiterzuverrechnen sind“ (KILGER 1981, S. 19). Sie bildet die Grundlage der gesamten Kostenrechnung. „Erfassungs- und Kontierungsfehler der Kostenartenrechnung führen zwangsläufig zu falschen Ergebnissen in den übrigen Teilgebieten, so z.B. in der Kalkulation und der Kostenkontrolle“ (KILGER 1987, S. 69; vgl. auch SCHNEIDER 1941, S. 254). Deshalb ist eine inhaltlich klare und eindeutige **Kostenarteneinteilung** zwingend notwendig. Haupteinteilungsmerkmal sollte die Art der verbrauchten bzw. eingesetzten Produktionsfaktoren sein (vgl. KILGER 1985, S. 124; SCHWEITZER/KÜPPER 1991, S. 143); dies führt etwa zu den Kostenartenbezeichnungen Materialkosten, Kosten für Brennstoffe und Energie, Löhne und Gehälter, Personalnebenleistungen, ... (vgl. Tabelle 3.1). Diese Kostenarten werden auch als **ursprüngliche** bzw. **primäre Kosten** bezeichnet, da sie für – dem Unternehmen von außen zufließende – Kostengüter anfallen (vgl. SCHMALENBACH 1963, S. 14; KOSIOL 1979, S. 176). Daneben können noch **kostenstellenorientierte** – in welcher Kostenstelle ist ein bestimmter Kostenbetrag angefallen – und **kostenträgerorientierte** – für welches erwünschte Hauptprodukt oder für welche Umweltschutzmaßnahme sind die Kosten entstanden – als Einteilungskriterien hinzugezogen werden. Beide Kriterien dürfen aber lediglich als ergänzende Kriterien herangezogen werden – so etwa bei der Bildung der Kostenartengruppen 49 und 50 in Tabelle 3.1 –, denn die Vermischung von Kostenarten- und Kostenstellen- bzw. von Kostenarten- und Kostenträgergesichtspunkten führt zu **unsauberen, gemischten** Kostenarten, durch welche die Kostenartenrechnung unübersichtlich und fehleranfällig wird (NORDEN 1940, S. 578 und S. 583; KILGER 1985, S. 124f. und 1987, S. 70).

Nach der Art der verbrauchten bzw. eingesetzten Produktionsfaktoren könnte für die Inanspruchnahme des Produktionsfaktors natürliche Umwelt (vgl. Kapitel 1.2.2) eine **primäre Kostenart Umweltkosten** (vgl. Kapitel 1.2.4.1) gebildet werden, die wiederum – je nach der in Anspruch genommenen Umweltfunktion – in feinere primäre Kostenarten zerlegt werden kann. Diese könnten im Rahmen einer **Primärkostenrechnung** auf die erwünschten Hauptprodukte weiterverrechnet werden; dabei bliebe die Mengenstruktur und somit die Kostenstruktur eines jeden Produktes transparent (vgl. MÜLLER 1980, S. 202ff.). Nach den Überlegungen des Kapitels 1.2.4.1 werden Umweltkosten aber nur insoweit – durch öffentliche Abgaben, durch Erfüllung gesetzlicher Umweltschutzauflagen, durch Haftungsansprüche Dritter und auch durch freiwillige Umweltschutzmaßnahmen – internalisiert, als die Verfolgung des Gewinnziels dadurch nicht beeinträchtigt wird, so daß lediglich **Umweltschutzkosten** und **ökologische Anderskosten** (vgl. Kapitel 2.1.2) berücksichtigt werden. ROTH schlägt die Berücksichtigung von betrieblichen Umweltschutzkosten als „durch betriebliche Maßnahmen zur Vermeidung, Verringerung, Beseitigung und Verwertung endogener Umweltbelastungen verursachte bewertete Güterverbräuche einschließlich derjenigen bewerteten Güterverbräuche, die aus betrieblichen Aktivitäten zur Überwachung der Einhaltung von Umweltschutzvorschriften, zur Kontrolle laufender betrieblicher Umweltschutzmaßnahmen und zur Absicherung vor durch Stör- und Katastrophenfälle verursachten Umweltbelastungen resultieren“, als eine **„eigenständige primäre Kostenart“** (ROTH 1992, S. 113) vor. Diese Einteilung setzt bei den zusätzlichen Kalkulationsobjekten einer internen Umweltkostenrechnung an (vgl. Kapitel 2.2); sie ist also in erster Linie kostenträgerorientiert und führt zu einer aus primären Kostenarten **zusammengesetzten** oder auch **abgeleiteten Kostenart** (vgl. SCHMALENBACH 1963, S. 14; KOSIOL 1979, S. 176), die auch nur fälschlicherweise als primäre Kostenart bezeichnet werden kann. **Sekundäre Kostenarten** erleichtern den Kostenüberblick; sie setzen sich aus Primärkostenbeträgen zusammen, die in Kostenstellen des Sekundärbereichs geplant bzw. abgefallen sind (vgl. Kostenartengruppen 49 und 50 in Tabelle 3.1). Kostenarten, die sich aus Einzelkosten und aus Kosten primärer und sekundärer Kostenstellen zusammensetzen und deren Kostenhöhe für die Kostenanalyse von Bedeutung ist, werden als **tertiäre Kostenarten** bezeichnet (vgl. LACKES 1989, S. 237f., insb. Abb. 9.2). In diesem Sinne sind Umweltschutzkosten und ökologische Anderskosten allenthalben als eine tertiäre Kostenart zu bezeichnen.

Da aber nicht auf Kostenträgergesichtspunkte verzichtet werden kann, bleibt nur eine Vorgehensweise, bei der jede **saubere Kostenart** nach Kostenträgergesichtspunkten weiter unterteilt wird (vgl. NORDEN 1940, S. 582). Eine mögliche Vorgehensweise könnte darin bestehen, jede Kostenart danach zu differenzieren, ob sie **durch den eigentlichen Unternehmensprozeß verursacht** oder **umweltschutzbedingt** angefallen ist (vgl. KLOOCK 1990a, S. 146 und 1990b, S. 12 und S. 14; ROTH 1992, S. 115). Aber eine Vielzahl von Abgrenzungsproblemen bleibt dabei ungelöst. Denn es ist in der Kostenartenrechnung nur in Ausnahmefällen möglich, Kostenarten danach zu unterteilen, ob sie prozeßbedingt oder umweltschutzbedingt angefallen sind. So sind zwar Lohn- und Gehaltskosten der Kostenartengruppe 43 für einen Klärwärter oder einen Umweltschutzbeauftragten; Entgelte für die Inanspruchnahme von externen Entsorgungs-, Beseitigungs-, Verwertungsleistungen, für Wartung und Reparatur von Umweltschutzeinrichtungen, für Beratungsdienste und Gutachten der Kostenartengruppe 45; Gebühren, Beiträge, Kostensteuern und Versicherungsprämien der Kostenartengruppe 46, etwa die Abwasserabgabe, Deponiegebühren, ...; kalkulatorische Abschreibungen und kalkulatorische Zinsen der Kostenartengruppe 48 auf Abwasserbehandlungs-, Entstaubungsanlagen oder Lärmschutzeinrichtungen **eindeutig als umweltschutzbedingt** anfallende Kostenarten einordenbar (vgl. Tabelle 3.1; FLEISCHMANN/PAUDTKE 1977, S. III-7, 16; HAASIS 1991, S. 12, 16f.; ROTH 1992, S. 116), aber **der überwiegende Teil** der Umweltschutzkosten und ökologischen Anderskosten kann erst in der Kostenstellenrechnung bestimmt werden (vgl. Betriebswirtschaftlicher Ausschuß des Verbandes der Chemischen Industrie e.V. 1973, S. 2055ff.).

In dieser Schrift wird deshalb vorgeschlagen, die in Tabelle 3.1 dargestellte Kostenarteneinteilung zu wählen; sie wird beispielsweise von KILGER – aufbauend auf der Kostenartengliederung des Gemeinschaftskontenplans der Industrie – empfohlen, da sie systematisch aufgebaut, umfassend angelegt ist und zu sauberen Kostenarten führt. Bei der Weiterverrechnung der Kosten im System der Kostenrechnung wird eine Differenzierung in **Einzelkosten, über Kostenstellen verrechnete Kosten** und **Umweltschutzmaßnahmen zugerechnete Kosten** vorgeschlagen. Kostenarten, deren Entstehung unmittelbar, nach dem Verursachungsprinzip, auf die Produktion oder den Absatz der erwünschten Hauptprodukte zurückgeführt werden kann, werden als Einzelkosten verrechnet. Als Beispiele für als Einzelkosten abrechenbare, aber für Umweltschutzzwecke angefallene Kostenarten sind Mehrkosten aus der Verwendung umweltgerechter Einsatzstoffe und die Kosten eines umweltschutzbedingten Mehrverbrauchs an Einsatzstoffen zu nennen (vgl. Betriebswirtschaftlicher Ausschuß des Verbandes der Chemischen Industrie e.V. 1973, S. 2055; STÖLZLE 1991, S. 391). – Kostenstellenkosten umfassen alle Kostenarten, die sich nicht direkt auf betriebliche Leistungseinheiten verrechnen lassen, sondern zunächst betrieblichen Teilbereichen (= Kostenstellen) zugeordnet werden, und alle Kostenarten, die typischerweise Einzelkosten sind, aber aus Gründen der Kostenkontrolle und der abrechnungstechnischen Vereinfachung der Kalkulation über Kostenstellen abgerechnet werden (vgl. KILGER 1987, S. 74f.).

Eine Umweltschutzmaßnahme nimmt eine **Zwischenstellung** zwischen einer Kostenstelle und einem Kostenträger ein. Ihre Einrichtung ist durch die Erstellung der erwünschten Hauptprodukte und der damit verbundenen Umweltinanspruchnahme bzw. Umweltbelastung erforderlich; in diesem Sinne ist sie ein betrieblicher Teilbereich, auf den im Prozeß der betrieblichen Leistungserstellung und -verwertung nicht verzichtet werden kann, sie hat also Kostenstellencharakter, genauer den Charakter einer **sekundären Kostenstelle** (im Gegensatz zu BÜHN 1982, S. 3/174, 2); von einigen Autoren wird sie auch als **Nebenkostenstelle** zur Bearbeitung von „Nebenprodukten ..., die wie Kuppelprodukte oder Abfallgüter bei der Herstellung anfallen," eingeordnet (SCHWEITZER/KÜPPER 1991, S. 159; vgl. auch KOSIOL 1979, S. 235; SEICHT 1981, S. 114). Zugleich muß aber die Erfolgswirksamkeit umweltschutzbezogener Maßnahmen beurteilt werden können, so daß eine Umweltschutzmaßnahme als Kalkulationsobjekt einer internen Umweltkostenrechnung **Kostenträgercharakter** hat.

Der Kostenstellencharakter einer Umweltschutzmaßnahme und ihr Leistungsaustausch mit den übrigen Kostenstellen ist Gegenstand des Kapitels 3.2. Der Kostenträgercharakter einer Umweltschutzmaßnahme wird in Kapitel 3.3.2 beleuchtet.

3.2 Gestaltung der Kostenstellenrechnung

3.2.1 Vorüberlegungen zu einer analytischen Kostenplanung als Grundlage einer Kostenstellenrechnung

Die Aufgabe der Kostenplanung besteht darin, für den Planungszeitraum eines Kalenderjahres, zerlegt in kürzere Teilperioden der Länge eines Durchschnittsmonats, die

40/41		**Material**
	4001	Einsatzmaterialart A
	4002	Einsatzmaterialart B
	4012	Fremdbezogene Einzelteile
	4013	Auswärtige Bearbeitung
	⋮	
	4121	Hilfsstoffe
	4122	Betriebsstoffe (ohne Brennstoffe und Energie)
	4123	Werkzeuge und Geräte
	⋮	
	4129	Material für innerbetriebliche Leistungen
42		**Brennstoffe und Energie**
	4201	Feste Brenn- und Treibstoffe
	4202	Flüssige Brenn- und Treibstoffe
	4203	Gasförmige Brenn- und Treibstoffe
	4211	Fremdbezogene elektrische Energie
	⋮	
	4219	Fremdbezogenes Wasser
43		**Löhne und Gehälter**
	4301	Fertigungslöhne
	4302	Löhne für innerbetriebliche Leistungen
	⋮	
	4309	Zusatzlöhne für Akkordarbeiter
	4311	Hilfslöhne für Vorarbeiter
	4312	Hilfslöhne für Transport- und Lagerarbeiten
	4313	Hilfslöhne für Reinigungsarbeiten
	⋮	
	4319	Sonstige Hilfslöhne
	4321	Lohnzulagen
	4322	Mehrarbeitszuschläge für Arbeiter
	4351	Gehälter
	4361	Gehaltszulagen
	4362	Mehrarbeitszuschläge für Angestellte
44		**Personalnebenleistungen**
	4401	Gesetzliche Sozialabgaben für Arbeiter
	4002	Gesetzliche Sozialabgaben für Angestellte
	⋮	
	4009	Freiwillige Sozialabgaben
45		**Reparaturen, Instandhaltungen, sonstige technische Leistungen**
	4501	Reparatur- und Instandhaltungsleistungen für Grundstücke und Gebäude
	4502	Reparatur- und Instandhaltungsleistungen für Maschinen und Anlagen
	⋮	
	4511	Fremde Forschungsleistungen
	4512	Fremde Entwicklungsleistungen
	4513	Fremde Konstruktionsleistungen
46		**Kostensteuern, Gebühren, Beiträge und Versicherungsprämien**
	4601	Grundsteuer
	4602	Kraftfahrzeugsteuer
	⋮	
	4611	Gebühren und Abgaben (ohne Postgebühren)
	4621	Beitrag für Industrie- und Handelskammer
	⋮	
	4631	Kraftfahrzeugversicherung
	4632	Feuerversicherung
47		**Mieten, Verkehrs-, Büro-, Werbekosten**
	4701	Raummieten
	4702	Mieten für Maschinen und Anlagen
	4709	Sonstige Mieten
	4711	Postgebühren
	⋮	
	4741	Beratungsleistungen
48		**Kalkulatorische Kosten**
	4801	Kalkulatorische Abschreibungen
	4802	Kalkulatorische Zinsen auf das Anlagevermögen
	4803	Kalkulatorische Zinsen auf das Umlaufvermögen
	4804	Kalkulatorischer Unternehmerlohn
	4805	Kalkulatorische Wagnisse
	⋮	
	4808	Kalkulatorische Sozialkosten für Arbeiter
	4809	Kalkulatorische Sozialkosten für Angestellte
49		**Sekundäre prozeßbedingte Kostenarten**
	4901	Raumkosten
	4911	Stromkosten
	4912	Dampfkosten
	4913	Gaskosten
	4915	Wasserkosten
	4921	Kosten der Sozialstellen
	4931	Kosten der Schlosserei
	4932	Kosten der Elektrikerwerkstatt
	⋮	
	4939	Kosten sonstiger Werkstätten
	4971	Kosten der Transportstellen
	4991	Kosten der Leitungsstellen
50		**Sekundäre umweltschutzbedingte Kostenarten**
	5001	Überarbeitungskosten
	5002	Entsorgungskosten
	⋮	
	5011	Stromkosten
	5012	Dampfkosten
	5013	Gaskosten
	5015	Wasserkosten
	⋮	
	5931	Kosten der Schlosserei
	5931	Kosten der Elektrikerwerkstatt
	⋮	

Tabelle 3.1: Vorschlag einer Kostenartengliederung (in Ergänzung zu KILGER 1987, S. 71f.)

über Kostenstellen bzw. Umweltschutzmaßnahmen verrechneten Kostenarten als Plankosten vorzugeben. Dabei müssen die geplanten Kosten grundsätzlich genau dem Kostenartenplan und den Kontierungsvorschriften entsprechen (vgl. Kapitel 3.1; KILGER 1981, S. 313f.). Zu den **vorbereitenden Maßnahmen** der Kostenplanung gehören eine geeignete Einteilung des Unternehmens in Kostenstellen des Primär- und Sekundärbereichs und Umweltschutzstellen (vgl. Kapitel 3.2.2) und die Bestimmung von Maßgrößen der Kostenverursachung, also die Bezugsgrößenwahl (vgl. Kapitel 3.2.3). Reicht **eine** Bezugsgröße zur Abbildung der Kostenverursachung aller Kostenarten einer Kostenstelle bzw. Umweltschutzstelle aus, d.h., die Kostenausprägungen lassen sich auf einen Kostenbestimmungsfaktor zurückführen, ist der Fall **homogener Kostenverursachung** gegeben; grundsätzlich ist in Stellen mit **heterogener** Kostenverursachung, d.h., zur Abbildung der Kostenverursachung sind **mehrere** Bezugsgrößen erforderlich, für jede Bezugsgröße ein Kostenplan zu erstellen (vgl. GANS 1988, S. 213; Kapitel 3.2.4.3). Nach Abschluß der Bezugsgrößenwahl erfolgt die **Festlegung von Planbezugsgrößen.** „Unter einer Planbezugsgröße, die auch als **Planbeschäftigung** bezeichnet wird, versteht man diejenige monatliche Durchschnittsbezugsgröße, die bei der Kostenplanung in einer Kostenstelle zugrundegelegt werden soll" (KILGER 1987, S. 200). Zur Bestimmung der Planbeschäftigung einer Kostenstelle bzw. Umweltschutzstelle ist es für die Zwecke einer entscheidungsorientierten Kostenrechnung sinnvoll, aus mehreren möglichen Verfahren die **Engpaßplanung** zu wählen, da hierbei eine Abstimmung mit dem Gesamtsystem der betrieblichen Teilpläne erfolgt und „der Minimumsektor der Planung die realisierbaren Bezugsgrößen limitiert" (KILGER 1987, S. 201; vgl. auch GUTENBERG 1951, S. 113).

Die **Durchführung** der Kostenplanung erfolgt dreigeteilt und umfaßt die Mengenplanung, die Preisplanung und die planmäßige Kostenauflösung. Bei der Planung des Mengengerüsts wird für jede Kostenart und Kostenstelle bzw. Umweltschutzstelle die Verbrauchsmenge festgelegt, die zur Realisierung der Planbeschäftigung bei wirtschaftlichem Handeln erforderlich ist (vgl. KILGER 1987, S. 201). Bei der Planung des Wertegerüsts werden **Planpreise** für dem Unternehmen von außen zugeflossene Kostengüter und auch **geplante Verrechnungspreise für innerbetriebliche Leistungen** (vgl. Kapitel 1.2.4.2 und 3.2.4) bestimmt. Letztere werden aus Plankosten der Stellen des Sekundärbereichs, also von Hilfskostenstellen und Umweltschutzstellen, abgeleitet, so daß diese stets zuerst zu planen sind (vgl. KILGER 1981, S. 317). Nach Ermittlung der Plankosten aller Kosten- und Umweltschutzstellen sind die geplanten Kosten durch eine **planmäßige Kostenauflösung** nach dem **Modell der Betriebs-**

bereitschaft, nach dem „diejenigen Plankosten den fixen Kosten zugeordnet werden, die auch dann noch anfallen sollen, wenn die Beschäftigung einer Kostenstelle gegen null tendiert, die Betriebsbereitschaft zur Realisierung der Planbezugsgröße aber beibehalten wird“ (KILGER 1981, S. 361), in „beschäftigungsfixe“ und „beschäftigungsproportionale“ Kostenbestandteile aufzulösen (SCHMALENBACH 1963, S. 41; vgl. auch PLAUT/MÜLLER/MEDICKE 1973, S. 34ff.). Den Abschluß der Kostenplanung bildet die **Bestimmung von Plan-Kalkulationssätzen**; hierzu werden in einer Grenzplankostenrechnung die proportionalen Plankosten der Hauptkostenstellen durch die zugehörige Planbeschäftigung dividiert (vgl. KILGER 1987, S. 202). Die **Abstimmung der Kostenplanung** bildet den letzten Arbeitsschritt (vgl. KILGER 1987, S. 215ff.). Abbildung 3.1 gibt einen zusammenfassenden Überblick über den organisatorischen Ablauf einer Kostenplanung und ordnet die **umweltschutzinduzierten Maßnahmen** in den Ablaufplan ein.

3.2.2 Einteilung in reine Kostenstellen des Primär- und Sekundärbereichs und Umweltschutzstellen

„Die Bildung von Kalkulationssätzen und die Durchführung einer wirksamen Kostenkontrolle erfordern die Einteilung einer Unternehmung in Kostenstellen. Als **Kostenstellen** werden ... betriebliche Teilbereiche bezeichnet, die in der Kostenrechnung als selbständige Kontierungseinheiten abgerechnet werden“ (KILGER 1987, S. 154). **Hauptkostenstellen** oder auch **primäre Kostenstellen** sind **direkt** an der Erstellung und dem Absatz der erwünschten Hauptprodukte beteiligt; ihre Kosten können unmittelbar auf die erwünschten Hauptprodukte weiterverrechnet werden. **Hilfskostenstellen**, auch als **sekundäre Kostenstellen** bezeichnet, sind nur **indirekt** mit der Erstellung und dem Absatz der erwünschten Hauptprodukte befaßt, indem sie die Hauptkostenstellen durch Abgabe von Leistungen in ihrer Tätigkeit unterstützen. Im Zuge der **innerbetrieblichen Leistungsverrechnung** geben sie ihre Kosten an die Kostenstellen ab, die ihre Leistungen in Anspruch nehmen (vgl. SCHNEIDER 1941, S. 255). Die einer Stelle im Rahmen des innerbetrieblichen Leistungsaustauschs zugerechneten Kosten, werden als **sekundäre Kostenarten** einer Stelle bezeichnet (vgl. SCHNEIDER 1941, S. 256).

Die Einteilung eines Unternehmens in Kostenstellen sollte den folgenden Grundsätzen genügen (zu weiteren Grundsätzen der Kostenstelleneinteilung vgl. u.a. BUSSMANN 1979, S. 75f.; KLOOCK/SIEBEN/SCHILDBACH 1990, S. 111f.; SCHWEITZER/KÜP-

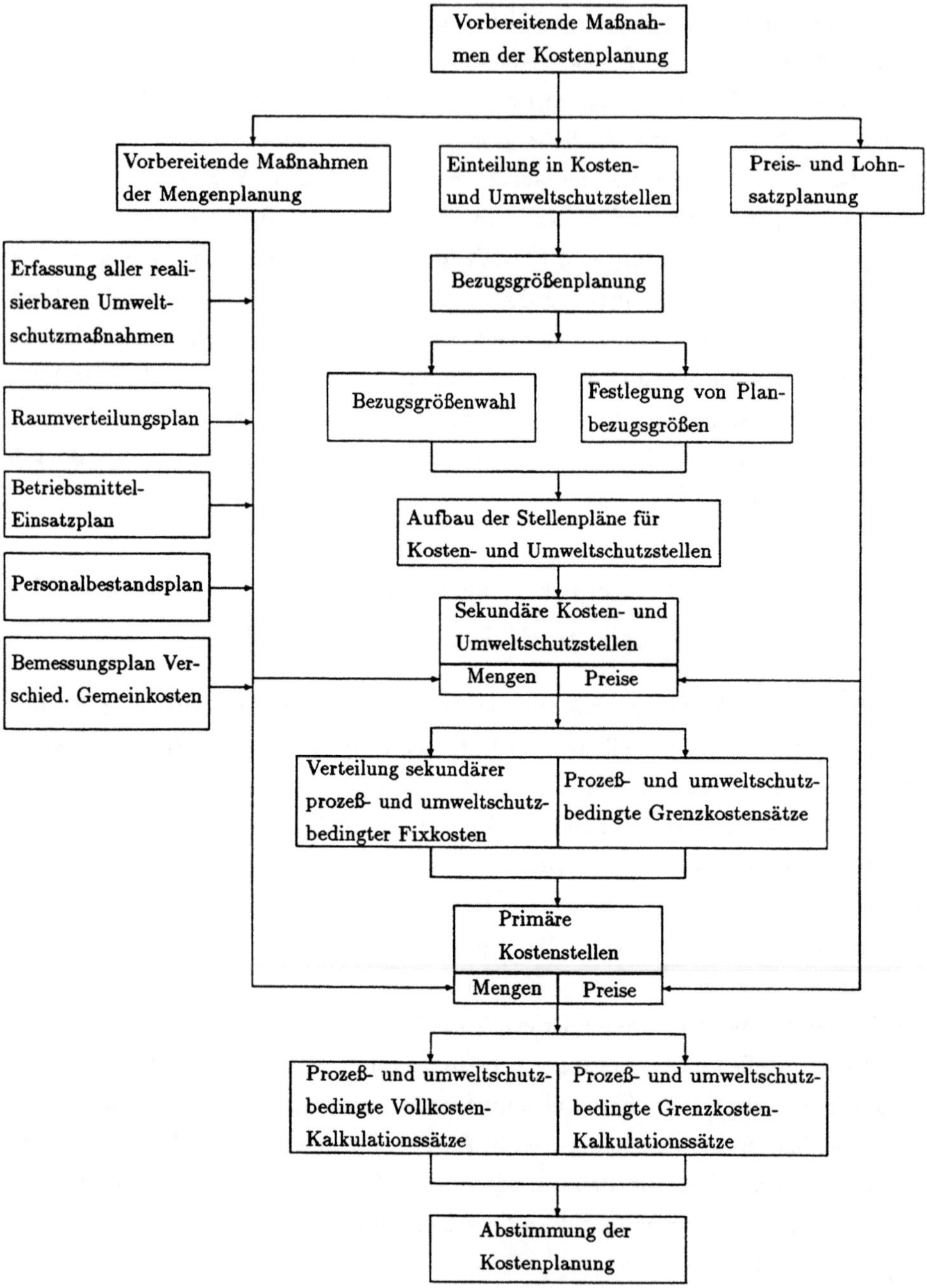

Abbildung 3.1: Organisatorischer Ablauf der analytischen Kostenplanung in einer internen Umweltkostenrechnung (in Anlehnung an KILGER 1981, S. 318)

PER 1991, S. 156ff.). Erstens sind Kostenstellen in der Weise zu bilden, daß sie **selbständige Verantwortungsbereiche** darstellen; für jede Kostenstelle ist genau **ein** Kostenstellenleiter verantwortlich (vgl. u.a. HUMMEL/MÄNNEL 1986, S. 197; KILGER 1987, S. 154). Nach dem zweiten Grundsatz muß die Bildung von Kostenstellen so erfolgen, daß für alle Kostenstellen **Maßgrößen der Kostenverursachung**, auch als **Bezugsgrößen** bezeichnet, angebbar sind. **Ideale** bzw. **richtige Bezugsgrößen** „verhalten sich proportional zu den beschäftigungsabhängigen Kosten der Kostenstellen. Sie werden mit Hilfe technisch-kostenwirtschaftlicher Analysen bestimmt, die erkennen lassen, mit Hilfe welcher Maßgrößen die Kostenverursachung am besten gemessen werden kann" (KILGER 1987, S. 164). Dem dritten Grundsatz folgend ist die Kostenstelleneinteilung so zu wählen, daß alle **Kostenarten(-belege)** (vgl. Kapitel 3.1) den verursachenden Kosten- und Umweltschutzstellen **ohne Kontierungsschwierigkeiten** zugeordnet werden können. Die Wahl richtiger Bezugsgrößen gemäß Grundsatz zwei verlangt eine sehr feine Kostenstelleneinteilung; die Vermeidung von Kontierungsschwierigkeiten entsprechend dem dritten Grundsatz fällt hingegen umso leichter, je gröber die Kostenstelleneinteilung gewählt wird (vgl. u.a. VORMBAUM 1977, S. 180).

Infolge des Erfordernisses der Bestimmung von Umweltschutzkosten und ökologischen Anderskosten in den einzelnen Kostenstellen tritt ein weiteres Problem der Kostenstellenbildung hinzu. Nach FLEISCHMANN/PAUDTKE lassen sich grundsätzlich drei Typen von Kostenstellen unterscheiden. **Reine Kostenstellen für den Umweltschutz**, die ausschließlich Umweltschutzfunktionen erfüllen, etwa Anlagen zur Abwasseraufbereitung, große Filteranlagen, ...; sie sind sekundäre Kostenstellen. **Reine Kostenstellen zur Erfüllung der betriebsbedingten Zwecke**, sie können primäre oder sekundäre Kostenstellen sein und erfüllen keinerlei Umweltschutzfunktionen; somit fallen **unmittelbar** keine Kosten für den Umweltschutz an, **mittelbar** können aber diese Kostenstellen mit sekundären Kosten des Umweltschutzes für in Anspruch genommene Umweltschutzleistungen von anderen Sekundärstellen belastet werden. **Gemischte Kostenstellen**, die sowohl Umweltschutzaufgaben als auch prozeßbedingte Aufgaben übernehmen (vgl. FLEISCHMANN/PAUDTKE 1977, S. III-7, 16; RENTZ 1979, S. 80f.; HEIGL 1981, Sp. 1595; SCHREINER 1990, S. 211); sie können ebenfalls primäre bzw. sekundäre Kostenstellen sein. Probleme bereitet die Aufteilung der Kosten in gemischten Kostenstellen, nach **prozeßbedingter** bzw. **umweltschutzbedingter** Verursachung.

FLEISCHMANN/PAUDTKE schlagen ein Schätzverfahren vor, nach dem die Kosten des Umweltschutzes aus den gesamten Kosten einer gemischten Kostenstelle entsprechend des Anteils der Investitionen für Umweltschutz an der Gesamtsumme der Investitionen dieser Stelle herausgelöst werden (vgl. FLEISCHMANN/PAUDTKE 1977, S. III-7, 19; RENTZ 1979, S. 76). Da dieses Schätzverfahren die tatsächliche Kostenverursachung gar nicht erst berücksichtigt, ist es als für die Zwecke einer entscheidungsorientierten Kostenrechnung ungeeignet abzulehnen. Der Betriebswirtschaftliche Ausschuß des Verbandes der Chemischen Industrie e.V. empfiehlt, die Kosten des Umweltschutzes einer gemischten Kostenstelle gemäß **dem Anteil der Umweltschutzzweckbestimmung** zu bestimmen, indem den verantwortlichen Kostenstellenleitern einmal im Jahr ein Fragebogen zu übergeben ist, in dem je Kostenstelle **getrennt nach Umweltschutzgebieten** Angaben über den Betriebspersonaleinsatz, den Energieverbrauch, den Bedarf an Behältern und Fässern, den Einsatz von zur Kostenstelle gehörenden Betriebsmitteln und ihrer zeitlichen Inanspruchnahme, ... erfragt werden (vgl. Betriebswirtschaftlicher Ausschuß des Verbandes der Chemischen Industrie e.V. 1973, S. 2056; FLEISCHMANN/PAUDTKE 1977, S. III-7, 18f.; ROTH 1992, S. 120). Eine ähnliche Erhebung wird einmalig am Jahresende bei der BASF AG durchgeführt. Dabei erhalten die Kostenstellenleiter einen Fragebogen, in dem sie aufgefordert werden, „pro Kostenart und Umweltschutzkategorie (Lärmbekämpfung, Luftreinhaltung, Gewässerschutz, Abfallbeseitigung) den Prozentsatz der in ihrem Betrieb anfallenden Umweltschutzkosten anzugeben“ (STÄDELE-VOLLMER 1990, S. 634). Hierbei handelt es sich lediglich um die Schätzung von Istdaten. Aufgrund der fehlenden Fundierung durch eingehende technisch-kostenwirtschaftliche Analysen und der sich daraus ergebenden Probleme für die Bezugsgrößenwahl, insbesondere bei gemischten Kostenstellen mit Maßnahmen des integrierten Umweltschutzes, ist auch dieser Vorschlag als ungeeignet, da unpräzise zu verwerfen (vgl. RENTZ 1979, S. 107).

Zur Lösung des beschriebenen Problems könnte die Kostenstelleneinteilung mittels eingehender Analysen so differenziert gewählt werden, daß keine gemischten Kostenstellen entstehen, d.h., die Kostenstelleneinteilung ist – und dies könnte als vierter Grundatz der Stelleneinteilung bezeichnet werden – so fein zu wählen, daß nur reine Kostenstellen für den Umweltschutz, sie werden als **Umweltschutzstellen** bezeichnet, und reine Kostenstellen zur Erfüllung der prozeßbedingten Zwecke gebildet werden.

Als fünfter Grundsatz ist noch die Forderung nach einer **übersichtlichen und transparenten Kostenstelleneinteilung** zu nennen; die Stelleneinteilung sollte erkennen lassen, zu welchem Funktionsbereich eine Kosten- bzw. Umweltschutzstelle gehört und wie die einzelnen Stellen voneinander abgegrenzt sind (vgl. KILGER 1985, S. 133).

Zusammenfassend ist eine Vorgehensweise in zwei Schritten zur Bildung von primären bzw. sekundären Kostenstellen und Umweltschutzstellen als reine sekundäre Kostenstellen denkbar. In einem ersten Schritt soll eine differenzierte Stelleneinteilung entsprechend den Grundsätzen eins, zwei und vier vorgenommen werden. In einem zweiten Schritt wird die Zahl der gebildeten Kontierungseinheiten im Hinblick auf die Grundsätze drei und fünf durch Zusammenlegung von Kostenstellen und Umweltschutzstellen reduziert. Die Zusammenlegung ist nicht beliebig möglich. Keinesfalls dürfen Umweltschutzstellen mit primären und sekundären oder primäre mit sekundären Kostenstellen vermischt werden. Es dürfen auch nur Kosten- bzw. Umweltschutzstellen mit den gleichen Bezugsgrößenarten zusammengefaßt werden. Gemäß Grundsatz fünf sollte auch die Zusammenlegung von Kostenstellen verschiedener Funktionsbereiche vermieden werden. Als möglicher **Reduktionsalgorithmus** könnte die – in der Kostenrechnungsliteratur zur Lösung verschiedener Probleme angewendete – **kalkulatorische Fehlerrechnung** herangezogen werden (vgl. u.a. PLAUT/MÜLLER/MEDICKE 1973, S. 23f.; VORMBAUM 1977, S. 180f.; KILGER 1981, S. 320 und 1987, S. 155ff.; LACKES 1989, S. 244ff.). Ihre **Zielsetzung** besteht zunächst darin, die Wirkungen der Zusammenlegung von heterogenen Maschinengruppen und Arbeitsplätzen zu einer Kosten- bzw. Umweltschutzstelle in der Kalkulation und im Soll-Ist-Kostenvergleich aufzuzeigen und darauf aufbauend eine Struktur der Stelleneinteilung zu finden, die eine zufriedenstellende Kalkulationsgenauigkeit sicherstellt.

Für die in Abbildung 1.7 dargestellte Prozeßfolge (vgl. Kapitel 1.2.4.2) bietet sich die Einteilung in drei Stellen des Sekundärbereichs – Hilfskostenstelle Fertigung I sowie die Umweltschutzstellen Überarbeitung und betriebliche Entsorgung – und in eine primäre Kostenstelle Fertigung II an. In Fertigung I wird zwar das marktfähige, erwünschte Hauptprodukt $P1$ hergestellt, aber als vorgelagerte Prozeßstufe zur Veredelung des Zwischenprodukts ZP in Fertigung II hat sie Sekundärstellencharakter. Von der Entstehung und dem Wiedereinsetzen des verwertbaren Nebenprodukts $NP1$ in Fertigung I kann die Überarbeitung als **additive Umweltschutzmaßnahme** problemlos getrennt werden (vgl. Kapitel 2.2). Die Umweltschutzstelle Überarbeitung stellt der Hilfskostenstelle Fertigung I die Überarbeitungsleistung zur Verfügung, so daß die reine Hilfskostenstelle Fertigung I im Rahmen der innerbetrieblichen Leistungsverrechnung mit einer **sekundären Kostenart Umweltschutzkosten für Überarbeitung** belastet werden muß. Desweiteren empfangen Fertigung I und die Hauptkostenstelle Fertigung II Entsorgungsleistungen von der Umweltschutzmaßnahme betriebliche Entsorgung, so daß beide mit einer **sekundären Kostenart Umweltschutzkosten für**

Entsorgung belastet werden.

Wie die bisherigen Ausführungen gezeigt haben, ist mit der Festlegung einer geeigneten Kostenstelleneinteilung die Bestimmung von Bezugsgrößen als Maßgrößen der Kostenverursachung für alle Kostenstellen und Umweltschutzstellen eng verbunden. Diese Problematik wird ausführlich im nachfolgenden Kapitel 3.2.3 diskutiert.

3.2.3 Bezugsgrößenwahl

„Die analytischen Verfahren der Bezugsgrößenwahl basieren auf einer sorgfältigen **technisch-kostenwirtschaftlichen Einflußgrößenanalyse**, bei der die Produktionsprozesse der Kostenstellen daraufhin untersucht werden, welche funktionalen oder dispositiven Beziehungen zwischen den Aktivitäten der Leistungserstellung und dem bei wirtschaftlicher Handlungsweise erforderlichen Verbrauch an beschäftigungs- und verfahrensabhängigen Produktionsfaktoren bestehen" (KILGER 1981, S. 325). Eine systematische Darstellung der Kosteneinflußgrößen findet sich bei GUTENBERG 1951, S. 264ff., S. 272ff., S. 291ff., S. 300ff. und S. 318ff; HEINEN 1983, Kapitel 4.II.B; KILGER 1981, S. 135ff., insb. Übersicht 4; VORMBAUM/RAUTENBERG 1985, S. 53ff. Danach zählen zu den wichtigsten Kostenbestimmungsfaktoren: **Faktorpreise**, die exogene Kostenbestimmungsfaktoren darstellen; **Qualitäten der Produktionsfaktoren**, die wiederum Einfluß auf die Faktorpreise und Verbrauchsmengen nehmen; Entscheidungen über den **Aufbau zeitungebundener Nutzungspotentiale**; Entscheidungen über die **Kapazitäten betrieblicher Teilbereiche**, die – bei gegebenem Fristigkeitsgrad von einem Jahr – in der Regel die fixen Kosten determinieren; Entscheidungen über die **Verfahren betrieblicher Teilbereiche** und Entscheidungen über die **Ausbringungen betrieblicher Teilbereiche.**

Typische Beispiele für zeitungebundene Nutzungspotentiale sind Erschließungsmaßnahmen in Gewinnungsbetrieben, die Durchführung von Forschungs- und Entwicklungsprojekten, Werbemaßnahmen und Öffentlichkeitsarbeit, Maßnahmen der Aus- und Weiterbildung und Maßnahmen zur Verbesserung der Unternehmensorganisation (vgl. u.a. KNAYER 1969, S. 1253 und 1971, S. 19; ZWERGEL 1973, S. 202ff.; KILGER 1981, S. 138). Die aus diesen Entscheidungen resultierenden Kosten lassen sich weder den fixen noch den variablen Kosten zuordnen, so daß KILGER die Bildung einer eigenen Kostenkategorie „Vorleistungskosten" vorschlägt (KILGER 1981, S. 138; im Gegensatz etwa zu K. HAX 1977, S. 561). Nach ZWERGEL sind dieser Kostenkategorie auch die Kosten für den Umweltschutz zuzurechnen, denn für „diesen Aufwand liegt weder eine unmittelbare betriebliche Notwendigkeit noch eine meßbare einzelbetriebliche Rentabilität vor. Er ist eine Folge der immer stärker erkennbaren Verzahnung des einzelnen Unternehmens mit seiner Umwelt" (ZWERGEL 1973, S. 204). Die Ausführungen dieser Schrift zeigen, daß der Argumentation ZWERGELs nicht zugestimmt werden kann.

Unter der Ausbringung bzw. der **Beschäftigung** eines betrieblichen Teilbereichs, einer Kosten- bzw. Umweltschutzstelle, „ist eine Maßgröße zu verstehen, mit deren Hilfe sich der Umfang der während einer Periode erbrachten Leistungen quantitativ erfassen läßt" (KILGER 1981, S. 141). Wird in einer Kostenstelle **nur eine Leistungsart** erbracht – in der Umweltschutzstelle Überarbeitung der in Abbildung 1.7 geschilderten Prozeßfolge wird nur der rezyklierbare Teil des verwertbaren Nebenprodukts $NP1$ überarbeitet –, läßt sich die Beschäftigung **direkt** durch die Leistungsmenge – hier die Menge der überarbeiteten rezyklierbaren Nebenprodukte der Art $NP1$ – ausdrücken. Werden hingegen **mehrere unterschiedliche Leistungen** erstellt – in der Umweltschutzstelle betriebliche Entsorgung werden die nicht verwertbaren Nebenprodukte $NP2$, $NP3$ und $NP4$ in die Umwelt weniger belastende Rückstände transformiert –, so müssen sie mit Hilfe von **Bezugsgrößen** gleichnamig gemacht werden. Als Bezugsgrößen können etwa Fertigungs- bzw. Maschinenlaufzeiten, Durchsatzgewichte, bearbeitete Längen, Flächen oder Volumina gewählt werden (vgl. KILGER 1987, S. 165).

Existiert **eine** Bezugsgröße der Kostenverursachung, zu der sich **alle** ausbringungsabhängigen Kostenarten einer Kosten- bzw. Umweltschutzstelle proportional verhalten, ist der Fall **homogener Kostenverursachung** gegeben. Dazu ist die Erfüllung zweier Bedingungen Voraussetzung. Erstens dürfen die unterschiedlichen Leistungsarten einer Kostenstelle bzw. Umweltschutzstelle **nicht** gleichzeitig mehrere Kosteneinflußgrößen auslösen, bzw. die Kosteneinflußgrößen müssen sich zueinander proportional verhalten. Nach diesem von RUMMEL formulierten Gesetz der Austauschbarkeit der Maßgrößen können zueinander proportionale Bezugsgrößen gegeneinander ausgetauscht werden, so daß eine Bezugsgröße ausreicht. Und zweitens dürfen die Ausbringungsänderungen nur bei konstanten Verfahrens- und Prozeßbedingungen durchgeführt werden (vgl. KILGER 1981, S. 142). **Heterogene Kostenverursachung** liegt hingegen vor, wenn mindestens eine der genannten Voraussetzungen nicht gilt; es sind stets **mehrere** Bezugsgrößen für eine Kosten- bzw. Umweltschutzstelle erforderlich. Formal bedeutet die Bezugsgrößendifferenzierung die Berücksichtigung mehrerer Funktionen der variablen Gesamtkosten in einer Stelle. Grundsätzlich ist die Heterogenität der Kostenverursachung auf zwei Ursachen zurückzuführen. **Produktbedingte Heterogenität** der Kostenverursachung liegt vor, wenn durch Produkteigenschaften die Wahl mehrerer

Bezugsgrößen erforderlich wird. Dieser Fall wird für die betriebliche Entsorgung angenommen. **Verfahrensbedingte Heterogenität** ist gegeben, wenn die Leistungen einer Kosten- bzw. Umweltschutzstelle mit unterschiedlichen Verfahrens- oder Prozeßbedingungen erbracht werden können, d.h., auch Entscheidungen über die Produktionsvollzugsplanung beeinflussen die Kostenverursachung (vgl. KILGER 1981, S. 142f.). Der Fall der verfahrensbedingten Heterogenität wird an späterer Stelle untersucht (vgl. Kapitel 3.5); er ist in der Prozeßfolge der Abbildung 1.7 nicht gegeben, da dort eine starre Kuppelproduktion unterstellt ist.

Grundsätzlich ist noch zwischen **direkten** und **indirekten** Bezugsgrößen zu unterscheiden. Direkte Bezugsgrößen sind unmittelbar aus den bearbeiteten Produktmengen bzw. den erstellten Leistungseinheiten einer Kosten- bzw. Umweltschutzstelle ableitbar oder können während des Produktionsprozesses durch Messung oder Aufschreibung erfaßt werden (vgl. KILGER 1987, S. 164). Indirekte Bezugsgrößen haben keine unmittelbare Beziehung zum Leistungsvolumen und somit zur Kostenverusachung einer Stelle, sind aber trotzdem soweit als möglich am Verursacherprinzip orientiert; sie kommen für Kostenstellen in Frage, für die sich keine direkten Bezugsgrößen finden lassen – etwa Kostenstellen der Arbeitsvorbereitung oder des Meisterbereichs – oder aber für die die laufende Erfassung direkter Bezugsgrößen zu schwierig bzw. unwirtschaftlich ist. So sollten für Stellen des Einkauf- und Materialbereichs, der Koordination einer unternehmensinternen Abfallbörse sowie von unternehmenseigenen Deponiestätten und des Verwaltungs- und Vertriebsbereichs indirekte Bezugsgrößen verwendet werden (vgl. KILGER 1987, S. 166ff.).

Die Einteilung der in Kapitel 1.2.4.2 geschilderten Prozeßfolge in Kostenstellen des Sekundär- bzw. Primärbereichs und Umweltschutzstellen wurde bereits in Kapitel 3.2.2 vorgenommen. Hier interessiert die Bezugsgrößenwahl, die Festlegung von Planbeschäftigungen und die Bestimmung von Funktionen der primären variablen Gesamtkosten je Bezugsgröße einer Kosten- bzw. Umweltschutzstelle. Die Ermittlung von Funktionen der primären und sekundären Gesamtkosten je Bezugsgröße einer Stelle kann erst in Kapitel 3.2.4 abgeschlossen werden.

Den nachfolgenden Überlegungen werden die folgenden Plandaten zugrundegelegt.

$q_l^{(p)}$:= Planpreis des primären Produktionsfaktors l $[GE/FE_l]$ $(l = 1, \ldots, L_{Pr})$,

$d_{l\nu}^{(p)}$:= beschäftigungsproportionaler Plandirektbedarf des primären Produktionsfaktors l in der sekundären Stelle ν $[FE_l/BGE_\nu]$ $(l = 1, \ldots, L_{Pr};$ $\nu = 1, \ldots, S_p, S_p + 1, \ldots, S)$,

$k_{P\,Pr_\nu}^{(p)}$:= geplante beschäftigungs**proportionale** primäre Stückkosten einer sekundären Stelle ν $[GE/BGE_\nu]$ $(\nu = 1, \ldots, S_p, S_p + 1, \ldots, S)$,

$K_{F\,Pr_\nu}^{(p)}$:= Summe der beschäftigungs**fixen** primären Plankosten einer sekundären Stelle ν $[GE/\text{Periode}]$ $(\nu = 1, \ldots, S_p, S_p + 1, \ldots, S)$.

Zu bestimmen sind

$B_\nu^{(p)}$:= Planbeschäftigung einer sekundären Stelle ν $[BGE_\nu/\text{Periode}]$ $(\nu = 1, \ldots, S_p, S_p + 1, \ldots, S)$,

$B_i^{(p)}$:= Planbeschäftigung einer Hauptkostenstelle i $[BGE_i/\text{Periode}]$ $(i = 1, \ldots, M)$.

Als erste Stelle des Sekundärbereichs wird die Umweltschutzstelle Überarbeitung betrachtet. Sie stellt der Hilfskostenstelle Fertigung I die Überarbeitungsleistung zur Verfügung, wobei sie von der Hilfskostenstelle Fertigung I die Menge an rezyklierbarem Nebenprodukt $NP1$ empfängt und nach Überarbeitung die Menge an überarbeitetem rezyklierbarem Nebenprodukt $NP1$ an Fertigung I zurück liefert. Die beiden stehen also in einer Beziehung des einseitigen Leistungsaustauschs zueinander. Im Gegensatz zur Leistungsverflechtung bei Kostenstellen des Sekundärbereichs ist bei einem einseitigen Leistungsaustausch zwischen einer Kosten- und einer Umweltschutzstelle der Mengenfluß an rezyklierbarem Nebenprodukt $NP1$ von Fertigung I zur Überarbeitung der kostenrechnerischen Leistungsrichtung von Überarbeitung zu Fertigung I **entgegengerichtet** (vgl. RENTZ 1979, S. 93; ROTH 1992, S. 127). Als **direkte Bezugsgröße** $B_{\ddot{u}}$ $[\ddot{u}NPE_1/\text{Periode}]$ der Umweltschutzstelle Überarbeitung wird die Beschäftigung, also die Menge der überarbeiteten rezyklierbaren Nebenprodukte, gewählt. Desweiteren wird unterstellt, daß sich alle ausbringungsabhängigen **primären Kostenarten** l $(l = 1, \ldots, L_{Pr})$ proportional zur Menge der überarbeiteten rezyklierbaren Nebenprodukte verhalten, so daß der Fall **homogener Kostenverursachung** gegeben ist. Es ist also

$$k_{P\,Pr_{\ddot{u}}}^{(p)} = k_{\ddot{u}}^{(p)} = \sum_{l=1}^{L_{Pr}} q_l^{(p)} d_{l\ddot{u}}^{(p)} \quad [GE/\ddot{u}NPE_1]$$

und $B_{\ddot{u}} = 0{,}2x_{N1}$ $[\ddot{u}NPE_1]$ (vgl. Kapitel 1.2.4.2); daraus läßt sich die Funktion der geplanten **primären Kosten** der Umweltschutzstelle Überarbeitung

$$K_{Pr_{\ddot{u}}}(B_{\ddot{u}}) = K_{F\,Pr_{\ddot{u}}}^{(p)} + k_{P\,Pr_{\ddot{u}}}^{(p)} B_{\ddot{u}} = K_{F\,Pr_{\ddot{u}}}^{(p)} + \sum_{l=1}^{L_{Pr}} q_l^{(p)} d_{l\ddot{u}}^{(p)} B_{\ddot{u}} = 213{,}6 + 7{,}5 B_{\ddot{u}}$$

in [GE/Periode] ableiten. Die **Planbeschäftigung** $B_{\ddot{u}}^{(p)}$ [üNPE_1/Periode] resultiert aus der **Engpaßplanung**, wobei lediglich auf die Abstimmung der geschilderten Prozeßfolge abgestellt wird. Nach den Überlegungen des Kapitels 2.1.2 wird Umweltschutz über die gesetzlichen Auflagen hinaus nur insoweit betrieben, als die Verfolgung des Gewinnziels dadurch nicht beeinträchtigt wird; im betrachteten Beispiel werden deshalb nur die indirekten Umweltschutzmaßnahmen berücksichtigt. Im Falle der Berücksichtigung der indirekten Umweltschutzmaßnahmen – zur Bestimmung einer gewinnmaximalen Lösung kann ($LP1$) herangezogen werden (vgl. S. 41) – determiniert die verfügbare Kapazität der betrieblichen Entsorgung die Planbeschäftigung der Überarbeitung, d.h. $B_{\ddot{u}}^{(p)} = 0,2x_{N1}^* = 0,2 \cdot 200 = 40$ [üNPE_1].

Als zweite Stelle des Sekundärbereichs wird die Umweltschutzstelle betriebliche Entsorgung betrachtet. Die Kapazitätsinanspruchnahme der betrieblichen Entsorgung durch die nicht verwertbaren Nebenprodukte ist aus den Belastungskoeffizienten $m_2^{(p)} = 4$ [KE/NPE_2], $m_3^{(p)} = 5$ [KE/NPE_3], $m_4^{(p)} = 8$ [KE/NPE_4] ersehbar. Dabei werden variable **primäre (Entsorgungs-)Kosten** in Höhe von $k_{E_2}^{(p)} = 1$ [GE/NPE_2], $k_{E_3}^{(p)} = 1,1$ [GE/NPE_3], $k_{E_4}^{(p)} = 2$ [GE/NPE_4] verursacht (vgl. Kapitel 1.2.4.2). Offensichtlich verhalten sich alle ausbringungsabhängigen primären Kostenarten l ($l = 1, \ldots, L_{Pr}$) proportional zur Kapazität der betrieblichen Entsorgung, aber die Höhe der primären proportionalen Kostensätze $k_{P\,Pr_E}^{(p)}$ [GE/KE] differiert bei NPE_2 und NPE_3, ist hingegen gleich für NPE_2 und NPE_4, denn

$$
\begin{array}{rcccccccl}
k_{E_2}^{(p)} & = & k_{P\,Pr_{E_I}}^{(p)} m_2^{(p)} & = & \sum\limits_{l=1}^{L_{Pr}} q_l^{(p)} d_{lE_I}^{(p)} m_2^{(p)} & = & k_{P\,Pr_{E_I}}^{(p)} 4 & \stackrel{!}{=} & 1 \\
 & \Longrightarrow & k_{P\,Pr_{E_I}}^{(p)} & = & 0,25\ [GE/KE_I], & & & & \\
k_{E_4}^{(p)} & = & k_{P\,Pr_{E_I}}^{(p)} m_4^{(p)} & = & \sum\limits_{l=1}^{L_{Pr}} q_l^{(p)} d_{lE_I}^{(p)} m_4^{(p)} & = & k_{P\,Pr_{E_I}}^{(p)} 8 & \stackrel{!}{=} & 2 \\
 & \Longrightarrow & k_{P\,Pr_{E_I}}^{(p)} & = & 0,25\ [GE/KE_I], & & & & \\
k_{E_3}^{(p)} & = & k_{P\,Pr_{E_{II}}}^{(p)} m_3^{(p)} & = & \sum\limits_{l=1}^{L_{Pr}} q_l^{(p)} d_{lE_{II}}^{(p)} m_3^{(p)} & = & k_{P\,Pr_{E_I}}^{(p)} 5 & \stackrel{!}{=} & 1,1 \\
 & \Longrightarrow & k_{P\,Pr_{E_{II}}}^{(p)} & = & 0,22\ [GE/KE_I], & & & &
\end{array}
$$

Deshalb müssen Kapazitätseinheiten der Gruppe I – aus $NP2$ und $NP4$ – mit $k_{P\,Pr_{E_I}}^{(p)} = 0,25$ [GE/KE_I] und Kapazitätseinheiten der Gruppe II aus $NP3$ mit $k_{P\,Pr_{E_{II}}}^{(p)} = 0,22$ [GE/KE_{II}] **nebeneinander** als Bezugsgrößen B_{E_I} und $B_{E_{II}}$ verwendet werden (vgl. KILGER 1981, S. 143). Es liegt somit der Fall der produktbedingten Heterogenität der Kostenverursachung vor; innerhalb der gebildeten Produktgruppen ist der Tatbestand der homogenen Kostenverursachung gegeben. Zur Bestimmung der Planbeschäftigung

$B_{E_I}^{(p)}$ $[KE_I/\text{Periode}]$ bzw. $B_{E_{II}}^{(p)}$ $[KE_{II}/\text{Periode}]$ wird die Engpaßplanung herangezogen, wobei sie, da die verfügbare Kapazität der betrieblichen Entsorgung von 4700 $[KE]$ die Produktion limitiert, mit der **Kapazitätsplanung** übereinstimmt (vgl. KILGER 1981, S. 345ff.). Es sind

$$\begin{aligned} B_{E_I}^{(p)} &= m_2^{(p)} x_{N2}^* + m_4^{(p)} x_{N4}^* &&= 4x_{N2}^* + 8x_{N4}^* &&= 3200 \quad [KE_I/\text{Periode}], \\ B_{E_{II}}^{(p)} &= m_3^{(p)} x_{N3}^* &&= 5x_{N3}^* &&= 1500 \quad [KE_{II}/\text{Periode}], \\ B_{E_I}^{(p)} + B_{E_{II}}^{(p)} &= 3200 + 1500 && &&= 4700 \quad [KE/\text{Periode}]. \end{aligned}$$

Je Bezugsgröße ist eine Funktion der geplanten **variablen primären** Kosten der Umweltschutzstelle betriebliche Entsorgung vorzugeben; beiden gemeinsam sind die geplanten fixen Kosten $K_{F\,Pr_E}^{(p)} = 587,5$ $[GE/\text{Periode}]$ zuzuordnen. Es sind

$$\begin{aligned} K_{P\,Pr_{E_I}}(B_{E_I}) &= k_{P\,Pr_{E_I}}^{(p)} B_{E_I} &&= 0,25 B_{E_I} \quad [GE/\text{Periode}], \\ K_{P\,Pr_{E_{II}}}(B_{E_{II}}) &= k_{P\,Pr_{E_{II}}}^{(p)} B_{E_{II}} &&= 0,22 B_{E_{II}} \quad [GE/\text{Periode}]. \end{aligned}$$

In der reinen Hilfskostenstelle Fertigung I werden in einem Prozeß der starren Kuppelproduktion aus einer Stoffmischung das erwünschte Hauptprodukt $P1$ und das Zwischenprodukt ZP gefertigt, wobei zwangsläufig das verwertbare Nebenprodukt $NP1$ und die beiden nicht verwertbaren Nebenprodukte $NP2$ und $NP3$ entstehen. 20% des entstandenen verwertbaren Nebenprodukts $NP1$ können – nach einer kostenverursachenden Überarbeitung in der Umweltschutzstelle Überarbeitung – wieder in den Entstehungsprozeß eingesetzt werden, so daß **anstelle** des originären Rohstoffs R eine Stoffmischung aus originärem Rohstoff R und rezykliertem Nebenprodukt $NP1$ eingesetzt wird. Als **direkte Bezugsgröße** der Stelle Fertigung I wird das Durchsatzgewicht in $[ME]$ der Stoffmischung aus Rohstoff R, überarbeitetem Nebenprodukt $NP1$ und natürlicher Ressource NR vorgeschlagen. Es gelten die **Mengenflußbedingungen** *(1)* bis *(7)* aus $(LP1)$ (vgl. S. 41). Variable **primäre** Kostenarten der Fertigung I sind die geplanten Materialkosten des Kuppelprozesses $k_M^{(p)} = 0,48 q^{(p)} = 0,48 \cdot 0,5 = 0,24$ $[GE/ME]$ und die geplanten variablen Fertigungskosten $k_F^{(p)} = 1,41$ $[GE/ME]$. Es sei der Fall **homogener Kostenverursachung** unterstellt. Es ist $k_{P\,Pr_{F_I}}^{(p)} = k_M^{(p)} + k_F^{(p)} = 1,65$ $[GE/ME]$. Die Funktion der geplanten **primären** Kosten der Fertigung I läßt sich angeben als

$$K_{Pr_{F_I}}(B_{F_I}) = K_{F\,Pr_{F_I}}^{(p)} + k_{P\,Pr_{F_I}}^{(p)} B_{F_I} = 493,9 + 1,65 B_{F_I} \quad [GE/\text{Periode}].$$

Die **sekundären Kostenarten** werden in Kapitel 3.2.4 bestimmt. Determiniert die Kapazität der betrieblichen Entsorgung die Produktion, beträgt die Planbeschäftigung $B_{F_I}^{(p)} = x_M^* = 2000$ $[ME/\text{Periode}]$ (aus $(LP1)$).

In Kapitel 1.2.4.2 wurde von **primären** variablen Kosten der Hauptkostenstelle Fertigung II aus Vereinfachungsgründen abgesehen; die beschäftigungsfixen primären Kosten betragen $K^{(p)}_{F\,Pr_{F_{II}}} = 705$ $[GE/\text{Periode}]$. Hauptkostenstelle Fertigung II wird mit **sekundären** Kosten, die in Kapitel 3.2.4 bestimmt werden, belastet. Zur Bestimmung der **Bezugsgröße** wird – in analoger Vorgehensweise zur Fertigung I – das Durchsatzgewicht in $[ZPE]$ des eingesetzten Zwischenprodukts ZP vorgeschlagen. Der Festlegung der Planbeschäftigung liegt die Engpaßplanung zugrunde, d.h. $B^{(p)}_{F_{II}} = x^*_Z = 500$ $[ZPE]$ (aus $(LP1)$).

Als Fazit dieses Kapitels bzw. dieses Arbeitsschrittes im Rahmen der analytischen Kostenplanung ist festzuhalten, daß für alle Kostenstellen des Sekundär- bzw. Primärbereichs und Umweltschutzstellen geeignete **direkte Bezugsgrößen** bestimmt, **Planbeschäftigungen** bei wirtschaftlichem Handeln festgelegt sind und die Funktionen der geplanten **primären** Kosten angegeben werden können. Desweiteren liegen Plandaten über das **Mengengerüst** des innerbetrieblichen Leistungsaustauschs vor, so daß im nachfolgenden Kapitel 3.2.4 die **Bewertung** der innerbetrieblichen Leistungsverflechtung, also die Bestimmung **sekundärer Kosten**, vorgenommen werden kann. Ein besonderes Problem bereitet dabei die **Transparenz** von Umweltschutz- und ökologischen Anderskosten. Als Ergebnis der innerbetrieblichen Leistungsverrechnung können für alle Kostenstellen und Umweltschutzstellen sogenannte **Kostenstellenpläne** (vgl. Kapitel 3.2.4.3) angegeben werden.

3.2.4 Innerbetriebliche Leistungsverrechnung und Transparenz von Umweltschutzkosten und ökologischen Anderskosten

3.2.4.1 Grundsätzliche Überlegungen zur Lösbarkeit

In Kapitel 3.2.2 werden Kostenstellen des Sekundärbereichs und Umweltschutzstellen als Hilfsstellen charakterisiert, die nur mittelbar am Prozeß der Erstellung der erwünschten Hauptprodukte beteiligt sind, indem sie die Hauptkostenstellen durch Abgabe ihrer Leistungen in der eigentlichen Tätigkeit der Hauptstellen unterstützen. Der Verbrauch der sekundären Kosten- und Umweltschutzstellen, also die in diesen Stellen entstehenden Kosten, müssen nun den Stellen zugerechnet werden, die ihre Leistungen in Anspruch nehmen (vgl. SCHNEIDER 1941, S. 255).

Die besondere Problematik der **innerbetrieblichen Leistungsverrechnung** in einer internen Umweltkostenrechnung liegt zum einen darin begründet, daß Kostenstellen des Sekundärbereichs und Umweltschutzstellen in einer Beziehung des gegenseitigen Leistungsaustauschs zueinander stehen können; beispielsweise empfängt eine sekundäre Kostenstelle ν von einer Umweltschutzstelle μ Leistungen und gibt wiederum auch Stellenleistungen an Umweltschutzstelle μ ab. Die Schwierigkeit der Leistungsverrechnung liegt nun darin, daß Kostenstelle ν ihre Kosten erst berechnen und damit verteilen kann, nachdem sie von der liefernden Umweltschutzstelle μ mit einem bestimmten Kostenbetrag belastet wurde. Gleichzeitig kann aber auch die Umweltschutzstelle μ ihre Kosten nicht bestimmen, bevor sie weiß, mit welchem Kostenbetrag sie von Kostenstelle ν belastet wird (vgl. SCHNEIDER 1941, S. 259). Zum anderen greift die besondere Problematik an der **Transparenz** der Umweltschutz- und ökologischen Anderskosten an. Alle primären und sekundären Kosten einer Umweltschutzstelle sind grundsätzlich **Kosten für den Umweltschutz.** Gibt also eine Umweltschutzstelle Leistungen bzw. Kosten an eine weitere Umweltschutzstelle ab, sind diese sekundären Kosten der empfangenden Umweltschutzstelle weiterhin als Kosten für den Umweltschutz nachweisbar. Werden aber Kosten des Umweltschutzes an sekundäre Kostenstellen abgegeben, darf der Nachweis, daß diese sekundären Kostenarten durch die Erfüllung von Umweltschutzaufgaben verursacht sind, nicht verloren gehen (vgl. FLEISCHMANN/PAUDTKE 1977, S. III-7, 17f.; HEIGL 1981, Sp. 1596). Dieses Problem kann etwa in der Weise gelöst werden, indem in den **Kostenstellenplänen** der leistungsempfangenden Stellen eine neue Kostenartengruppe **sekundäre Kosten für den Umweltschutz** (vgl. Kostenartengruppe 50 in Tabelle 3.1), die je nach in Anspruch genommener Umweltschutzleistung weiter differenziert werden kann, explizit ausgewiesen wird, und die Stellenverrechnungssätze der empfangenden Stellen jeweils in **prozeßbedingte** und **umweltschutzbedingte Stellenverrechnungssätze** unterteilt werden (vgl. KLOOCK 1990a, S. 146).

Die Problematik der **Interdependenz der innerbetrieblichen Leistungsverflechtung** wurde erstmals ausführlich von SCHNEIDER dargelegt und mit einem Ansatz, der in der Kostenrechnungsliteratur üblicherweise, aber eher mißverständlich als **Gleichungsverfahren** bezeichnet wird, gelöst (vgl. SCHNEIDER 1941, S. 260ff.). SCHNEIDER schlägt diesen Ansatz für die Zwecke einer Istkostenrechnung vor; hier wird er zunächst für die Zwecke einer internen Umweltkostenrechnung als Grenzplankostenrechnung dargestellt, d.h., nur die geplanten beschäftigungsproportionalen Kosten gehen in die Stellenverrechnungssätze ein.

Gegeben seien S Kostenstellen des Sekundärbereichs und Umweltschutzstellen. Es seien $\nu = 1, \ldots, S_p$ Kostenstellen und $\nu = S_p + 1, \ldots, S$ Umweltschutzstellen; die Zahl der Umweltschutzstellen beträgt $S_u = S - S_p$. Für die Kostenstellen des Sekundärbereichs und Umweltschutzstellen liegen die folgenden **Plandaten** vor.

$K^{(p)}_{P\,Pr_\nu}$:= Summe der beschäftigungs**proportionalen** primären Plankosten einer sekundären Stelle ν [GE/Periode] ($\nu = 1, \ldots, S_p, S_p + 1, \ldots, S$),

$K^{(p)}_{F\,Pr_\nu}$:= Summe der beschäftigungs**fixen** primären Plankosten einer sekundären Stelle ν [GE/Periode] ($\nu = 1, \ldots, S_p, S_p + 1, \ldots, S$),

$B^{(p)}_\nu$:= Planbeschäftigung einer sekundären Stelle ν [BGE_ν/Periode] ($\nu = 1, \ldots, S_p, S_p + 1, \ldots, S$),

$v^{(p)}_\nu$:= verwertbarer (dezimaler) Anteil der Planbeschäftigung der Stelle ν, dessen Erstellung erwünscht ist [$vBGE_\nu/BGE_\nu$] ($\nu = 1, \ldots, S_p, S_p + 1, \ldots, S$),

$r^{(p)}_{P_{\mu\nu}}$:= beschäftigungsproportionale Planverbrauchsmenge, die Stelle ν von Stelle μ **empfängt** [BGE_μ/Periode] ($\nu, \mu = 1, \ldots, S_p, S_p + 1, \ldots, S$),

$a^{(p)}_{\mu\nu}$:= (dezimaler) Anteil der **verwertbaren** Planbeschäftigung der Stelle μ, den Stelle ν von Stelle μ **empfängt** ($\nu, \mu = 1, \ldots, S_p, S_p + 1, \ldots, S$).

Als **Variablen** werden

$g^{(p)}_{p_\nu}$:= geplanter **prozeßbedingter** Grenzkostenverrechnungssatz der sekundären Kostenstelle ν [$GE/vBGE_\nu$] ($\nu = 1, \ldots, S_p$),

$g^{(p)}_{u_\nu}$:= geplanter **umweltschutzbedingter** Grenzkostenverrechnungssatz der sekundären Stelle ν [$GE/vBGE_\nu$] ($\nu = 1, \ldots, S_p, S_p + 1, \ldots, S$)

definiert. Die innerbetriebliche Leistungsverrechnung muß nun in der Weise erfolgen, „daß der Kostenwert aller von einer Stelle abgegebenen Leistungen gleich der Summe aus den primären und sekundären Kosten der Stelle ist“ (SCHNEIDER 1941, S. 261). Betrachtet man zunächst den Fall, daß eine sekundäre Kostenstelle ν nur mit sekundären **prozeßbedingten** Kosten belastet wird, d.h., sie empfängt ausschließlich prozeßbedingte Leistungen von anderen Kostenstellen μ des Sekundärbereichs ($\nu, \mu = 1, \ldots, S_p$). Dann gilt für den geplanten **prozeßbedingten** Grenzkostenverrechnungssatz $g^{(p)}_{p_\nu}$ einer sekundären Kostenstelle ν die Bestimmungsgleichung

$$B^{(p)}_\nu g^{(p)}_{p_\nu} = K^{(p)}_{P\,Pr_\nu} + \sum_{\mu=1}^{S_p} r^{(p)}_{P_{\mu\nu}} g^{(p)}_{p_\mu} \qquad (\nu = 1, \ldots, S_p)$$

(vgl. auch KILGER 1987, S. 224); wobei $K^{(p)}_{P\,Pr_\nu} = K_{P\,Pr_\nu}(B^{(p)}_\nu)$ entspricht (vgl. Kapitel 3.2.3). Aus diesen Überlegungen resultiert ein erstes lineares inhomogenes Gleichungssystem.

In einem zweiten Fall wird eine Kostenstelle ν ausschließlich mit sekundären **umweltschutzbedingten** Kosten von Kosten- und Umweltschutzstellen μ belastet ($\nu = 1, \ldots, S_p; \mu = 1, \ldots, S_p, S_p + 1, \ldots, S$). Die Bestimmungsgleichung für den geplanten **umweltschutzbedingten** Grenzkostenverrechnungssatz $g_{u_\nu}^{(p)}$ einer Kostenstelle ν lautet

$$B_\nu^{(p)} g_{u_\nu}^{(p)} = \sum_{\mu=1}^{S_p} r_{P_{\mu\nu}}^{(p)} g_{u_\mu}^{(p)} + \sum_{\mu=S_p+1}^{S} r_{P_{\mu\nu}}^{(p)} g_{u_\mu}^{(p)} \quad (\nu = 1, \ldots, S_p).$$

In Kostenstellen des Sekundärbereichs fallen nach den Überlegungen des Kapitels 3.1 keine primären umweltschutzbedingten Kosten an. Aus diesen Überlegungen resultiert ein lineares homogenes Gleichungssystem.

Da sowohl primäre als auch sekundäre Kosten einer Umweltschutzstelle grundsätzlich Kosten für den Umweltschutz sind, müssen die Fälle, in denen eine Umweltschutzstelle ν von Kostenstellen μ des Sekundärbereichs ($\nu = S_p + 1, \ldots, S; \mu = 1, \ldots, S_p$) und von Umweltschutzstellen μ beliefert wird ($\nu = S_p + 1, \ldots, S; \mu = S_p + 1, \ldots, S$), zusammen betrachtet werden. Für den geplanten **umweltschutzbedingten** Grenzkostenverrechnungssatz $g_{u_\nu}^{(p)}$ einer Umweltschutzstelle ν muß gelten

$$B_\nu^{(p)} g_{u_\nu}^{(p)} = K_{P\,Pr_\nu}^{(p)} + \sum_{\mu=1}^{S_p} r_{P_{\mu\nu}}^{(p)} (g_{p_\mu}^{(p)} + g_{u_\mu}^{(p)}) + \sum_{\mu=S_p+1}^{S} r_{P_{\mu\nu}}^{(p)} g_{u_\mu}^{(p)} \quad (\nu = S_p + 1, \ldots, S).$$

Es resultiert ein zweites lineares inhomogenes Gleichungssystem.

Die Lösung des Problems der innerbetrieblichen Leistungsverrechnung in einer Umweltkostenrechnung besteht somit in der Formulierung und Lösung dreier linearer Gleichungssysteme, wobei **insgesamt** die Zahl der Gleichungen der zweifachen Anzahl der Kostenstellen zuzüglich der Zahl der Umweltschutzstellen, $2S_p + S_u = S + S_p$, bzw. der Zahl der zu bestimmenden Grenzkostenverrechnungssätze und somit der Variablenzahl entspricht. Die Bezeichnung „Gleichungsverfahren" ist deshalb mißverständlich, weil es sich hierbei **nicht** um eine Rechentechnik, sondern zunächst nur um die **Formulierung** linearer Gleichungssysteme handelt.

Dem vorgestellten Ansatz liegt die Annahme zugrunde, daß die Planbeschäftigung $B_\nu^{(p)}$ einer Stelle ν der Summe der an Hauptkostenstellen i ($1 = 1, \ldots, M$) und an sekundäre Stellen μ ($\mu = 1, \ldots, S_p, S_p + 1, \ldots, S$) gelieferten Leistungseinheiten entspricht, d.h.

$$B_\nu^{(p)} = \sum_{i=1}^{M} r_{P_{\nu i}}^{(p)} + \sum_{\mu=1}^{S_p} r_{P_{\nu\mu}}^{(p)} + \sum_{\mu=S_p+1}^{S} r_{P_{\nu\mu}}^{(p)} \quad (\nu = 1, \ldots, S_p, S_p + 1, \ldots, S)$$

(vgl. KILGER 1987, S. 181). M.a.W.: Die Planbeschäftigung $B_\nu^{(p)}$ einer sekundären Stelle ν wird durch die Summe ihrer verwertbaren Leistungen, deren Erstellung geplant und wirtschaftlich erwünscht ist, determiniert. Die aus der Engpaßplanung resultierende Planbeschäftigung der Hilfskostenstelle Fertigung I wurde mit $B_{F_I}^{(p)} = x_M^* = 2000$ $[ME/\text{Periode}]$ angegeben (vgl. Kapitel 3.2.3); als verwertbare Leistungen der Fertigung I sind die geplanten Produktionsmengen des erwünschten Zwischenprodukts ZP und des erwünschten Hauptprodukts $P1$ anzusehen. Die Menge des erwünschten Zwischenprodukts ZP wird zur Veredelung an die Hauptkostenstelle Fertigung II geliefert, d.h. $r_{P_{F_I F_{II}}}^{(p)} = x_Z^* = 0,25x_M^* = 0,25B_{F_I}^{(p)} = 500$ $[ZPE/\text{Periode}]$; die Menge des erwünschten Hauptprodukts $P1$ wird unternehmensintern an eine Hauptkostenstelle **Verwaltung und Vertrieb** geliefert und anschließend auf dem Absatzmarkt angeboten, d.h. $r_{P_{F_I VV}}^{(p)} = x_{P1}^* = 0,3x_M^* = 0,3B_{F_I}^{(p)} = 600$ $[PE_1/\text{Periode}]$ (aus Restriktion *(7)* bzw. *(6)* von ($LP1$), S. 41). Zu den übrigen Stellen des Sekundärbereichs steht Fertigung I in einer Beziehung der einseitigen Leistungsverflechtung, genauer: sie stellt ihrerseits keine weiteren Leistungen zur Verfügung, nimmt aber Überarbeitungsleistungen, $r_{P_{\ddot{u}F_I}}^{(p)} = 0,2x_{N1}^* = B_{\ddot{u}}^{(p)} = 40$ $[\ddot{u}NPE_1/\text{Periode}]$, bzw. Entsorgungsleistungen, $r_{P_{E_I F_I}}^{(p)} = b_{E_2}^{(p)} x_{N2}^* = 4x_{N2}^* = 0,5B_{E_I}^{(p)} = 1600$ $[KE_I/\text{Periode}]$ und $r_{P_{E_{II} F_I}}^{(p)} = b_{E_3}^{(p)} x_{N3}^* = 5x_{N3}^* = B_{E_{II}}^{(p)} = 1500$ $[KE_{II}/\text{Periode}]$ (aus Restriktion *(2)*, *(4)*, *(5)* bzw. *(12)* von ($LP1$), S. 41), in Anspruch. Daraus ergibt sich

$$B_{F_I}^{(p)} = 2000 > r_{P_{F_I F_{II}}}^{(p)} + r_{P_{F_I VV}}^{(p)} \quad = \quad v_{F_I}^{(p)} B_{F_I}^{(p)} = 1100,$$

wobei $v_{F_I}^{(p)} = 0,55$ den geplanten, erwünschten **verwertbaren Anteil** der Planbeschäftigung $B_{F_I}^{(p)}$ angibt. Die angeführte Annahme muß somit unter Berücksichtigung der Inanspruchnahme von Umweltschutzleistungen zu

$$v_\nu^{(p)} B_\nu^{(p)} \quad = \quad \sum_{i=1}^{M} r_{P_{\nu i}}^{(p)} + \sum_{\mu=1}^{S_p} r_{P_{\nu\mu}}^{(p)} + \sum_{\mu=S_p+1}^{S} r_{P_{\nu\mu}}^{(p)} \quad \text{mit } 0 \leqq v_\nu^{(p)} \leqq 1$$

($\nu = 1, \ldots, S_p, S_p{+}1, \ldots, S$) modifiziert werden. Die Summe aus beschäftigungsproportionalen primären und sekundären Kosten einer Hilfskosten- bzw. Umweltschutzstelle muß den erwünschten verwertbaren Leistungen belastet werden, da sonst Kosten in zu geringem Umfang im System der Kostenrechnung weiterverrechnet würden.

Hinweis: In den weiteren Überlegungen wird $v_\nu^{(p)} B_\nu^{(p)}$ an Stelle von $B_\nu^{(p)}$ ($\nu = 1, \ldots, S_p$, $S_p + 1, \ldots, S$) verwendet.

Die drei beschriebenen Gleichungssysteme können zu einem linearen Gleichungssystem zusammengefaßt werden, das in Matrixschreibweise folgendes Aussehen hat

$$\left(\mathbf{g}_{PS_p}^{(p)},\mathbf{g}_{uS_p}^{(p)},\mathbf{g}_{uS_u}^{(p)}\right)\begin{pmatrix} \mathbf{V}_{S_p}^{(p)}\mathbf{B}_{S_p}^{(p)}-\mathbf{R}_{P_{S_pS_p}}^{(p)} & \mathbf{O}_{S_pS_p} & -\mathbf{R}_{P_{S_pS_u}}^{(p)} \\ \mathbf{O}_{S_pS_p} & \mathbf{V}_{S_p}^{(p)}\mathbf{B}_{S_p}^{(p)}-\mathbf{R}_{P_{S_pS_p}}^{(p)} & -\mathbf{R}_{P_{S_pS_u}}^{(p)} \\ \mathbf{O}_{S_uS_p} & -\mathbf{R}_{P_{S_uS_p}}^{(p)} & \mathbf{V}_{S_u}^{(p)}\mathbf{B}_{S_u}^{(p)}-\mathbf{R}_{P_{S_uS_u}}^{(p)} \end{pmatrix}$$

$$=\left(\mathbf{K}_{P\,Pr_{S_p}}^{(p)},\mathbf{o}_{S_p},\mathbf{K}_{P\,Pr_{S_u}}^{(p)}\right),$$

wobei $\mathbf{O}_{S_pS_p}$ und $\mathbf{O}_{S_uS_p}$ Nullmatrizen darstellen.

Zur Herleitung und Existenz einer **eindeutigen nichtnegativen Lösung** des linearen Gleichungssystems und damit zur Existenz einer betriebswirtschaftlich sinnvollen Lösung für die geschilderte Problemstellung wird auf die Überlegungen in Anhang A verwiesen (vgl. S. 183ff.). Eine äquivalente Darstellung des obigen Gleichungssystems ist demnach

$$\left(\mathbf{g}_{PS_p}^{(p)},\mathbf{g}_{uS_p}^{(p)},\mathbf{g}_{uS_u}^{(p)}\right)\begin{pmatrix} \mathbf{V}_{S_p}^{(p)}\mathbf{B}_{S_p}^{(p)} & & \\ & \mathbf{V}_{S_p}^{(p)}\mathbf{B}_{S_p}^{(p)} & \\ & & \mathbf{V}_{S_u}^{(p)}\mathbf{B}_{S_u}^{(p)} \end{pmatrix}\left(\mathbf{E}-\begin{pmatrix} \mathbf{A}_{S_pS_p}^{(p)} & & \mathbf{A}_{S_pS_u}^{(p)} \\ & \mathbf{A}_{S_pS_p}^{(p)} & \mathbf{A}_{S_pS_u}^{(p)} \\ & \mathbf{A}_{S_uS_p}^{(p)} & \mathbf{A}_{S_uS_u}^{(p)} \end{pmatrix}\right)$$

$$=\left(\mathbf{K}_{P\,Pr_{S_p}}^{(p)},\mathbf{o}_{S_p},\mathbf{K}_{P\,Pr_{S_u}}^{(p)}\right)$$

bzw.

$$\mathbf{g}^{(p)}\mathbf{VB}(\mathbf{E}-\mathbf{A}^{(p)}) = \mathbf{K}^{(p)},$$

wobei $\mathbf{E}$ eine Einheitsmatrix der Ordnung $2S_p+S_u$ bezeichnet und die quadratische Matrix $\mathbf{A}^{(p)}$ die Matrix der innerbetrieblichen Leistungsverflechtung darstellt.

Für die nachfolgenden Überlegungen wird das bisher betrachtete Beispiel aus Kapitel 1.2.4.2 um eine Hilfkostenstelle **Stromerzeugung** ergänzt. Die geplanten primären variablen Stückkosten betragen $k_{P\,Pr_{St}}^{(p)} = 91/600\ [GE/BGE_{St}]$. Die Stromerzeugung hat einen geplanten Eigenverbrauch von $r_{P_{StSt}}^{(p)} = 1/15B_{St}^{(p)} = 3200\ [BGE_{St}]$; darüber hinaus beliefert sie die Umweltschutzstellen Überarbeitung sowie Entsorgung – wobei die Bezugsgrößendifferenzierung in $B_{EI}^{(p)}$ bzw. $B_{EII}^{(p)}$ beachtet werden muß – und die Kostenstellen Fertigung I sowie Fertigung II mit den Stellenleistungen $r_{P_{St\ddot{U}}}^{(p)} = 1/100B_{St}^{(p)} = 480\ [BGE_{St}]$, $r_{P_{StE_I}}^{(p)} = 3/10B_{St}^{(p)} = 14.400\ [BGE_{St}]$, $r_{P_{StE_{II}}}^{(p)} = 1/20B_{St}^{(p)} =$

2400 $[BGE_{St}]$, $r^{(p)}_{P_{St}F_I} = 17/50 B^{(p)}_{St} = 16.320\ [BGE_{St}]$, $r^{(p)}_{P_{St}F_{II}} = 1/5 B^{(p)}_{St} = 9600\ [BGE_{St}]$. Dazu nimmt sie Entsorgungsleistungen in Höhe von $r^{(p)}_{P_{E_I}St} = 1/30 B^{(p)}_{St} = 1600\ [KE_I]$ in Anspruch, wodurch in der Umweltschutzstelle Entsorgung – im Vergleich zur bisherigen Planungssituation – eine **multiple** Kapazitätserhöhung erforderlich wird (vgl. GUTENBERG 1951, S. 204f.; KILGER 1987, S. 47ff.). Die Planbeschäftigung der Stromerzeugung wird mit $B^{(p)}_{St} = 48.000\ [BGE_{St}]$ angenommen; der verwertbare Anteil – nach Abzug des Eigenverbrauchs – beträgt $100(B^{(p)}_{St} - r^{(p)}_{P_{E_I}St} - r^{(p)}_{P_{St}St})/B^{(p)}_{St} = 90\%$. Für das betrachtete Beispiel hat die Matrix der innerbetrieblichen Leistungsverflechtung folgendes Aussehen

$$\mathbf{A}^{(p)}_B = \begin{pmatrix} a^{(p)}_{StSt} & a^{(p)}_{StF_I} & & & a^{(p)}_{St\ddot{u}} & a^{(p)}_{StE_I} & a^{(p)}_{StE_{II}} \\ a^{(p)}_{F_ISt} & a^{(p)}_{F_IF_I} & & & a^{(p)}_{F_I\ddot{u}} & a^{(p)}_{F_IE_I} & a^{(p)}_{F_IE_{II}} \\ & & a^{(p)}_{StSt} & a^{(p)}_{StF_I} & a^{(p)}_{St\ddot{u}} & a^{(p)}_{StE_I} & a^{(p)}_{StE_{II}} \\ & & a^{(p)}_{F_ISt} & a^{(p)}_{F_IF_I} & a^{(p)}_{F_I\ddot{u}} & a^{(p)}_{F_IE_I} & a^{(p)}_{F_IE_{II}} \\ & & a^{(p)}_{\ddot{u}St} & a^{(p)}_{\ddot{u}F_I} & a^{(p)}_{\ddot{u}\ddot{u}} & a^{(p)}_{\ddot{u}E_I} & a^{(p)}_{\ddot{u}E_{II}} \\ & & a^{(p)}_{E_ISt} & a^{(p)}_{E_IF_I} & a^{(p)}_{E_I\ddot{u}} & a^{(p)}_{E_IE_I} & a^{(p)}_{E_IE_{II}} \\ & & a^{(p)}_{E_{II}St} & a^{(p)}_{E_{II}F_I} & a^{(p)}_{E_{II}\ddot{u}} & a^{(p)}_{E_{II}E_I} & a^{(p)}_{E_{II}E_{II}} \end{pmatrix}$$

$$= \begin{pmatrix} \frac{320}{4640} & \frac{1632}{4640} & & & \frac{48}{4640} & \frac{1440}{4640} & \frac{240}{4640} \\ 0 & 0 & & & 0 & 0 & 0 \\ & & \frac{320}{4640} & \frac{1632}{4640} & \frac{48}{4640} & \frac{1440}{4640} & \frac{240}{4640} \\ & & 0 & 0 & 0 & 0 & 0 \\ & & 0 & 1 & 0 & 0 & 0 \\ & & \frac{1}{3} & \frac{1}{3} & 0 & 0 & 0 \\ & & 0 & 1 & 0 & 0 & 0 \end{pmatrix}.$$

Nach den in Anhang A dargelegten Überlegungen ist die Matrix der innerbetrieblichen Leistungsverflechtung $\mathbf{A}^{(p)}_B$ als **bewerteter gerichteter Graph** N_B darstellbar (vgl. Abbildung 3.2).

Als Ergebnis der in Anhang A dargelegten Überlegungen kann festgehalten werden, daß die Lösung $\mathbf{g}^{(p)}$ des Gleichungssystems $\mathbf{g}^{(p)}\mathbf{VB}(\mathbf{E} - \mathbf{A}^{(p)}) = \mathbf{K}^{(p)}$ eine betriebswirtschaftlich sinnvolle Lösung zur Bestimmung von prozeß- und umweltschutzbedingten Grenzkostenverrechnungssätzen darstellt. Nach diesen Vorüberlegungen wird in den nachfolgenden Kapiteln 3.2.4.2 und 3.2.4.3 der Arbeitsschritt der Bewertung der

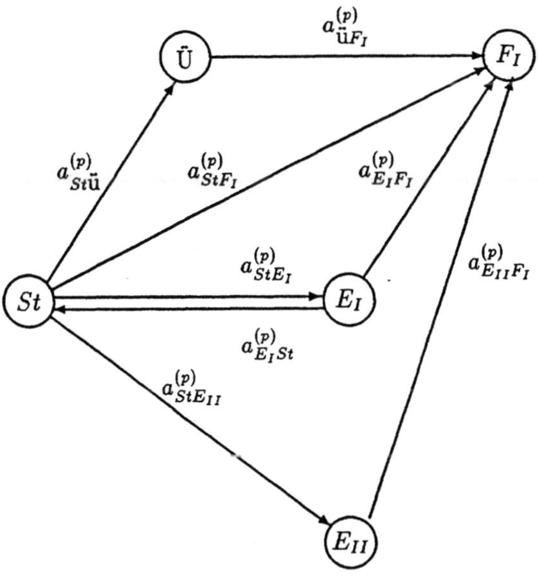

Abbildung 3.2: Innerbetriebliche Leistungsverflechtung als bewerteter gerichteter Graph N_B

innerbetrieblichen Leistungsverflechtung im Rahmen der analytischen Kostenplanung abgeschlossen (vgl. auch Abbildung 3.1).

3.2.4.2 Grenzkostenbewertung mit Verteilung der sekundären Fixkosten

Aufbauend auf der grundlegenden Arbeit SCHNEIDERs sind in der deutschen Kostenrechnungsliteratur weitere Verfahren zur innerbetrieblichen Leistungsverrechnung diskutiert worden, die aber nicht als eigenständige Verfahren **neben** dem Gleichungsverfahren angesehen werden können (im Gegensatz zu KILGER 1987, S. 225; vgl. auch KRUSCHWITZ 1979a, S. 110), sondern mehr oder weniger exakte **Näherungsverfahren** zur Lösung des vorgestellten Gleichungssystems darstellen.

Nicht exakte Näherungsverfahren folgen einer Vorgehensweise in zwei Schritten, wobei in einem ersten Schritt die ursprüngliche Problemstruktur – hier die Struktur der Verflechtungsmatrix **VBR** bzw. $\mathbf{A}^{(p)}$ – mit dem Ziel der rechentechnischen Vereinfachung verändert wird; in einem zweiten Schritt wird das nunmehr veränderte Problem gelöst (vgl. KRUSCHWITZ 1979a, S. 107). Das **Anbauverfahren** modifiziert die ursprüngliche Problemstruktur insofern, als von dem innerbetrieblichen Leistungsaustausch zwischen Stellen des Sekundärbereichs völlig abgesehen wird. In einem ersten Schritt wird der verwertbare Teil der Planbeschäftigung einer jeden sekundären Stelle um die Leistungseinheiten vermindert, die an alle übrigen Kostenstellen des Sekundärbereichs und Umweltschutzstellen abgegeben werden. Die geplanten Grenzkostenverrechnungssätze für innerbetriebliche Leistungen werden so ermittelt, daß die geplanten beschäftigungsproportionalen primären Kosten einer sekundären Stelle durch die insgesamt an Hauptkostenstellen gelieferten Leistungseinheiten dividiert werden (vgl. u.a. KILGER 1987, S. 183). **Sekundäre** Kosten für den Umweltschutz werden also nur insofern berücksichtigt, als sie Hauptkostenstellen für in Anspruch genommene Umweltschutzleistungen belastet werden.

Das aus der amerikanischen Literatur stammende **Stufenverfahren** (vgl. KILGER 1987, S. 185) verändert die ursprüngliche Problemstruktur in der Weise, daß lediglich eine **einseitige** Leistungsverflechtung zwischen sekundären Stellen berücksichtigt wird. Dazu werden die Kostenstellen des sekundären Bereichs und Umweltschutzstellen in eine Reihenfolge gebracht und unterstellt, daß eine Leistungslieferung zwischen zwei Stellen nur dann berücksichtigt wird, wenn die liefernde Stelle keinen größeren Stellenindex als die empfangende Stelle hat. In einem nächsten Schritt wird der verwertbare Teil der Planbeschäftigung einer jeden sekundären Stelle um die Leistungseinheiten vermindert, die an vorgelagerte Stellen abgegeben werden. Die Problemlösungsphase ist sehr einfach, denn es liegt ein gestaffeltes lineares Gleichungssystem vor, dessen Lösungswerte sich beginnend mit der ersten Zeile rekursiv bestimmen lassen (vgl. KRUSCHWITZ 1979a, S. 109). – Das Stufenverfahren führt nur dann zu exakten Ergebnissen, wenn zum einen eine einseitige Leistungsverflechtung zwischen den sekundären Stellen vorliegt und zum anderen eine Abrechnungsreihenfolge gefunden werden kann, bei der die erste abzurechnende Kosten- bzw. Umweltschutzstelle von keiner anderen Sekundärstelle Leistungen bezieht und alle im folgenden abzurechnenden Stellen nur von bereits abgerechneten Sekundärstellen Leistungen empfangen (vgl. KILGER 1987, S. 186f.).

Exaktere Näherungsverfahren lassen die ursprüngliche Problemstruktur unverändert und reduzieren den Problemlösungsaufwand durch die Verwendung methodisch recht einfacher Rechentechniken. Bei Verwendung von sogenannten **Iterationsverfahren** erhält man die Lösung des vorgestellten Gleichungssystems als Grenzwert der schrittweisen Näherungen, die nach einer bestimmten Iterationsvorschrift zu berechnen sind (vgl. MÜNSTERMANN 1969, S. 140). Einen Beweis der Konvergenz der iterativen Verfahren bezüglich des Problems der innerbetrieblichen Leistungsverrechnung findet sich u.a. bei MÜNSTERMANN 1969, S. 141f. Eine vergleichende Untersuchung der nicht exakten Näherungsverfahren und zweier Iterationsverfahren hinsichtlich der Konvergenzgüte und der Konvergenzgeschwindigkeit unter Zugrundelegung verschiedener Startlösungen sowie verschiedener Strukturen der innerbetrieblichen Leistungsverflechtung findet sich bei KRUSCHWITZ 1979b, S. 258ff. Ein iteratives Verfahren wird solange wiederholt, bis die (unbekannte) genaue Lösung mit zufriedenstellender Genauigkeit erreicht ist. – Ein für die Zwecke der innerbetrieblichen Leistungsverrechnung geeignetes **Abbruchkriterium** könnte etwa lauten: Das Iterationsverfahren gilt als beendet, wenn die Verrechnungssätze der Iteration $(i+1)$ sich von den in Iteration i ermittelten Verrechnungssätzen um nicht mehr als eine vorgegebene **Genauigkeitsschranke** ϵ unterscheiden, etwa $max\left\{\left|g_{p\nu}^{(i)} - g_{p\nu}^{(i+1)}\right| \; (\nu = 1, \ldots, S_p)\right\} \leqq \epsilon,\ \epsilon > 0$ (vgl. KRUSCHWITZ 1979a, S. 111; ENGELN-MÜLLGES/REUTTER 1981, S. 70).

Die bisherigen Überlegungen folgten dem Verfahren der **Grenzkostenbewertung**, wonach in die Verrechnungssätze für innerbetriebliche Leistungen nur beschäftigungsproportionale Kosten einbezogen werden; dadurch wird vermieden, daß künstlich proportionalisierte beschäftigungsfixe Kosten von Kostenstellen des Sekundärbereichs und Umweltschutzstellen in die variablen Kosten leistungsempfangender Stellen eingehen.

Bei einer **reinen Grenzkostenbewertung** werden die fixen Kosten der sekundären Kostenstellen und Umweltschutzstellen **zusammen** mit den fixen Kosten der Hauptkostenstellen monatlich in die kurzfristige Erfolgsrechnung ausgebucht (vgl. KILGER 1987, S. 224). Dies hat aber zur Folge, daß der beschäftigungsfixe Anteil der sekundären Kosten für den Umweltschutz, der zudem als nicht unerheblich eingestuft werden kann (vgl. FLEISCHMANN/PAUDTKE 1977, S. III-7, 20f.; HEIGL 1981, Sp. 1597), sowohl bei der Zurechnung auf die erwünschten Hauptprodukte als auch bei der Kalkulation von Umweltschutzmaßnahmen nicht berücksichtigt wird, dafür aber weitgehend das Periodenergebnis belastet (vgl. SCHREINER 1988, S. 265). Deshalb wird hier eine **Grenzplankostenrechnung mit paralleler Vollkostenkalkulation** vorgeschlagen, die in Kapitel 3.3.3 unter Verwendung der von AGTHE und MELLEROWICZ entwickelten **stufenweisen Fixkostendeckungsrechnung** (vgl. AGTHE 1959, S. 406ff.; MELLEROWICZ 1977, Abschnitt 53) zu einem **System der mehrstufigen Deckungsbeitragsrechnung** ausgebaut wird. Dies setzt im System der Kostenstellenrechnung zwingend die **Verteilung der sekundären Fixkosten**, d.h. die Verteilung der beschäftigungsfixen Kosten der Kostenstellen des Sekundärbereichs und Umweltschutzstellen, voraus; gegenteiliger Ansicht ist KLOOCK, denn er vertritt die Auffassung: „Die mehrstufige Erweiterung der Grenzplankostenrechnung durch eine

Fixkostenausweis- oder Fixkostendeckungsrechnung ... kann auch um einen mehrstufigen Ausweis der sekundären Umweltschutzkosten ergänzt werden. Die für einen solchen hierarchisch strukturierten objektspezifischen Ausweis aller Umweltschutzkosten erforderlichen Kosteninformationen stellt die interne Umweltkostenrechnung auf der Basis der (einstufigen) Grenzplankostenrechnung **unmittelbar** zur Verfügung" (KLOOCK 1990a, S. 149 und 1990b, S. 17).

In den Stellenplänen jeder leistungsempfangenden Kosten- bzw. Umweltschutzstelle wird eine neue Kostenart **sekundäre Fixkosten** ausgewiesen, die zudem in **prozeßbedingte** bzw. **umweltschutzbedingte** sekundäre Fixkosten zu differenzieren ist (vgl. Kapitel 3.2.4.3).

Zur Verteilung der sekundären Fixkosten wird in Analogie zur bisherigen Vorgehensweise ein lineares Gleichungssystem formuliert. Für die Kostenstellen des Sekundärbereichs und Umweltschutzstellen werden neben den in Kapitel 3.2.4.1 bereits zugrundegelegten Daten die folgenden **Plandaten** angenommen

$r_{\mu\nu}^{(p)}$:= Planverbrauchsmenge, die Stelle ν von Stelle μ **empfängt** $[BGE_\mu/\text{Periode}]$ $(\nu, \mu = 1, \ldots, S_p, S_{p+1}, \ldots, S)$.

Als **Variablen** werden

$c_{p_\nu}^{(p)}$:= geplanter **prozeßbedingter** Fixkostenverrechnungssatz der sekundären Kostenstelle ν $[GE/vBGE_\nu]$ $(\nu = 1, \ldots, S_p)$,

$c_{u_\nu}^{(p)}$:= geplanter **umweltschutzbedingter** Fixkostenverrechnungssatz der sekundären Stelle ν $[vGE/BGE_\nu]$ $(\nu = 1, \ldots, S_p, S_p + 1, \ldots, S)$

definiert. Für die Fixkostenverrechnungssätze gelten die Bestimmungsgleichungen

$$\left(\mathbf{c}_{pS_p}^{(p)}, \mathbf{c}_{uS_p}^{(p)}, \mathbf{c}_{uS_u}^{(p)}\right)\left(\begin{pmatrix} \mathbf{V}_{S_p}^{(p)}\mathbf{B}_{S_p}^{(p)} & & \\ & \mathbf{V}_{S_p}^{(p)}\mathbf{B}_{S_p}^{(p)} & \\ & & \mathbf{V}_{S_u}^{(p)}\mathbf{B}_{S_u}^{(p)} \end{pmatrix} - \begin{pmatrix} \mathbf{R}_{S_pS_p}^{(p)} & & \mathbf{R}_{S_pS_u}^{(p)} \\ & \mathbf{R}_{S_pS_p}^{(p)} & \mathbf{R}_{S_pS_u}^{(p)} \\ & \mathbf{R}_{S_uS_p}^{(p)} & \mathbf{R}_{S_uS_u}^{(p)} \end{pmatrix}\right)$$

$$= \left(\mathbf{K}_{F\,Pr_{S_p}}^{(p)}, \mathbf{o}_{S_p}, \mathbf{K}_{F\,Pr_{S_u}}^{(p)}\right)$$

(vgl. KILGER 1987, S. 234; Anhang A). Die Planverbrauchsmenge $r_{\mu\nu}^{(p)}$ kann hierbei mit der beschäftigungsproportionalen Menge $r_{P_{\mu\nu}}^{(p)}$ $(\nu, \mu = 1, \ldots, S_p, S_p + 1, \ldots, S)$ übereinstimmen; es kann aber im Unterschied dazu auch berücksichtigt werden, daß die

ν	$B_\nu^{(p)}$	$v_\nu^{(p)}$	$K_{P\,Pr_\nu}^{(p)}$	$K_{F\,Pr_\nu}^{(p)}$
St	48.000	0,9666	7280	952
F_I	2000	0,55	3300	493,9
Ü	40	1	300	213,6
E_I	4800	1	1200	600
E_{II}	1500	1	330	187,5

Tabelle 3.2: Plandaten des Ausgangsbeispiels

ν	$g_{p_\nu}^{(p)}$	$g_{u_\nu}^{(p)}$	$g_\nu^{(p)}$	$c_{p_\nu}^{(p)}$	$c_{u_\nu}^{(p)}$	$c_\nu^{(p)}$
St	0,1685	0,0315	0,2	0,022	0,008	0,03
F_I	5,5	2,8	8,3	0,7754	0,8746	1,65
Ü	–	9,9	9,9	–	5,7	5,7
E_I	–	0,85	0,85	–	0,215	0,215
E_{II}	–	0,54	0,54	–	0,173	0,173

Tabelle 3.3: Ergebnisse der Grenzkostenbewertung und Fixkostenverteilung

Inanspruchnahme von Bereitschaftsleistungen einer Stelle von der Inanspruchnahme der Beschäftigungsleistungen abweicht (vgl. KILGER 1987, S. 233).

Die verwendeten Beispieldaten sind nochmals in Tabelle 3.2 zusammengefaßt. Es sind die Plandaten, wie sie bereits in Kapitel 1.2.4.2 verwendet wurden (vgl. etwa $(LP1)$). Hinzugekommen sind die Plandaten für die Hilfsstelle Stromerzeugung, $\nu = St$. Bei Bezugsgröße B_{E_I} der Umweltschutzstelle Entsorgung tritt infolge der erforderlichen Kapazitätserhöhung eine Besonderheit auf; die angegebene Planbeschäftigung $B_{E_I}^{(p)}$ setzt sich additiv aus der im Rahmen der Engpaßplanung bestimmten Planbeschäftigung in Höhe von 3200 $[KE_I]$ (vgl. Kapitel 3.2.3 bzw. 1.2.4.2) und der Kapazitätserhöhung $r_{P_{E_I St}}^{(p)} = 1600$ $[KE_I]$ zusammen; daraus resultiert $B_{E_I}^{(p)} = 4800$ $[KE_I]$.

Die Ergebnisse der Grenzkostenbewertung und der sekundären Fixkostenverteilung können Tabelle 3.3 entnommen werden. Zur Bestimmung der Fixkostenverrechnungssätze wird $r_{\mu\nu}^{(p)} = r_{P_{\mu\nu}}^{(p)}$ $(\nu, \mu = 1, \ldots, S_p, S_p + 1, \ldots, S)$ angenommen.

In Kapitel 1.2.4.2 wurden die beschäftigungsfixen Kosten der innerbetrieblichen Entsorgung bei einer Kapazität von 4700 $[KE]$ mit 587,5 $[GE]$ angenommen. In Kapitel 3.2.3 wurde für diese Hilfsstelle eine Bezugsgrößendifferenzierung in B_{E_I} bzw. $B_{E_{II}}$

empfohlen; aus der Engpaßplanung resultierten $B_{E_I}^{(p)} = 3200\ [KE_I]$ – ohne erforderliche Kapazitätserhöhung – und $B_{E_{II}}^{(p)} = 1500\ [KE_{II}]$. Entsprechend dieser Aufteilung werden hier die primären fixen Kosten der Stelle aufgeteilt; dabei wird zudem die – infolge der Lieferung an die Stelle Stromerzeugung – erforderliche Kapazitätserhöhung berücksichtigt; es sind $K_{F\,Pr_{E_I}}^{(p)} = (32+16)/47 \cdot 587{,}5 \cdot 1{,}5 = 600\ [GE/\text{Periode}]$ und $K_{F\,Pr_{E_{II}}}^{(p)} = 15/47 \cdot 587{,}5 = 187{,}5\ [GE/\text{Periode}]$.

3.2.4.3 Stellenpläne für Kostenstellen des Sekundärbereichs und Umweltschutzstellen

In diesem Kapitel werden die Ergebnisse der vorangegangenen Überlegungen in **Kostenstellenplänen** zusammengefaßt. Bei einer Grenzplankostenrechnung mit paralleler Vollkostenkalkulation werden die Plankosten je Bezugsgröße einer Stelle in beschäftigungsproportionale und beschäftigungsfixe Bestandteile zerlegt; zudem werden die (sekundären) Kostenarten danach unterschieden, ob sie prozeßbedingt oder umweltschutzbedingt angefallen sind.

Bei der praktischen Durchführung der Kostenplanung werden zunächst die **primären** Kostenarten einer Periode – etwa eines Monats – geplant; im betrachteten Beispiel sind das die primären Kosten der Tabelle 3.1 sowie die Kosten von Stellen des Sekundärbereichs, die **außerhalb** der betrachteten Produktionsfolge liegen – so etwa die Kostenarten 4901 bzw. 4910 in den Tabellen 3.4 bis 3.7. Liegt das geplante Mengengerüst der innerbetrieblichen Leistungsverflechtung vor, kann zunächst ein **vorläufiger** Kostenplan erstellt werden. Nach Bestimmung der Grenzkostenverrechnungssätze und der Verteilung der sekundären Fixkosten wird der Aufbau der Kostenstellenpläne abgeschlossen. Als Ergebnis liegen proportionale bzw. fixe Plan-Verrechnungssätze je Bezugsgrößeneinheit einer Stelle vor, die nach prozeßbedingter bzw. umweltschutzbedingter Verursachung differenziert sind.

Bei der Planung der **Personalkosten für Lohnempfänger** werden vereinfachend nur Fertigungslöhne (Kostenart 4301 in Tabelle 3.7) und Hilfslöhne (Kostenart 4315 etwa in Tabelle 3.4) betrachtet. Obwohl **Fertigungslöhne** Einzelkostencharakter haben, werden sie in einer Plankostenrechnung – zum Zwecke einer wirksamen Kostenkontrolle – über Kostenstellen abgerechnet (vgl. KILGER 1981, S. 266). Von Bedeutung sind dabei die funktionalen Beziehungen zwischen den geplanten Fertigungszeiten der Arbeitskräfte und den Bezugsgrößen der Kostenstellen. In der sekundären Kostenstelle Fertigung I wird eine **Mengenbezugsgröße** verwendet; bei der Planung der Ferti-

KOSTENPLAN Zeitraum	Ko./U. Stellen- bezeichnung	**Stromerzeugung**	Ko./U. St. Nr. 001 Bez. Gr. Nr.	Blatt 1
Planbeschäftigung je ø Periode	48.000 $[BGE_{St}]$,	verwertbar 90% (nach Eigenverbrauch)	Ko./U. St. Leiter Stellvertreter	

Kostenarten					Plankosten $[GE/\text{Periode}]$		
Nr.	Bezeichnung	*RE*	Menge	$[GE/RE]$	Gesamt	Proportional	Fix
4315	Hilfslohn	*Std*	20	11	220	–	220
4910	Kalk. Personalneben-kosten für Arbeiter	*GE*	220	0,75	165	–	165
4123	Werkzeuge u. Geräte				45	–	45
4120	Hilfs- u. Betriebsstoffe (Pflegemittel, Fette)	*l*	840	0,2	168	158	10
4201	Feste Brennstoffe	*t*	35,5	150	5325	5325	–
4219	Fremdbezogenes Wasser	m^3	444	2,5	1110	1050	60
4502	Reparatur- u. Instand-haltungsleistungen	*Std*	10	16	160	148	12
4600	Verschied. Gemeinkosten (TÜV, Schornsteinfeger)				40	–	40
4801	Kalk. Abschreibungen				639	599	40
4802	Kalk. Zinsen auf Anlagevermögen	100 *GE*	80	0,75	60	–	60
4901	Kalk. Raumkosten	m^2	100	3	300	–	300
Zwischensumme (primäre) Kosten					8232	7280	952
5002	Entsorgungskosten (von E_I)	KE_I	1600	0,85	1360	1360	–
5099	Kalk. **umweltschutz-bedingte** sekundäre Fixkosten				344	–	344
Zwischensumme (sekundäre) Kosten					1704	1360	344
Plankostensumme					9936	8640	1296
prozeßbedingt					8232	7280	952
umweltschutzbedingt					1704	1360	344
Plan-Verrechnungssätze $[GE/vBGE_{St}]$					0,23	0,2	0,03
prozeßbedingt					0,1905	0,1685	0,022
umweltschutzbedingt					0,0395	0,0315	0,008

Tabelle 3.4: Kostenstellenplan für die sekundäre Kostenstelle Stromerzeugung

gungslohnkosten muß daher festgelegt werden, welche planmäßig erwarteten Beziehungen zwischen der Mengenbezugsgröße und den Vorgabezeiten der Fertigungsarbeiter bestehen (vgl. KILGER 1981, S. 374). Es wird eine konstante Relation von 1,8 Vorgabeminuten pro Bezugsgrößeneinheit unterstellt, so daß zur Erfüllung der Planbeschäftigung, $B_{F_I}^{(p)} = 2000\ [ME]$, ein Zeitbedarf von 60 Fertigungsstunden geplant werden muß. Die Fertigungslöhne sind somit in vollem Umfang den beschäftigungsproportionalen Plankosten zuzuordnen. – Alle Lohnkosten, welche für Arbeitsverrichtungen anfallen, die nur in mittelbarer Beziehung zur Leistungserstellung einer Stelle stehen, werden zu den **Hilfslöhnen** gezählt. Bei ihrer Planung ist festzulegen, welche Hilfslohnarbeiten in einer Stelle anfallen und wieviele Stunden bei wirtschaftlichem Personaleinsatz zur Realisierung der Planbeschäftigung erforderlich sind (vgl. KILGER 1981, S. 375). Die Kostenauflösung in proportionale und fixe Bestandteile fällt bei den Hilfslöhnen recht unterschiedlich aus. In der Hilfskostenstelle Stromerzeugung fallen die Hilfslöhne ausschließlich für Bereitschaftsleistungen an – etwa Hilfslöhne für Heizer, Wachpersonal, Schichtschlosser, ...–, so daß sie in voller Höhe den fixen Kosten zuzuordnen sind (vgl. Tabelle 3.4). In den Umweltschutzstellen Überarbeitung und Entsorgung können die Hilfslohnarten hingegen zum überwiegenden Teil an die Beschäftigung angepaßt werden; das ist beispielsweise der Fall bei Hilfslöhnen für Transport- und Reinigungsarbeiten, wenn die Arbeitskräfte bei Beschäftigungsschwankungen zwischen einer größeren Zahl von Stellen ausgetauscht werden können (vgl. KILGER 1981, S. 376; Tabellen 3.5, 3.6a bzw. 3.6b).

Personalnebenkosten umfassen alle gesetzlichen und freiwilligen Kosten, welche unmittelbar für die soziale Betreuung der Belegschaft aufgewendet werden. Dazu zählen als primäre Personalnebenkosten die gesetzlichen Soziallöhne ebenso, wie die Kosten von sekundären Sozialkostenstellen, etwa Umkleide-, Wasch-, Dusch- und Aufenthaltsräume, Werksküche und Kantine, Betriebsratsbüro, Einrichtungen der medizinischen Betreuung, ...(vgl. KILGER 1981, S. 436; EISELE 1985, S. 445). Da die in den primären Personalnebenkosten enthaltenen Urlaubs- und Feiertagslöhne jahreszeitlich bedingten Schwankungen unterliegen und eine im Jahresablauf unterschiedliche Belastung der Stellen mit Personalnebenkosten vermieden werden soll, werden in einer Plankostenrechnung **kalkulatorische Personalnebenkosten**, Kostenarten 4909 und 4910, angesetzt. Man erhält sie, indem man die den Stellen belasteten Personalkosten mit den geplanten Verrechnungssätzen für Personalnebenkosten multipliziert. Die Bestimmung der geplanten Verrechnungssätze für Personalnebenkosten setzt die Planung der jährlichen Lohn- und Gehaltssumme voraus. – Im betrachteten Beispiel

KOSTENPLAN Zeitraum	Ko./U. Stellen-bezeichnung	**Überarbeitung**			Ko./U. St. Nr. 003 Bez. Gr. Nr.		Blatt 1
Planbeschäftigung je ø Periode	40 [üNPE_1],	verwertbar 100%			Ko./U. St. Leiter Stellvertreter		

Kostenarten					Plankosten [GE/Periode]		
Nr.	Bezeichnung	RE	Menge	[GE/RE]	Gesamt	Proportional	Fix
4120	Hilfs- u. Betriebsstoffe (Pflegemittel, Fette)	l	90	0,2	18	12	6
4124	Werkzeuge u. Geräte	Std	10	0,36	3,6	2,88	0,72
4315	Hilfslohn	Std	8	11	88	70,4	17,6
4910	Kalk. Personalneben-kosten für Arbeiter	GE	88	0,75	66	52,8	13,2
4502	Reparatur- u. Instand-haltungsleistungen	Std	9,125	16	146	48,8	97,2
4801	Kalk. Abschreibungen				150	113,12	36,88
4802	Kalk. Zinsen auf Anlagevermögen	100 GE	16	0,75	12	–	12
4902	Kalk. Raumkosten	m^2	8	3,75	30	–	30
Zwischensumme (primäre) Kosten					513,6	300	213,6
4911	**(prozeßbedingte)** Stromkosten	$vBGE_{St}$	480	0,1685	80,89	80,89	–
5011	**umweltschutz-bedingte** Stromkosten	$vBGE_{St}$	480	0,0315	15,11	15,11	–
4999	Kalk. **(prozeßbedingte)** sekundäre Fixkosten				10,58	–	10,58
5099	Kalk. **umweltschutz-bedingte** sekundäre Fixkosten				3,82	–	3,82
Zwischensumme (sekundäre) Kosten					110,4	96	14,4
Plankostensumme					624	396	228
prozeßbedingt					–	–	–
umweltschutzbedingt					624	396	228
Plan-Verrechnungssätze [GE/üNPE_1]					15,6	9,9	5,7
prozeßbedingt					–	–	–
umweltschutzbedingt					15,6	9,9	5,7

Tabelle 3.5: Kostenstellenplan für Umweltschutzstelle Überarbeitung

werden ausschließlich Personalnebenkosten **für Lohnempfänger** berücksichtigt und ein Verrechnungssatz für Personalnebenkosten auf Lohn in Höhe von 75% angenommen (vgl. Tabellen 3.4 bis 3.7); zu Einzelheiten der Planung von Personalnebenkosten auf Lohn und Gehalt sei u.a. auf KILGER 1981, S. 437ff. und die dort zitierte Literatur verwiesen. Die Aufteilung in proportionale und fixe Bestandteile erfolgt in der gleichen Weise wie bei den der Stelle angelasteten Lohnkosten. In Hilfskostenstelle Stromerzeugung werden die kalkulatorischen Personalnebenkosten für Arbeiter auf die geplante Lohnsumme von 220 [GE/Periode] bezogen und in voller Höhe den fixen Kosten zugerechnet (vgl. Tabelle 3.4); in Umweltschutzstelle Überarbeitung werden die proportionalen kalkulatorischen Personalnebenkosten – entsprechend der Kostenauflösung bei den Lohnkosten – in Höhe von 80% der gesamten kalkulatorischen Personalnebenkosten angenommen.

Zu den **Hilfs- und Betriebsstoffkosten**, Kostenart 4120, zählen alle Kosten für die Materialien, die unmittelbar bei der Bearbeitung der erwünschten Hauptprodukte benötigt werden, aber nicht in diese eingehen. Daher müssen sie auch über Kosten- bzw. Umweltschutzstellen abgerechnet werden. Zur Planung ist zunächst der Verbrauch pro Bezugsgrößeneinheit einer Stelle zu bestimmen und zu prüfen, inwieweit Hilfs- und Betriebsstoffe zur Aufrechterhaltung der Betriebsbereitschaft erforderlich sind (vgl. KILGER 1981, S. 383f.). In allen betrachteten Kostenstellenplänen wird unterstellt, daß der überwiegende Teil der Hilfs- und Betriebsstoffkosten den proportionalen Kosten zuzuordnen ist.

Kalkulatorische Abschreibungen, Kostenart 4801, sind das kostenmäßige Äquivalent für die Entwertung langfristig nutzbarer Betriebsmittel. Der Werteverzehr von Betriebsmitteln kann zum einen von den geleisteten Betriebsstunden abhängen; als Entwertungsursache wirkt Gebrauchsverschleiß; er führt zu beschäftigungsproportionalen kalkulatorischen Abschreibungen. Zum anderen kann als Entwertungsursache Zeitverschleiß wirken; er ist von der Nutzung eines Betriebsmittels unabhängig und führt zu beschäftigungsfixen kalkulatorischen Abschreibungen (vgl. KILGER 1981, S. 398f.). Die in den betrachteten Kostenstellenplänen angesetzten Abschreibungsbeträge werden mit einem Verfahren der **gebrochenen Abschreibung** bestimmt. Dabei wird von der Tatsache abgesehen, daß bei den meisten Betriebsmitteln als Entwertungsursache Zeit- und Gebrauchsverschleiß simultan wirken und zunächst abgeschätzt, von welcher Entwertungsursache die stärkere Wirkung ausgeht. In den betrachteten Kostenstellenplänen wird als dominierende Abschreibungsursache der Gebrauchsverschleiß angesehen und jeweils der höhere Anteil der kalkulatorischen Abschreibungen den pro-

KOSTENPLAN Zeitraum	Ko./U. Stellen-bezeichnung	**Entsorgung** (Bezugsgröße I)	Ko./U. St. Nr. 004 Bez. Gr. Nr. I	Blatt 1
Planbeschäftigung je ø Periode	4800 $[KE_I]$,	verwertbar 100%	Ko./U. St. Leiter Stellvertreter	

Kostenarten					Plankosten $[GE/\text{Periode}]$		
Nr.	Bezeichnung	RE	Menge	$[GE/RE]$	Gesamt	Proportional	Fix
4120	Hilfs- u. Betriebsstoffe (Pflegemittel, Fette)	l	575	0,2	115	100	15
4125	Werkzeuge u. Geräte	Std	40	0,5	20	10	10
4315	Hilfslohn	Std	40	11	440	400	40
4910	Kalk. Personalneben-kosten für Arbeiter	GE	440	0,75	330	300	30
4502	Reparatur- u. Instand-haltungsleistungen	Std	5	16	80	60	20
4600	Verschied. Gemeinkosten (TÜV, Emissionsmessung)				50	–	50
4801	Kalk. Abschreibungen				459	330	129
4802	Kalk. Zinsen auf Anlagevermögen	100 GE	66,67	0,75	50	–	50
4903	Kalk. Raumkosten	m^2	50	5,12	256	–	256
Zwischensumme (primäre) Kosten					1800	1200	600
4911	**(prozeßbedingte)** Stromkosten	$vBGE_{St}$	14.400	0,1685	2426,66	2426,66	–
5011	**umweltschutz-bedingte** Stromkosten	$vBGE_{St}$	14.400	0,0315	453,34	453,34	–
4999	Kalk. **(prozeßbedingte)** sekundäre Fixkosten				317,33	–	317,33
5099	Kalk. **umweltschutz-bedingte** sekundäre Fixkosten				114,67	–	114,67
Zwischensumme (sekundäre) Kosten					3312	2880	432
Plankostensumme					5112	4080	1032
prozeßbedingt					–	–	–
umweltschutzbedingt					5112	4080	1032
Plan-Verrechnungssätze $[GE/KE_I]$					1,065	0,85	0,215
prozeßbedingt					–	–	–
umweltschutzbedingt					1,065	0,85	0,215

Tabelle 3.6a: Kostenstellenplan für Umweltschutzstelle Entsorgung E_I

KOSTENPLAN Zeitraum	Ko./U. Stellenbezeichnung	**Entsorgung** (Bezugsgröße II)	Ko./U. St. Nr. 004 Bez. Gr. Nr. I	Blatt 1
Planbeschäftigung je ø Periode	1500 $[KE_{II}]$,	verwertbar 100%	Ko./U. St. Leiter Stellvertreter	

Kostenarten					Plankosten $[GE/Periode]$		
Nr.	Bezeichnung	RE	Menge	$[GE/RE]$	Gesamt	Proportional	Fix
4120	Hilfs- u. Betriebsstoffe (Pflegemittel, Fette)	l	150	0,2	30	15	15
4125	Werkzeuge u. Geräte	Std	16,5	0,5	8,25	5,6	2,65
4315	Hilfslohn	Std	11	11	121	96,8	24,2
4910	Kalk. Personalnebenkosten für Arbeiter	GE	121	0,75	90,75	72,6	18,15
4502	Reparatur- u. Instandhaltungsleistungen	Std	5	16	80	40	40
4801	Kalk. Abschreibungen				140	100	40
4802	Kalk. Zinsen auf Anlagevermögen	100 GE	29,2	0,75	21,9	–	21,9
4903	Kalk. Raumkosten	m^2	5	5,12	25,6	–	25,6
Zwischensumme (primäre) Kosten					517,5	330	187,5
4911	**(prozeßbedingte)** Stromkosten	$vBGE_{St}$	2400	0,1685	404,44	404,44	–
5011	**umweltschutzbedingte** Stromkosten	$vBGE_{St}$	2400	0,0315	75,56	75,56	–
4999	Kalk. **(prozeßbedingte)** sekundäre Fixkosten				52,89	–	52,89
5099	Kalk. **umweltschutzbedingte** sekundäre Fixkosten				19,11	–	19,11
Zwischensumme (sekundäre) Kosten					552	480	72
Plankostensumme					1069,5	810	259,5
prozeßbedingt					–	–	–
umweltschutzbedingt					1069,5	810	259,5
Plan-Verrechnungssätze $[GE/KE_I]$					0,713	0,54	0,173
prozeßbedingt					–	–	–
umweltschutzbedingt					0,713	0,54	0,173

Tabelle 3.6b: Kostenstellenplan für Umweltschutzstelle Entsorgung E_{II}

KOSTENPLAN Zeitraum	Ko./U. Stellen- bezeichnung	**Fertigung I**	Ko./U. St. Nr. 002 Bez. Gr. Nr.	Blatt 1
Planbeschäftigung je ø Periode	2000 [ME],	verwertbar 55%	Ko./U. St. Leiter Stellvertreter	

Kostenarten					Plankosten [GE/Periode]		
Nr.	**Bezeichnung**	RE	**Menge**	[GE/RE]	**Gesamt**	**Proportional**	**Fix**
4001	Rohstoff R	FE	960	0,5	480	480	–
4120	Hilfs- u. Betriebsstoffe (Pflegemittel, Fette)	l	550	0,2	110	88	22
4124	Werkzeuge u. Geräte	Std	60	0,36	21,6	21,6	–
4301	Fertigungslohn	Std	60	16,87	1012,2	1012,2	–
4909	Kalk. Personalnebenkosten für Arbeiter	GE	1012,2	0,75	759,15	759,15	–
4502	Reparatur- u. Instandhaltungsleistungen	Std	7,5	16	120	100	20
4801	Kalk. Abschreibungen				920	839,05	80,95
4802	Kalk. Zinsen auf Anlagevermögen	100 GE	85	0,75	63,75	–	63,75
4903	Kalk. Raumkosten	m^2	60	5,12	307,2	–	307,2
Zwischensumme (primäre) Kosten					3793,9	3300	493,9
4911	**prozeßbedingte** Stromkosten	$vBGE_{St}$	16.320	0,1685	2750,22	2750,22	–
5011	**umweltschutzbedingte** Stromkosten	$vBGE_{St}$	16.320	0,0315	513,78	513,78	–
4999	Kalk. **prozeßbedingte** sekundäre Fixkosten				359,64	–	359,64
5001	Überarbeitungskosten	üNPE_1	40	9,9	396	396	–
5002	Entsorgungskosten (von E_I)	KE_I	1600	0,85	1360	1360	–
5003	Entsorgungskosten (von E_{II})	KE_{II}	1500	0,54	810	810	–
5099	Kalk. **umweltschutzbedingte** sekundäre Fixkosten				961,46	–	961,46
Zwischensumme (sekundäre) Kosten					7151,1	5830	1321,1
Plankostensumme					10.945	9130	1815
prozeßbedingt					6903,76	6050,22	853,54
umweltschutzbedingt					4041,24	3079,78	961,46
Plan-Verrechnungssätze [GE/vME]					9,95	8,3	1,65
prozeßbedingt					6,2754	5,5	0,7754
umweltschutzbedingt					3,6746	2,8	0,8746

Tabelle 3.7: Kostenstellenplan für die sekundäre Kostenstelle Fertigung I

portionalen Kosten zugeordnet. Zu weiteren Einzelheiten der Bestimmung kalkulatorischer Abschreibungen nach einem Verfahren der gebrochenen Abschreibung vgl. u.a. KILGER 1981, S. 400ff.; KLOOCK/SIEBEN/SCHILDBACH 1990, S. 98f.

Der Einsatz von langfristig nutzbaren Betriebsmitteln verursacht neben kalkulatorischen Abschreibungen **Reparatur- und Instandhaltungskosten**, Kostenart 4502; hierzu zählen alle Kosten, die der Wartung, Überholung und Wiederinstandsetzung von Betriebsmitteln dienen (vgl. KILGER 1981, S. 405; SEICHT 1981, S. 86f.). Die Kostenauflösung in fixe und variable Bestandteile erfolgt in ähnlicher Weise wie die Kostenaufteilung der kalkulatorischen Abschreibungen; es wird jeweils versucht, die Reparatur- und Instandhaltungsfälle auf Gebrauchs- oder Zeitverschleiß zurückzuführen. In den Hilfsstellen Stromerzeugung, Entsorgung und Fertigung I überwiegt jeweils der Anteil der proportionalen Reparatur- und Instandhaltungskosten; sie werden etwa durch Reparaturen verursacht, die planmäßig nach Ablauf einer bestimmten Anzahl von Betriebsstunden vorgenommen werden (vgl. KILGER 1981, S. 407). In Umweltschutzstelle Überarbeitung entfallen etwa 66,5% der Reparatur- und Instandhaltungskosten auf fixe Leistungen, die durch Zeitverschleiß – etwa Korrosion und Materialermüdung – ausgelöst werden. Es ist noch auf die Probleme hinzuweisen, die sich bei der Planung der Kostenarten 4801 und 4502 infolge der Abhängigkeiten zwischen verschleißbedingten Abschreibungsursachen und der Aufwendung von Reparatur- und Instandhaltungskosten ergeben; so läßt sich durch eine ausreichende Wartung und Instandhaltung die technische Nutzungsdauer der Betriebsmittel nahezu beliebig verlängern (vgl. KILGER 1981, S. 401). – **Werkzeuge und Geräte**, Kostenarten 4123, 4124 und 4125, erfassen den bewerteten Verschleiß von Hand-, Meß- sowie Maschinenwerkzeugen und werkzeugähnlichen Geräten, die dem Transport von Halbfabrikaten dienen, etwa Transportbehälter, Spulen und Hülsen (vgl. KILGER 1981, S. 392 und S. 397). Auch hier hängt die Kostenauflösung davon ab, ob als Entwertungsursache Zeit- oder Gebrauchsverschleiß überwiegt.

Kalkulatorische Zinsen auf das Anlagevermögen, Kostenart 4802, sind kostenmäßige Äquivalente für das im Anlagevermögen gebundene Kapital eines Unternehmens. „Die auf das Anlagevermögen entfallenden kalkulatorischen Zinsen sind zwar von den Kostenstellenleitern in der Regel nicht beeinflußbar, trotzdem sollte ihnen aber gezeigt werden, welche Kapitalbelastung aus den Sachinvestitionen ihrer Kostenstellen resultieren“ (KILGER 1981, S. 409). Sie sind in voller Höhe den fixen Kosten zuzuordnen. Als **kalkulatorischer Zinssatz** der Kostenrechnung wird der in der Investitionsrechnung zugrundegelegte Kalkulationszinssatz empfohlen (vgl. KILGER 1981, S.

409; KLOOCK 1986, S. 294f.; KLOOCK/SIEBEN/SCHILDBACH 1990, S. 105). Im betrachteten Beispiel wird ein Kalkulationszinsfuß (der Investitionsrechnung) von 9% p.a. zugrundegelegt; bei der Kostenplanung ist die Periodenlänge eines Kalendermonats unterstellt, so daß ein kalkulatorischer Zinssatz in Höhe von $0,75$ $[GE/100\ GE]$ anzusetzen ist (vgl. etwa Tabelle 3.4). In den betrachteten Kostenstellenplänen werden die kalkulatorischen Zinsen auf das Anlagevermögen nach dem Verfahren der **Restwertverzinsung** bestimmt, wobei „die auf ein Betriebsmittel entfallenden kalkulatorischen Zinsen stets auf den durchschnittlichen Restwert der laufenden Planungsperiode bezogen“ werden (KILGER 1981, S. 410; vgl. auch HUMMEL/MÄNNEL 1986, S. 175). In Hilfskostenstelle Stromerzeugung beträgt der durchschnittliche Restwert des Anlagevermögens der betrachteten Periode 8000 $[GE]$; es sind kalkulatorische Zinsen in Höhe von $80\ [100\ GE] \cdot 0,75\ [GE/100\ GE] = 60\ [GE]$ anzusetzen.

Kalkulatorische Raumkosten, Kostenarten 4901, 4902 und 4903, umfassen Kostenarten, die über sekundäre **Raumkostenstellen** abgerechnet werden. Die Aufgabe sekundärer Raumkostenstellen besteht darin, allen Abteilungen eines Unternehmens den erforderlichen Raum in einsatzbereitem Zustand zur Verfügung zu stellen (vgl. KILGER 1981, S. 429). Bei unveränderten betrieblichen Teilkapazitäten ist die Raumnutzung der einzelnen Kosten- und Umweltschutzstellen konstant, so daß Raumkostenstellen reine Bereitschaftsstellen sind; ihre Kosten sind deshalb in voller Höhe den fixen Kosten zuzuordnen. In den betrachteten Kostenstellenplänen werden Verrechnungssätze der kalkulatorischen Raumkosten in unterschiedlicher Höhe angesetzt. Der Grund-Verrechnungssatz von 3 $[GE/m^2]$ (vgl. Tabelle 3.4) ist in den übrigen Verrechnungssätzen enthalten; hinzu kommen beispielsweise kalkulatorische Kosten für Heizungs-, Klimatisierungs- und Luftbefeuchtungsanlagen oder auch zusätzliche Kosten für spezielle Arbeitsplatzreinigungen in den Hilfsstellen Überarbeitung, Entsorgung und Fertigung I (vgl. KILGER 1981, S. 431; Tabellen 3.5 bis 3.7).

Die Zwischensumme der (primären) Kosten wird explizit ausgewiesen, um die Verbindung zu Kapitel 1.2.4.2 transparent zu machen. – Die Hilfskostenstelle **Stromerzeugung** empfängt Entsorgungsleistungen von Umweltschutzstelle Entsorgung. Diese sekundären Kosten müssen als **Kosten für den Umweltschutz**, Kostenartengruppe 50 (vgl. Tabelle 3.1), ausgewiesen werden, damit ihr Nachweis im System der Kostenrechnung nicht verloren geht. Die **kalkulatorischen umweltschutzbedingten sekundären Fixkosten**, Kostenart 5099, sind die bewerteten Bereitschaftsleistungen der Umweltschutzstelle Entsorgung, die der Stromerzeugung entsprechend ihrer Inanspruchnahme an der Planbeschäftigung $B_{E_I}^{(p)}$ der Entsorgung belastet werden; es sind 1600 $[KE_I] \cdot c^{(p)}_{u_{E_I}}$ $[GE/KE_I] = 344$ $[GE]$ (vgl. Tabelle 3.3 bzw. 3.4). Zur Bestimmung der Plan-Verrechnungssätze, in $GE/vBGE_{St}$, werden die gesamte, proportionale, fixe – jeweils nach prozeßbedingter bzw. umweltschutzbedingter Verursachung differenzierte – Plankostensumme durch den verwertbaren Anteil der Planbeschäftigung dividiert; so beträgt etwa der prozeßbedingte proportionale Plan-Verrechnungssatz $g^{(p)}_{p_{St}} = 7280/(48.000 \cdot 0,9) = 7280/43.200 = 0,1685$ $[GE/vBGE_{St}]$. Der Anteil der proportionalen umweltschutzbedingten Kosten beträgt $(1360/8640)100 = 15,74\%$ des Grenzverrechnungssatzes der Hilfsstelle Stromerzeugung.

Für Umweltschutzstelle **Überarbeitung** (vgl. Tabelle 3.5) bzw. **Entsorgung** (vgl. Tabellen 3.6a und 3.6b) sind **alle** – sowohl primäre als auch sekundäre – Kostenarten **Kosten für den Umweltschutz**. Daher sind die prozeßbedingten Plan-Verrechnungssätze mit dem Wert null anzunehmen. Trotzdem wird bei den sekundären Stromkosten nach prozeßbedingter, Kostenart 4911, bzw. umweltschutzbedingter, Kostenart 5011, Verursachung differenziert. In beiden Stellenplänen werden kalkulatorische umweltschutzbedingte sekundäre Fixkosten, Kostenart 5099, ausgewiesen; sie resultieren aus der leistungsbedingten Inanspruchnahme der verwertbaren Planbeschäftigung der Stromerzeugung bewertet mit dem umweltschutzbedingten fixen Plan-Verrechnungssatz. Für Umweltschutzstelle Überarbeitung ergeben sich etwa kalkulatorische umweltschutzbedingte sekundäre Fixkosten in Höhe von 480 $[vBGE_{St}] \cdot c^{(p)}_{u_{St}}$ $[GE/vBGE_{St}] = 3,82$ $[GE]$ (vgl. Tabelle 3.5).

Hilfskostenstelle **Fertigung I** empfängt die meisten sekundären Leistungen im Vergleich zu den übrigen Stellen. So geben die Umweltschutzstellen Überarbeitung, Kostenart 5001, und Entsorgung bezüglich Bezugsgröße $B_{E_{II}}$, Kostenart 5003, ihr gesamtes Leistungsvolumen an Fertigung I ab. Daher muß Fertigung I auch mit den gesamten Kosten dieser beiden Stellen belastet werden. Die kalkulatorischen umweltschutzbedingten sekundären Fixkosten, Kostenart 5099, setzen sich zusammen aus $r^{(p)}_{P_{\ddot{U}F_I}} c^{(p)}_{u_{\ddot{U}}} + r^{(p)}_{P_{E_I F_I}} c^{(p)}_{u_{E_I}} + r^{(p)}_{P_{E_{II} F_I}} c^{(p)}_{u_{E_{II}}} + r^{(p)}_{P_{St F_I}} c^{(p)}_{u_{St}} = 40 \cdot 5,7 + 1600 \cdot 0,215 + 1500 \cdot 0,173 + 16.320 \cdot 0,008 = 961,46$ $[GE]$ (vgl. Tabellen 3.5 bis 3.7). In Fertigung I werden in einem starren Kuppelproduktionsprozeß das erwünschte Hauptprodukt $P1$ und das erwünschte Zwischenprodukt ZP gefertigt. Da eine dem Verursachungsprinzip entsprechende Kostenaufteilung auf die beiden Kuppelprodukte **nicht** möglich ist, werden bei der Bestimmung der Plan-Verrechnungssätze beide Kuppelprodukte wie ein erwünschtes **Hauptproduktpäckchen** behandelt und die jeweilige Plankostensumme auf beide Kuppelprodukte gleichverteilt. Daraus resultieren stückbezogene Herstellkosten von 8,3 $[GE/PE_1]$ bzw. 8,3 $[GE/ZPE]$. Im nachfolgenden Kapitel 3.3.1 wird diese Problematik genauer beleuchtet werden. Im System der Kostenstellenrechnung wollen wir uns zunächst mit dieser einfachen Kostenverteilung begnügen. Der Anteil der proportionalen umweltschutzbedingten Kosten an den proportionalen Kosten beträgt etwa $33,73\%$.

Als Ergebnis dieses Planungsschrittes ist festzuhalten, daß für alle Kostenstellen des Sekundärbereichs und Umweltschutzstellen periodenbezogene **Kostenstellenpläne** vorliegen. Darauf aufbauend können in einem nächsten Schritt die Stellenpläne für die **Hauptkostenstellen** abgeschlossen werden.

Der Stellenplan für Hauptkostenstelle **Fertigung II** kann aus Tabelle 3.8 ersehen werden. In Kapitel 1.2.4.2 wurden die beschäftigungsproportionalen primären Kosten mit dem Wert null, die primären beschäftigungsfixen Kosten in Höhe von $K_{P\,Pr_{F_{II}}}^{(p)} = 705$ $[GE]$ angenommen. Fertigung II erhält Leistungen von den sekundären Kostenstellen Stromerzeugung sowie Fertigung I und Umweltschutzstelle Entsorgung bezüglich Bezugsgröße B_I. Die kalkulatorischen prozeßbedingten sekundären Fixkosten, Kostenart 4999, setzen sich zusammen aus $r_{P_{St}F_{II}}^{(p)} c_{pSt}^{(p)} + r_{P_{F_I}F_{II}}^{(p)} c_{pF_I}^{(p)} = 9600 \cdot 0,022 + 500 \cdot 0,7754 = 599,53$ $[GE]$; die kalkulatorischen umweltschutzbedingten sekundären Fixkosten sind in Höhe von $r_{P_{St}F_{II}}^{(p)} c_{uSt}^{(p)} + r_{P_{F_I}F_{II}}^{(p)} c_{uF_I}^{(p)} + r_{P_{E_I}F_{II}}^{(p)} c_{uE_I}^{(p)} = 9600 \cdot 0,008 + 500 \cdot 0,8746 + 1600 \cdot 0,215 = 857,47$ $[GE]$ anzusetzen. Der Anteil der proportionalen umweltschutzbedingten Kosten an den proportionalen Kosten beträgt $41,217\%$.

Sind der Aufbau der Kostenstellenpläne für alle primären Kostenstellen abgeschlossen und prozeßbedingte bzw. umweltschutzbedingte Grenzkosten- sowie Vollkosten-Kalkulationssätze bestimmt, bleibt als letzter Schritt einer analytischen Kostenplanung die Abstimmung der Kostenplanung (vgl. Abbildung 3.1), die die Aufdeckung von Rechen- und Übertragungsfehlern zur Aufgabe hat (vgl. KILGER 1981, S. 531f.). Dabei wird im wesentlichen überprüft, ob für alle Kosten- und Umweltschutzstellen und für die Kostenplanung insgesamt die gesamten Plankosten mit der Summe aus beschäftigungsproportionalen und beschäftigungsfixen Kosten – jeweils nach prozeßbedingter bzw. umweltschutzbedingter Verursachung differenziert – übereinstimmen (vgl. KILGER 1987, S. 215f.).

Im nachfolgenden Kostenrechnungsteilsystem der **Kostenträgerrechnung** werden zunächst Kalkulationsverfahren zum Ausweis der Stückkosten der erwünschten Produkte diskutiert (vgl. Kapitel 3.3.1); anschließend wird der bereits in Kapitel 3.1 erwähnte Kostenträgercharakter von Umweltschutzmaßnahmen beleuchtet (vgl. Kapitel 3.3.2) und schließlich die Konzeption einer kurzfristigen Erfolgsplanung als mehrstufige Deckungs-

KOSTENPLAN Zeitraum	Kostenstellen- bezeichnung	**Fertigung II**			Ko. St. Nr. 005 Bez. Gr. Nr.	Blatt 1	
Planbeschäftigung je ø Periode	500 [ZPE],	verwertbar 60%			Ko. St. Leiter Stellvertreter		
Kostenarten					Plankosten [GE/Periode]		
Nr.	Bezeichnung	RE	Menge	[GE/RE]	Gesamt	Proportional	Fix
⋮	⋮	⋮	⋮	⋮	⋮	⋮	⋮
Zwischensumme (primäre) Kosten					705	–	705
4911	**prozeßbedingte** Stromkosten	$vBGE_{St}$	9600	0,1685	1617,78	1617,78	–
5011	**umweltschutz-bedingte** Stromkosten	$vBGE_{St}$	9600	0,0315	302,22	302,22	–
4955	**prozeßbedingte** Kosten für ZP (von F_I)	ZPE	500	5,5	2750,1	2750,1	–
5055	**umweltschutz-bedingte** Kosten für ZP (von F_I)	ZPE	500	2,8	1399,9	1399,9	–
4999	Kalk. **prozeßbedingte** sekundäre Fixkosten				599,53	–	599,53
5002	Entsorgungskosten (von E_I)	KE_I	1600	0,85	1360	1360	–
5099	Kalk. **umweltschutz-bedingte** sekundäre Fixkosten				857,47	–	857,47
Zwischensumme (sekundäre) Kosten					8887	7430	1457
Plankostensumme					9592	7430	2162
prozeßbedingt					5672,41	4367,88	1304,53
umweltschutzbedingt					3919,59	3062,12	857,47
Plan-Verrechnungssätze [$GE/vZPE$]					31,97	24,76	7,21
prozeßbedingt					18,90	14,56	4,34
umweltschutzbedingt					13,07	10,20	2,87

Tabelle 3.8: Kostenstellenplan für Hauptkostenstelle Fertigung II

beitragsrechnung vorgestellt (vgl. Kapitel 3.3.3).

3.3 Gestaltung der Kostenträgerstück- und Kostenträgerzeitrechnung

3.3.1 Kalkulationsverfahren zum Ausweis der Stückkosten der erwünschten Produkte

Die Aufgabe der **Kostenträgerstückrechnung** oder auch **Kalkulation** besteht darin, die Kosten zu bestimmen, die auf die einzelnen Produkt- oder Auftragseinheiten entfallen (vgl. KILGER 1987, S. 265). Wird insbesondere der Kalkulationszweck der Erstellung einer **Plankalkulation** verfolgt, d.h. den erwünschten Produkten sollen im voraus für bestimmte Planperioden exakt kalkulierte Selbstkosten pro Produkteinheit zugeordnet werden, sollten die Kostendaten auf einer nach Kostenarten und Stellen differenzierten Kostenplanung basieren (vgl. KILGER 1987, S. 294). In Tabelle 3.9 ist ein **Grundschema der Kalkulation** angegeben.

Einzelmaterialkosten sind etwa Kosten für Rohstoffe, Werkstoffe, Zwischenprodukte und zugekaufte Teile, die **unmittelbar** in eine Kalkulationseinheit eingehen (vgl. KILGER 1987, S. 267). Im Rahmen der Einzelkostenplanung sind sie in prozeßbedingte und umweltschutzbedingte Einzelkosten aufzuspalten (vgl. KLOOCK 1990a, S. 146 und 1990b, S. 14). – Da in Fertigung I in einem Prozeß der starren Kuppelproduktion gefertigt wird, können die Rohstoffkosten, Kostenart 4001, und die Kosten für überarbeitetes rezyklierbares Nebenprodukt $NP1$, Kostenart 5001, **nicht** als Einzelmaterialkosten angesetzt, sondern müssen stellenbezogen geplant werden (vgl. Tabelle 3.7). Die Höhe der Kosten für Zwischenprodukt ZP, die Fertigung II mit Kostenart 4955 belastet werden, ist dispositionsbestimmt, genauer: sie hängt von den getroffenen Annahmen über die Kostenverteilung auf $P1$ bzw. ZP in Fertigung I ab, so daß auch die Zwischenproduktkosten nicht sinnvoll als Einzelkosten geplant werden können (vgl. Tabelle 3.8). – **Materialgemeinkosten** enthalten anteilige Kosten der Einkaufs- und Lagerverwaltung; sie werden mittels nach Materialgruppen differenzierten Zuschlägen prozentual auf die Einzelmaterialkosten bezogen (vgl. KILGER 1987, S. 267f.). Im betrachteten Beispiel wird von der Abstimmung der betrachteten Produktionsfolge mit den Bereichen Einkaufs- und Lagerverwaltung abgesehen.

	prozeßbedingte Einzelmaterialkosten
	umweltschutzbedingte Einzelmaterialkosten
+	Materialgemeinkosten
=	Materialkosten
	Fertigungslöhne
+	Fertigungsgemeinkosten
+	prozeßbedingte Sondereinzelkosten der Fertigung
+	umweltschutzbedingte Sondereinzelkosten der Fertigung
=	Fertigungskosten
=	Herstellkosten
+	Verwaltungsgemeinkosten
+	Vertriebsgemeinkosten
+	prozeßbedingte Sondereinzelkosten des Vertriebs
+	umweltschutzbedingte Sondereinzelkosten des Vertriebs
=	Selbstkosten

Tabelle 3.9: Grundschema der Kalkulation (in Anlehnung an KILGER 1987, S. 267)

Fertigungslöhne besitzen Einzelkostencharakter, werden im betrachteten Beispiel aber als unechte Gemeinkosten zusammen mit den **Fertigungsgemeinkosten** – etwa Kostenarten 4120, 4123, 4502, ... – mittels genauer Bezugsgrößen stellenbezogen geplant (vgl. Tabelle 3.7). Auf die Berücksichtigung anteiliger Kosten der technischen Leitung, der Arbeitsvorbereitung, der Meisterbereichsstellen, ... in den Fertigungsgemeinkosten wird hier verzichtet. Von prozeß- bzw. umweltschutzbedingten **Sondereinzelkosten der Fertigung**, die etwa für Modelle, Spezialwerkzeuge, als Konstruktions- und Entwicklungskosten sowie anteilige Forschungskosten anfallen (vgl. KILGER 1987, S. 268), wird im betrachteten Beispiel ebenfalls abgesehen.

„Recycling- und Entsorgungsmaßnahmen fallen vielfach in direkter Abhängigkeit von den erstellten Outputeinheiten der Kostenstellen an; sofern die Höhe der abzubauenden Reststoffe ... über eine Leontief- oder Gutenberg-Produktionstechnologie unmittelbar mit den Outputeinheiten der Kostenstellen verknüpfbar ist ..., lassen sich die zum Abbau der Reststoffe anfallenden Materialkosten und ggf. auch einzelne Fertigungskosten direkt als Einzelkosten der absatzbestimmten Produkte erfassen“ (KLOOCK 1990a, S. 147). Diese Überlegungen gelten aber nur im **Ein-Produkt-Fall**, in dem nur ein erwünschtes (Haupt-)Produkt in einem Kuppelproduktionsprozeß entsteht. Resultieren mehrere erwünschte Hauptprodukte, Zwischenprodukte oder auch verwertbare Nebenprodukte, müssen – infolge der Nichterfüllung des **Verursacherprinzips** – Kostenarten mit Einzelkostencharakter mittels exakter Bezugsgrößen stellenbezogen geplant werden.

Die Summe aus Material- und Fertigungskosten bildet die **Herstellkosten**, die zur Produktion einer Kostenträgereinheit erforderlich sind. – Kosten der allgemeinen kaufmännischen Verwaltung werden in den **Verwaltungsgemeinkosten** berücksichtigt. Die Kosten der Stellen des Vertriebsbereiches werden mit Hilfe der **Vertriebsgemeinkosten** den Kostenträgern zugeordnet. **Sondereinzelkosten des Vertriebs** sind etwa Kosten für Verpackungsmaterial, Verkaufsprovisionen und Ausgangsfrachten (vgl. KILGER 1987, S. 268f.). Die beschäftigungsproportionalen Verwaltungs- und Vertriebsgemeinkosten werden hier in Form eines globalen Zuschlagssatzes von 10 % auf die Herstellkosten bezogen. – Werden die Verwaltungs- und Vertriebsgemeinkosten sowie die Sondereinzelkosten des Vertriebs zu den Herstellkosten addiert, erhält man die **Selbstkosten**; sie stellen das Kalkulationsergebnis dar.

Im folgenden werden **Kalkulationsverfahren** zur Kalkulation von Kuppelprodukten diskutiert. „Zu beachten ist, daß die Verfahren ... **nicht** zu entscheidungsrelevanten Stückkosten führen können, und zwar auch dann nicht, wenn man sich auf die kalkulatorische Zurechnung der variablen Kosten beschränkt“ (KILGER 1987, S. 356). Da eine verursachungsgerechte Zuordnung der Kosten des Kuppelprozesses nicht möglich ist, handelt es sich bei den Verfahren der Kuppelkalkulation zumeist um **Verteilungs-** oder **Äquivalenzziffernverfahren**, wobei die verbundenen Kosten der Kuppelproduktion mittels einer oder mehreren Schlüsselgrößen, auch als **Äquivalenzziffern** bezeichnet, auf die einzelnen Kuppelprodukte verteilt werden (vgl. RIEBEL 1970, Sp. 997). Die Kostenrechnungsliteratur widmet sich insbesondere bei der Diskussion dieser Verfahren der Frage, ob die Äquivalenzziffern aus technischen, physikalischen, chemischen, ökonomischen (vgl. u.a. TILLMANN 1954, S. 157ff.; RIEBEL 1970, Sp. 995ff.; RIEBEL/PAUDTKE/ZSCHERLICH 1973, S. 61ff.; KILGER 1987, S. 356ff.) oder auch ökologischen Maßgrößen (vgl. Kapitel 1.2.3; ROTH 1992, S. 137) abgeleitet werden sollen. Grundsätzlich können die Kalkulationsverfahren danach unterschieden werden, ob sie etwa Fertigung I isoliert betrachten, also von der Verwertung des Zwischenprodukts ZP in Fertigung II absehen, oder die gesamte Prozeßfolge einer mehrfachen Kuppelproduktion betrachten. Sie werden demnach als Kalkulationsverfahren für **einfache** bzw. **mehrfache** Kuppelproduktion bezeichnet. Den weiteren Überlegungen liegen die folgenden **Plandaten** zugrunde.

$K_{pM_i}^{(p)}$:= geplante **prozeßbedingte Material**kosten des Kuppelprozesses in Stelle i $[GE/\text{Periode}]$ $(i = 1, \ldots, M)$,

$K_{pF_i}^{(p)}$:= geplante **prozeßbedingte Fertigungs**kosten des Kuppelprozesses in Stelle i $[GE/\text{Periode}]$ $(i = 1, \ldots, M)$,

$K_{pH_i}^{(p)}$:= geplante **prozeßbedingte Herstell**kosten des Kuppelprozesses in Stelle i $[GE/\text{Periode}]$ $(i = 1, \ldots, M)$,

$K_{uM_i}^{(p)}$:= geplante **umweltschutzbedingte Material**kosten des Kuppelprozesses in Stelle i $[GE/\text{Periode}]$ $(i = 1, \ldots, M)$,

$K_{uF_i}^{(p)}$:= geplante **umweltschutzbedingte Fertigungs**kosten des Kuppelprozesses in Stelle i $[GE/\text{Periode}]$ $(i = 1, \ldots, M)$,

$K_{uH_i}^{(p)}$:= geplante **umweltschutzbedingte Herstell**kosten des Kuppelprozesses in Stelle i $[GE/\text{Periode}]$ $(i = 1, \ldots, M)$,

$g_{Vw_j}^{(p)}$:= geplanter Zuschlagsatz der variablen Verwaltungsgemeinkosten für Produktart j $(j = 1, \ldots, N)$,

$g_{Vt_j}^{(p)}$:= geplanter Zuschlagsatz der variablen Vertriebsgemeinkosten für Produktart j $(j = 1, \ldots, N)$,

$e^{(p)}_{pVt_j}$:= geplante **prozeßbedingte** Sondereinzelkosten des Vertriebs für Produktart $[GE/PE_j)$ $(j = 1, \ldots, N)$,

$e^{(p)}_{uVt_j}$:= geplante **umweltschutzbedingte** Sondereinzelkosten des Vertriebs für Produktart j $[GE/PE_j]$ $(j = 1, \ldots, N)$,

$x^{(p)}_{ij}$:= Produktionsmenge des aus dem Kuppelprozeß in Stelle i resultierenden Kuppelprodukts j $[PE_j]$ $(j = 1, \ldots, N; i = 1, \ldots, M)$.

Zu bestimmen sind

$k^{(p)}_{pH_j}$:= geplante variable **prozeßbedingte Herstellkosten**, die Kuppelprodukt j zugerechnet werden $[GE/PE_j]$ $(j = 1, \ldots, N)$,

$k^{(p)}_{uH_j}$:= geplante variable **umweltschutzbedingte Herstellkosten**, die Kuppelprodukt j zugerechnet werden $[GE/PE_j]$ $(j = 1, \ldots, N)$,

$k^{(p)}_{H_j}$:= geplante variable **Herstellkosten**, die Kuppelprodukt j zugerechnet werden $[GE/PE_j]$ $(j = 1, \ldots, N)$,

$k^{(p)}_{pS_j}$:= geplante variable **prozeßbedingte Selbstkosten**, die Kuppelprodukt j zugerechnet werden $[GE/PE_j]$ $(j = 1, \ldots, N)$,

$k^{(p)}_{uS_j}$:= geplante variable **umweltschutzbedingte Selbstkosten**, die Kuppelprodukt j zugerechnet werden $[GE/PE_j]$ $(j = 1, \ldots, N)$,

$k^{(p)}_{S_j}$:= geplante variable **Selbstkosten**, die Kuppelprodukt j zugerechnet werden $[GE/PE_j]$ $(j = 1, \ldots, N)$.

Im Sinne einer formal exakten Darstellung müßten $k^{(p)}_{pH_j}$, $k^{(p)}_{uH_j}$, $k^{(p)}_{pS_j}$, $k^{(p)}_{uS_j}$ $(j = 1, \ldots, N)$ mit dem Index i der Kostenstellen indiziert werden; aus Gründen der besseren Lesbarkeit wird an dieser Stelle darauf verzichtet.

Das einfachste Kuppelkalkulationsverfahren, auch als **Verfahren der Restwertrechnung** bezeichnet, unterstellt, daß nur ein ökonomisch wertvolles Hauptprodukt entsteht bzw. der ökonomische Wert des als Hauptprodukt anzusehenden Kuppelprodukts weit über dem Wert der übrigen Kuppelprodukte liegt. Das erwünschte Hauptprodukt wird als eigentlicher Träger der variablen Gesamtkosten des Kuppelprozesses angesehen; eventuell anfallende Erlöse aus dem Verkauf nicht unerwünschter Nebenprodukte vermindern die dem erwünschten Hauptprodukt zugerechneten Kosten, weitere aufzuwendende Kosten für die Behandlung bzw. Entsorgung unerwünschter Nebenprodukte erhöhen diese. Durch Division der Restkosten bzw. Gesamtkosten durch die Menge des erwünschten Hauptprodukts ergeben sich die zu deckenden Kosten je Hauptprodukteinheit (vgl. RIEBEL 1970, Sp. 996). – Eine solche eindeutige Unterscheidung kann für die in Fertigung I hergestellten Kuppelprodukte $P1$ und ZP nicht vorgenommen werden. Deshalb wird – wie in Kapitel 3.2.4.3 bereits erwähnt – der verwertbare

Teil der Planbeschäftigung als Menge x_H eines erwünschten **Kuppel-** bzw. **Hauptproduktpäckchens** angesehen, d.h. $x_H = v_{F_I}^{(p)} B_{F_I}^{(p)} = x_{P1}^* + x_Z^* = 600 + 500 = 1100$ $[vME]$.

Man betrachte Tabelle 3.7. Die geplanten prozeßbedingten Materialkosten der Fertigung I entsprechen den Beschaffungskosten für Rohstoff R ($l = 4001$); es ist $K_{pM_{F_I}}^{(p)} = 480$ $[GE/\text{Periode}]$; die geplanten umweltschutzbedingten Materialkosten entsprechen den Überarbeitungskosten für überarbeitetes rezyklierbares $NP1$; es ist $K_{uM_{F_I}}^{(p)} = 396$ $[GE/\text{Periode}]$. Die geplanten variablen prozeßbedingten Fertigungskosten setzen sich additiv aus den beschäftigungsproportionalen Beträgen der (primären) Kostenarten 4120, 4124, 4301, 4910, 4502, 4801 und den prozeßbedingten Stromkosten, Kostenart 4911, zusammen; es sind $K_{pF_{F_I}}^{(p)} = 5570,22$ $[GE/\text{Periode}]$; die geplanten variablen umweltschutzbedingten Fertigungskosten setzen sich aus den der Fertigung I belasteten Entsorgungskosten und dem umweltschutzbedingten Anteil der sekundären Stromkosten zusammen; es sind $K_{uF_{F_I}}^{(p)} = 2683,78$ $[GE/\text{Periode}]$. Daraus ergeben sich geplante prozeßbedingte Herstellkosten in Höhe der proportionalen prozeßbedingten Plankostensumme in Fertigung I, $K_{pH_{F_I}}^{(p)} = K_{pM_{F_I}}^{(p)} + K_{pF_{F_I}}^{(p)} = 480 + 5570,22 = 6050,22$ $[GE/\text{Periode}]$; die geplanten umweltschutzbedingten Herstellkosten entsprechen der proportionalen umweltschutzbedingten Plankostensumme; es ist $K_{uH_{F_I}}^{(p)} = K_{uM_{F_I}}^{(p)} + K_{uF_{F_I}}^{(p)} = 396 + 2683,78 = 3079,78$ $[GE/\text{Periode}]$.

Formal ergeben sich die – nach prozeßbedingter bzw. umweltschutzbedingter Verursachung differenzierten – dem Hauptproduktpäckchen, d.h. $j = H$, zugeordneten Herstellkosten aus

$$\begin{aligned} k_{pH_H}^{(p)} &= K_{pH_{F_I}}^{(p)}/x_H = 6050,22/1100 = 5,5 \quad [GE/vME], \\ k_{uH_H}^{(p)} &= K_{uH_{F_I}}^{(p)}/x_H = 3079,78/1100 = 2,8 \quad [GE/vME], \end{aligned}$$

Es ist $k_{H_H}^{(p)} = k_{pH_H}^{(p)} + k_{uH_H}^{(p)} = 8,3$ $[GE/vME]$. Da die Menge x_H des Hauptproduktpäckchens aus einer gleichgewichteten Summation $x_H = x_{P1}^* + x_Z^*$ resultiert, ergeben sich die Herstellkosten aus $k_{H_{P1}}^{(p)} = k_{H_Z}^{(p)} = k_{H_H}^{(p)}$ als $k_{H_{P1}}^{(p)} = 8,3$ $[GE/PE_1]$ bzw. $k_{H_Z}^{(p)} = 8,3$ $[GE/ZPE]$ (vgl. Kostenarten 4955 und 5055 in Tabelle 3.8).

Die Selbstkosten für ein erwünschtes Hauptprodukt j ($j = 1, \ldots, N$) lassen sich danach angeben als

$$\begin{aligned} k_{pS_j}^{(p)} &= k_{pH_j}^{(p)}\left(1 + g_{Vw_j}^{(p)} + g_{Vt_j}^{(p)}\right) + e_{pVt_j}^{(p)}, \\ k_{uS_j}^{(p)} &= k_{uH_j}^{(p)}\left(1 + g_{Vw_j}^{(p)} + g_{Vt_j}^{(p)}\right) + e_{uVt_j}^{(p)}, \\ k_{S_j}^{(p)} &= k_{pS_j}^{(p)} + k_{uS_j}^{(p)} \quad (j = 1, \ldots, N). \end{aligned}$$

Für das erwünschte Hauptprodukt $P1$ betragen die Selbstkosten

$$\begin{aligned} k^{(p)}_{pS_{P1}} &= k^{(p)}_{pH_{P1}}\left(1+g^{(p)}_{Vw_j}+g^{(p)}_{Vt_j}\right) = 5,5\cdot 1,1 = 6,05 \\ k^{(p)}_{uS_{P1}} &= k^{(p)}_{uH_{P1}}\left(1+g^{(p)}_{Vw_j}+g^{(p)}_{Vt_j}\right) = 2,8\cdot 1,1 = 3,08 \\ k^{(p)}_{S_{P1}} &= 6,05+3,08 = 9,13 \quad [GE/PE_1]; \end{aligned}$$

der umweltschutzbedingte Anteil an den proportionalen Herstell- und auch Selbstkosten beträgt 33,73%. Entsprechend betragen die geplanten Herstellkosten $k^{(p)}_{H_{P2}}$ bzw. Selbstkosten $k^{(p)}_{S_{P2}}$ für das erwünschte Hauptprodukt $P2$: $k^{(p)}_{pH_{P2}} = 14,56$, $k^{(p)}_{uH_{P2}} = 10,2$ und $k^{(p)}_{H_{P2}} = 24,76$ $[GE/PE_2]$ (vgl. Tabelle 3.8) bzw. $k^{(p)}_{pS_{P2}} = 16,02$, $k^{(p)}_{uS_{P2}} = 11,22$ und $k^{(p)}_{S_{P2}} = 16,02 + 11,22 = 27,24$ $[GE/PE_2]$. Der umweltschutzbedingte Anteil an den proportionalen Herstell- und auch Selbstkosten entsteht in Höhe von 41,21%.

Führt die Kuppelproduktion zu mehreren höherwertigen Produkten – die eindeutige Bestimmung eines Hauptprodukts ist nicht möglich –, werden in der Kostenrechnungsliteratur **Verteilungs-** oder **Äquivalenzziffernverfahren** empfohlen.

Es bezeichne $\varphi^{(p)}_{ij}$ die dem – im Kuppelprozeß der Stelle i entstandenen – Kuppelprodukt j zugeordnete Äquivalenzziffer ($j = 1,\ldots,N; i = 1,\ldots,M$). Formal können die rechnerischen – nach prozeßbedingter bzw. umweltschutzbedingter Verursachung differenzierten – Stückherstellkosten des Kuppelprodukts j bestimmt werden als

$$\begin{aligned} k^{(p)}_{H_j} &= \frac{K^{(p)}_{pH_i}+K^{(p)}_{uH_i}}{\sum\limits_{j=1}^{N} x^{(p)}_{ij}\varphi^{(p)}_{ij}}\varphi^{(p)}_{ij} = \frac{K^{(p)}_{pH_i}}{\sum\limits_{j=1}^{N} x^{(p)}_{ij}\varphi^{(p)}_{ij}}\varphi^{(p)}_{ij} + \frac{K^{(p)}_{uH_i}}{\sum\limits_{j=1}^{N} x^{(p)}_{ij}\varphi^{(p)}_{ij}}\varphi^{(p)}_{ij} \\ &= k^{(p)}_{pH_j} + k^{(p)}_{uH_j}. \end{aligned}$$

Demnach sind für alle Kuppelprodukte j ($j = 1,\ldots,N$) des Kuppelprozesses in Stelle i ($i = 1,\ldots,M$) Äquivalenzziffern festzulegen. Die Division der verbundenen Kosten der Kuppelproduktion in Stelle i, $K^{(p)}_{pH_i} + K^{(p)}_{uH_i}$, durch die Summe der mit Äquivalenzziffern gewichteten Ausbringungsmengen, ergibt **durchschnittliche Kosten** je (Äquivalenzziffern-)Einheit; werden diese mit den jeweiligen Äquivalenzziffern multipliziert, resultieren daraus die rechnerischen Stückherstellkosten $k^{(p)}_{pH_j}$, $k^{(p)}_{uH_j}$ bzw. $k^{(p)}_{H_j}$ der Kuppelprodukte j ($j = 1,\ldots,N$) (vgl. KILGER 1987, S. 361).

Es bleibt nun noch zu untersuchen, wie die Äquivalenzziffern sinnvoll bestimmt werden können. Im einfachsten Fall könnten sie entsprechend den **Mengenanteilen** der

Kuppelprodukte festgelegt werden, d.h.

$$\varphi_{ij}^{(p)} = \frac{x_{ij}^{(p)}}{\sum\limits_{j=1}^{N} x_{ij}^{(p)}}$$

$(j = 1, \ldots, N; i = 1, \ldots, M)$ (vgl. RIEBEL 1970, Sp. 997). Für die geplanten Ausbringungsmengen $x_{ij}^{(p)}$ $(j = 1, \ldots, N; i = 1, \ldots, M)$ wird die optimale Lösung von $(LP1)$ verwendet (vgl. Kapitel 1.2.4.2). Daraus ergeben sich für das erwünschte Hauptprodukt $P1$ und Zwischenprodukt ZP die Äquivalenzziffern $\varphi_{P1}^{(p)} = x_{P1}^*/(x_{P1}^* + x_Z^*) = 600/1100$ und $\varphi_Z^{(p)} = x_Z^*/(x_{P1}^* + x_Z^*) = 500/1100$. Es sind rechnerische Stückherstellkosten in Höhe von

$$\begin{aligned}
k_{pH_{P1}}^{(p)} &= \frac{K_{pH_{F_I}}^{(p)}}{x_{P1}^*\varphi_{P1}^{(p)} + x_Z^*\varphi_Z^{(p)}}\varphi_{P1}^{(p)} = \frac{6050,22}{600\frac{600}{1100} + 500\frac{500}{1100}}\frac{600}{1100} = 5,95 \\
k_{uH_{P1}}^{(p)} &= \frac{K_{uH_{F_I}}^{(p)}}{x_{P1}^*\varphi_{P1}^{(p)} + x_Z^*\varphi_Z^{(p)}}\varphi_{P1}^{(p)} = \frac{3079,78}{600\frac{600}{1100} + 500\frac{500}{1100}}\frac{600}{1100} = 3,03 \\
k_{H_{P1}}^{(p)} &= k_{pH_{P1}}^{(p)} + k_{uH_{P1}}^{(p)} = 8,98 \quad [GE/PE_1]
\end{aligned}$$

bzw.

$$\begin{aligned}
k_{pH_Z}^{(p)} &= \frac{K_{pH_{F_I}}^{(p)}}{x_{P1}^*\varphi_{P1}^{(p)} + x_Z^*\varphi_Z^{(p)}}\varphi_Z^{(p)} = \frac{6050,22}{600\frac{600}{1100} + 500\frac{500}{1100}}\frac{500}{1100} = 4,96 \\
k_{uH_Z}^{(p)} &= \frac{K_{uH_{F_I}}^{(p)}}{x_{P1}^*\varphi_{P1}^{(p)} + x_Z^*\varphi_Z^{(p)}}\varphi_Z^{(p)} = \frac{3079,78}{600\frac{600}{1100} + 500\frac{500}{1100}}\frac{500}{1100} = 2,52 \\
k_{H_Z}^{(p)} &= k_{pH_Z}^{(p)} + k_{uH_Z}^{(p)} = 7,48 \quad [GE/ZPE]
\end{aligned}$$

bestimmbar. Daraus können die prozeß- und umweltschutzbedingten Herstellkosten für Hauptprodukt $P2$ in Höhe von

$$\begin{aligned}
k_{pH_{P2}}^{(p)} &= \frac{1617,78 + 500k_{pH_Z}^{(p)}}{300} = 13,66 \\
k_{uH_{P2}}^{(p)} &= \frac{1662,22 + 500k_{uH_Z}^{(p)}}{300} = 9,74 \\
k_{H_{P2}}^{(p)} &= k_{pH_{P2}}^{(p)} + k_{uH_{P2}}^{(p)} = 23,4 \quad [GE/PE_2]
\end{aligned}$$

abgeleitet werden (vgl. Tabelle 3.8). Für das erwünschte Hauptprodukt $P1$ bzw. $P2$ betragen die rechnerischen Selbstkosten $k_{S_{P1}}^{(p)} = (5,95 + 3,03)1,1 = 9,87$ $[GE/PE_1]$ bzw. $k_{S_{P2}}^{(p)} = (13,66 + 9,74)1,1 = 25,74$ $[GE/PE_2]$. Der umweltschutzbedingte Anteil an den proportionalen Herstell- und auch Selbstkosten beträgt 33,73% für Hauptprodukt $P1$ bzw. 41,65% für Hauptprodukt $P2$.

Werden die Äquivalenzziffern aus den Mengenanteilen der Kuppelprodukte bestimmt, stehen die so errechneten Stückherstell- bzw. Selbstkosten in keinem Verhältnis zur Ertragskraft der einzelnen Kuppelprodukte. Als Folge können in der Erfolgsrechnung hohe Gewinne für ein Kuppelprodukt und hohe Verluste für ein anderes Kuppelprodukt resultieren, ohne daß daraus programm- oder preispolitische Folgerungen ableitbar sind (vgl. RIEBEL 1970, Sp. 997). Deshalb scheint die Verwendung von Äquivalenzziffern, die aus ökonomischen Maßgrößen, etwa **Marktpreisen**, **Opportunitätskosten** oder auch **Verwertungsüberschüssen**, abgeleitet sind, sinnvoller; in der Kostenrechnungsliteratur wird hierbei von einer Kostenzurechnung nach dem **Tragfähigkeitsprinzip** gesprochen (vgl. u.a. KILGER 1987, S. 362). Daneben besteht die Möglichkeit, die Äquivalenzkoeffizienten der ökologischen Buchhaltung (vgl. Kapitel 1.2.3) als Äquivalenzziffern zu wählen. Auch dies entspräche einer Kostenverteilung nach dem Tragfähigkeitsprinzip, nämlich der Fähigkeit der natürlichen Umwelt produktionsbedingte Belastungen zu ertragen (vgl. Kapitel 1.1). So könnte erwünschten Hauptprodukten, die eine mit hohen Äquivalenzkoeffizienten gewichtete Umweltinanspruchnahme verursachen, auch entsprechend hohe Kostenanteile zugeordnet werden (vgl. die Ergebnisdiskussion von $(LP1)$ in Kapitel 1.2.4.2).

Unabhängig davon, ob die rechnerischen Stückherstellkosten mit dem Verfahren der Restwert- oder Verteilungsrechnung kalkuliert bzw. aus welchen Maßgrößen die Äquivalenzziffern – bei **einfacher** Kuppelproduktion – abgeleitet werden, entspricht der prozentuale umweltschutzbedingte Anteil der Stückherstellkosten dem prozentualen Anteil der umweltschutzbedingten Kosten an den verbundenen Kosten des Kuppelprozesses einer Stelle, d.h.

$$\frac{k_{uH_j}^{(p)}}{k_{pH_j}^{(p)} + k_{uH_j}^{(p)}} = \frac{\dfrac{K_{uH_i}^{(p)}}{\sum_{j=1}^{N} x_{ij}^{(p)}}}{\dfrac{K_{pH_i}^{(p)} + K_{uH_i}^{(p)}}{\sum_{j=1}^{N} x_{ij}^{(p)}}} = \frac{\dfrac{K_{uH_i}^{(p)}}{\sum_{j=1}^{N} x_{ij}^{(p)} \varphi_{ij}^{(p)}} \varphi_{ij}^{(p)}}{\dfrac{K_{pH_i}^{(p)} + K_{uH_i}^{(p)}}{\sum_{j=1}^{N} x_{ij}^{(p)} \varphi_{ij}^{(p)}} \varphi_{ij}^{(p)}}$$

$(j = 1, \ldots, N; i = 1, \ldots, M)$. – Bei Kalkulationsverfahren der **mehrfachen** Kuppelproduktion ergeben sich insbesondere bei der Bewertung marktpreisloser Zwischenprodukte Probleme. Eine Bewertung mit Verwertungsüberschüssen wird bei marktpreislosen Zwischenprodukten empfohlen, die im eigenen Unternehmen zu absatzbestimmten

Hauptprodukten verarbeitet werden. So kann der Verwertungsüberschuß des Zwischenprodukts ZP in Fertigung I aus dem Wert des absatzbestimmten Hauptprodukts $P2$ abgeleitet werden; er ergibt sich aus dem erzielbaren Verkaufspreis für $P2$ abzüglich der Kosten der Weiterverarbeitung (vgl. TILLMANN 1954, S. 159; RIEBEL 1970, Sp. 998). – Den Kuppelprodukten $P1$ und ZP sind variable prozeß- und umweltschutzbedingte Herstellkosten in Höhe von $K_{pH_{F_I}}^{(p)} + K_{uH_{F_I}}^{(p)} = 6050,22 + 3079,78 = 9130$ [GE/Periode] zuzuordnen (vgl. Tabelle 3.7). Nach KILGER ist zu berücksichtigen, daß Fertigung I ein Betrag in Höhe von $(k_{pH_Z}^{(p)} + k_{uH_Z}^{(p)})x_Z^*$ [GE/Periode] für die an Fertigung II gelieferte Menge des Zwischenprodukts ZP gutgeschrieben wird; die zu verteilenden Kosten des Kuppelprozesses in Fertigung I betrügen demnach $K_{pH_{F_I}}^{(p)} + K_{uH_{F_I}}^{(p)} - (k_{pH_Z}^{(p)} + k_{uH_Z}^{(p)})x_Z^* = 9130 - (k_{pH_Z}^{(p)} + k_{uH_Z}^{(p)})500$ (vgl. KILGER 1987, S. 368). Bei einer dieser Überlegung folgenden Vorgehensweise würden Kosten in zu geringem Umfang weiterverrechnet. Richtigerweise muß die gesamte variable Plankostensumme der Fertigung I verteilt werden.

Hauptprodukt $P1$ kann ohne weitere Bearbeitungsschritte verkauft werden; der Verwertungsüberschuß für $P1$ entspricht dem erzielbaren Verkaufspreis $p_1^{(p)} = 20,2$ [GE/PE_1]. Der Verwertungsüberschuß für ZP kann wie folgt ermittelt werden (vgl. u.a. KILGER 1987, S. 370ff.). Zwischenprodukt ZP wird in Fertigung II zu dem erwünschten Hauptprodukt $P2$ veredelt; bei Einsatz von $x_Z^* = 500$ [ZPE] entstehen $x_{P2}^* = 300$ [PE_2]; daraus resultieren Erlöse in Höhe von $p_2^{(p)}x_{P2}^* = 25,5 \cdot 300 = 7650$ [GE/Periode]. Die variablen prozeßbedingten Kosten der Weiterverarbeitung in Fertigung II entsprechen dem prozeßbedingten Anteil der sekundären Stromkosten, Kostenart 4911, und entstehen in Höhe von 1617,78 [GE/Periode]; die variablen umweltschutzbedingten Weiterverarbeitungskosten betragen 302,22 + 1360 = 1662,22 [GE/Periode] (vgl. Tabelle 3.8). Zudem fallen Beschaffungskosten für ZP in Höhe von $(k_{pH_Z}^{(p)} + k_{uH_Z}^{(p)})500$ [GE/Periode] an. Daraus resultiert ein Verwertungsüberschuß für ZP in Höhe von

$$7650 - \left(1617,78 + 1662,22 + (k_{pH_Z}^{(p)} + k_{uH_Z}^{(p)})500\right) = 4370 - (k_{pH_Z}^{(p)} + k_{uH_Z}^{(p)})500$$

in GE/Periode. Als Äquivalenzziffern werden die Verwertungsüberschüsse von $P1$ und ZP pro PE_1 bzw. ZPE verwendet; es sind $\varphi_{P1}^{(p)} = 20,2$ [GE/PE_1] und $\varphi_Z^{(p)} = 8,74 - (k_{pH_Z}^{(p)} + k_{uH_Z}^{(p)})$ [GE/ZPE]. Eingesetzt in die bereits bekannte Formel resultieren

$$\begin{aligned} k_{pH_Z}^{(p)} + k_{uH_Z}^{(p)} &= \frac{9130}{600\varphi_{P1}^{(p)} + 500\varphi_Z^{(p)}}\varphi_Z^{(p)} \\ &= \frac{9130}{16.490 - (k_{pH_Z}^{(p)} + k_{uH_Z}^{(p)})500}\left(8,74 - (k_{pH_Z}^{(p)} + k_{uH_Z}^{(p)})\right) \end{aligned}$$

$$\begin{aligned} k^{(p)}_{pH_{P1}} + k^{(p)}_{uH_{P1}} &= \frac{9130}{600\varphi^{(p)}_{P1} + 500\varphi^{(p)}_{Z}}\varphi^{(p)}_{P1} \\ &= \frac{9130}{16.490 - (k^{(p)}_{pH_Z} + k^{(p)}_{uH_Z})500}20,2. \end{aligned}$$

Für die Summe $(k^{(p)}_{pH_Z} + k^{(p)}_{uH_Z})$ ist eine quadratische Gleichung zu lösen. Eine erste Lösung $(k^{(p)}_{pH_Z} + k^{(p)}_{uH_Z}) = 47,9$ führt zu einem negativen Wert für $(k^{(p)}_{pH_{P1}} + k^{(p)}_{uH_{P1}})$ und ist somit ökonomisch nicht sinnvoll interpretierbar. Eine zweite Lösung, $(k^{(p)}_{pH_Z} + k^{(p)}_{uH_Z}) = 3,331$ $[GE/ZPE]$, führt zu $(k^{(p)}_{pH_{P1}} + k^{(p)}_{uH_{P1}}) = 12,44$ $[GE/PE_1]$. Die Summe aus variablen prozeß- und umweltschutzbedingten Herstellkosten für $P2$ ist als $(k^{(p)}_{pH_{P2}} + k^{(p)}_{uH_{P2}}) = \big(1617,78 + 1662,22 + (k^{(p)}_{pH_Z} + k^{(p)}_{uH_Z})500\big)/300 = 16,485$ $[GE/PE_2]$ bestimmbar.

Bei mehrfacher Kuppelproduktion und der Bewertung marktpreisloser Zwischenprodukte mit Verwertungsüberschüssen ist die einem Zwischenprodukt zugeordnete Äquivalenzziffer $\varphi^{(p)}_{Z}()$ eine Funktion in $(k^{(p)}_{pH_Z} + k^{(p)}_{uH_Z})$, so daß eine **eindeutige** Aufteilung in prozeßbedingte bzw. umweltschutzbedingte Stückherstellkosten nicht mehr möglich ist. Es ist $k^{(p)}_{pH_Z} + k^{(p)}_{uH_Z} = 3,331$ und $k^{(p)}_{uH_Z}/(k^{(p)}_{pH_Z} + k^{(p)}_{uH_Z}) = 0,3k^{(p)}_{uH_Z}$ für $0 \leqq k^{(p)}_{uH_Z} \leqq 3,331$.

Wird eine willkürliche Aufteilung gemäß

$$k^{(p)}_{uH_Z}/(k^{(p)}_{pH_Z} + k^{(p)}_{uH_Z}) = K^{(p)}_{uH_{F_I}}/(K^{(p)}_{pH_{F_I}} + K^{(p)}_{uH_{F_I}}) = 0,3373$$

vorgenommen, resultieren $k^{(p)}_{pH_Z} = 2,207$ $[GE/ZPE]$ und $k^{(p)}_{uH_Z} = 1,124$ $[GE/ZPE]$. Entsprechend könnten $k^{(p)}_{pH_{P1}}$ bzw. $k^{(p)}_{uH_{P1}}$ aus

$$k^{(p)}_{uH_{P1}}/(k^{(p)}_{pH_{P1}} + k^{(p)}_{uH_{P1}}) = K^{(p)}_{uH_{F_I}}/(K^{(p)}_{pH_{F_I}} + K^{(p)}_{uH_{F_I}}) = 0,3373$$

bestimmt werden; es sind $k^{(p)}_{pH_{P1}} = 8,244$ und $k^{(p)}_{uH_{P1}} = 4,196$ $[GE/PE_1]$. Damit ist auch eine Aufteilung der prozeß- bzw. umweltschutzbedingten Stückherstellkosten für $P2$ bestimmt; es sind $k^{(p)}_{pH_{P2}} = (1617,78 + 500k^{(p)}_{pH_Z})/300 = 9,07$ und $k^{(p)}_{uH_{P2}} = (1662,22 + 500k^{(p)}_{uH_Z})/300 = 7,414$ $[GE/PE_2]$. Die Selbstkosten für die erwünschten Hauptprodukte $P1$ und $P2$ betragen $(k^{(p)}_{pS_{P1}} + k^{(p)}_{uS_{P1}}) = (k^{(p)}_{pH_{P1}} + k^{(p)}_{uH_{P1}})1,1 = 13,68$ $[GE/PE_1]$ und $(k^{(p)}_{pS_{P2}} + k^{(p)}_{uS_{P2}}) = (k^{(p)}_{pH_{P2}} + k^{(p)}_{uH_{P2}})1,1 = 18,13$ $[GE/PE_2]$.

Wie bereits angeklungen ist, stellt die „verursachungsgemäße kalkulatorische Bestimmung der proportionalen Stückkosten für Kuppelprodukte eine unlösbare Aufgabe" dar (KILGER 1987, S. 355). In Kapitel 1.2.4.2 wurde bei der Bestimmung eines deckungsbeitragsmaximalen Produktionsprogramms und der Ableitung der damit verbundenen ökologischen Kosten ganz **auf den Ausweis produktindividueller Stückkosten**

verzichtet, da diese für die Planung und Kontrolle des Periodenerfolgs, also als Grundlage preispolitischer Entscheidungen, für die Bestimmung von Preisuntergrenzen oder die Steuerung von Verkaufsmengen, gänzlich ungeeignet sind; für die Zwecke der Bestandsbewertung werden hingegen produktindividuelle Stückkosten benötigt (vgl. KILGER 1987, S. 267 und S. 355). Im Rahmen der Erfolgsanalyse wird ebenso auf den Ausweis produktindividueller Stückkosten verzichtet werden (vgl. Kapitel 3.3.3).

Ein weiteres Problem bereitet die Aufteilung der Stückherstellkosten nach prozeß- bzw. umweltschutzbedingter Verursachung. Bei **einfacher** Kuppelproduktion entspricht der prozentuale umweltschutzbedingte Anteil der rechnerischen Stückherstellkosten dem prozentualen umweltschutzbedingten Anteil der Kuppelprozeßkosten. Im Falle **mehrfacher** Kuppelproduktion und der Verwendung von Verwertungsüberschüssen als Äquivalenzziffern ist eine eindeutige Aufteilung nicht möglich, da die erzielbaren Verkaufspreise nicht in eine prozeß- und eine umweltschutzbedingte Preiskomponente zerlegbar sind. Hilfsweise wurde deshalb eine Aufteilung der rechnerischen Stückherstellkosten in prozeß- bzw. umweltschutzbedingte Anteile entsprechend der Anteile der Kuppelprozeßkosten empfohlen, unabhängig davon, ob der Fall der einfachen oder der mehrfachen Kuppelproduktion gegeben ist.

3.3.2 Kalkulationsverfahren zum Ausweis der Kosten für den Umweltschutz

3.3.2.1 Ausweis von Gesamtkosten für den Umweltschutz

Eine Umweltschutzmaßnahme nimmt eine **Zwischenstellung** zwischen einer Kostenstelle und einem Kostenträger ein. Da ihre Einrichtung durch die Erstellung der erwünschten Produkte und der damit verbundenen Umweltinanspruchnahme bzw. Umweltbelastung erst erforderlich wird, hat sie den Charakter einer **sekundären Kostenstelle**. In Kapitel 3.2.2 werden reine Stellen zur Erfüllung prozeßbedingter Zwecke, Kostenstellen, und reine Stellen zur Erfüllung umweltschutzbedingter Zwecke, Umweltschutzstellen, unterschieden. Dabei wird keine Aussage über das Zusammenwirken von Umweltschutz**maßnahmen** und Umweltschutz**stellen** gemacht. – Zugleich muß aber die Erfolgswirksamkeit umweltschutzbezogener Maßnahmen beurteilt werden können, so daß eine Umweltschutzmaßnahme als Kalkulationsobjekt einer internen Umweltkostenrechnung **Kostenträgercharakter** hat. Die Aufgabe der Kalkulation betrieblicher Umweltschutzmaßnahmen besteht darin, die Kosten für den Umweltschutz den einzelnen Umweltschutzmaßnahmen nach dem **Verursachungsprinzip** zuzuordnen.

Zur Illustration wird zunächst der bereits in Kapitel 3.2.4.1 verwendete bewertete gerichtete Graph N_B (vgl. Abbildung 3.2) um Hauptkostenstelle Fertigung II (F_{II}) und eine fiktive (End-)Kostenstelle F_I' ergänzt. Im Unterschied zu N_B soll die Pfeilbewertung nicht dem Leistungsfluß, sondern dem Fluß der variablen Kosten – differenziert nach umweltschutzbedingter bzw. prozeßbedingter Verursachung – zwischen den Kostenstellen des Sekundär- sowie Primärbereichs und Umweltschutzstellen entsprechen (vgl. auch Tabellen 3.4 bis 3.8). Daraus resultierten zwei identische gerichtete Graphen, die sich hinsichtlich ihrer Pfeilbewertung unterscheiden. In Abbildung 3.3 werden beide bewertete gerichtete Graphen in einer **Darstellung** L_B zusammengefaßt; dabei wird der umweltschutzbedingte Kostenfluß mittels dicker gezeichneten Pfeilen, der prozeßbedingte Kostenfluß mittels dünner gezeichneten Pfeilen dargestellt. **Über** den die Kosten- und Umweltschutzstellen repräsentierenden Knoten sind jeweils die beschäftigungsproportionalen primären Kosten der Stellen abgetragen (vgl. auch Tabelle 3.2). Endkostenstelle F_I' empfängt die beschäftigungsproportionalen – umweltschutz- und prozeßbedingten – Kosten, die in der sekundären Kostenstelle F_I zur Erstellung der Produktionsmenge des erwünschten Hauptprodukts $P1$ aufgewendet werden.

Alle sekundären Kosten, die einer Umweltschutzstelle im Zuge der innerbetrieblichen Leistungsverrechnung belastet werden, sind grundsätzlich Kosten für den Umweltschutz; ebenso fallen die primären Kosten einer Umweltschutzstelle für die Zwecke des Umweltschutzes an. Alle Kosten, die eine Umweltschutzstelle im Rahmen der innerbetrieblichen Leistungsverrechnung abgibt, sind durch die Erfüllung von Umweltschutzaufgaben verursacht. Deshalb können ausschließlich dicker gezeichnete Pfeile in einen – eine Umweltschutzstelle repräsentierenden – Knoten führen sowie diesen verlassen. Lediglich zwischen Kostenstellen des Sekundär- sowie Primärbereichs können dünner gezeichnete Pfeile liegen. – Die Summe der Pfeilbewertungen der einen Knoten verlassenden Pfeile entspricht der Summe der Pfeilbewertungen aller in den Knoten hineinführenden Pfeile zuzüglich der beschäftigungsabhängigen primären Kosten der durch den Knoten repräsentierten Stelle. Alle Stellen des Sekundärbereichs geben ihre gesamten Kosten an andere Stellen des Sekundärbereichs und letztlich an Primärstellen ab.

Es bezeichnen

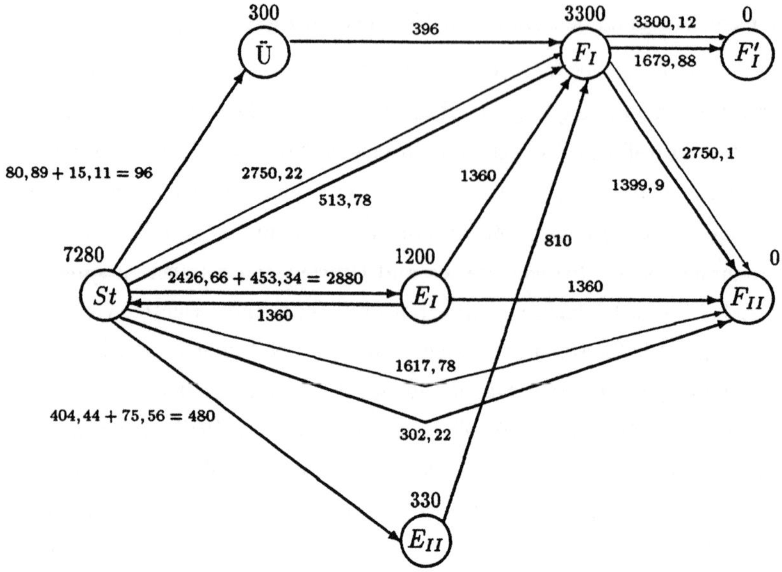

Abbildung 3.3: Fluß der beschäftigungsproportionalen Kosten zwischen Kostenstellen des Sekundär- sowie Primärbereichs und Umweltschutzstellen

$K_P^{(p)}$:= Summe der geplanten beschäftigungs**proportionalen** Gesamtkosten [GE/Periode],

$K_{P_U}^{(p)}$:= Summe der geplanten durch die **Erstellung der Beschäftigungsleistung** verursachten Kosten **für den Umweltschutz** [GE/Periode],

$K_{P_P}^{(p)}$:= Summe der geplanten durch die **Erstellung der Beschäftigungsleistung** verursachten **prozeßbedingten** Kosten [GE/Periode],

$K_F^{(p)}$:= Summe der geplanten beschäftigungs**fixen** Gesamtkosten [GE/Periode],

$K_{F_U}^{(p)}$:= Summe der geplanten durch die **Aufrechterhaltung der Betriebsbereitschaft** verursachten Kosten **für den Umweltschutz** [GE/Periode],

$K_{F_P}^{(p)}$:= Summe der geplanten durch die **Aufrechterhaltung der Betriebsbereitschaft** verursachten **prozeßbedingten** Kosten [GE/Periode],

$K_U^{(p)}$:= Summe der geplanten Kosten **für den Umweltschutz** [GE/Periode].

Die für eine Periode vorzugebenden Plankosten $K_U^{(p)}$ für den Umweltschutz setzen sich aus den primären Kosten der Umweltschutzstellen und den sekundären umweltschutzbedingten Kosten der Kosten- und Umweltschutzstellen zusammen. Um **Doppelerfassungen** zu vermeiden, wird in dieser Schrift vorgeschlagen, die Plankosten für den Umweltschutz bei den **Endkostenstellen** i ($i = 1, \ldots, M$), hier $i \in \{F_I', F_{II}\}$, zu erfassen. Eine Endkostenstelle ist unmittelbar mit der Erstellung der absatzbestimmten

Produktionsmengen der erwünschten Hauptprodukte betraut (vgl. BOMMES 1984, S. 312f.; Kapitel 3.4). Desweiteren sind – aus Sicht einer Kosten- bzw. Umweltschutzstelle – proportionale sowie fixe Kostenbestandteile in die Plankostensumme für den Umweltschutz einzubeziehen.

Die durch **Realisierung der geplanten Beschäftigungsleistung** bei Erstellung der erwünschten Hauptprodukte verursachten Kosten $K_{P_U}^{(p)}$ für den Umweltschutz setzen sich aus den von sekundären Kostenstellen und Umweltschutzstellen an Endkostenstellen gelieferten Beschäftigungsleistungen bewertet mit den umweltschutzbedingten Grenzkostenverrechnungssätzen zusammen, d.h.

$$K_{P_U}^{(p)} = \sum_{\nu=1}^{S_p} \sum_{i=1}^{M} r_{P_{\nu i}}^{(p)} g_{u_\nu}^{(p)} + \sum_{\nu=S_p+1}^{S} \sum_{i=1}^{M} r_{P_{\nu i}}^{(p)} g_{u_\nu}^{(p)}.$$

Entsprechend gilt für die Bestimmung der durch **Aufrechterhaltung der Betriebsbereitschaft** verursachten Kosten $K_{F_U}^{(p)}$ für den Umweltschutz

$$K_{F_U}^{(p)} = \sum_{\nu=1}^{S_p} \sum_{i=1}^{M} r_{\nu i}^{(p)} c_{u_\nu}^{(p)} + \sum_{\nu=S_p+1}^{S} \sum_{i=1}^{M} r_{\nu i}^{(p)} c_{u_\nu}^{(p)}.$$

Insgesamt ist die Summe der für eine Periode vorzugebenden Kosten für den Umweltschutz als

$$K_U^{(p)} = K_{P_U}^{(p)} + K_{F_U}^{(p)}$$

bestimmbar. Für die nachfolgenden Überlegungen wird – wie in Kapitel 3.2.4.2 bereits geschehen – unterstellt, daß die Planverbrauchsmenge $r_{\nu i}^{(p)}$ mit der beschäftigungsproportionalen Planverbrauchsmenge $r_{P_{\nu i}}^{(p)}$ $(\nu = 1, \ldots, S_p, S_p+1, \ldots, S; i = 1, \ldots, M)$ übereinstimmt.

Die geplanten beschäftigungsproportionalen Gesamtkosten $K_P^{(p)}$ einer (Plan-)Periode sind als Summe der beschäftigungsproportionalen **primären** Plankosten **aller** betrachteten Kosten- und Umweltschutzstellen bestimmbar, d.h.

$$K_P^{(p)} = \sum_{\nu=1}^{S_p} K_{P\,Pr_\nu}^{(p)} + \sum_{\nu=S_p+1}^{S} K_{P\,Pr_\nu}^{(p)} + \sum_{i=1}^{M} K_{P\,Pr_i}^{(p)}.$$

Die beschäftigungsproportionalen prozeßbedingten Plankosten $K_{P_P}^{(p)}$ können als Differenz von beschäftigungsproportionalen Gesamtkosten $K_P^{(p)}$ und Plankosten $K_{P_U}^{(p)}$ für den

Umweltschutz bestimmt werden, d.h.

$$
\begin{aligned}
K_{P_P}^{(p)} &= K_P^{(p)} - K_{P_U}^{(p)} \\
&= \sum_{\nu=1}^{S_p} K_{P\,Pr_\nu}^{(p)} + \sum_{\nu=S_p+1}^{S} K_{P\,Pr_\nu}^{(p)} + \sum_{i=1}^{M} K_{P\,Pr_i}^{(p)} \\
&\quad - \left(\sum_{\nu=1}^{S_p} \sum_{i=1}^{M} r_{P_{\nu i}}^{(p)} g_{u_\nu}^{(p)} + \sum_{\nu=S_p+1}^{S} \sum_{i=1}^{M} r_{P_{\nu i}}^{(p)} g_{u_\nu}^{(p)} \right).
\end{aligned}
$$

Im Rahmen der innerbetrieblichen Leistungsverrechnung wird die Summe der primären Kosten aller sekundären Kosten- und Umweltschutzstellen ν ($\nu = 1, \ldots, S_p, S_p + 1, \ldots, S$) auf leistungsempfangende Sekundärstellen und letztlich auf die leistungsempfangenden Primärstellen i ($i = 1, \ldots, M$) verteilt, so daß der folgende Zusammenhang gilt

$$
\sum_{\nu=1}^{S_p} K_{P\,Pr_\nu}^{(p)} + \sum_{\nu=S_p+1}^{S} K_{P\,Pr_\nu}^{(p)} = \sum_{\nu=1}^{S_p} \sum_{i=1}^{M} r_{P_{\nu i}}^{(p)} \left(g_{p_\nu}^{(p)} + g_{u_\nu}^{(p)}\right) + \sum_{\nu=S_p+1}^{S} \sum_{i=1}^{M} r_{P_{\nu i}}^{(p)} g_{u_\nu}^{(p)}.
$$

Demnach ist $K_{P_P}^{(p)}$ auch darstellbar als

$$
\begin{aligned}
K_{P_P}^{(p)} &= \sum_{\nu=1}^{S_p} \sum_{i=1}^{M} r_{P_{\nu i}}^{(p)} \left(g_{p_\nu}^{(p)} + g_{u_\nu}^{(p)}\right) + \sum_{\nu=S_p+1}^{S} \sum_{i=1}^{M} r_{P_{\nu i}}^{(p)} g_{u_\nu}^{(p)} + \sum_{i=1}^{M} K_{P\,Pr_i}^{(p)} \\
&\quad - \left(\sum_{\nu=1}^{S_p} \sum_{i=1}^{M} r_{P_{\nu i}}^{(p)} g_{u_\nu}^{(p)} + \sum_{\nu=S_p+1}^{S} \sum_{i=1}^{M} r_{P_{\nu i}}^{(p)} g_{u_\nu}^{(p)} \right) \\
&= \sum_{\nu=1}^{S_p} \sum_{i=1}^{M} r_{P_{\nu i}}^{(p)} g_{p_\nu}^{(p)} + \sum_{i=1}^{M} K_{P\,Pr_i}^{(p)}.
\end{aligned}
$$

Wie aus Abbildung 3.3 zu ersehen ist, wird Hauptkostenstelle F_{II} von den Hilfskostenstellen St sowie F_I und Umweltschutzstelle E_I beliefert. Endkostenstelle F_I' empfängt ausschließlich Kosten von Hilfskostenstelle F_I. Daraus ist die Summe der beschäftigungsabhängigen Plankosten für den Umweltschutz bestimmbar als $K_{P_U}^{(p)} = r_{P_{StF_{II}}}^{(p)} g_{u_{St}}^{(p)} + r_{P_{F_I F_{II}}}^{(p)} g_{u_{F_I}}^{(p)} + r_{P_{E_I F_{II}}}^{(p)} g_{u_{E_I}}^{(p)} + r_{P_{F_I F_I'}}^{(p)} g_{u_{F_I}}^{(p)} = 302{,}22 + 1399{,}9 + 1360 + 1679{,}88 = 4742$ [GE/Periode]. Die beschäftigungsproportionalen Gesamtkosten betragen $K_P^{(p)} = K_{P\,Pr_{St}}^{(p)} + K_{P\,Pr_{F_I}}^{(p)} + K_{P\,Pr_{\text{ü}}}^{(p)} + K_{P\,Pr_{E_I}}^{(p)} + K_{P\,Pr_{E_{II}}}^{(p)} + K_{P\,Pr_{F_{II}}}^{(p)} + K_{P\,Pr_{F_I'}}^{(p)} = 12.410$ [GE/Periode]. Die Summe der beschäftigungsproportionalen prozeßbedingten Plankosten ist ermittelbar als $K_{P_P}^{(p)} = K_P^{(p)} - K_{P_U}^{(p)} = r_{P_{StF_{II}}}^{p)} g_{p_{St}}^{(p)} + r_{P_{F_I F_{II}}}^{p)} g_{p_{F_I}}^{(p)} + r_{P_{F_I F_{I'}}}^{p)} g_{p_{F_I}}^{(p)} = 1617{,}78 + 2750{,}1 + 3300{,}12 = 7668$ [GE/Periode]. Bezogen auf die Summe der beschäftigungsproportionalen Gesamtkosten $K_P^{(p)}$ beträgt der Anteil der beschäftigungsproportionalen Kosten für den Umweltschutz $100 \cdot K_{P_U}^{(p)}/K_P^{(p)} = 100 \cdot 4742/12.410 = 38,21\%$.

Die Summe der beschäftigungsfixen Gesamtkosten $K_F^{(p)}$ ist als Summe der beschäftigungsfixen **primären** Plankosten **aller** betrachteten Stellen bestimmbar, d.h.

$$K_F^{(p)} = \sum_{\nu=1}^{S_p} K_{F\,Pr_\nu}^{(p)} + \sum_{\nu=S_p+1}^{S} K_{F\,Pr_\nu}^{(p)} + \sum_{i=1}^{M} K_{F\,Pr_i}^{(p)}.$$

Die beschäftigungsfixen prozeßbedingten Plankosten $K_{F_P}^{(p)}$ können aus der folgenden Bestimmungsgleichung ermittelt werden

$$K_{F_P}^{(p)} = \sum_{\nu=1}^{S_p} \sum_{i=1}^{M} r_{\nu i}^{(p)} c_{p_\nu}^{(p)} + \sum_{i=1}^{M} K_{F\,Pr_i}^{(p)}.$$

Aus dem Kostenstellenplan für Hilfsstelle F_I sind umweltschutzbedingte fixe Kosten in Höhe von 600 $[PE_1/\text{Periode}] \cdot c_{u_{F_I}}^{(p)}$ $[GE/PE_1] = 524,43$ $[GE/\text{Periode}]$ bestimmbar (vgl. Tabelle 3.7); dem Kostenstellenplan für Hauptkostenstelle F_{II} sind umweltschutzbedingte fixe Kosten in Höhe von 857,47 $[GE/\text{Periode}]$ unmittelbar entnehmbar (vgl. Tabelle 3.8); daraus resultieren durch Aufrechterhaltung der Betriebsbereitschaft verursachte Kosten für den Umweltschutz in Höhe von $K_{F_U}^{(p)} = 524,43 + 857,47 = 1381,9$ $[GE/\text{Periode}]$. Die beschäftigungsfixen Gesamtkosten betragen $K_F^{(p)} = K_{F\,Pr_{St}}^{(p)} + K_{F\,Pr_{F_I}}^{(p)} + K_{F\,Pr_{\ddot{u}}}^{(p)} + K_{F\,Pr_{E_I}}^{(p)} + K_{F\,Pr_{E_{II}}}^{(p)} + K_{F\,Pr_{F_{II}}}^{(p)} + K_{F\,Pr_{F_I'}}^{(p)} = 3152$ $[GE/\text{Periode}]$ (vgl. Abbildung 3.4 in Kapitel 3.3.3). Die Summe der beschäftigungsfixen prozeßbedingten Plankosten ist demnach als $K_{F_P}^{(p)} = K_F^{(p)} - K_{F_U}^{(p)} = r_{P_{St F_{II}}}^{p)} c_{p_{St}}^{(p)} + r_{P_{F_I F_{II}}}^{p)} c_{p_{F_I}}^{(p)} + r_{P_{F_I F_{I'}}}^{p)} c_{p_{F_I}}^{(p)} + K_{F\,Pr_{F_{II}}}^{(p)} = 211,56 + 387,97 + 465,57 + 705 = 1770,1$ $[GE/\text{Periode}]$ bestimmbar. Bezogen auf die Summe der beschäftigungsfixen Gesamtkosten beträgt der Anteil der fixen Kosten für den Umweltschutz $100 \cdot K_{F_U}^{(p)}/K_F^{(p)} = 100 \cdot 1381,9/3152 = 43,84\%$. Insgesamt können die Plankosten für den Umweltschutz mit $K_U^{(p)} = K_{P_U}^{(p)} + K_{F_U}^{(p)} = 4742 + 1381,9 = 6123,9$ $[GE/\text{Periode}]$ angegeben werden. Bezogen auf die Summe der – beschäftigungsproportionalen und -fixen – primären Kosten aller betrachteten Stellen beträgt der Anteil der Plankosten für den Umweltschutz $100 \cdot K_U^{(p)}/(K_P^{(p)} + K_F^{(p)}) = 100 \cdot 6123,9/(12.410 + 3152) = 39,35\%$.

In einer weiteren Form der Darstellung lassen sich die geplanten proportionalen Kosten $K_{P_U}^{(p)}$ für den Umweltschutz als Summe der beschäftigungsabhängigen primären Kosten aller Umweltschutzstellen zuzüglich der von Kostenstellen des Sekundärbereichs an

Umweltschutzstellen gelieferten Beschäftigungsleistungen bewertet mit dem prozeßbedingten Grenzkostenverrechnungssatz bestimmen, d.h.

$$K_{P_U}^{(p)} = \sum_{\nu=S_p+1}^{S} K_{P\,Pr_\nu}^{(p)} + \sum_{\nu=1}^{S_p} \sum_{\mu=S_p+1}^{S} r_{P_{\nu\mu}}^{(p)} g_{p_\nu}^{(p)}$$

(vgl. auch RENTZ 1979, S. 105). Entsprechend lassen sich die beschäftigungsfixen Kosten $K_{F_U}^{(p)}$ für den Umweltschutz bestimmen als

$$K_{F_U}^{(p)} = \sum_{\nu=S_p+1}^{S} K_{F\,Pr_\nu}^{(p)} + \sum_{\nu=1}^{S_p} \sum_{\mu=S_p+1}^{S} r_{\nu\mu}^{(p)} c_{p_\nu}^{(p)}.$$

Es sind $K_{P_U}^{(p)} = (K_{P\,Pr_{\ddot{u}}}^{(p)} + K_{P\,Pr_{E_I}}^{(p)} + K_{P\,Pr_{E_{II}}}^{(p)}) + (r_{P_{St\ddot{u}}}^{(p)} g_{p_{St}}^{(p)} + r_{P_{StE_I}}^{(p)} g_{p_{St}}^{(p)} + r_{P_{StE_{II}}}^{(p)} g_{p_{St}}^{(p)}) =$ $(300 + 1200 + 330) + (80,89 + 2426,66 + 404,44) = 4742$ $[GE/\text{Periode}]$ bzw. $K_{F_U}^{(p)} =$ $(K_{F\,Pr_{\ddot{u}}}^{(p)} + K_{F\,Pr_{E_I}}^{(p)} + K_{F\,Pr_{E_{II}}}^{(p)}) + (r_{P_{St\ddot{u}}}^{(p)} c_{p_{St}}^{(p)} + r_{P_{StE_I}}^{(p)} c_{p_{St}}^{(p)} + r_{P_{StE_{II}}}^{(p)} c_{p_{St}}^{(p)}) = (213,6 + 600 +$ $187,5) + (10,58 + 317,33 + 52,89) = 1381,9$ $[GE/\text{Periode}]$.

Als Ergebnis dieses Arbeitschrittes ist festzuhalten, daß die für eine (Plan-)Periode vorzugebende Kostensumme in eine Plankostensumme $K_U^{(p)}$ für den Umweltschutz und eine Plankostensumme $K_P^{(p)}$ zur Erfüllung prozeßbedingter Zwecke aufgelöst werden kann. Darüber hinaus ist eine Trennung der Kosten $K_U^{(p)}$ für den Umweltschutz in **Umweltschutzkosten**, die durch öffentliche Abgaben, durch Erfüllung gesetzlicher Umweltschutzauflagen oder auch durch Haftungsansprüche Dritter tendenziell verursachungsgerecht bzw. nicht verursachungsgerecht gemäß dem Gemeinlastprinzip internalisiert werden (vgl. Kapitel 1.2.4.1), und **ökologische Anderskosten**, die über die Umweltschutzkosten hinaus berücksichtigt werden, sofern die Verfolgung des Gewinnziels dadurch nicht beeinträchtigt wird (vgl. Kapitel 2.1.2), wünschenswert und sinnvoll (vgl. KLOOCK 1990a, S. 149). In den nachfolgenden Kapiteln wird die Plankostensumme $K_U^{(p)}$ für den Umweltschutz weiter zerlegt, mit dem Ziel eine höchstmögliche Transparenz der Kostenstruktur zu erreichen.

3.3.2.2 Ausweis von Primärkosten für den Umweltschutz

Zur Auflösung der Plankostensumme $K_U^{(p)}$ für den Umweltschutz wird die bisherige **stellenorientierte** Betrachtung durch eine **kostenartenorientierte** Betrachtung ergänzt.

Den nachfolgenden Überlegungen liegen die folgenden Plandaten zugrunde.

$q_l^{(p)}$:= Planpreis des primären Produktionsfaktors l $[GE/FE_l]$ $(l = 1, \ldots, L_{Pr})$,

$d_{l\tau}^{(p)}$:= beschäftigungsproportionaler Plandirektbedarf des primären Produktionsfaktors l in Stelle τ $[FE_l/vBGE_\tau]$ $(l = 1, \ldots, L_{Pr};$ $\tau = 1, \ldots, S_p, S_p + 1, \ldots, S, S + 1, \ldots, S + M)$,

$b_{l\tau}^{(p)}$:= beschäftigungsproportionaler Plangesamtbedarf des primären Produktionsfaktors l in Stelle τ $[FE_l/vBGE_\tau]$ $(l = 1, \ldots, L_{Pr};$ $\tau = 1, \ldots, S_p, S_p + 1, \ldots, S, S + 1, \ldots, S + M)$,

$K_{P\,Pr_{l\tau}}^{(p)}$:= beschäftigungsproportionale Plankosten der primären Kostenart l in Stelle τ $[GE/\text{Periode}]$ $(l = 1, \ldots, L_{Pr}; \tau = 1, \ldots, S_p, S_p + 1, \ldots, S, S + 1, \ldots, S + M)$,

$\delta_{p_{l\nu}}^{(p)}$:= (dezimaler) Anteil des beschäftigungsproportionalen Gesamtbedarfs des primären Produktionsfaktors l, der in der sekundären Kostenstelle ν **prozeßbedingt** verursacht ist $(l = 1, \ldots, L_{Pr}; \nu = 1, \ldots, S_p)$,

$\delta_{u_{l\nu}}^{(p)}$:= (dezimaler) Anteil des beschäftigungsproportionalen Gesamtbedarfs des primären Produktionsfaktors l, der in der sekundären Stelle ν **umweltschutzbedingt** verursacht ist $(l = 1, \ldots, L_{Pr}; \nu = 1, \ldots, S_p, S_p + 1, \ldots, S)$,

$d_{\nu\mu}^{(p)}$:= beschäftigungsproportionaler Plandirektbedarf des sekundären Produktionsfaktors ν in Stelle μ $[vBGE_\nu/vBGE_\mu]$ $(\nu, \mu = 1, \ldots, S_p, S_p + 1, \ldots, S)$,

$\alpha_{p_l}^{(p)}$:= (dezimaler) Anteil des Kostenbetrages der primären Kostenart l, der **zur Erfüllung prozeßbedingter Zwecke** aufgewendet wird $(l = 1, \ldots, L_{Pr})$,

$\alpha_{u_l}^{(p)}$:= (dezimaler) Anteil des Kostenbetrages der primären Kostenart l, der **Kosten für den Umweltschutz** darstellt $(l = 1, \ldots, L_{Pr})$.

Die beschäftigungsproportionalen primären Plankosten $K_{P\,Pr_\tau}^{(p)}$ einer Stelle τ lassen sich als Summe der beschäftigungsproportionalen primären Kostenartenbeträge $K_{P\,Pr_{l\tau}}^{(p)}$ $(l = 1, \ldots, L_{Pr})$ bestimmen, die in Stelle τ zur Erstellung der verwertbaren Planbeschäftigung $v_\tau^{(p)} B_\tau^{(p)}$ aufgewendet werden, d.h.

$$K_{P\,Pr_\tau}^{(p)} = \sum_{l=1}^{L_{Pr}} K_{P\,Pr_{l\tau}}^{(p)} = \sum_{l=1}^{L_{Pr}} q_l^{(p)} d_{l\tau}^{(p)} v_\tau^{(p)} B_\tau^{(p)}$$

$(\tau = 1, \ldots, S_p, S_p + 1, \ldots, S, S + 1, \ldots, S + M)$ (vgl. Kapitel 3.2.4.3, insb. Tabellen 3.4 bis 3.7). Die Summe der beschäftigungsproportionalen Gesamtkosten $K_P^{(p)}$ kann somit unmittelbar in primäre Kostenarten l $(l = 1, \ldots, L_{Pr})$ zerlegt werden, d.h.

$$\begin{aligned} K_P^{(p)} &= \sum_{l=1}^{L_{Pr}} \sum_{\nu=1}^{S_p} K_{P\,Pr_{l\nu}}^{(p)} + \sum_{l=1}^{L_{Pr}} \sum_{\nu=S_p+1}^{S} K_{P\,Pr_{l\nu}}^{(p)} + \sum_{l=1}^{L_{Pr}} \sum_{i=1}^{M} K_{P\,Pr_{li}}^{(p)} \\ &= \sum_{l=1}^{L_{Pr}} \sum_{\nu=1}^{S_p} q_l^{(p)} d_{l\nu}^{(p)} v_\nu^{(p)} B_\nu^{(p)} + \sum_{l=1}^{L_{Pr}} \sum_{\nu=S_p+1}^{S} q_l^{(p)} d_{l\nu}^{(p)} v_\nu^{(p)} B_\nu^{(p)} + \sum_{l=1}^{L_{Pr}} \sum_{i=1}^{M} q_l^{(p)} d_{li}^{(p)} v_i^{(p)} B_i^{(p)}. \end{aligned}$$

Um die beschäftigungsproportionale Plankostensumme einer sekundären Kostenstelle bzw. Umweltschutzstelle in primäre Kostenartenbeträge l zerlegen zu können, muß der beschäftigungsproportionale Gesamtbedarf $b_{l\nu}^{(p)}$ einer primären Kostenart l ($l = 1, \ldots, L_{P_r}$) in der sekundären Stelle ν ($\nu = 1, \ldots, S_p, S_p+1, \ldots, S$) bekannt sein. Es gilt

$$b_{l\nu}^{(p)} = d_{l\nu}^{(p)} + \sum_{\mu=1}^{S} b_{l\mu}^{(p)} d_{\mu\nu}^{(p)} \quad (\nu = 1, \ldots, S_p, S_p+1, \ldots, S)$$

(vgl. Anhang C, S. 194). Demnach kann die beschäftigungsproportionale Plankostensumme einer sekundären Stelle ν dargestellt werden als

$$\begin{aligned} \left(g_{p_\nu}^{(p)} + g_{u_\nu}^{(p)}\right)\left(v_\nu^{(p)} B_\nu^{(p)} - r_{P_{\nu\nu}}^{(p)}\right) &= \sum_{l=1}^{L_{P_r}} q_l^{(p)} b_{l\nu}^{(p)} \left(v_\nu^{(p)} B_\nu^{(p)} - r_{P_{\nu\nu}}^{(p)}\right) \quad (\nu = 1, \ldots, S_p) \\ g_{u_\nu}^{(p)}\left(v_\nu^{(p)} B_\nu^{(p)} - r_{P_{\nu\nu}}^{(p)}\right) &= \sum_{l=1}^{L_{P_r}} q_l^{(p)} b_{l\nu}^{(p)} \left(v_\nu^{(p)} B_\nu^{(p)} - r_{P_{\nu\nu}}^{(p)}\right) \quad (\nu = S_p+1, \ldots, S). \end{aligned}$$

Im Unterschied zu der in Kapitel 3.2.4 vorgeschlagenen Vorgehensweise kann der Grenzkostenverrechnungssatz einer sekundären Stelle ν aus der Bestimmungsgleichung

$$\begin{aligned} g_{p_\nu}^{(p)} + g_{u_\nu}^{(p)} &= \sum_{l=1}^{L_{P_r}} q_l^{(p)} b_{l\nu}^{(p)} \quad (\nu = 1, \ldots, S_p) \\ g_{u_\nu}^{(p)} &= \sum_{l=1}^{L_{P_r}} q_l^{(p)} b_{l\nu}^{(p)} \quad (\nu = S_p+1, \ldots, S) \end{aligned}$$

ermittelt werden. Zur weiteren Differenzierung muß in jeder sekundären Stelle festgehalten werden, ob ein Kostenbetrag einer primären Kostenart zur Erfüllung prozeßbedingter Zwecke oder für den Umweltschutz angefallen ist. In sekundären Kostenstellen ν sind alle primären Kostenarten l ($l = 1, \ldots, L_{P_r}$) und die prozeßbedingten Beschäftigungsleistungen der übrigen sekundären Kostenstellen μ durch die Erfüllung prozeßbedingter Zwecke verursacht, so daß der prozeßbedingte Anteil $\delta_{p_{l\nu}}^{(p)}$ am beschäftigungsproportionalen Gesamtbedarf des primären Produktionsfaktors l in der sekundären Kostenstelle ν der Bestimmungsgleichung

$$\delta_{p_{l\nu}}^{(p)} = \left(d_{l\nu}^{(p)} + \sum_{\mu=1}^{S_p} \delta_{p_{l\mu}}^{(p)} b_{l\mu}^{(p)} d_{\mu\nu}^{(p)}\right) / b_{l\nu}^{(p)} \quad \text{für } b_{l\nu}^{(p)} > 0$$

($l = 1, \ldots, L_{P_r}; \nu = 1, \ldots, S_p$) genügt. Zu den umweltschutzbedingt verursachten primären Kostenartenbeträgen in sekundären Kostenstellen ν zählen die umweltschutzbedingten Beschäftigungsleistungen der sekundären Kostenstellen μ ($\mu = 1, \ldots, S_p$) und alle von Umweltschutzstellen μ ($\mu = S_p+1, \ldots, S$) empfangenen Beschäftigungsleistungen. Der umweltschutzbedingte Anteil $\delta_{u_{l\nu}}^{(p)}$ am beschäftigungsproportionalen

Gesamtbedarf des primären Produktionsfaktors l in der sekundären Kostenstelle ν ist somit bestimmbar als

$$\delta_{u_{l\nu}}^{(p)} = \left(\sum_{\mu=1}^{S_p} \delta_{u_{l\mu}}^{(p)} b_{l\mu}^{(p)} d_{\mu\nu}^{(p)} + \sum_{\mu=S_p+1}^{S} \delta_{u_{l\mu}}^{(p)} b_{l\mu}^{(p)} d_{\mu\nu}^{(p)}\right) / b_{l\nu}^{(p)} \quad \text{für } b_{l\nu}^{(p)} > 0$$

$(l = 1,\ldots,L_{P_r}; \nu = 1,\ldots,S_p)$. Es ist $0 \leqq \delta_{p_{l\nu}}^{(p)} + \delta_{u_{l\nu}}^{(p)} \leqq 1$ $(l = 1,\ldots,L_{P_r}; \nu = 1,\ldots,S_p)$. Und da alle primären und sekundären Kosten einer Umweltschutzstelle ν grundsätzlich Kosten für den Umweltschutz sind, gilt stets $\delta_{u_{l\nu}}^{(p)} = 1$ für $b_{l\nu}^{(p)} > 0$ $(l = 1,\ldots,L_{P_r}; \nu = S_p+1,\ldots,S)$.

Der prozeß- bzw. umweltschutzbedingte Grenzkostenverrechnungssatz einer sekundären Stelle ν kann somit aus

$$g_{p_\nu}^{(p)} = \sum_{l=1}^{L_{P_r}} q_l^{(p)} \delta_{p_{l\nu}}^{(p)} b_{l\nu}^{(p)} \quad (\nu = 1,\ldots,S_p)$$
$$g_{u_\nu}^{(p)} = \sum_{l=1}^{L_{P_r}} q_l^{(p)} \delta_{u_{l\nu}}^{(p)} b_{l\nu}^{(p)} \quad (\nu = 1,\ldots,S_p, S_p+1,\ldots,S)$$

bestimmt werden. – Bei Verwendung der dargelegten Zusammenhänge kann die Summe der beschäftigungsproportionalen Plankosten $K_{P_U}^{(p)}$ für den Umweltschutz wie folgt in primäre Kostenarten l $(l = 1,\ldots,L_{P_r})$ zerlegt werden

$$\begin{aligned} K_{P_U}^{(p)} &= \sum_{\nu=1}^{S_p}\sum_{i=1}^{M} r_{P_{\nu i}}^{(p)} g_{u_\nu}^{(p)} + \sum_{\nu=S_p+1}^{S}\sum_{i=1}^{M} r_{P_{\nu i}}^{(p)} g_{u_\nu}^{(p)} \\ &= \sum_{l=1}^{L_{P_r}}\sum_{\nu=1}^{S_p}\sum_{i=1}^{M} q_l^{(p)} \delta_{u_{l\nu}}^{(p)} b_{l\nu}^{(p)} r_{P_{\nu i}}^{(p)} + \sum_{l=1}^{L_{P_r}}\sum_{\nu=S_p+1}^{S}\sum_{i=1}^{M} q_l^{(p)} b_{l\nu}^{(p)} r_{P_{\nu i}}^{(p)} \\ &= \sum_{l=1}^{L_{P_r}}\sum_{\nu=1}^{S_p}\sum_{i=1}^{M} q_l^{(p)} \delta_{u_{l\nu}}^{(p)} b_{l\nu}^{(p)} d_{\nu i}^{(p)} v_i^{(p)} B_i^{(p)} + \sum_{l=1}^{L_{P_r}}\sum_{\nu=S_p+1}^{S}\sum_{i=1}^{M} q_l^{(p)} b_{l\nu}^{(p)} d_{\nu i}^{(p)} v_i^{(p)} B_i^{(p)}. \end{aligned}$$

In der zweiten in Kapitel 3.3.2.1 vorgeschlagenen Darstellung von $K_{P_U}^{(p)}$ sind die beschäftigungsproportionalen primären Plankosten aller Umweltschutzstellen unmittelbar in primäre Kostenartenbeträge zerlegbar; die Zerlegung der von sekundären Kostenstellen ν $(\nu = 1,\ldots,S_p)$ an Umweltschutzstellen μ $(\mu = S_p+1,\ldots,S)$ gelieferten bewerteten Beschäftigungsleistungen in primäre Kostenartenbeträge kann entsprechend der vorab dargelegten Überlegungen erfolgen. Demnach kann $K_{P_U}^{(p)}$ auch dargestellt werden als

$$K_{P_U}^{(p)} = \sum_{l=1}^{L_{P_r}}\sum_{\nu=S_p+1}^{S} q_l^{(p)} d_{l\nu}^{(p)} v_\nu^{(p)} B_\nu^{(p)} + \sum_{l=1}^{L_{P_r}}\sum_{\nu=1}^{S_p}\sum_{\mu=S_p+1}^{S} q_l^{(p)} \delta_{p_{l\nu}}^{(p)} b_{l\nu}^{(p)} d_{\nu\mu}^{(p)} \left(v_\mu^{(p)} B_\mu^{(p)} - r_{P_{\mu\mu}}^{(p)}\right).$$

Danach kann die Summe der beschäftigungsproportionalen prozeßbedingten Plankosten $K_{P_P}^{(p)}$ wie folgt in primäre Kostenarten l ($l = 1, \ldots, L_{P_r}$) zerlegt werden

$$\begin{aligned} K_{P_P}^{(p)} &= K_P^{(p)} - K_{P_U}^{(p)} \\ &= \sum_{l=1}^{L_{P_r}} \sum_{\nu=1}^{S_p} q_l^{(p)} d_{l\nu}^{(p)} v_\nu^{(p)} B_\nu^{(p)} + \sum_{l=1}^{L_{P_r}} \sum_{\nu=S_p+1}^{S} q_l^{(p)} d_{l\nu}^{(p)} v_\nu^{(p)} B_\nu^{(p)} + \sum_{l=1}^{L_{P_r}} \sum_{i=1}^{M} q_l^{(p)} d_{li}^{(p)} v_i^{(p)} B_i^{(p)} \\ &\quad - \left(\sum_{l=1}^{L_{P_r}} \sum_{\nu=1}^{S_p} \sum_{i=1}^{M} q_l^{(p)} \delta_{u_{l\nu}}^{(p)} b_{l\nu}^{(p)} d_{\nu i}^{(p)} v_i^{(p)} B_i^{(p)} + \sum_{l=1}^{L_{P_r}} \sum_{\nu=S_p+1}^{S} \sum_{i=1}^{M} q_l^{(p)} b_{l\nu}^{(p)} d_{\nu i}^{(p)} v_i^{(p)} B_i^{(p)} \right) \\ &= \sum_{l=1}^{L_{P_r}} \sum_{\nu=1}^{S_p} q_l^{(p)} d_{l\nu}^{(p)} v_\nu^{(p)} B_\nu^{(p)} - \sum_{l=1}^{L_{P_r}} \sum_{\nu=1}^{S_p} \sum_{\mu=S_p+1}^{S} q_l^{(p)} \delta_{p_{l\nu}}^{(p)} b_{l\nu}^{(p)} d_{\nu\mu}^{(p)} \left(v_\mu^{(p)} B_\mu^{(p)} - r_{P_{\mu\mu}}^{(p)} \right) \\ &\quad + \sum_{l=1}^{L_{P_r}} \sum_{i=1}^{M} q_l^{(p)} d_{li}^{(p)} v_i^{(p)} B_i^{(p)}. \end{aligned}$$

In analoger Weise können die beschäftigungsfixen Plankosten $K_{F_U}^{(p)}$ für den Umweltschutz bzw. $K_{F_P}^{(p)}$ zur Erfüllung prozeßbedingter Zwecke in primäre Kostenarten l ($l = 1, \ldots, L_{P_r}$) zerlegt werden.

Durch die Zerlegung der beschäftigungsproportionalen Plankosten $K_{P_U}^{(p)}$ für den Umweltschutz bzw. $K_{P_P}^{(p)}$ für prozeßbedingte Zwecke in primäre Kostenartenbeträge l ($l = 1, \ldots, L_{P_r}$) wird es für jede primäre Kostenart und auch Kostenartengruppe möglich, den geplanten Kostenbetrag in einen für Umweltschutzzwecke bzw. für prozeßbedingte Zwecke verwendeten Anteil zu zerlegen. Diese Überlegung sei für den gewählten Beispielfall illustriert.

In die Stellenpläne des Kapitels 3.2.4.3 gehen beschäftigungsproportionale Kostenbeträge der Kostenarten 4001, 4120, 4124, 4125, 4201, 4219, 4301, 4315, 4502, 4801, 4909, 4910 ein (vgl. Tabellen 3.1 und 3.4 bis 3.7). Die aus den betrachteten Stellenplänen abgeleiteten Direktbedarfskoeffizienten $d_{l\nu}^{(p)}$ primärer Kostenarten l ($l = 4001, 4120, \ldots, 4909, 4910$) der sekundären Stellen ν ($\nu = St, F_I, \text{Ü}, E_I, E_{II}$) können Tabelle 3.10 in Anhang B entnommen werden. Die Gesamtbedarfskoeffizienten $b_{l\nu}^{(p)}$ primärer Kostenarten l ($l = 4001, 4120, \ldots, 4909, 4910$) der sekundären Stellen ν ($\nu =$

$St, F_I, \ddot{U}, E_I, E_{II}$) sind aus dem Gleichungssystem

$$\begin{array}{rclcccc}
b^{(p)}_{lSt} & = & d^{(p)}_{lSt} & & & + & 1/27 b^{(p)}_{lE_I} \\
b^{(p)}_{lF_I} & = & d^{(p)}_{lF_I} & + & 816/55 b^{(p)}_{lSt} & +2/55 b^{(p)}_{l\ddot{u}} & + \; 16/11 b^{(p)}_{lE_I} \; +15/11 b^{(p)}_{lE_{II}} \\
b^{(p)}_{l\ddot{u}} & = & d^{(p)}_{l\ddot{u}} & + & 12 b^{(p)}_{lSt} & & \\
b^{(p)}_{lE_I} & = & d^{(p)}_{lE_I} & + & 3 b^{(p)}_{lSt} & & \\
b^{(p)}_{lE_{II}} & = & d^{(p)}_{lE_{II}} & + & 8/5 b^{(p)}_{lSt} & &
\end{array}$$

bestimmbar und ebenfalls in Tabelle 3.10 zusammengefaßt. Aus obigem Gleichungssystem können die prozeßbedingten Anteile $\delta^{(p)}_{p_{l\nu}}$ bzw. umweltschutzbedingten Anteile $\delta^{(p)}_{u_{l\nu}}$ am beschäftigungsproportionalen Gesamtbedarf primärer Produktionsfaktoren l ($l = 4001, 4120, \ldots, 4909, 4910$) in sekundären Stellen ν ($\nu = St, F_I, \ddot{U}, E_I, E_{II}$) abgeleitet werden. Es sind

$$\delta^{(p)}_{p_{lSt}} = \begin{cases} d^{(p)}_{lSt}/b^{(p)}_{lSt} & : \; b^{(p)}_{lSt} > 0 \\ 0 & : \; \text{sonst} \end{cases}$$

$$\delta^{(p)}_{u_{lSt}} = \begin{cases} 1/9 + 1/27 d^{(p)}_{lE_I}/b^{(p)}_{lSt} & : \; b^{(p)}_{lSt} > 0 \\ 0 & : \; \text{sonst} \end{cases}$$

$$\delta^{(p)}_{p_{lF_I}} = \begin{cases} \left(d^{(p)}_{lF_I} + 816/55 d^{(p)}_{lSt}\right)/b^{(p)}_{lF_I} & : \; b^{(p)}_{lF_I} > 0 \\ 0 & : \; \text{sonst} \end{cases}$$

$$\delta^{(p)}_{u_{lF_I}} = \begin{cases} \left(1424/165 b^{(p)}_{lSt} + 2/55 d^{(p)}_{l\ddot{u}} + 992/495 d^{(p)}_{lE_I} + 15/11 d^{(p)}_{lE_{II}}\right)/b^{(p)}_{lF_I} & : \; b^{(p)}_{lF_I} > 0 \\ 0 & : \; \text{sonst} \end{cases}$$

$$\delta^{(p)}_{u_{l\nu}} = \begin{cases} 1 & : \; b^{(p)}_{l\nu} > 0 \\ 0 & : \; \text{sonst} \end{cases} \qquad (\nu = \ddot{U}, E_I, E_{II});$$

sie sind in Tabelle 3.11 in Anhang B zusammengefaßt.

Der Vektor der Planpreise $\mathbf{q}^{(p)} = \left(q^{(p)}_{4001}; q^{(p)}_{4120}; \ldots; q^{(p)}_{4909}; q^{(p)}_{4910}\right) = (0,5; 0,2; 0,36; 0,5; 150; 2,5; 16,87; 11; 16; 1; 16,87; 11)$ kann den betrachteten Stellenplänen entnommen werden (vgl. Tabellen 3.4 bis 3.7). Die in primäre Kostenartenbeträge zerlegten beschäftigungsproportionalen primären Plankosten $K^{(p)}_{P\,Pr_l}$ aller betrachteten Umweltschutzstellen ($l = 4001, 4120, \ldots, 4909, 4910$), sind in der zweiten Spalte der Tabelle 3.12 aufgeführt. Es ist $K^{(p)}_{P\,Pr_l} = q^{(p)}_l (40 d^{(p)}_{l\ddot{u}} + 4800 d^{(p)}_{lE_I} + 1500 d^{(p)}_{lE_{II}})$ ($l = 4001, 4120, \ldots, 4909, 4910$). Die

Umweltschutzstellen Ü, E_I und E_{II} werden ausschließlich von der sekundären Kostenstelle Stromerzeugung beliefert, so daß die den Umweltschutzstellen zu belastenden sekundären Plankosten $K^{(p)}_{P\,Se_l}$ wie folgt bestimmt werden können

$$\begin{aligned} K^{(p)}_{P\,Se_l} &= \sum_{\nu=1}^{S_p} \sum_{\mu=S_p+1}^{S} q_l^{(p)} \delta^{(p)}_{p_{l\nu}} b^{(p)}_{l\nu} d^{(p)}_{\nu\mu} \left(v^{(p)}_{\mu} B^{(p)}_{\mu} - r^{(p)}_{P_{\mu\mu}} \right) \\ &= q_l^{(p)} \delta^{(p)}_{p_{lSt}} b^{(p)}_{lSt} \left(d^{(p)}_{St\ddot{U}} v^{(p)}_{\ddot{U}} B^{(p)}_{\ddot{U}} + d^{(p)}_{StE_I} v^{(p)}_{E_I} B^{(p)}_{E_I} + d^{(p)}_{StE_{II}} v^{(p)}_{E_{II}} B^{(p)}_{E_{II}} \right) \\ &= q_l^{(p)} \delta^{(p)}_{p_{lSt}} b^{(p)}_{lSt} (12 \cdot 40 + 3 \cdot 4800 + 8/5 \cdot 1500) \\ &= 17.280 q_l^{(p)} \delta^{(p)}_{p_{lSt}} b^{(p)}_{lSt} \end{aligned}$$

($l = 4001, 4120, \ldots, 4909, 4910$); sie sind in der dritten Spalte von Tabelle 3.12 enthalten. Die vierte Spalte enthält die in primäre Kostenartenbeträge zerlegten beschäftigungsproportionalen Plankosten für den Umweltschutz und resultiert aus der zeilenweisen Addition der Werte der zweiten und dritten Spalte, d.h.

$$K^{(p)}_{P_{U_l}} = K^{(p)}_{P\,Pr_l} + K^{(p)}_{P\,Se_l} \quad (l = 4001, 4120, \ldots, 4909, 4910).$$

In der fünften Spalte von Tabelle 3.12 sind die in primäre Kostenartenbeträge aufgelösten beschäftigungsproportionalen prozeßbedingten Plankosten $K^{(p)}_{P_P}$ aufgeführt. Die sechste Spalte enthält die in primäre Kostenartenbeträge zerlegte Summe der beschäftigungsproportionalen Plankosten $K^{(p)}_P$.

Mit der Auflösung der beschäftigungsproportionalen Plankostensumme $K^{(p)}_{P_U}$ für den Umweltschutz bzw. $K^{(p)}_{P_P}$ zur Erfüllung prozeßbedingter Zwecke in primäre Kostenarten l ($l = 1, \ldots, L_{Pr}$) werden folgende Auswertungen möglich. Die Kostenbeträge der Kostenarten 4125, 4315 und 4910 sind in voller Höhe **Kosten für den Umweltschutz**, denn $100 \cdot K^{(p)}_{P_{U_l}} / K^{(p)}_{P_l} = 100\alpha^{(p)}_{u_l} = 100\%$ ($l = 4125, 4315, 4910$); ebenso werden die Kostenbeträge der Kostenarten 4001, 4301, 4909 in voller Höhe **zur Erfüllung prozeßbedingter Zwecke** aufgewendet, da $100 \cdot K^{(p)}_{P_{P_l}} / K^{(p)}_{P_l} = 100\alpha^{(p)}_{P_l} = 100\%$ ($l = 4001, 4301, 4909$) gilt. Die Beträge nahezu aller übrigen Kostenarten werden zum überwiegenden Teil durch die Erfüllung prozeßbedingter Zwecke verursacht, genauer: $100\alpha^{(p)}_P = 100\big(\alpha^{(p)}_{P4120}; \alpha^{(p)}_{P4124}; \alpha^{(p)}_{P4201}; \alpha^{(p)}_{P4219}; \alpha^{(p)}_{P4502}; \alpha^{(p)}_{P4801}\big) = \big(49\%; 88,235\%; 60\%; 60\%; 47,58\%; 60,49\%\big)$.

Darüber hinaus wird mit der Zerlegung der beschäftigungsproportionalen Plankosten $K^{(p)}_{P_U}$ bzw. $K^{(p)}_{P_P}$ in primäre Kostenarten l eine Transparenz der Kostenstruktur erreicht, so daß die Auswirkungen von **Änderungen der Faktorpreise** $q_l^{(p)}$ ($l = 1, \ldots, L_{Pr}$) und/oder der **Faktormengen** $d^{(p)}_{l\tau}$ ($l = 1, \ldots, L_{Pr}; \tau = 1, \ldots, S_p, S_p + 1, \ldots, S, S +$

l	$K_{P\,Pr_l}^{(p)}$	$K_{P\,Se_l}^{(p)}$	$K_{P_{U_l}}^{(p)}$	$K_{P_{P_l}}^{(p)}$	$K_{P_l}^{(p)}$
4001	–	–	–	480	480
4120	127	63,2	190,2	182,8	373
4124	2,88	–	2,88	21,6	24,48
4125	15,6	–	15,6	–	15,6
4201	–	2130	2130	3195	5325
4219	–	420	420	630	1050
4301	–	–	–	1012,2	1012,2
4315	567,2	–	567,2	–	567,2
4502	148,8	59,2	208	188,8	396,8
4801	543,12	239,6	782,72	1198,45	1981,17
4909	–	–	–	759,15	759,15
4910	425,4	–	425,4	–	425,41
$\sum$	1830	2912	4742	7668	12.410

Tabelle 3.12: Kostenartenweise Zerlegung der beschäftigungsproportionalen prozeß- bzw. umweltschutzbedingten Plankostensumme

$1, \ldots, S + M$), ersichtlich wird, ohne daß ein Neuaufwurf der Kostenplanung erforderlich wäre (vgl. MÜLLER 1980, S. 202f.; LACKES 1989, S. 205). So läßt etwa eine Preisänderung des in Fertigung I verwendeten Rohstoffs R, Kostenart 4001, die beschäftigungsproportionalen Plankosten $K_{P_U}^{(p)}$ für den Umweltschutz unberührt. Eine Verfahrensänderung, die in der sekundären Kostenstelle Stromerzeugung zu einer Brennstoffeinsparung ($l = 4201$) in Höhe von 10% führt, bewirkt eine Verringerung der beschäftigungsproportionalen Plankosten für den Umweltschutz um 213 [GE/Periode]; das entspricht einer Verringerung um 4,49%.

Mit einer Kombination aus kostenstellen- und kostenartenorientierter Betrachtung können wie gezeigt lediglich Bündel von Umweltschutzmaßnahmen beurteilt werden. Zur Bestimmung der Kosten für (ein Bündel von) Maßnahmen der Emissionsminderung vgl. auch HEMPELMANN 1982, S. 182ff. Eine exakte Zurechnung der Kosten für den Umweltschutz auf einzelne Umweltschutzmaßnahmen gelingt damit nur näherungsweise. Ergänzend muß eine **kostenträgerorientierte** Betrachtung hinzukommen.

3.3.2.3 Ausweis der Kosten von Umweltschutzmaßnahmen

Eine **kostenträgerorientierte** Betrachtung verlangt genaue Kenntnis des Zusammenspiels von Umweltschutz**stellen** und Umweltschutz**maßnahmen**. Grundsätzlich kann eine Umweltschutzmaßnahme durch das Zusammenwirken mehrerer Umweltschutzstellen erfüllt werden, umgekehrt kann eine Umweltschutzstelle aber auch mit der Erfüllung mehrerer Umweltschutzmaßnahmen betraut sein. Dies stellt aber kein typisches kostenrechnerisches Problem dar, sondern muß durch die Wahl einer geeigneten Kosten- und Umweltschutzstellenstruktur und die Zuordnung zu einzelnen Umweltschutzmaßnahmen vorab gelöst werden (vgl. Kapitel 3.2.2).

Mit der Umweltschutzmaßnahme des **Recycling** des verwertbaren Nebenprodukts $NP1$ durch Überarbeitung und Wiederverwendung als rezyklierter Rohstoff R in Fertigung I ist Umweltschutzstelle Ü betraut (vgl. Abbildung 1.7). Die beschäftigungsproportionalen Kosten $K_{P_R}^{(p)}$ dieser Recyclingmaßnahme setzen sich aus den primären und sekundären Kosten der Umweltschutzstelle Ü abzüglich der in Fertigung I erzielbaren **Rohstoffpreisersparnis** zusammen, d.h.

$$K_{P_R}^{(p)} = \sum_{l=1}^{L_{P_r}} q_l^{(p)} d_{l\text{ü}}^{(p)} v_{\text{ü}}^{(p)} B_{\text{ü}}^{(p)} + \sum_{l=1}^{L_{P_r}} q_l^{(p)} \delta_{p_l St}^{(p)} b_{lSt}^{(p)} d_{St\text{ü}}^{(p)} v_{\text{ü}}^{(p)} B_{\text{ü}}^{(p)} - q_{4001}^{(p)} (0,5 - d_{4001 F_I}^{(p)}) v_{F_I}^{(p)} B_{F_I}^{(p)}$$

(vgl. die Strukturbedingungen *(2)* und *(3)* von $(LP1)$, S. 41; Tabelle 3.7). Die beschäftigungsfixen Kosten $K_{F_R}^{(p)}$ der Recyclingmaßnahme sind in analoger Weise bestimmbar. Insgesamt sind die für eine (Plan-)Periode vorzugebenden Kosten $K_R^{(p)}$ dieser Umweltschutzmaßnahme als $K_R^{(p)} = K_{P_R}^{(p)} + K_{F_R}^{(p)}$ ermittelbar. Eine Zerlegung der Plankostensumme $K_R^{(p)}$ in primäre Kostenarten l $(l = 1, \ldots, L_{P_r})$ ist in Tabelle 3.13 aufgeführt.

Mit der Umweltschutzmaßnahme der **Entsorgung**, genauer der Umwandlung der nicht verwertbaren Nebenprodukte $NP2$, $NP3$ und $NP4$ in die natürliche Umwelt weniger belastende Rückstände, ist Umweltschutzstelle Entsorgung betraut (vgl. Abbildung 1.7). Die beschäftigungsproportionalen Kosten $K_{P_E}^{p)}$ der Entsorgungsmaßnahme genügen der Bestimmungsgleichung

$$\begin{aligned} K_{P_E}^{(p)} &= \sum_{l=1}^{L_{P_r}} q_l^{(p)} \left(d_{lE_I}^{(p)} v_{E_I}^{(p)} B_{E_I}^{(p)} + d_{lE_{II}}^{(p)} v_{E_{II}}^{(p)} B_{E_{II}}^{(p)} \right) \\ &\quad + \sum_{l=1}^{L_{P_r}} q_l^{(p)} \delta_{p_l St}^{(p)} b_{lSt}^{(p)} \left(d_{StE_I}^{(p)} v_{E_I}^{(p)} B_{E_I}^{(p)} + d_{StE_{II}}^{(p)} v_{E_{II}}^{(p)} B_{E_{II}}^{(p)} \right). \end{aligned}$$

In analoger Weise sind die beschäftigungsfixen Kosten $K_{F_E}^{(p)}$ der Entsorgung bestimmbar; die für eine Periode vorzugebenden Entsorgungskosten sind aus $K_E^{(p)} = K_{P_E}^{(p)} + K_{F_E}^{(p)}$

l	$K_{P_{R_l}}^{(p)}$	$K_{F_{R_l}}^{(p)}$	$K_{R_l}^{(p)}$	$K_{P_{E_l}}^{(p)}$	$K_{F_{E_l}}^{(p)}$	$K_{E_l}^{(p)}$	$K_{U_l}^{(p)}$
4001	−20	–	−20	–	–	–	–
4120	13,76	6,11	19,87	176,44	33,89	210,33	230,2
4123	–	0,5	0,5	–	17,5	17,5	18
4124	2,88	0,72	3,6	–	–	–	3,6
4125	–	–	–	15,6	12,65	28,25	28,25
4201	59,17	–	59,17	2070,83	–	2070,83	2130
4219	11,67	0,67	12,34	408,33	23,33	431,66	444
4301	–	–	–	–	–	–	–
4315	70,4	20,04	90,44	496,8	149,76	646,56	737
4502	50,44	97,34	147,78	157,56	64,66	222,22	370
4600	–	0,44	0,44	–	65,56	65,56	66
4801	119,78	37,32	157,1	662,94	184,56	847,5	1004,6
4802	–	12,67	12,67	–	95,23	95,23	107,9
4901	–	3,33	3,33	–	116,67	116,67	120
4902	–	30	30	–	–	–	30
4903	–	–	–	–	281,6	281,6	281,6
4909	–	–	–	–	–	–	–
4910	52,8	15,03	67,83	372,6	112,32	484,92	552,75
$\sum$	360,9	224,17	585,07	4361,1	1157,73	5518,83	6123,9

Tabelle 3.13: Kostenartenweise Zerlegung von Recycling-, Entsorgungs- und Kosten des Umweltschutzes

bestimmbar. Eine Zerlegung der Entsorgungskosten $K_E^{(p)}$ in primäre Kostenartenbeträge l ($l = 1, \ldots, L_{P_r}$) ist Tabelle 3.13 entnehmbar.

Nachdem die Plankosten $K_U^{(p)}$ für den Umweltschutz einzelnen Umweltschutzmaßnahmen verursachungsgerecht zugeordnet sind, ist eine Gegenüberstellung der für eine (Plan-)Periode vorzugebenden Recycling- und Entsorgungskosten möglich. Aus Tabelle 3.13 ist zu ersehen, daß die Entsorgungskosten $K_E^{(p)}$ etwa das Neunfache der Kosten $K_R^{(p)}$ für Recycling ausmachen. Durch die Auflösung der Maßnahmekosten des Recycling $K_R^{(p)}$ bzw. der Entsorgung $K_E^{(p)}$ in primäre Kostenarten l ($l = 1, \ldots, L_{P_r}$) wird die Kostenstruktur transparent, und Wirkungen von Faktorpreisänderungen und/oder Faktormengenänderungen auf die Kosten einzelner Umweltschutzmaßnahmen können unmittelbar erkannt werden (vgl. auch Kapitel 3.3.2.2). So bewirkt etwa eine Preiserhöhung des in Fertigung I eingesetzten Rohstoffs R, Kostenart 4001, um 5% eine Senkung der Recyclingkosten $K_R^{(p)}$ um 0,17%.

RENTZ weist zurecht auf mögliche Interdependenzen zwischen Umweltschutzmaßnahmen hin (vgl. RENTZ 1979, S. 89). Die Verbrennung betrieblicher Abfälle kann die Einrichtung einer Rauchgasentschwefelung erforderlich machen, diese kann zu einer Salzbelastung des Wassers führen, die ordnungsgemäß zu beseitigen ist (vgl. ROTH 1992, S. 138). Die Kalkulation **additiver Umweltschutzmaßnahmen** scheint mittels der beschriebenen Vorgehensweise unproblematisch; Zurechnungsprobleme treten bei **Maßnahmen des integrierten Umweltschutzes** auf, wenn etwa Opportunitätskosten des Verzichts auf bzw. der Vermeidung von Umweltbelastungen bestimmt werden sollen (vgl. auch ROTH 1992, S. 139f.). Insgesamt sind die in der Literatur genannten Erfassungs- und Verrechnungsprobleme (vgl. u.a. Betriebswirtschaftlicher Ausschuß des Verbandes der Chemischen Industrie e.V. 1973, S. 2055ff.; FLEISCHMANN/PAUDTKE 1977, S. III-7, 14 und S. III-7, 16f.; RENTZ 1979, S. 89ff.; HEIGL 1981, Sp. 1596f.) mit der geschilderten Vorgehensweise grundsätzlich lösbar (vgl. auch KLOOCK 1990a, S. 149).

Bei der von RENTZ entwickelten „quantitativen Erfassungsmethode für direkt und indirekt emissionsminderungsinduzierte Kosten bei Vermeidung leistungsverflechtungsbedingter Doppelerfassungen“ (RENTZ 1979, S. 93) wird **im Rahmen der innerbetrieblichen Leistungsverrechnung** sowohl das Mengen- als auch das Preisgerüst nach prozeß- bzw. umweltschutzbedingter Verursachung unterschieden. Eine Differenzierung des Mengengerüsts ist – im Gegensatz zu der in dieser Schrift dargestellten Vorgehensweise – infolge des Zulassens von **gemischten Kostenstellen** (vgl. Kapitel 3.2.2) erforderlich. Nach Bestimmung der Verrechnungspreise für Leistungen der Kostenstellen **ohne** und **einschließlich der** Emissionsminderungsanteile (vgl. RENTZ 1979, S. 95ff.) werden mittels einer kostenstellen-, kostenarten- sowie kostenträgerorientierten Betrachtung die für eine Periode vorzugebenden Gesamtkosten der Emissionsminderung bestimmt (vgl. RENTZ 1979, S. 105f.). Die von ROTH angeführte Kritik an dieser Vorgehensweise muß daher als verfehlt bezeichnet werden (vgl. ROTH 1992, S. 129f.).

Im Rahmen der Kostenträger**stück**rechnung sind Kalkulationsverfahren zum Ausweis der Herstellkosten erwünschter Zwischenprodukte bzw. der Selbstkosten erwünschter Hauptprodukte und Kalkulationsverfahren zum Ausweis der Kosten für den Umweltschutz und von einzelnen Umweltschutzmaßnahmen diskutiert worden. Im nachfolgenden Kostenrechnungsteilsystem der Kostenträger**zeit**rechnung wird aufbauend auf den bisher gewonnenen Ergebnissen eine **mehrstufige Umweltdeckungsbeitragsrechnung** konzipiert werden.

3.3.3 Mehrstufige Umweltdeckungsbeitragsrechnung

In einer Grenzplankostenrechnung werden die beschäftigungsfixen Kosten nicht auf die erwünschten Zwischen- und Hauptprodukte verrechnet. „Die Fixkosten haben ihre eigentliche Ursache in dem Bestehen einer Betriebsstruktur, die zur Erstellung eines bestimmten Leistungsumfangs errichtet wurde. Sie können deshalb immer nur zu einer Gesamtheit von Betriebsleistungen, nicht aber zu einer einzelnen Leistungseinheit in Beziehung gesetzt werden“ (AGTHE 1959, S. 405). Im Rahmen einer **einstufigen** Grenzplankosten- und Deckungsbeitragsrechnung werden die fixen Kosten als ungeteilter Kostenblock aus der Kostenstellenrechnung in die kurzfristige Erfolgsrechnung übernommen und den Deckungsbeiträgen gegenübergestellt. Wird die kurzfristige Erfolgsplanung durch eine **stufenweise Fixkostendeckungsrechnung** ergänzt, spricht man von einer **mehrstufigen** Grenzplankosten- und Deckungsbeitragsrechnung (vgl. KILGER 1981, S. 98). Dabei können neben den beschäftigungsproportionalen auch die beschäftigungsfixen Kosten nach umweltschutz- bzw. prozeßbedingter Verursachung differenziert werden, so daß nach KLOOCK von einer **internen mehrstufigen Umweltdeckungsbeitragsrechnung** gesprochen werden kann (vgl. KLOOCK 1990a, S. 149 und 1990b, S. 17).

Die Zielsetzung einer mehrstufigen Deckungsbeitragsrechnung ist einerseits in der Sichtbarmachung der Kostentragfähigkeit eines jeden Produktes zu sehen; daher wird mit Grenzkosten und Deckungsbeiträgen gerechnet. Andererseits soll eine wesensgerechte Behandlung der Fixkosten erreicht werden, d.h., die fixen Kosten sollen den Erzeugnissen, Gruppen von Erzeugnissen, Stellen und Bereichen zugerechnet werden, die ihre Entstehung verursacht haben (vgl. MELLEROWICZ 1977, S. 169). „Die Gleichbehandlung aller Fixkosten, also etwa die Kosten des Pförtners oder der Direktion mit den durch den Einsatz einer Spezialmaschine für nur eine bestimmte Produktart entstehenden Fixkosten, ist wenig sinnvoll, ...“ (MELLEROWICZ 1977, S. 169). Aus den Ergebnissen der stufenweisen Fixkostendeckungsrechnung soll im Hinblick auf die **Analyse des Leistungserfolgs der Kostenrechnung** erkennbar werden, „bis zu welcher ‘Produktionstiefe’ die Deckungsbeiträge der betrieblichen Erzeugnisse zur Fixkostendeckung ausreichen“ (KILGER 1981, S. 99).

Die Vorgehensweise einer stufenweisen Fixkostendeckungsrechnung besteht in einer möglichst weitgehenden Aufspaltung des gesamten Fixkostenblocks in verschiedene Fixkostenschichten, die sich in ihrer Erzeugnisnähe unterscheiden (vgl. u.a. AGTHE 1959, S. 407; KILGER 1987, S. 416f.). Bei der Aufspaltung des gesamten Fixkostenblocks werden üblicherweise die Fixkostenkategorien: Erzeugnis-, Erzeugnisgruppen-, Bereichs- und Unternehmensfixkosten unterschieden (vgl. u.a. AGTHE 1959, S. 407ff.; MELLEROWICZ 1977, S. 171ff.; KILGER 1981, S. 98f.; SEICHT 1981, S. 177f.). Die Durchführung einer stufenweisen Fixkostendeckungsrechnung setzt die Erfassung der fixen Kosten in denjenigen Kosten- und Umweltschutzstellen voraus, in denen sie als beschäftigungsfixe **primäre** Plankosten ausgewiesen sind (vgl. SEICHT 1981, S. 177).

Der gesamte Fixkostenblock $K_F^{(p)}$ setzt sich – wie in Kapitel 3.3.2.1 bereits dargelegt – additiv aus den beschäftigungsfixen **primären** Plankosten aller sekundären Kostenstellen, Umweltschutzstellen und Hauptkostenstellen zusammen, d.h.

$$K_F^{(p)} = \sum_{\nu=1}^{S_p} K_{F\,Pr_\nu}^{(p)} + \sum_{\nu=S_p+1}^{S} K_{F\,Pr_\nu}^{(p)} + \sum_{i=1}^{M} K_{F\,Pr_i}^{(p)}.$$

In einem ersten Schritt wird $K_F^{(p)}$ in zwei Fixkostenblöcke, die sich hinsichtlich ihrer umweltschutzbedingten bzw. prozeßbedingten Verursachung unterscheiden, zerlegt; dazu sind weitere Informationen aus der Kostenstellenrechnung erforderlich. In Kapitel 3.3.2.1 wurden die **beschäftigungsfixen Kosten $K_{F_U}^{(p)}$ für den Umweltschutz** durch

$$K_{F_U}^{(p)} = \sum_{\nu=S_p+1}^{S} K_{F\,Pr_\nu}^{(p)} + \sum_{\nu=1}^{S_p} \sum_{\nu=S_p+1}^{S} r_{\nu\mu}^{(p)} c_{p_\nu}^{(p)}$$

beschrieben. Die **beschäftigungsfixen prozeßbedingten Kosten $K_{F_P}^{(p)}$** sind als Summe der beschäftigungsfixen primären Plankosten der Hauptkostenstellen i ($i = 1, \ldots, M$) zuzüglich der von sekundären Kostenstellen ν ($\nu = 1, \ldots, S_p$) an Hauptkostenstellen gelieferten Bereitschaftsleistungen bewertet mit dem prozeßbedingten Fixkostenverrechnungssatz bestimmbar, d.h.

$$K_{F_P}^{(p)} = \sum_{i=1}^{M} K_{F\,Pr_i}^{(p)} + \sum_{\nu=1}^{S_p} \sum_{i=1}^{M} r_{\nu i}^{(p)} c_{p_\nu}^{(p)}.$$

Für das betrachtete Beispiel läßt sich der aus der sekundären Fixkostenverteilung resultierende Kostenfluß zwischen Kosten- und Umweltschutzstellen aus Abbildung 3.4 ersehen. Der gesamte Fixkostenblock ist danach angebbar als $K_F^{(p)} = (K_{F\,Pr_{St}}^{(p)} + K_{F\,Pr_{F_I}}^{(p)}) +$

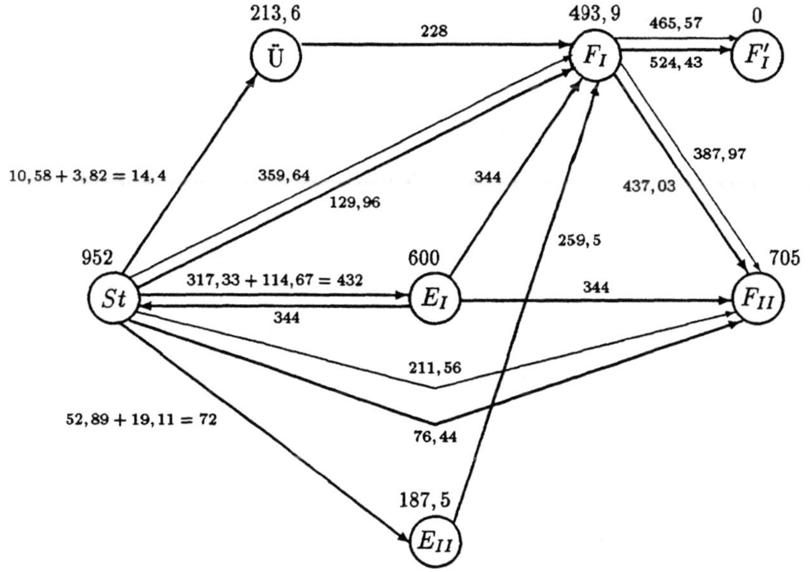

Abbildung 3.4: Fluß der beschäftigungsfixen Kosten zwischen Kostenstellen des Sekundär- sowie Primärbereichs und Umweltschutzstellen

$(K_{F\,Pr_{\ddot{U}}}^{(p)} + K_{F\,Pr_{E_I}}^{(p)} + K_{F\,Pr_{E_{II}}}^{(p)}) + (K_{F\,Pr_{F_{II}}}^{(p)} + K_{F\,Pr_{F'_I}}^{(p)}) = (952 + 493,9) + (213,6 + 600 + 187,5) + (705 + 0) = 3152$ $[GE/\text{Periode}]$. Die beschäftigungsfixen Kosten für den Umweltschutz betragen $K_{F_U}^{(p)} = (K_{F\,Pr_{\ddot{U}}}^{(p)} + K_{F\,Pr_{E_I}}^{(p)} + K_{F\,Pr_{E_{II}}}^{(p)}) + (r_{P_{St\ddot{U}}}^{(p)} c_{pSt}^{(p)} + r_{P_{StE_I}}^{(p)} c_{pSt}^{(p)} + r_{P_{StE_{II}}}^{(p)} c_{pSt}^{(p)}) = (213,6 + 600 + 187,5) + (10,58 + 317,33 + 52,89) = 1381,9$ $[GE/\text{Periode}]$; die beschäftigungsfixen prozeßbedingten Kosten sind in Höhe von $K_{F_P}^{(p)} = (K_{F\,Pr_{F_{II}}}^{(p)} + K_{F\,Pr_{F'_I}}^{(p)}) + (r_{P_{StF_{II}}}^{(p)} c_{pSt}^{(p)} + r_{P_{F_IF_{II}}}^{(p)} c_{pF_I}^{(p)} + r_{P_{F_IF'_I}}^{(p)} c_{pF_I}^{(p)}) = (705 + 0) + (211,56 + 387,97 + 465,57) = 1770,1$ $[GE/\text{Periode}]$ anzugeben. In einem zweiten Schritt soll eine Einordnung in die genannten Fixkostenkategorien erfolgen.

Erzeugnisfixkosten sind durch Erstellung und Verwertung einer Erzeugnisart verursacht und können dieser Erzeugnisart auch direkt zugerechnet werden (vgl. AGTHE 1959, S. 406; MELLEROWICZ 1977, S. 171). Da in Hauptkostenstelle Fertigung II ausschließlich Zwischenprodukt ZP zum erwünschten Hauptprodukt $P2$ veredelt wird, können die beschäftigungsfixen **primären** Plankosten, $K_{F\,Pr_{F_{II}}}^{(p)} = 705$ $[GE/\text{Periode}]$, der Planproduktionsmenge von $P2$, $x^*_{P2} = 300$ $[PE_2/\text{Periode}]$, direkt zugeordnet werden; sie fallen in voller Höhe **prozeßbedingt** an.

Erzeugnisgruppenfixkosten sind nicht einer bestimmten Erzeugnisart zuordenbar, sondern durch eine bestimmte Erzeugnisgruppe bedingt (vgl. AGTHE 1959, S. 408; MELLEROWICZ 1977, S. 172). In der Hilfkostenstelle Fertigung I entstehen in einem Prozeß der starren Kuppelproduktion das erwünschte Hauptprodukt $P1$ und das erwünschte Zwischenprodukt ZP, das in der darauffolgenden Fertigungsstufe zum erwünschten Hauptprodukt $P2$ veredelt wird. In den beschäftigungsfixen prozeßbedingten Kosten $K^{(p)}_{F_P}$ sind die von der sekundären Kostenstelle Fertigung I an Hauptkostenstelle Fertigung II sowie an die fiktive Kostenstelle F'_I abgegebenen prozeßbedingten sekundären Fixkosten enthalten; diese entsprechen in ihrer Höhe den beschäftigungsfixen primären Kosten der Sekundärstelle Fertigung I zuzüglich der von der Hilfsstelle Stromerzeugung erhaltenen prozeßbedingten sekundären Fixkosten, d.h. $r^{(p)}_{P_{F_I F_{II}}} c^{(p)}_{pF_I} + r^{(p)}_{P_{F_I F'_I}} c^{(p)}_{pF_I} = K^{(p)}_{F\,Pr_{F_I}} + r^{(p)}_{P_{StF_I}} c^{(p)}_{pSt}$ (vgl. Abbildung 3.4). Die beschäftigungsfixen **primären** Plankosten $K^{(p)}_{F\,Pr_{F_I}} = 493{,}9$ [GE/Periode] der Fertigung I können als Erzeugnisgruppenfixkosten den erwünschten Hauptprodukten $P1$ und $P2$ zusammen zugeordnet werden; sie sind in voller Höhe den **prozeßbedingten** Fixkosten zuzurechnen. Die an Fertigung I abgegebenen prozeßbedingten sekundären Fixkosten der Stromerzeugung werden der Kategorie der prozeßbedingten Unternehmensfixkosten zugerechnet.

Bereichsfixkosten können direkt einer Gruppe von Kostenstellen bzw. einem Kostenbereich zugeordnet werden (vgl. AGTHE 1959, S. 408; MELLEROWICZ 1977, S. 172). Die Umweltschutzstellen Überarbeitung und Entsorgung E_{II} stellen ihre Leistungen ausschließlich Fertigung I zur Verfügung; sie können zu einem Kostenbereich K_I zusammengefaßt werden. Die beschäftigungsfixen Plankosten des Kostenbereichs K_I, $K^{(p)}_{F\,Pr_{K_I}} = K^{(p)}_{F\,Pr_{\ddot{u}}} + K^{(p)}_{F\,Pr_{E_{II}}} = 213{,}6 + 187{,}5 = 401{,}1$ [GE/Periode], fallen in voller Höhe **umweltschutzbedingt** an. Üblicherweise werden die Fixkosten des Verwaltungs- und Vertriebsbereichs den Bereichsfixkosten zugeordnet (vgl. u.a. AGTHE 1959, S. 408). **Unternehmensfixkosten** sind ein Sammelposten für alle Fixkosten, die sich nicht in die vorgestellten Fixkostenkategorien einordnen lassen (vgl. u.a. AGTHE 1959, S. 413).

Umweltschutzstelle Entsorgung E_I stellt den sekundären Kostenstellen Stromerzeugung sowie Fertigung I und Hauptkostenstelle Fertigung II Entsorgungsleistungen zur Verfügung. Die sekundäre Kostenstelle Stromerzeugung beliefert alle übrigen Stellen. Deshalb ist es in der vorgegebenen Hierarchie sinnvoll, diese beiden Stellen als letzte zu betrachten. Für die Umweltschutzstelle Entsorgung E_I wird ein eigener Kostenbereich K_{II} vorgeschlagen; die beschäftigungsfixen Plankosten des Kostenbereichs K_{II}, $K^{(p)}_{F\,Pr_{K_{II}}} = K^{(p)}_{F\,Pr_{E_I}} = 600$ [GE/Periode], sind in voller Höhe **umweltschutzbedingt**.

Als letzte Schicht des Fixkostenblocks $K_F^{(p)}$ bleibt noch

$$\begin{aligned} & K_F^{(p)} - \left(K_{F\,Pr_{F_{II}}}^{(p)} + K_{F\,Pr_{F_I}}^{(p)} + K_{F\,Pr_{K_I}}^{(p)} + K_{F\,Pr_{K_{II}}}^{(p)}\right) \\ = & \left(r_{P_{StF_I}}^{(p)} + r_{P_{St\ddot{u}}}^{(p)} + r_{P_{StE_I}}^{(p)} + r_{P_{StE_{II}}}^{(p)} + r_{P_{StF_{II}}}^{(p)}\right) c_{p_{St}}^{(p)} \end{aligned}$$

zu verteilen. Diese Summe entspricht in ihrer Höhe den beschäftigungsfixen primären Kosten der Stromerzeugung. Sie wird der Kategorie der Unternehmensfixkosten zugeordnet. Durch die Zerlegung können die Unternehmensfixkosten unmittelbar in **prozeßbedingte**, $r_{P_{StF_I}}^{(p)} c_{p_{St}}^{(p)} + r_{P_{StF_{II}}}^{(p)} c_{p_{St}}^{(p)} = 359,64 + 211,56 = 571,2$ [GE/Periode], sowie **umweltschutzbedingte**, $r_{P_{St\ddot{u}}}^{(p)} c_{p_{St}}^{(p)} + r_{P_{StE_I}}^{(p)} + r_{P_{StE_{II}}}^{(p)} c_{p_{St}}^{(p)} = 10,58 + 317,33 + 52,89 = 380,8$ [GE/Periode], Bestandteile aufgelöst werden.

Bei der Durchführung einer stufenweisen Fixkostendeckungsrechnung werden auf einer ersten Stufe von den nach Hauptprodukten gegliederten Deckungsbeiträgen die Erzeugnisfixkosten subtrahiert; der verbleibende Saldo wird als Restdeckungsbeitrag I bezeichnet. Die Restdeckungsbeiträge I werden auf einer zweiten Stufe erzeugnisgruppenweise zusammengefaßt; davon werden die Erzeugnisgruppenfixkosten subtrahiert, so daß als Saldo die Restdeckungsbeiträge II verbleiben. Werden diese auf einer dritten Stufe nach Kostenbereichen zusammengefaßt und um die entsprechenden Bereichsfixkosten vermindert, resultieren die Restdeckungsbeiträge III. Der nach Zusammenfassung der Restdeckungsbeiträge III und Verminderung um die Unternehmensfixkosten auf einer vierten Stufe verbleibende Saldo wird als **Vollkostenerfolg**, **Nettoerfolg** oder auch **kalkulatorischer Periodenerfolg** der Kostenrechnung bezeichnet (vgl. u.a. AGTHE 1959, S. 409; MELLEROWICZ 1977, S. 173; KILGER 1981, S. 98f.; SCHWEITZER/KÜPPER 1991, S. 342).

Für den betrachteten Beispielfall sind die verrechneten Grenzselbstkosten und somit auch die Stückdeckungsbeiträge der erwünschten Hauptprodukte $P1$ und $P2$ dispositionsbestimmt, denn je nach gewähltem Kuppelkalkulationsverfahren resultieren andere Werte für Herstell- bzw. Selbstkosten (vgl. Kapitel 3.3.1). Insgesamt wird für das geplante Produktionsprogramm $x_{P1}^* = 600$ [PE_1/Periode] und $x_{P2}^* = 300$ [PE_2/Periode] – unabhängig vom gewählten Kalkulationsverfahren – eine **Selbstkostensumme** in Höhe von 13.651 [GE/Periode] verrechnet.

Die Deckungsbeitragsrechnung benötigt für den Ergebnisausweis die Gegenüberstellung von **Nettoerlösen** und beschäftigungsproportionalen Kosten. Der Einfachheit halber werden in dieser Schrift die **Planpreise**, wie sie bereits im Rahmen der Produktionsplanung verwendet wurden (vgl. Kapitel 1.2.4.2), angesetzt. Zur Bedeutung

	Summe der Erzeugnisdeckungsbeiträge		6119
–	Prozeßbedingte Erzeugnisfixkosten	–	705
–	Prozeßbedingte Erzeugnisgruppenfixkosten	–	493,9
=	Restdeckungsbeitrag II	=	4920,1
–	Umweltschutzbedingte Bereichsfixkosten (K_I)	–	401,1
–	Umweltschutzbedingte Bereichsfixkosten (K_{II})	–	600
=	Restdeckungsbeitrag III	=	3919
–	Prozeßbedingte Unternehmensfixkosten	–	571,2
–	Umweltschutzbedingte Unternehmensfixkosten	–	380,8
=	Kalkulatorischer Periodenerfolg	=	2967

Tabelle 3.14: Exemplarische stufenweise Fixkostendeckung

der Erlösrechnung für die kurzfristige Ergebnisrechnung und zu den verschiedenen Verfahren der kurzfristigen Erfolgsrechnung sei hier u.a. auf MÄNNEL 1992, S. 631ff.; MEDICKE 1992, S. 689ff. und die dort zitierte Literatur verwiesen. Die Summe der Planerlöse beträgt $p_1^{(p)} x_{P1}^* + p_2^{(p)} x_{P2}^* = 20,2 \cdot 600 + 25,5 \cdot 300 = 19.770$ [GE/Periode]. Bei Verzicht auf einen Einzelausweis beträgt die Summe der Erzeugnisdeckungsbeiträge $19.770 - 13.651 = 6119$ [GE/Periode]. Danach kann die Deckung der Fixkosten in der in Tabelle 3.14 dargestellten Weise erfolgen.

Der jeweilige Restdeckungsbeitrag einer Stufe gibt an, welches Potential zur Deckung der noch nicht verrechneten Fixkostenbeträge und darüber hinaus zur Gewinnerzielung noch zur Verfügung steht (vgl. u.a. SCHWEITZER/KÜPPER 1991, S. 342). Zudem kann auf einer jeden Stufe die jeweilige Fixkostenkategorie hinsichtlich ihrer umweltschutzbedingten bzw. prozeßbedingten Verursachung differenziert werden. Deshalb „erscheinen gerade diese Rechensysteme besonders geeignet, Umweltschutzkosten transparent zu machen, planend und zielvorgebend einzusetzen und einer aussagefähigen Kontrolle zu unterziehen“ (SCHREINER 1988, S. 265 und 1990, S. 211).

Die Analyse der Fixkosten und ihre Differenzierung nach der Zurechenbarkeit sowie nach umweltschutzbedingter bzw. prozeßbedingter Verursachung geben desweiteren Aufschluß über die Anpassungsmöglichkeiten sowie die Anpassungsgeschwindigkeit eines Unternehmens bei Änderungen seiner ökonomischen und auch ökologischen Rahmenbedingungen. Gedacht sei dabei etwa an Marktschwankungen oder auch Gesetzesänderungen im Bereich des Umweltschutzes (vgl. Kapitel 3.5). Mit Abnahme der Anpassungsmöglichkeiten sowie der Anpassungsgeschwindigkeit infolge einer zunehmenden Fixkostenbelastung wird die stufenweise Fixkostendeckungsrechnung zu einer wichtigen Bestimmungskomponente für unternehmerische Entscheidungen (vgl. AGTHE 1959, S. 413). Denn ihre Ergebnisse bieten die Möglichkeit, die Beurteilung der Förderungswürdigkeit eines erwünschten Haupt- oder Zwischenprodukts und die Entscheidung über seinen weiteren Verbleib im Erzeugnisprogramm nicht nur auf der Grundlage seines Deckungsbeitrags vorzunehmen, sondern auch unter Berücksichtigung der im ursächlichen Zusammenhang mit der Herstellung des betreffenden Erzeugnisses anfallenden prozeß- und umweltschutzbedingten Fixkosten (vgl. AGTHE 1959, S. 414).

3.4 Gestaltung der Kostenkontrolle

In Kapitel 2.2 wird hinsichtlich des instrumentalen Charakters einer Kosten- und Leistungsrechnung ausgesagt, daß diese durch die Verarbeitung von Kosteninformationen der Gestaltung des Unternehmensprozesses dienen soll (vgl. auch SCHWEITZER/KÜPPER 1991, S. 82). Dazu muß neben die Kostenplanung die Kontrolle der Kosten treten. **Kontrolle** läßt sich dabei „als ein Informationsgewinnungsprozeß definieren, der aus einem für das künftige Unternehmensgeschehen auszuwertenden Vergleich von Soll- und Istgrößen besteht" (KLOOCK/SIEBEN/SCHILDBACH 1990, S. 210).

Der Arbeitshypothese einer Plankostenrechnung folgend, wonach „die fixen Istkosten mit den fixen Plankosten übereinstimmen" (KILGER 1981, S. 539), werden nur beschäftigungsabhängige Kosten in die Abweichungsanalyse einbezogen. Als **Kontrollobjekte** werden daher die geplanten und realisierten beschäftigungsproportionalen Gesamtkosten einer (Plan-)Periode festgelegt. Nach den Überlegungen der Kapitel 3.2.4 und 3.3.2.1 läßt sich die Summe der geplanten beschäftigungsproportionalen Kosten $K_P^{(p)}$ als Summe der beschäftigungsproportionalen primären Plankosten aller betrachteten Stellen bestimmen. Die beschäftigungsproportionalen Gesamtkosten $K_P^{(p)}$ lassen sich auch als beschäftigungsproportionale Kosten zur Erstellung der absatzbestimmten Produktionsmengen der erwünschten Hauptprodukte in Endkostenstellen bestimmen; sie werden auch als Produktionskosten bezeichnet (vgl. BESCHORNER 1976, S. 45; KILGER 1979, Sp. 1539f.; KLOOCK 1979, Sp. 1527f.).

Der Vergleich von Soll- und Istproduktionskosten wird als **Kostenabweichungsanalyse** gestaltet, wobei eine **Kostengesamtabweichung** solange in nach Kosten- bzw.

Umweltschutzstellen und Kostenarten differenzierte **Kostenteilabweichungen** zerlegt wird, bis maßgebliche Abweichungsursachen erkannt und Verantwortliche mit dem Abbau dieser Ursachen beauftragt werden können (vgl. u.a. KILGER 1981, S. 537; KLOOCK/DÖRNER 1988, S. 132).

Die besondere Problematik der Kostenabweichungsanalyse in einer internen Umweltkostenrechnung liegt erstens darin begründet, daß bei der Berücksichtigung von Umweltschutzmaßnahmen als Umweltschutzstellen stets mehrstufige Produktionsprozesse zu betrachten sind (vgl. Abbildung 1.7). Bei mehrstufigen Produktionsprozessen treten neben **originären** Kosteneinflußgrößen sogenannte **derivative**, aus den originären Einflußgrößen abgeleitete Kosteneinflußgrößen auf. Daher ist bei der Wahl eines geeigneten Kostenkontrollansatzes darauf zu achten, daß Mehrfacherfassungen von Änderungen originärer Einflußgrößen vermieden werden. Zweitens sind die kontrollrelevanten Kostenteilabweichungen nach ihrer prozeßbedingten bzw. umweltschutzbedingten Verursachung zu differenzieren, um so eine Kontrolle der Kosten für den Umweltschutz gewährleisten zu können. Drittens muß ein geeigneter methodischer Ansatz der Kostenabweichungsanalyse gefunden werden, der dem Problem der Behandlung von **Abweichungsinterdependenzen**, die bei der Zerlegung der Gesamtabweichung in Teilabweichungen entstehen, gerecht wird (vgl. KILGER 1981, S. 169).

Die Behandlung von Abweichungsinterdependenzen durch unterschiedliche methodische Ansätze der Kostenabweichungsanalyse ist in der Kostenrechnungsliteratur ausführlich diskutiert worden (vgl. u.a. KILGER 1981, S. 169ff.; BOMMES 1984, S. 28ff.; GLASER 1986, S. 143ff. und 1992b, S. 477ff.; SCHWEITZER/KÜPPER 1991, S. 289ff.). Für die Zwecke dieser Schrift wird die **differenzierte kumulative Abweichungsanalyse auf der Basis eines Soll-Ist-Vergleichs** als geeigneter methodischer Ansatz angesehen; zur Begründung sei auf KLOOCK/BOMMES 1982, S. 230ff. und die dort zitierte Literatur verwiesen.

Den nachfolgenden Überlegungen liegen die folgenden Plan- bzw. Istdaten zugrunde.

$q_l^{(s)}, q_l^{(i)}$:= Planpreis bzw. Isteinstandspreis des primären Produktionsfaktors l $[GE/FE_l]$ $(l = 1, \ldots, L_{Pr})$,

$d_{l\tau}^{(s)}, d_{l\tau}^{(i)}$:= beschäftigungsproportionaler Plan- bzw. Istdirektbedarf des primären Produktionsfaktors l in Stelle τ $[FE_l/vBGE_\tau]$ $(l = 1, \ldots, L_{Pr};$ $\tau = 1, \ldots, S_p, S_p + 1, \ldots, S, S + 1, \ldots, S + M)$,

$b_{l\tau}^{(s)}, b_{l\tau}^{(i)}$:= beschäftigungsproportionaler Plan- bzw. Istgesamtbedarf des primären Produktionsfaktors l in Stelle τ $[FE_l/vBGE_\tau]$ $(l = 1, \ldots, L_{Pr};$ $\tau = 1, \ldots, S_p, S_p + 1, \ldots, S, S + 1 \ldots, S + M)$,

$d_{\nu\tau}^{(s)}, d_{\nu\tau}^{(i)}$:= beschäftigungsproportionaler Plan- bzw. Istdirektbedarf des sekundären Produktionsfaktors ν bzw. der verwertbaren Leistung der sekundären Stelle ν in Stelle τ $[vBGE_\nu/vBGE_\tau]$ $(\nu = 1, \ldots, S_p, S_p + 1, \ldots, S;$ $\tau = 1, \ldots, S_p, S_p + 1, \ldots, S, S + 1 \ldots, S + M)$,

$b_{\nu\tau}^{(s)}, b_{\nu\tau}^{(i)}$:= beschäftigungsproportionaler Plan- bzw. Istgesamtbedarf des sekundären Produktionsfaktors ν in Stelle τ $[vBGE_\nu/vBGE_\tau]$ $(\nu = 1, \ldots, S_p, S_p + 1, \ldots, S; \tau = 1, \ldots, S_p, S_p + 1, \ldots, S, S + 1, \ldots, S + M)$,

$x_i^{(s)}, x_i^{(i)}$:= absatzbestimmte Plan- bzw. Istproduktionsmenge des erwünschten Hauptprodukts der **Endkostenstelle** i $[PE_i/\text{Periode}]$ $(i = 1, \ldots, M)$,

AHG := Block der Kostenteilabweichungen höheren Grades

Die zum Planungszeitpunkt unter dem Ansatz geplanter Kosteneinflußgrößen geplanten Kosten $K_P^{(p)}$ werden auch als **Ex-ante-Sollkosten** bezeichnet (vgl. KLOOCK/BOMMES 1982, S. 226); in die Abweichungsanalyse gehen zur Eliminierung von Planungsfehlern **Ex-post-Sollkosten**, „als bis zum Kontrollzeitpunkt auf der Basis gegenüber dem Planungszeitpunkt verbesserter Planungsverfahren und unter dem Ansatz neu geplanter Einflußgrößen geplante Kosten," ein (KLOOCK/BOMMES 1982, S. 227). Dadurch ist die Kostenkontrolle auf den Realisationsbereich bzw. Entscheidungsvollzugsbereich konzentriert (vgl. KLOOCK/BOMMES 1982, S. 227).

Die Kostenabweichungsanalyse wird im folgenden für den gewählten Beispielfall illustriert; zu einem allgemeingültigen Ansatz einer Kostenabweichungsanalyse in einer internen Umweltkostenrechnung wird auf Anhang C verwiesen (vgl. S. 191ff.). Die angenommenen Plandaten der Kapitel 3.2 und 3.3 seien Ex-post-Solldaten. Für die absatzbestimmten Produktionsmengen der erwünschten Hauptprodukte wird die optimale Lösung von $(LP1)$ (vgl. S. 41) verwendet, d.h. $x_{F_I}^{(s)} = x_{P1}^* = 600$ $[PE_1/\text{Periode}]$ bzw. $x_{F_{II}}^{(s)} = x_{P2}^* = 300$ $[PE_2/\text{Periode}]$.

Die in die Abweichungsanalyse einbezogenen Ex-post-Sollkosten $K_P^{(s)}$, hier $K_P^{(s)} = K_P^{(p)}$, entsprechen der Summe der geplanten beschäftigungsproportionalen Produktionskosten zur Erstellung der absatzbestimmten Produktionsmengen der erwünschten Hauptprodukte in der sekundären Kostenstelle F_I und in Hauptkostenstelle F_{II}, d.h.

$$\begin{aligned} K_P^{(s)} &= \sum_{l=1}^{L_{Pr}} q_l^{(s)}(d_{lF_I}^{(s)} x_{P1}^* + d_{lF_{II}}^{(s)} x_{P2}^*) \\ &+ \left((g_{p_{St}}^{(s)} + g_{u_{St}}^{(s)})(d_{StF_I}^{(s)} x_{P1}^* + d_{StF_{II}}^{(s)} x_{P2}^*) + (g_{p_{F_I}}^{(s)} + g_{u_{F_I}}^{(s)}) d_{F_I F_{II}}^{(s)} x_{P2}^*\right) \\ &+ \left(g_{u_{\ddot{U}}}^{(s)} d_{\ddot{U}F_I}^{(s)} x_{P1}^* + g_{u_{E_I}}^{(s)}(d_{E_I F_I}^{(s)} x_{P1}^* + d_{E_I F_{II}}^{(s)} x_{P2}^*) + g_{u_{E_{II}}}^{(s)} d_{E_{II} F_I}^{(s)} x_{P1}^*\right), \end{aligned}$$

wobei $d_{\nu i}^{(s)} = r_{P_{\nu i}}^{(s)}/(v_i^{(s)} B_i^{(s)})$ $(\nu = St, F_I, \ddot{U}, E_I, E_{II}; i = F_I, F_{II})$ gilt (vgl. Kapitel 3.2.4.3, insb. Tabellen 3.7 und 3.8). Zu einer allgemeinen Darstellung von $K_P^{(s)}$ vgl. Anhang C, S. 192. $K_P^{(s)}$ werden auch als **Endkosten** bezeichnet, da sie in **Endkostenstellen** i $(i = 1, \ldots, M)$, hier $i \in \{F_I, F_{II}\}$, erfaßt werden (vgl. BOMMES 1984, S. 312f.; Kapitel 3.3.2.1).

Der erste Summand entspricht der Summe der beschäftigungsabhängigen **primären** Sollkosten, die in den betrachteten Endkostenstellen, F_I und F_{II}, zur Erstellung der absatzbestimmten Produktionsmengen aufgewendet werden (vgl. etwa Tabellen 3.7 und 3.10 in Anhang B). Nach den Überlegungen des Kapitels 3.1 handelt es sich dabei um **prozeßbedingte** primäre Sollkosten. Im zweiten Summanden sind die geplanten beschäftigungsabhängigen **sekundären prozeß- und umweltschutzbedingten Endkosten** der leistungsliefernden sekundären Kostenstellen Stromerzeugung und Fertigung I zusammengefaßt. Die sekundäre Kostenstelle Fertigung I tritt sowohl als leistungsempfangende (End-)Kostenstelle als auch als leistungsliefernde (Hilfs-)Kostenstelle auf. Der dritte Summand beschreibt die geplanten beschäftigungsabhängigen **sekundären umweltschutzbedingten Endkosten** aller Umweltschutzstellen.

Um Abweichungen zwischen Soll- und Istproduktionskosten zu vermeiden, die infolge unterschiedlicher Erfassungs- bzw. Meßvorschriften in der Plan- und Istkostenrechnung entstünden, wird Identität zwischen Planungs- und Kontrollbereich unterstellt (vgl. u.a. KLOOCK 1979, Sp. 1532; KILGER 1981, S. 541ff.). Die **Istendkosten** $K_P^{(i)}$ sind demnach als

$$\begin{aligned} K_P^{(i)} &= \sum_{l=1}^{L_{Pr}} q_l^{(i)}(d_{lF_I}^{(i)} x_{P1}^{(i)} + d_{lF_{II}}^{(i)} x_{P2}^{(i)}) \\ &+ \left((g_{p_{St}}^{(i)} + g_{u_{St}}^{(i)})(d_{StF_I}^{(i)} x_{P1}^{(i)} + d_{StF_{II}}^{(i)} x_{P2}^{(i)}) + (g_{p_{F_I}}^{(i)} + g_{u_{F_I}}^{(i)}) d_{F_I F_{II}}^{(i)} x_{P2}^{(i)}\right) \\ &+ \left(g_{u_{\ddot{U}}}^{(i)} d_{\ddot{U}F_I}^{(i)} x_{P1}^{(i)} + g_{u_{E_I}}^{(i)}(d_{E_I F_I}^{(i)} x_{P1}^{(i)} + d_{E_I F_{II}}^{(i)} x_{P2}^{(i)}) + g_{u_{E_{II}}}^{(i)} d_{E_{II} F_I}^{(i)} x_{P1}^{(i)}\right) \end{aligned}$$

bestimmbar. Zu einer allgemeinen Darstellung von $K_P^{(i)}$ vgl. Anhang C, S. 192.

Als **originäre** Kosteneinflußgrößen sind die Faktorpreise q_l ($l = 1, \ldots, L_{Pr}$), die Direktbedarfskoeffizienten primärer Kostenarten d_{li} ($l = 1, \ldots, L_{Pr}; i = F_I, F_{II}$) bzw. sekundärer Kostenarten $d_{\nu i}$ ($\nu = St, F_I, \ddot{\mathrm{U}}, E_I, E_{II}; i = F_I, F_{II}$) und die absatzbestimmten Produktionsmengen der erwünschten Hauptprodukte $P1$ und $P2$, x_{P1} und x_{P2}, zu betrachten (vgl. auch BOMMES 1984, S. 27). Änderungen der Faktorpreise führen zu **Preisabweichungen.** In einer Plankostenrechnung werden Preisabweichungen üblicherweise durch die Zugrundelegung eines Planpreissystems eliminiert. „Da inzwischen aber die Preis- und Lohnschwankungen stärker geworden sind und in kürzeren Abständen aufeinander folgen, ist man dazu übergegangen, die Errechnung der kostenstellenbezogenen Preis- und Tarifabweichungen in den Soll-Ist-Kostenvergleich zu integrieren“ (KILGER 1981, S. 539). Aus Änderungen der Direktbedarfskoeffizienten resultieren **Verbrauchsabweichungen**; Änderungen der absatzbestimmten Produktionsmengen führen zu **echten Beschäftigungsabweichungen**. Zur Ermittlung und Analyse weiterer spezieller Kostenabweichungen sei auf KILGER 1981, S. 559ff.; GLASER 1986, S. 144f. sowie 1992b, S. 478ff. und die dort zitierte Literatur verwiesen.

Bei mehrstufigen Produktionsprozessen treten neben den originären Kosteneinflußgrößen **derivative**, d.h. aus den originären Einflußgrößen abgeleitete, Kosteneinflußgrößen auf. Aus der Definition der Sollendkosten $K_P^{(s)}$ bzw. Istendkosten $K_P^{(i)}$ unmittelbar ersichtlich sind es die prozeß- bzw. umweltschutzbedingten Grenzkostenverrechnungssätze – g_{p_ν} ($\nu = 1, \ldots, S_p$) bzw. g_{u_ν} ($\nu = 1, \ldots, S_p, S_p + 1, \ldots, S$) – der sekundären Kosten- und Umweltschutzstellen. Aus der Definition der Grenzkostenverrechnungssätze in Anhang C (vgl. S. 194) läßt sich ableiten, daß als weitere derivative Kosteneinflußgrößen die Gesamtbedarfskoeffizienten $b_{l\nu}$ des primären Produktionsfaktors l in Stelle ν ($l = 1, \ldots, L_{Pr}; \nu = St, F_I, \ddot{\mathrm{U}}, E_I, E_{II}$), als weitere originäre Kosteneinflußgrößen die Direktbedarfskoeffizienten $d_{\mu\nu}$ sekundärer Kostenarten μ in Stellen ν und somit als weitere derivative Einflußgrößen die Gesamtbedarfskoeffizienten $b_{\mu\nu}$ ($\mu, \nu = St, F_I, \ddot{\mathrm{U}}, E_I, E_{II}$) betrachtet werden müssen.

Die **Kostengesamtabweichung** ΔK_P wird als Differenz von Soll- und Istendkosten ermittelt, d.h. $\Delta K_P = K_P^{(s)} - K_P^{(i)}$, und genügt – unter Verzicht auf einen expliziten Ausweis der Kostenteilabweichungen höheren Grades – der Bestimmungsgleichung

$$\begin{aligned}\Delta K_P \;=\; & \sum_{l=1}^{L_{Pr}} \Delta q_l \left(d_{lF_I}^{(i)} x_{P1}^{(i)} + d_{lF_{II}}^{(i)} x_{P2}^{(i)}\right) + \sum_{l=1}^{L_{Pr}} q_l^{(i)} \left(\Delta d_{lF_I} x_{P1}^{(i)} + \Delta d_{lF_{II}} x_{P2}^{(i)}\right) \\ + \; & \sum_{l=1}^{L_{Pr}} q_l^{(i)} \left(d_{lF_I}^{(i)} \Delta x_{P1} + d_{lF_{II}}^{(i)} \Delta x_{P2}\right)\end{aligned}$$

$$
\begin{aligned}
&+ \Big((\Delta g_{p_{St}} + \Delta g_{u_{St}})(d^{(i)}_{StF_I} x^{(i)}_{P1} + d^{(i)}_{StF_{II}} x^{(i)}_{P2}) + (\Delta g_{p_{F_I}} + \Delta g_{u_{F_I}}) d^{(i)}_{F_I F_{II}} x^{(i)}_{P2} \\
&+ \Delta g_{u_{\ddot{U}}} d^{(i)}_{\ddot{U}F_I} x^{(i)}_{P1} + \Delta g_{u_{E_I}} (d^{(i)}_{E_I F_I} x^{(i)}_{P1} + d^{(i)}_{E_I F_{II}} x^{(i)}_{P2}) + \Delta g_{u_{E_{II}}} d^{(i)}_{E_{II} F_I} x^{(i)}_{P1} \Big) \\
&+ \Big((g^{(i)}_{p_{St}} + g^{(i)}_{u_{St}})(\Delta d_{StF_I} x^{(i)}_{P1} + \Delta d_{StF_{II}} x^{(i)}_{P2}) + (g^{(i)}_{p_{F_I}} + g^{(i)}_{u_{F_I}}) \Delta d_{F_I F_{II}} x^{(i)}_{P2} \\
&+ g^{(i)}_{u_{\ddot{U}}} \Delta d_{\ddot{U}F_I} x^{(i)}_{P1} + g^{(i)}_{u_{E_I}} (\Delta d_{E_I F_I} x^{(i)}_{P1} + \Delta d_{E_I F_{II}} x^{(i)}_{P2}) + g^{(i)}_{u_{E_{II}}} \Delta d_{E_{II} F_I} x^{(i)}_{P1} \Big) \\
&+ \Big((g^{(i)}_{p_{St}} + g^{(i)}_{u_{St}})(d^{(i)}_{StF_I} \Delta x_{P1} + d^{(i)}_{StF_{II}} \Delta x_{P2}) + (g^{(i)}_{p_{F_I}} + g^{(i)}_{u_{F_I}}) d^{(i)}_{F_I F_{II}} \Delta x_{P2} \\
&+ g^{(i)}_{u_{\ddot{U}}} d^{(i)}_{\ddot{U}F_I} \Delta x_{P1} + g^{(i)}_{u_{E_I}} (d^{(i)}_{E_I F_I} \Delta x_{P1} + d^{(i)}_{E_I F_{II}} \Delta x_{P2}) + g^{(i)}_{u_{E_{II}}} d^{(i)}_{E_{II} F_I} \Delta x_{P1} \Big) \\
&+ AHG',
\end{aligned}
$$

wobei $\Delta q_l = q_l^{(s)} - q_l^{(i)}$ $(l = 1, \ldots, L_{P_r})$, $\Delta d_{li} = d_{li}^{(s)} - d_{li}^{(i)}$ $(l = 1, \ldots, L_{P_r}; i = F_I, F_{II})$, $\Delta g_{p_\nu} = g_{p_\nu}^{(s)} - g_{p_\nu}^{(i)}$ $(\nu = St, F_I)$, $\Delta g_{u_\nu} = g_{u_\nu}^{(s)} - g_{u_\nu}^{(i)}$ $(\nu = St, F_I, \ddot{U}, E_I, E_{II})$, $\Delta d_{\nu i} = d_{\nu i}^{(s)} - d_{\nu i}^{(i)}$ $(\nu = St, F_I, \ddot{U}, E_I, E_{II}; i = F_I, F_{II})$, $\Delta x_{P1} = x^*_{P1} - x^{(i)}_{P1}$ sowie $\Delta x_{P2} = x^*_{P2} - x^{(i)}_{P2}$ gelten. Zu einer allgemeinen Darstellung von ΔK_P vgl. Anhang C, S. 193.

Dieser Kostenkontrollansatz wird auch als **Endkostenansatz auf der Basis von Direktbedarfskoeffizienten** bezeichnet (vgl. u.a. BOMMES 1984, S. 280ff.). BOMMES kommt zu dem Resultat, daß der Kontrollansatz eines Endkostenansatzes auf der Basis von Direktbedarfskoeffizienten am besten zur Kostenkontrolle mehrstufiger Prozesse geeignet ist, da Mehrfacherfassungen von Kostenteilabweichungen infolge von Mehrfacherfassungen primärer Kostenarten vermieden werden (vgl. BOMMES 1984, S. 375ff.; KLOOCK/DÖRNER 1988, S. 131).

Bis auf die in ΔK_P enthaltenen induzierten Teilabweichungen ersten Grades auf der Basis der derivativen Einflußgrößen Δg_{p_ν} $(\nu = St, F_I)$ bzw. Δg_{u_ν} $(\nu = St, F_I, \ddot{U}, E_I, E_{II})$ sind bereits alle Teilabweichungen ersten Grades auf Änderungen originärer Kosteneinflußgrößen zurückgeführt. Die in ΔK_P enthaltenen induzierten Kostenteilabweichungen werden im folgenden näher betrachtet. Sie sind – bei Zusammenfassung der Teilabweichungen zweiten Grades in einem Abweichungsblock T' – wie folgt zerlegbar

$$
\begin{aligned}
&\Big((\Delta g_{p_{St}} + \Delta g_{u_{St}})(d^{(i)}_{StF_I} x^{(i)}_{P1} + d^{(i)}_{StF_{II}} x^{(i)}_{P2}) + (\Delta g_{p_{F_I}} + \Delta g_{u_{F_I}}) d^{(i)}_{F_I F_{II}} x^{(i)}_{P2} \\
+ \; & \Delta g_{u_{\ddot{u}}} d^{(i)}_{\ddot{u}F_I} x^{(i)}_{P1} + \Delta g_{u_{E_I}} (d^{(i)}_{E_I F_I} x^{(i)}_{P1} + d^{(i)}_{E_I F_{II}} x^{(i)}_{P2}) + \Delta g_{u_{E_{II}}} d^{(i)}_{E_{II} F_I} x^{(i)}_{P1}\Big) \\
= \; & (d^{(i)}_{StF_I} x^{(i)}_{P1} + d^{(i)}_{StF_{II}} x^{(i)}_{P2}) \left[\sum_{l=1}^{L_{Pr}} \Delta q_l b^{(i)}_{lSt} + \sum_{l=1}^{L_{Pr}} q_l^{(i)} \Delta b_{lSt}\right] \\
+ \; & d^{(i)}_{F_I F_{II}} x^{(i)}_{P2} \left[\sum_{l=1}^{L_{Pr}} \Delta q_l b^{(i)}_{lF_I} + \sum_{l=1}^{L_{Pr}} q_l^{(i)} \Delta b_{lF_I}\right] \\
+ \; & d^{(i)}_{\ddot{u}F_I} x^{(i)}_{P1} \left[\sum_{l=1}^{L_{Pr}} \Delta q_l b^{(i)}_{l\ddot{u}} + \sum_{l=1}^{L_{Pr}} q_l^{(i)} \Delta b_{l\ddot{u}}\right] \\
+ \; & (d^{(i)}_{E_I F_I} x^{(i)}_{P1} + d^{(i)}_{E_I F_{II}} x^{(i)}_{P2}) \left[\sum_{l=1}^{L_{Pr}} \Delta q_l b^{(i)}_{lE_I} + \sum_{l=1}^{L_{Pr}} q_l^{(i)} \Delta b_{lE_I}\right] \\
+ \; & d^{(i)}_{E_{II} F_I} x^{(i)}_{P1} \left[\sum_{l=1}^{L_{Pr}} \Delta q_l b^{(i)}_{lE_{II}} + \sum_{l=1}^{L_{Pr}} q_l^{(i)} \Delta b_{lE_{II}}\right] \\
+ \; & T'
\end{aligned}
$$

(vgl. Anhang C, S. 194).

Die in der Zerlegung der induzierten Teilabweichungen enthaltenen **primärpreisinduzierten Preisabweichungen** sind in der in Anhang C beschriebenen Weise umwandelbar in

$$
\begin{aligned}
&(d^{(i)}_{StF_I} x^{(i)}_{P1} + d^{(i)}_{StF_{II}} x^{(i)}_{P2}) \sum_{l=l}^{L_{Pr}} \Delta q_l b^{(i)}_{lSt} + d^{(i)}_{F_I F_{II}} x^{(i)}_{P2} \sum_{l=1}^{L_{Pr}} \Delta q_l b^{(i)}_{lF_I} \\
+ \; & d^{(i)}_{\ddot{u}F_I} x^{(i)}_{P1} \sum_{l=1}^{L_{Pr}} \Delta q_l b^{(i)}_{l\ddot{u}} + (d^{(i)}_{E_I F_I} x^{(i)}_{P1} + d^{(i)}_{E_I F_{II}} x^{(i)}_{P2}) \sum_{l=1}^{L_{Pr}} \Delta q_l b^{(i)}_{lE_I} + d^{(i)}_{E_{II} F_I} x^{(i)}_{P1} \sum_{l=1}^{L_{Pr}} \Delta q_l b^{(i)}_{lE_{II}} \\
= \; & \sum_{l=1}^{L_{Pr}} \Delta q_l \Big(d^{(i)}_{lSt} v^{(i)}_{St} B^{(i)}_{St} + d^{(i)}_{l\ddot{u}} v^{(i)}_{\ddot{u}} B^{(i)}_{\ddot{u}} + d^{(i)}_{lE_I} v^{(i)}_{E_I} B^{(i)}_{E_I} + d^{(i)}_{lE_{II}} v^{(i)}_{E_{II}} B^{(i)}_{E_{II}} \\
& + d^{(i)}_{lF_I} (v^{(i)}_{F_I} B^{(i)}_{F_I} - x^{(i)}_{P1}) + d^{(i)}_{lF_{II}} (v^{(i)}_{F_{II}} B^{(i)}_{F_{II}} - x^{(i)}_{P2})\Big)
\end{aligned}
$$

(vgl. Anhang C, S. 195). Als ein erstes Zwischenergebnis kann festgehalten werden, daß durch eine in der beschriebenen Weise durchgeführte Zerlegung ein – nach primären Kostenarten und sekundären Kostenstellen, Umweltschutzstellen sowie Hauptkostenstellen – differenzierter Ausweis kontrollrelevanter **Primärpreisabweichungen** möglich wird. In sekundären Kostenstellen, die nicht Endkostenstellen sind, und Umweltschutzstellen wird der Direktbedarf der primären Kostenart l ($l = 1, \dots, L_{Pr}$) auf die verwertbare Gesamtbeschäftigung der Stelle bezogen; in allen Endkostenstellen wird der Direktbedarf der primären Kostenart l ($l = 1, \dots, L_{Pr}$) auf den Teil der verwertbaren Gesamtbeschäftigung bezogen, der nicht absatzbestimmt ist, also als Produktionsmenge eines verwertbaren Zwischenprodukts unternehmensintern weiterverarbeitet wird. So entsteht in Endkostenstelle F_I das verwertbare Zwischenprodukt ZP, das in der darauffolgenden Fertigungsstufe F_{II} zum erwünschten Hauptprodukt $P2$ veredelt wird, d.h. $x_Z^{(i)} = v_{F_I}^{(i)} B_{F_I}^{(i)} - x_{P1}^{(i)}$ (vgl. Kapitel 1.2.4.2). Hauptkostenstelle F_{II} dient ausschließlich der Erstellung des erwünschten Hauptprodukts $P2$, d.h. $v_{F_{II}}^{(i)} B_{F_{II}}^{(i)} - x_{P2}^{(i)} = 0$.

Durch den **stellenspezifischen** Ausweis der kontrollrelevanten Primärpreisabweichungen ist eine Differenzierung in **prozeßbedingte Primärpreisabweichungen**, die in den sekundären Kostenstellen St und F_I sowie in Hauptkostenstelle F_{II} ausgewiesen werden, und **umweltschutzbedingte Primärpreisabweichungen** in Umweltschutzstellen Ü, E_I und E_{II} unmittelbar möglich.

Die in der Zerlegung der induzierten Teilabweichungen auf Basis der derivativen Einflußgrößen Δg_{p_ν} $(\nu = 1, \ldots, S_p)$ und Δg_{u_ν} $(\nu = 1, \ldots, S_p, S_p + 1, \ldots, S)$ enthaltenen **verbrauchsinduzierten Preisabweichungen** sind in der in Anhang C beschriebenen Weise und bei Zusammenfassung der Teilabweichungen zweiten Grades in einem Abweichungsblock T'' umwandelbar in

$$
\begin{aligned}
& \left(d_{StF_I}^{(i)} x_{P1}^{(i)} + d_{StF_{II}}^{(i)} x_{P2}^{(i)}\right) \sum_{l=1}^{L_{Pr}} q_l^{(i)} \Delta b_{lSt} + d_{F_I F_{II}}^{(i)} x_{P2}^{(i)} \sum_{l=1}^{L_{Pr}} q_l^{(i)} \Delta b_{lF_I} \\
+ \;& d_{\text{Ü}F_I}^{(i)} x_{P1}^{(i)} \sum_{l=1}^{L_{Pr}} q_l^{(i)} \Delta b_{l\text{Ü}} + \left(d_{E_I F_I}^{(i)} x_{P1}^{(i)} + d_{E_I F_{II}}^{(i)} x_{P2}^{(i)}\right) \sum_{l=1}^{L_{Pr}} q_l^{(i)} \Delta b_{lE_I} \\
+ \;& d_{E_{II} F_I}^{(i)} x_{P1}^{(i)} \sum_{l=1}^{L_{Pr}} q_l^{(i)} \Delta b_{lE_{II}} \\
= \;& \left(\sum_{l=1}^{L_{Pr}} q_l^{(i)} \Delta d_{lSt} + g_{u_{E_I}}^{(i)} \Delta d_{E_I St}\right) v_{St}^{(i)} B_{St}^{(i)} \\
& + \left(\sum_{l=1}^{L_{Pr}} q_l^{(i)} \Delta d_{lF_I} + \left(g_{p_{St}}^{(i)} + g_{u_{St}}^{(i)}\right) \Delta d_{StF_I}\right. \\
& \qquad \left. + g_{u_{\text{Ü}}}^{(i)} \Delta d_{\text{Ü}F_I} + g_{u_{E_I}}^{(i)} \Delta d_{E_I F_I} g_{u_{E_{II}}}^{(i)} \Delta d_{E_{II} F_I}\right) \left(v_{F_I}^{(i)} B_{F_I}^{(i)} - x_{P1}^{(i)}\right) \\
& + \left(\sum_{l=1}^{L_{Pr}} q_l^{(i)} \Delta d_{l\text{Ü}} + \left(g_{p_{St}}^{(i)} + g_{u_{St}}^{(i)}\right) \Delta d_{St\text{Ü}}\right) v_{\text{Ü}}^{(i)} B_{\text{Ü}}^{(i)} \\
& + \left(\sum_{l=1}^{L_{Pr}} q_l^{(i)} \Delta d_{lE_I} + \left(g_{p_{St}}^{(i)} + g_{u_{St}}^{(i)}\right) \Delta d_{StE_I}\right) v_{E_I}^{(i)} B_{E_I}^{(i)} \\
& + \left(\sum_{l=1}^{L_{Pr}} q_l^{(i)} \Delta d_{lE_{II}} + \left(g_{p_{St}}^{(i)} + g_{u_{St}}^{(i)}\right) \Delta d_{StE_{II}}\right) v_{E_{II}}^{(i)} B_{E_{II}}^{(i)} + T''
\end{aligned}
$$

(vgl. Anhang C, S. 198).

Als ein weiteres Zwischenergebnis kann festgehalten werden, daß durch eine in der beschriebenen Weise durchgeführte Zerlegung ein – nach primären und sekundären Kostenarten sowie sekundären Kosten- und Umweltschutzstellen – differenzierter Ausweis **verbrauchsinduzierter Preisabweichungen** möglich wird.

Werden die auf originäre Einflußgrößen zurückgeführten induzierten Teilabweichungen mit den in ΔK_P enthaltenen Abweichungen ersten Grades auf Basis von originären

Einflußgrößen zusammengefaßt, resultiert der folgende Kostenkontrollansatz

$$
\begin{aligned}
\Delta K_P = & \left(\sum_{l=1}^{L_{Pr}} \Delta q_l \Big(d_{lSt}^{(i)} v_{St}^{(i)} B_{St}^{(i)} + d_{lF_I}^{(i)} v_{F_I}^{(i)} B_{F_I}^{(i)} + d_{l\text{ü}}^{(i)} v_{\text{ü}}^{(i)} B_{\text{ü}}^{(i)} + d_{lE_I}^{(i)} v_{E_I}^{(i)} B_{E_I}^{(i)} \right. \\
& \left. + d_{lE_{II}}^{(i)} v_{E_{II}}^{(i)} B_{E_{II}}^{(i)} + d_{lF_{II}}^{(i)} v_{F_{II}}^{(i)} B_{F_{II}}^{(i)}\Big)\right) \\
+ & \left(\sum_{l=1}^{L_{Pr}} q_l^{(i)} \Big(\Delta d_{lSt} v_{St}^{(i)} B_{St}^{(i)} + \Delta d_{lF_I} v_{F_I}^{(i)} B_{F_I}^{(i)} + \Delta d_{l\text{ü}} v_{\text{ü}}^{(i)} B_{\text{ü}}^{(i)} + \Delta d_{lE_I} v_{E_I}^{(i)} B_{E_I}^{(i)} \right. \\
& \left. + \Delta d_{lE_{II}} v_{E_{II}}^{(i)} B_{E_{II}}^{(i)} + \Delta d_{lF_{II}} v_{F_{II}}^{(i)} B_{F_{II}}^{(i)}\Big)\right) \\
+ & \left(g_{pSt}^{(i)} \Delta d_{StF_I} v_{F_I}^{(i)} B_{F_I}^{(i)} + \left(g_{pSt}^{(i)} \Delta d_{StF_{II}} + g_{pF_I}^{(i)} \Delta d_{F_I F_{II}}\right) v_{F_{II}}^{(i)} B_{F_{II}}^{(i)}\right) \\
+ & \left(g_{uSt}^{(i)} \Delta d_{StF_I} v_{F_I}^{(i)} B_{F_I}^{(i)} + \left(g_{uSt}^{(i)} \Delta d_{StF_{II}} + g_{uF_I}^{(i)} \Delta d_{F_I F_{II}}\right) v_{F_{II}}^{(i)} B_{F_{II}}^{(i)} \right. \\
& + \left(g_{pSt}^{(i)} + g_{uSt}^{(i)}\right)\left(\Delta d_{St\text{ü}} v_{\text{ü}}^{(i)} B_{\text{ü}}^{(i)} + \Delta d_{StE_I} v_{E_I}^{(i)} B_{E_I}^{(i)} + \Delta d_{StE_{II}} v_{E_{II}}^{(i)} B_{E_{II}}^{(i)}\right) \\
& + g_{u\text{ü}}^{(i)} \Delta d_{\text{ü}F_I} v_{F_I}^{(i)} B_{F_I}^{(i)} \\
& + g_{uE_I}^{(i)} \left(\Delta d_{E_I St} v_{St}^{(i)} B_{St}^{(i)} + \Delta d_{E_I F_I} v_{F_I}^{(i)} B_{F_I}^{(i)} + \Delta d_{E_I F_{II}} v_{F_{II}}^{(i)} B_{F_{II}}^{(i)}\right) \\
& \left. + g_{uE_{II}}^{(i)} \Delta d_{E_{II} F_I} v_{F_I}^{(i)} B_{F_I}^{(i)}\right) \\
+ & \left(\sum_{l=1}^{L_{Pr}} q_l^{(i)} \left(d_{lF_I}^{(i)} \Delta x_{P1} + d_{lF_{II}}^{(i)} \Delta x_{P2}\right)\right) \\
+ & \left(g_{pSt}^{(i)} \left(d_{StF_I}^{(i)} \Delta x_{P1} + d_{StF_{II}}^{(i)} \Delta x_{P2}\right) + g_{pF_I}^{(i)} d_{F_I F_{II}}^{(i)} \Delta x_{P2}\right) \\
+ & \left(g_{uSt}^{(i)} \left(d_{StF_I}^{(i)} \Delta x_{P1} + d_{StF_{II}}^{(i)} \Delta x_{P2}\right) + g_{uF_I}^{(i)} d_{F_I F_{II}}^{(i)} \Delta x_{P2} \right. \\
& \left. + g_{u\text{ü}}^{(i)} d_{\text{ü}F_I}^{(i)} \Delta x_{P1} + g_{uE_I}^{(i)} \left(d_{E_I F_I}^{(i)} \Delta x_{P1} + d_{E_I F_{II}}^{(i)} \Delta x_{P2}\right) + g_{uE_{II}}^{(i)} d_{E_{II} F_I}^{(i)} \Delta x_{P1}\right) \\
+ & \ AHG,
\end{aligned}
$$

mit $AHG = AHG' + T' + T''$ (vgl. Anhang C, S. 200).

Der erste Ausdruck in runden Klammern beschreibt die Summe der kontrollrelevanten **Primärpreisabweichungen** in sekundären Kostenstellen ν ($\nu = St, F_I$), in Umweltschutzstellen ν ($\nu = \text{Ü}, E_I, E_{II}$) und Hauptkostenstelle F_{II}. Durch den stellenspezifischen Ausweis ist eine Differenzierung in **prozeßbedingte Primärpreisabweichungen**, die in den Stellen St, F_I sowie F_{II} ausgewiesen werden, und **umweltschutzbedingten Primärpreisabweichungen** in den Umweltschutzstellen Ü, E_I sowie E_{II} unmittelbar möglich.

Im zweiten Klammerausdruck sind die kontrollrelevanten **Direktverbrauchsabweichungen primärer Kostenarten** in allen betrachteten Stellen zusammengefaßt. Der stellenspezifische Ausweis erlaubt unmittelbar eine Differenzierung in **prozeßbedingte**

Direktverbrauchsabweichungen primärer Kostenarten in den Kostenstellen St, F_I sowie F_{II} bzw. **umweltschutzbedingte** Direktverbrauchsabweichungen primärer Kostenarten in den Umweltschutzstellen Ü, E_I sowie E_{II}.

Der dritte Ausdruck in runden Klammern beschreibt die Summe der kontrollrelevanten **Direktverbrauchsabweichungen sekundärer prozeßbedingter Kostenarten** in der sekundären Kostenstelle F_I und in Hauptkostenstelle F_{II}.

Im vierten Klammerausdruck sind die kontrollrelevanten **Direktverbrauchsabweichungen sekundärer umweltschutzbedingter Kostenarten** in den sekundären Kostenstellen St sowie F_I, Hauptkostenstelle F_{II} und den Umweltschutzstellen Ü, E_I sowie E_{II} zusammengefaßt.

Der fünfte Ausdruck in runden Klammern beschreibt die Summe der kontrollrelevanten **Absatzmengenabweichungen primärer Kostenarten** in den Endkostenstellen F_I und F_{II}. Da es sich bei F_I und F_{II} um reine Fertigungsstellen handelt, kann auch von Absatzmengenabweichungen primärer **prozeßbedingter** Kostenarten gesprochen werden.

Der sechste Klammerausdruck definiert die **Absatzmengenabweichungen sekundärer prozeßbedingter Kostenarten** in den Endkostenstellen F_I und F_{II}. Im siebten Klammerausdruck sind die **Absatzmengenabweichungen sekundärer umweltschutzbedingter Kostenarten** in den Endkostenstellen F_I und F_{II} zusammengefaßt.

Aufgabe einer jeden Kostenkontrollrechnung ist es, die für die Entstehung und die für den künftigen Abbau von Kostenabweichungen maßgebenden Ursachen zu identifizieren (vgl. u.a. KLOOCK/BOMMES 1982, S. 225; GLASER 1986, S. 141). In dieser Schrift wird die Kostenkontrolle als Soll-Ist-Kostenvergleich durchgeführt, d.h. den Istkosten werden geplante Sollkosten gegenübergestellt. Die aus dem Vergleich resultierende Gesamtabweichung wird solange in Kostenteilabweichungen zerlegt, bis maßgebliche Abweichungsursachen erkannt werden können. Bei der Zerlegung der Kostengesamtabweichung in Teilabweichungen treten unlösbare Zurechnungsprobleme auf, wenn multiplikative Beziehungen zwischen Kosteneinflußgrößen bestehen (vgl. u.a. GLASER 1986, S. 144f.). Da Kosten stets das Produkt aus Faktormengen und Faktorpreisen sind, tritt auch stets das Problem der Abweichungsinterdependenzen auf (vgl. KILGER 1981, S. 169). Als methodischer Ansatz der Kostenabweichungsanalyse wir die differenzierte kumulative Abweichungsanalyse auf der Basis eines Soll-Ist-Vergleichs gewählt.

Werden Umweltschutzmaßnahmen als Umweltschutzstellen berücksichtigt, müssen stets **mehrstufige Produktionsprozesse** betrachtet werden. Bei der Kostenkontrolle mehrstufiger Produktionsprozesse muß sichergestellt sein, daß Mehrfacherfassungen von Änderungen originärer Kosteneinflußgrößen vermieden werden. Mit dem vorgestellten Kostenkontrollansatz erhält man durch Zusammenfassung aller stellenspezifischen Teilabweichungen ein **System von Kostenteilabweichungen**, die aus der Änderung **jeweils genau einer originären Kosteneinflußgröße** resultieren; die Abweichungen höherer Ordnung werden in einem Abweichungsblock ausgewiesen (vgl. KLOOCK/DÖRNER 1988, S. 135). Das geschilderte Problem der Vermeidung von Mehrfacherfassungen von Änderungen originärer Einflußgrößen kann damit als gelöst gelten.

Desweiteren müssen die kontrollrelevanten Kostenteilabweichungen nach ihrer **umweltschutzbedingten** bzw. **prozeßbedingten Verursachung** differenzierbar sein. Nach den Überlegungen des Kapitels 3.3.2.1 setzen sich die beschäftigungsproportionalen Sollkosten $K_P^{(s)}$ aus den Plankosten $K_{P_U}^{(s)}$ für den Umweltschutz und $K_{P_P}^{(s)}$ zur Erfüllung prozeßbedingter Zwecke zusammen, d.h. $K_P^{(s)} = K_{P_U}^{(s)} + K_{P_P}^{(s)}$. In analoger Weise ist die Kostengesamtabweichung ΔK_P in eine **umweltschutzbedingte Kostengesamtabweichung** ΔK_{P_U} und eine **prozeßbedingte Kostengesamtabweichung** ΔK_{P_P} zerlegbar, d.h. $\Delta K_P = \Delta K_{P_U} + \Delta K_{P_P} + AHG$.

Danach resultiert zur **Kontrolle der Kosten für den Umweltschutz** folgender Kostenkontrollansatz

$$
\begin{aligned}
\Delta K_{P_U} = {} & \sum_{l=1}^{L_{Pr}} \Delta q_l \Big(d_{l\text{ü}}^{(i)} v_{\text{ü}}^{(i)} B_{\text{ü}}^{(i)} + d_{lE_I}^{(i)} v_{E_I}^{(i)} B_{E_I}^{(i)} + d_{lE_{II}}^{(i)} v_{E_{II}}^{(i)} B_{E_{II}}^{(i)} \Big) \\
& + \sum_{l=1}^{L_{Pr}} q_l^{(i)} \Big(\Delta d_{l\text{ü}} v_{\text{ü}}^{(i)} B_{\text{ü}}^{(i)} + \Delta d_{lE_I} v_{E_I}^{(i)} B_{E_I}^{(i)} + \Delta d_{lE_{II}} v_{E_{II}}^{(i)} B_{E_{II}}^{(i)} \Big) \\
& + \Big(g_{u_{St}}^{(i)} \Delta d_{StF_I} v_{F_I}^{(i)} B_{F_I}^{(i)} + \Big(g_{u_{St}}^{(i)} \Delta d_{StF_{II}} + g_{u_{F_I}}^{(i)} \Delta d_{F_I F_{II}} \Big) v_{F_{II}}^{(i)} B_{F_{II}}^{(i)} \\
& \quad + \big(g_{p_{St}}^{(i)} + g_{u_{St}}^{(i)} \big) \Big(\Delta d_{St\text{ü}} v_{\text{ü}}^{(i)} B_{\text{ü}}^{(i)} + \Delta d_{StE_I} v_{E_I}^{(i)} B_{E_I}^{(i)} + \Delta d_{StE_{II}} v_{E_{II}}^{(i)} B_{E_{II}}^{(i)} \Big) \\
& \quad + g_{u_{\text{ü}}}^{(i)} \Delta d_{\text{ü}F_I} v_{F_I}^{(i)} B_{F_I}^{(i)} \\
& \quad + g_{u_{E_I}}^{(i)} \Big(\Delta d_{E_I St} v_{St}^{(i)} B_{St}^{(i)} + \Delta d_{E_I F_I} v_{F_I}^{(i)} B_{F_I}^{(i)} + \Delta d_{E_I F_{II}} v_{F_{II}}^{(i)} B_{F_{II}}^{(i)} \Big) \\
& \quad + g_{u_{E_{II}}}^{(i)} \Delta d_{E_{II} F_I} v_{F_I}^{(i)} B_{F_I}^{(i)} \Big) \\
& + \Big(g_{u_{St}}^{(i)} \Big(d_{StF_I}^{(i)} \Delta x_{P1} + d_{StF_{II}}^{(i)} \Delta x_{P2} \Big) + g_{u_{F_I}}^{(i)} d_{F_I F_{II}}^{(i)} \Delta x_{P2} \\
& \quad + g_{u_{\text{ü}}}^{(i)} d_{\text{ü}F_I}^{(i)} \Delta x_{P1} + g_{u_{E_I}}^{(i)} \Big(d_{E_I F_I}^{(i)} \Delta x_{P1} + d_{E_I F_{II}}^{(i)} \Delta x_{P2} \Big) + g_{u_{E_{II}}}^{(i)} d_{E_{II} F_I}^{(i)} \Delta x_{P1} \Big).
\end{aligned}
$$

Somit kann auch das zweite Problem der Differenzierung der Kostenteilabweichungen nach ihrer umweltschutz- bzw. prozeßbedingten Verursachung zur Kontrolle der Kosten für den Umweltschutz als gelöst gelten.

Im nachfolgenden Kapitel 3.5 werden nochmals die wichtigsten Ergebnisse der einzelnen Kapitel aufgegriffen und abschließend diskutiert.

3.5 Erfüllung der dispositiven Aufgaben

In Kapitel 2.2 werden die dispositiven Aufgaben einer Kostenrechnung bereits insoweit charakterisiert, als das zu konzipierende Kostenrechnungssystem in der Lage sein muß, **jederzeit** die für Planungsprobleme **relevanten Kostendaten** zur Verfügung zu stellen (vgl. KILGER 1981, S. 186f.). Dabei handelt es sich nicht um ein organisatorisch selbständiges Teilgebiet der Kostenrechnung, sondern um eine von allen Kostenrechnungsteilsystemen gemeinsam zu erfüllende Aufgabenstellung (vgl. KILGER 1987, S. 17). Bei der Gestaltung eines jeden Kostenrechnungsteilsystems einer internen Umweltkostenrechnung werden die Überlegungen von der **Transparenz der Kosten für den Umweltschutz**, genauer **der Umweltschutz- und ökologischen Anderskosten** geleitet (vgl. auch BESCHORNER 1976, S. 58f.; FLEISCHMANN/PAUDTKE 1977, S. III-7, 2; RENTZ 1979, S. 1f.; HEIGL 1989a, S. III-0, 12; KLOOCK 1992, S. 932 und S. 936; ROTH 1992, S. 78ff.; WAGNER 1992, S. 918).

Im Kostenrechnungsteilsystem der **Stellenrechnung** wird zunächst eine Einteilung des Unternehmens in reine Kostenstellen des Sekundär- sowie Primärbereichs und Umweltschutzstellen vorgeschlagen. Mit einer den Überlegungen des Kapitels 3.2.2 folgenden Stellenstruktur entfällt zum einen die Festlegung von prozeß- und umweltschutzbedingten Bezugsgrößen innerhalb einer Kostenstelle (im Gegensatz etwa zu KLOOCK 1990a, S. 148). Zum anderen werden Abgrenzungsprobleme, die aus der Notwendigkeit der Differenzierung der primären Kosten einer gemischten Stelle nach umweltschutz- bzw. prozeßbedingter Verursachung resultierten, vermieden. In Kapitel 3.2.3 wird dargelegt, daß für alle Umweltschutzstellen in direkten Leistungsbereichen auch direkte Bezugsgrößen gefunden werden können. Nach der Bezugsgrößenwahl erfolgt die Bestimmung von Planbezugsgrößen mit Hilfe der Engpaßplanung (vgl. auch Kapitel 1.2.4.2). Im Rahmen der innerbetrieblichen Leistungsverrechnung wird mit der Analyse der Leistungsverflechtung zwischen sekundären Kosten- und Umweltschutzstellen die Inanspruchnahme der für prozeßbedingte Zwecke bzw. für den Umweltschutz bereitgestellten Kapazitäten, also das **Mengengerüst** der prozeß- bzw. umweltschutzbedingten Kosten dargelegt (vgl. Kapitel 3.2.4.1). Nach Durchführung der innerbetrieblichen Leistungsverrechnung liegt auch das **Wertegerüst** in Form der prozeß- sowie umweltschutzbedingten Grenzkosten- und Fixkostenverrechnungssätze der sekundären Kosten- und Umweltschutzstellen vor (vgl. Kapitel 3.2.4.2 und 3.2.4.3).

Im Kostenrechnungsteilsystem der **Kalkulation** soll eine **verursachungsgerechte** Zuordnung der Kosten für prozeßbedingte Zwecke und für den Umweltschutz auf die **Kostenträger** erreicht werden. Kostenträger in einer internen Umweltkostenrechnung sind zum einen die erwünschten Zwischen- und Hauptprodukte und zum anderen die zu beurteilenden Umweltschutzmaßnahmen (vgl. Kapitel 2.2).

Werden die erwünschten Zwischen- und Hauptprodukte in einem Verfahren der Kuppelproduktion gefertigt (vgl. Abbildung 1.7), ist eine verursachungsgerechte Zuordnung der Kuppelprozeßkosten auf die Kuppelprodukte nicht möglich. Vielmehr werden die verbundenen Kosten der Kuppelproduktion mittels einer oder mehreren Schlüsselgrößen verteilt (vgl. Kapitel 3.3.1). Die daraus resultierenden produktindividuellen Stückkosten können keine entscheidungsrelevanten Kosten sein, denn sie werden rein **rechnerisch** bestimmt. Auch eine Zerlegung der Stückkosten in primäre Kostenartenbeträge führte zu keinen weiteren Erkenntnissen. – Je nach gewähltem Verteilungsschlüssel werden die Kuppelprodukte in unterschiedlicher Höhe mit umweltschutz- bzw. prozeßbedingten Kosten belastet. Unabhängig vom gewählten Verteilungsschlüssel kann der prozentuale Anteil der umweltschutzbedingten Stückherstellkosten an den Stückherstellkosten eines erwünschten Zwischen- oder Hauptprodukts entsprechend des prozentualen Anteils der beschäftigungsproportionalen umweltschutzbedingten Kosten an den beschäftigungsproportionalen Gesamtkosten der das betreffende Produkt fertigenden Stelle bestimmt werden. Damit ist ein gesonderter Ausweis der Kosten für den Umweltschutz in den produktindividuellen Stückkosten möglich. Daraus sind aber keine Aussagen darüber ableitbar, ob etwa die Stückkosten durch die den Zwischen- und Hauptprodukten zugerechneten Kosten für den Umweltschutz stark angestiegen oder beispielsweise als Resultat von umweltschutzinduzierten Rationalisierungseffekten gesunken sind (im Gegensatz zu ROTH 1992, S. 80). Desweiteren sind die umweltschutz- und prozeßbedingten produktindividuellen Stückherstellkosten als Grundlage preispolitischer Entscheidungen gänzlich unbrauchbar (im Gegensatz zu ROTH 1992, S. 80f.). Lediglich zur internen Bewertung von Halb- und Fertigerzeugnisbeständen und als Grundlage der Wertansätze von Halb- und Fertigerzeugnisbeständen für Handels- und Steuerbilanz können die rechnerischen Stückkosten herangezogen werden (vgl. KILGER 1987, S. 270ff.).

Eine **verursachungsgerechte** Zuordnung der geplanten beschäftigungsproportionalen und -fixen Gesamtkosten einer Periode auf die **Umweltschutzmaßnahmen** ist hingegen möglich (vgl. Kapitel 3.3.2). Dazu werden in einem ersten Arbeitsschritt die beschäftigungsproportionalen und -fixen Gesamtkosten einer Planperiode mittels einer **stellenorientierten** Betrachtung hinsichtlich ihrer umweltschutz- bzw. prozeßbedingten Verursachung differenziert (vgl. Kapitel 3.3.2.1). Bei Kenntnis des Zusammenwirkens von Umweltschutz**stellen** und Umweltschutz**maßnahmen** können daraus die Kosten einzelner Umweltschutzmaßnahmen abgeleitet werden (vgl. Kapitel 3.3.2.3). Eine Zerlegung der Kosten für den Umweltschutz bzw. der Kosten für einzelne Umweltschutzmaßnahmen in primäre Kostenartenbeträge kann die Wirkungen von Faktorpreisänderungen und/oder Mengenänderungen unmittelbar aufzeigen (vgl. Kapitel 3.3.2.2 und 3.3.2.3).

Im Rahmen der **Erfolgsanalyse** steht die Transparenz der Kostentragfähigkeit eines jeden erwünschten Hauptproduktes im Vordergrund (vgl. Kapitel 3.3.3). Eine Diferenzierung des gesamten Fixkostenblockes hinsichtlich der Erzeugnisnähe und der umweltschutz- bzw. prozeßbedingten Verursachung erlaubt eine Beurteilung der Anpassungsmöglichkeiten und der Anpassungsgeschwindigkeit an Veränderungen des unmittelbaren unternehmerischen Umfeldes. Führt eine Verschärfung der Gesetzeslage im Bereich des Umweltschutzes zur Internalisierung weiterer Umweltkosten, können die Wirkungen auf die beschäftigungsproportionalen Kosten für den Umweltschutz, auf einzelne umweltschutzbedingte Fixkostenschichten und letzlich auf den kalkulatorischen Periodenerfolg unmittelbar dargelegt werden.

Im Kostenrechnungsteilsystem der **Kostenkontrolle** wird ein eigenständiger Ansatz zur Kontrolle der Kosten für den Umweltschutz vorgeschlagen (vgl. Kapitel 3.4).

Solche Überlegungen ergeben aber nur dann einen Sinn, wenn es **Entscheidungsprobleme** zu lösen gilt, für die Kosten für den Umweltschutz **entscheidungsrelevante** Kostendaten sind. **Umweltschutzkosten** bezeichnen den Teil der Umweltkosten, der durch öffentliche Abgaben, durch Erfüllung gesetzlicher Umweltschutzauflagen oder auch durch Haftungsansprüche Dritter internalisiert wird, und deshalb in einer eine erfolgsorientierte Unternehmensführung unterstützenden Kosten- und Leistungsrechnung bereits berücksichtigt sein muß (vgl. Kapitel 1.2.4.1). Umweltschutzkosten können somit entscheidungsrelevante Kosten sein, ohne als Kosten für den Umweltschutz transparent zu werden. Wird als Ausdruck einer aktiven Umweltpolitik Umweltschutz über die staatlichen Auflagen hinaus durch Ergreifen freiwilliger Umweltschutzmaßnahmen betrieben, ist neben der Beurteilung der Erfolgswirksamkeit umweltschutzbezogener Maßnahmen eine Feststellung ihres Beitrags zum Schutz der natürlichen Umwelt erforderlich. **Ökologische Anderskosten** bezeichnen den Teil der Umweltkosten, der über die Umweltschutzkosten hinaus berücksichtigt und durch Ergreifen freiwilliger Umweltschutzmaßnahmen verursachungsgerecht internalisiert wird, sofern die Verfolgung des Gewinnziels dadurch nicht beeinträchtigt wird (vgl. Kapitel 1.2.4.1 und 2.1.2).

Entscheidungsprobleme, für die Umweltschutzkosten und ökologische Anderskosten relevante Kostendaten sind, werden in den folgenden Überlegungen klassifiziert, und es wird aufgezeigt, wie die Kostenrechnungsteilsysteme einer internen Umweltkostenrechnung die Bereitstellung der relevanten Kostendaten gewährleisten.

Aufgrund des eher kurzfristigen Planungshorizonts der Kostenrechnung eignen sich die von ihr **unmittelbar** zur Verfügung gestellten Kosteninformationen für Entscheidungsprobleme der kurzfristigen operativen Planung. Auf dieser Planungsebene werden insbesondere die Betriebsmittel- und langfristigen Personalkapazitäten als unveränderlich angesehen, die Grundstruktur des Produktions- und Absatzprogramms gilt als festgelegt, und das Unternehmen ist aufgrund langfristiger Lieferverträge gebunden (vgl. KILGER 1981, S. 737 und 1986, S. 116f.). Für Entscheidungsprobleme der mittelfristigen operativen Planung können relevante Kostendaten von der internen Umweltkostenrechnung nur **mittelbar**, etwa in Form von **Sonderrechnungen** zur Verfügung gestellt werden. Damit sollen in absehbarer Zeit zu erwartende Änderungen antizipiert und ihre Wirkungen auf kurzfristige Entscheidungen beurteilt werden können (vgl. u.a. KLOOCK 1992, S. 938ff.; WAGNER 1992, S. 919). Für Entscheidungsprobleme der langfristigen operativen Planung kann die interne Umweltkostenrechnung lediglich Plandaten liefern, die zunächst in geeigneter Weise korrigiert werden müssen. Dabei werden Vorüberlegungen zur Konzeption einer **internen Umweltinvestitionsrechnung** im Vordergrund stehen.

Als ein Aufgabenbereich der kurzfristigen operativen Planung sei die **Verfahrensplanung** herausgegriffen. „Beim Aufbau der kurzfristigen Planung gehört jede auf der Basis vorhandener Kapazitäten realisierbare Variante der produktionstechnischen Durchführung in den Aufgabenbereich der Verfahrensplanung“ (KILGER 1973a, S. 41). Verfügt das Unternehmen über mehrere Umweltschutz**stellen** bzw. Umweltschutz**maßnahmen**, die produktionstechnisch geeignet sind, die gleichen Arbeitsgänge bei unterschiedlichen Produktionsbedingungen und mit verschieden hohen Kosten auszuführen, ist stets eine **Wahl zwischen mehreren Umweltschutzstellen bzw. Umweltschutzmaßnahmen** zu treffen (vgl. KILGER 1973a, S. 42; ROTH 1992, S. 78f.). Die Kostenunterschiede können aus unterschiedlichen technischen Eigenschaften, dem Alter der Aggregate oder aus unterschiedlichen Qualitäten der zu erbringenden

Umweltschutzleistung resultieren.

Man betrachte Abbildung 1.7 und lege den nachfolgenden Überlegungen die Daten des in Kapitel 1.2.4.2 beschriebenen Produktionsplanungsproblems zugrunde. Zur Formulierung und Lösung des beschriebenen Produktionsplanungsproblems mittels $(LP1)$ (vgl. S. 41) werden Kostendaten benötigt, wie sie von einer **internen Umweltkostenrechnung** bereitgestellt werden können. Dabei genügt die Stelleneinteilung des betrachteten betrieblichen Teilbereichs in (reine) Kosten- und Umweltschutzstellen den Überlegungen des Kapitels 3.2.2. Die primären Kostenartenbeträge sind verursachungsgerecht auf die Kosten- und Umweltschutzstellen verteilt, und die Ergebnisse der Kostenstellenrechnung liegen vor.

Angenommen, es existiert eine weitere **betriebliche Entsorgung** E_{III}, die in der Lage ist, die nicht verwertbaren Nebenprodukte $NP2$, $NP3$ und $NP4$ in die Umwelt weniger belastende Rückstände umzuwandeln. E_{III} stehe mit einer beschränkten Entsorgungskapazität von 4800 $[KE_{III}]$ zur Verfügung. Die Belastungskoeffizienten für die Rückstandsumwandlung betrügen $m_2^{(p)} = 2$ $[KE_{III}/NPE_2]$, $m_3^{(p)} = 8$ $[KE_{III}/NPE_3]$ bzw. $m_4^{(p)} = 4$ $[KE_{III}/NPE_4]$. Dabei würden variable Entsorgungskosten von $k_{E2}^{(p)} = 1,685$ $[GE/NPE_2]$, $k_{E3}^{(p)} = 6,74$ $[GE/NPE_3]$ bzw. $k_{E4}^{(p)} = 3,37$ $[GE/NPE_3]$ verursacht; die fixen Kosten der betrieblichen Entsorgung E_{III} werden in Höhe von $587,5$ $[GE]$ angenommen. Nach der Rückstandsumwandlung werden noch 20% $NP2$, 30% $NP3$ und 25% $NP4$ emittiert.

Zur Beantwortung der Frage, **welche** der beiden Entsorgungsmaßnahmen zur Rückstandsumwandlung von $NP2$, $NP3$ und $NP4$ gewählt werden soll, ist zunächst die **Erfolgswirksamkeit beider Maßnahmen** zu prüfen. Bleibt die Berücksichtigung von weiteren Umweltschutzmaßnahmen **ohne Wirkung** auf erzielbare Erlöse und prozeßbedingte Kosten, ist die Betrachtung der Kosten für den Umweltschutz zur Entscheidungsfindung ausreichend. Demnach ist aus der Menge der technisch möglichen und den gesetzlichen Umweltschutzauflagen genügenden Umweltschutzmaßnahmen diejenige zu wählen, die zu geringsten Kosten für den Umweltschutz führt. – Zur Beurteilung der Erfolgswirksamkeit der betrieblichen Entsorgung E_{III} wird für das Produktionsplanungsproblem der Abbildung 1.7 eine gewinnmaximale Lösung bestimmt – nun aber unter Einsatz von E_{III} (vgl. auch ZÄPFEL 1982, S. 118ff.). $(LP2)$ sei dabei das lineare Programm, das aus $(LP1)$ entsteht, wenn **anstelle** der eingangs betrachteten Entsorgungsmaßnahme nun E_{III} zur Rückstandsumwandlung eingesetzt wird.

$(LP2)$

$max\ DB := 20,2x_{P1} + 25,5x_{P2} - 0,5x_R - 1,41x_M - 1,5x_{N1} - 1,685x_{N2} - 6,74x_{N3} - 3,37x_{N4}$

u.d.N. (1) - (11) und *(14)* wie *(LP1)*

(12) $2x_{N2} + 8x_{N3} + 4x_{N4} \leqq 4800$

Die optimale Lösung von $(LP2)$ ist $\mathbf{x}_3^* = (x_R^*; x_{NR}^*; x_M^*; x_{P1}^*; x_{P2}^*; x_{N1}^*; x_{N2}^*; x_{N3}^*; x_{N4}^*; x_Z^*)$ $= (1128; 1175; 2350; 705; 352,5; 235; 470; 352,5; 235; 587,5)$ mit dem maximalen Gewinn $G_3^* = DB^*_{(LP2)}(\mathbf{x}_3^*) - 2000 = 15.040 - 2000 = 13.040$ $[GE]$. Die fixen Kosten der gesamten Produktionsfolge betragen 2000 $[GE]$; sie fallen in gleicher Höhe wie der ursprünglich berücksichtigte Fixkostenblock an und sind somit nicht entscheidungsrelevant. Ein Vergleich der optimalen Zielfunktionswerte von $(LP1)$ und $(LP2)$ ergibt $DB^*_{(LP2)}(\mathbf{x}_3^*) = DB^*_{(LP1)}(\mathbf{x}_1^*) = 15.040$ (vgl. Kapitel 1.2.4.2). Mit beiden Produktionsplänen, $\mathbf{x}_1^*$ und $\mathbf{x}_3^*$, kann ein maximaler Gewinn $G_1^* = G_3^* = 13.040$ $[GE]$ realisiert werden. Dabei sind bei Realisierung des Produktionsplans $\mathbf{x}_3^*$ gegenüber $\mathbf{x}_1^*$ **Mehrerlöse** in Höhe von $20,2(705 - 600) + 25,5(352,5 - 300) = 3459,75$ $[GE]$ erzielbar; die **prozeßbedingten Kosten** in Form der beschäftigungsproportionalen primären Kosten der Fertigung I erhöhen sich um $0,5(1128 - 960) + 1,41(2350 - 2000) = 577,5$ $[GE]$ (vgl. auch Tabelle 3.7); die **Kosten für Überarbeitung** steigen um $1,5(235 - 200) = 52,5$ $[GE]$; die **Entsorgungskosten** erhöhen sich um $(1,685 \cdot 470 - 1 \cdot 400) + (6,74 \cdot 352,5 - 1,1 \cdot 300) + (3,37 \cdot 235 - 2 \cdot 200) = 2829,75$ $[GE]$.

Hinsichtlich der Zielsetzung der Gewinnmaximierung sind beide Produktionspläne und somit beide Maßnahmen der betrieblichen Entsorgung gleich zu bewerten. Bei Realisierung des Produktionsplans $\mathbf{x}_1^*$ beträgt die mit **Äquivalenzkoeffizienten der ökologischen Buchhaltung** bewertete Umweltinanspruchnahme $Aek_{NR}^K x_{NR}^* + Aek_{NP1}^R \cdot 0,8x_{N1}^* + Aek_{NP2}^R \cdot 0,7x_{N2}^* + Aek_{NP3}^R \cdot 0,5x_{N3}^* + Aek_{NP4}^R \cdot 0,25x_{N4}^* = 4 \cdot 1000 + 7 \cdot 160 + 11 \cdot 280 + 4 \cdot 150 + 12 \cdot 50 = 9400$ $[NBE]$ (vgl. Kapitel 1.2.3 und 1.2.4.2). Die bewertete Umweltinanspruchnahme bei Realisierung des Produktionsplans $\mathbf{x}_3^*$ kann in Höhe von $Aek_{NR}^K x_{NR}^* + Aek_{NP1}^R \cdot 0,8x_{N1}^* + Aek_{NP2}^R \cdot 0,2x_{N2}^* + Aek_{NP3}^R \cdot 0,3x_{N3}^* + Aek_{NP4}^R \cdot 0,25x_{N4}^* = 4 \cdot 1175 + 7 \cdot 188 + 11 \cdot 94 + 4 \cdot 105,75 + 12 \cdot 58,75 = 8178$ $[NBE]$ ermittelt werden. Durch Realisierung von $\mathbf{x}_3^*$ – anstelle des Produktionsplans $\mathbf{x}_1^*$ – kann eine bewertete Umweltinanspruchnahme in Höhe von 1222 $[NBE]$ **vermieden** werden. Deshalb würde im Rahmen einer aktiven Umweltpolitik zur Rückstandsumwandlung die betriebliche Entsorgung E_{III} gewählt werden. Dabei sind **ökologische Anderskosten** in Form der Mehrkosten für Überarbeitung und Entsorgung in Höhe von $52,5 + 2829,75 = 2882,25$ $[GE]$ anzusetzen.

Neben Auswahlentscheidungen bei Vorhandensein mehrerer technisch gleichwertiger Umweltschutzmaßnahmen sind Entscheidungen über **Eigendurchführung und/oder Fremddurchführung umweltschutzbezogener Maßnahmen** von Bedeutung. Dazu gehören in der kurzfristigen Planung nur solche Entscheidungen, bei denen die zur Eigendurchführung erforderlichen Kapazitäten bereits vorhanden sind (vgl. KILGER 1973a, S. 42). So kann etwa darüber entschieden werden, ob ein Teil der Rückstandsumwandlung der nicht verwertbaren Nebenprodukte $NP2$, $NP3$ und $NP4$ einem externen Entsorgungsunternehmen übertragen oder mit einer gemieteten bzw. geleasten Entsorgungsanlage durchgeführt werden soll (vgl. KLOOCK 1992, S. 934, insb. Abbildung 3). Dabei wird im Rahmen einer aktiven Umweltpolitik bei mehreren alternativen externen Entsorgungsmaßnahmen neben der Erfolgswirksamkeit auch der Beitrag zum Schutz der natürlichen Umwelt die Entscheidungsfindung beeinflussen. Die in den vorangegangenen Überlegungen dargestellte Entsorgungsmaßnahme E_{III} kann auch als externe oder geleaste/gemietete Entsorgungsmaßnahme interpretiert werden. – Zu Entscheidungen über Eigen- und Fremddurchführung umweltschutzbezogener Maßnahmen gehören auch Entscheidungen über die Eigenerstellung und den Fremdbezug von Einzelteilen und Vorprodukten. Gibt es alternative Beschaffungsmöglichkeiten für Einzelteile und Vorprodukte zu vergleichbaren Kosten, ist im Rahmen einer aktiven Umweltpolitik stets den **umweltgerechter** hergestellten sowie beschaffbaren Produkten der Vorzug zu geben (vgl. Kapitel 2.2).

Als letzte Gruppe von Entscheidungen im Rahmen der Verfahrenswahl werden Entscheidungen über **kapazitätserhöhende Anpassungsprozesse in Umweltschutzstellen** betrachtet (vgl. KILGER 1973a, S. 43). Von den zur Anpassung an Beschäftigungsschwankungen möglichen Anpassungsprozessen werden im Rahmen der kurzfristigen Planung diejenigen betrachtet, die auf der Variation von Intensität und Zeit basieren.

Angenommen, bei der aus einer Bezugsgrößendifferenzierung resultierenden Umweltschutzstelle E_{II} handelt es sich um eine **eigenständige** betriebliche Entsorgung E_{II} (vgl. Kapitel 3.2.3). Dabei wird das nicht verwertbare Nebenprodukt $NP3$ unter Einsatz primärer Produktionsfaktoren l ($l = 4120, 4125, 4315, 4502, 4801, 4910$) und des sekundären Produktionsfaktors Strom in den die natürliche Umwelt weniger belastenden Rückstand $UNP3$ **umgewandelt** (vgl. Tabelle 3.6b). Als **Input des Reduktionssystems** E_{II} sind die primären sowie sekundären Produktionsfaktoren und das nicht verwertbare Nebenprodukt $NP3$ anzusehen (vgl. DYCKHOFF 1992, S. 66f. und S. 193f.); **Output** des Reduktionssystems ist der die natürliche Umwelt weniger belastende Rückstand $UNP3$.

Im folgenden soll für das beschriebene Reduktionssystem eine **GUTENBERG-Technologie** entwickelt werden, die auf den Entscheidungsvariablen Intensität π und Zeit t basiert. Diese Vorgehensweise folgt der Überlegung, daß Reduktionssysteme wie Produktionssysteme durch die Wahl bestimmter Intensitäten und Zeiten gesteuert werden können (vgl. DINKELBACH 1988, S. 26).

Wird ein Produktionssystem mittels einer GUTENBERG-Technologie dargestellt, sind die **Produktionskoeffizienten** von der Arbeitsweise, etwa der Produktionsgeschwindigkeit, des betrachteten Produktionssystems abhängig. „Diese Abhängigkeiten zwischen dem Verbrauch an Faktoreinsatzmengen und der Inanspruchnahme eines Betriebsmittels seien als **'Verbrauchsfunktionen'** bezeichnet" (GUTENBERG 1983, S. 327). Eine Verbrauchsfunktion gibt somit den Verbrauch eines bestimmten Produktionsfaktors zur **Produktion** einer Produkteinheit in Abhängigkeit von der Intensität an. Unter Intensität wird dabei in Anlehnung an GUTENBERG die Ausbringungsmenge pro Zeiteinheit verstanden (vgl. DINKELBACH/PIRO 1990, S. 640).

Reduktionskoeffizienten geben den Verbrauch eines bestimmen Produktionsfaktors zur **Reduktion** (Umwandlung, Vernichtung, Entsorgung) einer Einheit eines nicht verwertbaren Nebenprodukts an. Sie sind aber auch als „Produktionskoeffizienten" interpretierbar, die den Verbrauch eines bestimmen Produktionsfaktors zur „Produktion" einer Einheit des **umgewandelten** (reduzierten, vernichteten, entsorgten) Nebenprodukts angeben. Eine **Reduktionsfunktion** $r_l(\pi)$ gebe den Verbrauch eines Produktionsfaktors l $(l = 1,\ldots,L_{Pr},L_{Pr}+1,\ldots,L_{S_p},L_{S_p}+1,\ldots,L_S)$ pro Einheit des umgewandelten Nebenprodukts $UNP3$ in Abhängigkeit von der Intensität π an. Unter der Intensität π wird dabei die ausgebrachte Menge des umgewandelten Nebenprodukts pro Zeiteinheit verstanden; sie hat somit die Dimension $uNPE_3/ZE$ und kann im Intervall $[\pi_{min},\pi_{max}] = [10,60]$ variiert werden. Die Dimension der Reduktionsfunktionen ist $FE_l/uNPE_3$ $(l = 1,\ldots,L_{Pr},L_{Pr}+1,\ldots,L_{S_p},L_{S_p}+1,\ldots,L_S)$. Die Zeit t sei im Intervall $[t_{min},t_{max}] = [5,24]$ variierbar. Die ausgebrachte Menge von $UNP3$ werde mit u bezeichnet; es ist $u = \pi t$ $[uNPE_3]$.

Aus dem Kostenstellenplan der Umweltschutzstelle Entsorgung bezüglich Bezugsgröße $B_{E_{II}}$ sind die Direktbedarfskoeffizienten $d^{(p)}_{lE_{II}}$ $[FE_l/KE_{II}]$ der primären Kostenarten l $(l = 4120,4125,4315,4502,4801,4910)$ und $d^{(p)}_{StE_{II}}$ $[vBGE_{St}/KE_{II}]$ der sekundären Kostenart Strom ableitbar (vgl. Tabellen 3.6b und 3.10 in Anhang B). Der Belastungskoeffizient $m^{(p)}_{E_{II}}$ für die Rückstandsumwandlung des nicht verwertbaren Nebenprodukts

$NP3$ wird mit $m_{E_{II}}^{(p)} = m_3^{(p)} = 5$ $[KE_{II}/NPE_3]$ angenommen (vgl. Kapitel 1.2.4.2). Die betriebliche Entsorgung E_{II} steht mit einer beschränkten Entsorgungskapazität von 1500 $[KE_{II}]$ zur Verfügung. Nach Rückstandsumwandlung werden noch 50% $NP3$ emittiert (vgl. Abbildung 1.7).

Der Teil der in Reduktionssystem E_{II} eingebrachten Menge von $NP3$, der nicht in $UNP3$ umgwandelt werden kann, wird nach Rückstandsumwandlung emittiert. Es bezeichne x_{N3} $[NPE_3]$ die in die Entsorgung E_{II} eingebrachte Menge des nicht verwertbaren Nebenprodukts $NP3$ (vgl. Kapitel 1.2.4.2), y_{N3} $[NPE_3]$ sei die nach Rückstandsumwandlung emittierte Menge von $NP3$, und u_{N3} $[uNPE_3]$ bezeichne die Menge des umgewandelten Nebenprodukts $UNP3$. Es ist $y_{N3} = 0,5x_{N3}$ bzw. $y_{N3}/x_{N3} = 0,5$ $[NPE_3/NPE_3]$. Dieser Zusammenhang sei als **Emissionsgrad** e_N bezeichnet; es ist $100e_{N3} = 100y_{N3}/x_{N3} = 50\%$. Die Menge das umgewandelten Nebenprodukts u_{N3} ist aus $u_{N3} = x_{N3} - y_{N3} = (1 - e_{N3})x_{N3} = r_{N3}x_{N3} = 0,5x_{N3}$ $[uNPE_3]$ bestimmbar. Ein **Reduktions-** bzw. **Entsorgungsgrad** r_N setzt die **vermiedene Umweltinanspruchnahme** durch Rückstandsumwandlung zur Umweltinanspruchnahme ohne Rückstandsumwandlung in Beziehung (vgl. auch BESCHORNER 1976, S. 60). Der Entsorgungsgrad r_N hat die Dimension umgewandelte (reduzierte, vernichtete, entsorgte) Nebenprodukteinheiten pro in die Rückstandsumwandlung eingebrachte Nebenprodukteinheit; es ist $r_N = 1 - e_N$, hier $100r_{N3} = 100(1 - e_{N3}) = 50\%$.

Aus den vorhandenen Daten lassen sich **Reduktionskoeffizienten** $r_l^{(p)}$ $[FE_l/uNPE_3]$ für die primären Produktionsfaktoren l und $r_{St}^{(p)}$ $[vBGE_{St}/uNPE_3]$ für den sekundären Produktionsfaktor Strom bestimmen; es sind $r_l^{(p)} = 1/r_{N3} \cdot d_{lE_{II}}^{(p)} \cdot m_{E_{II}}^{(p)} = 10d_{lE_{II}}^{(p)}$ $[FE_l/uNPE_3]$ ($l = 4120, 4125, 4315, 4502, 4801, 4910$) und $r_{St}^{(p)} = 1/r_{N3} \cdot d_{StE_{II}}^{(p)} \cdot m_{E_{II}}^{(p)} =$ 16 $[vBGE_{St}/uNPE_3]$.

Die Kapazitätsinanspruchnahme $m_{E_{II}}^{(p)}$ $[KE_{II}/NPE_3]$ der Entsorgung E_{II} sei nun von der Intensität π abhängig und werde durch die Funktion $m_{E_{II}}(\pi)$ mit $m_{E_{II}}^{(p)} = m_{E_{II}}(\overline{\pi})$ beschrieben. Die zugehörige Reduktionsfunktion $r_{E_{II}}(\pi; r_N)$ habe folgendes Aussehen

$$r_{E_{II}}(\pi; r_N) \quad = \quad 1/(1 - r_N) \cdot \left(0,005(\pi - 50)^2 + 0,5\right) \qquad [KE_{II}/uNPE_3].$$

Der Verbrauch der primären Kostenart Hilfs- und Betriebsstoffe ($l = 4120$) sowie der sekundären Kostenart Strom zur Erstellung einer Kapazitätseinheit der Entsorgung E_{II} sei von der Intensität π abhängig und werde durch die Funktionen $d_{4120E_{II}}(\pi)$ mit $d_{4120E_{II}}^{(p)} = d_{4120E_{II}}(\overline{\pi})$ sowie $d_{StE_{II}}(\pi)$ mit $d_{StE_{II}}^{(p)} = d_{StE_{II}}(\overline{\pi})$ beschrieben. Es werden die Reduktionsfunktionen

$$\begin{aligned}
r_{4120}(\pi;r_N) &= 1/(1-r_N)\cdot d_{4120E_{II}}(\pi)\cdot r_{E_{II}}(\pi;r_N) \\
&= 1/(1-r_N)\cdot\left(0,01(\pi-20)^2+0,25\right) && [FE_{4120}/uNPE_3], \\
r_{St}(\pi;r_N) &= 1/(1-r_N)\cdot d_{StE_{II}}(\pi)\cdot r_{E_{II}}(\pi;r_N) \\
&= 1/(1-r_N)\cdot\left(0,0315(\pi-15)^2+7,2125\right) && [vBGE_{St}/uNPE_3], \\
r_l(\pi;r_N) &= 1/(1-r_N)\cdot d_{lE_{II}}^{(p)}\cdot r_{E_{II}}(\pi;r_N) && [FE_l/uNPE_3]
\end{aligned}$$

(l = 4125, 4315, 4502, 4801, 4910) angenommen. Die primären Kostengüter l (l = 4120, ..., 4910) und der sekundäre Produktionsfaktor Strom sollen zumindest kurzfristig in unbegrenzter Höhe beschaffbar sein. Die Entsorgung E_{II} selbst steht mit einer begrenzten Entsorgungskapazität von 1500 $[KE_{II}]$ zur Verfügung. Für die Rückstandsumwandlung gelte eine Untergrenze der Outputmenge von $UNP3$ in Höhe von $u \geqq r_{N3}x^*_{N3} = 300r_{N3}$ $[uNPE_3]$ (vgl. die Ergebnisdiskussion von ($LP1$) in Kapitel 1.2.4.2).

Nach diesen Überlegungen kann für das beschriebene Reduktionssystem E_{II} und einen gewünschten Entsorgungsgrad $r_N = r_{N3} = 0,5$ die GUTENBERG-Technologie

$$GT_{E_{II}} := \left\{ \begin{pmatrix} \pi \\ t \end{pmatrix} \in \mathbb{R}^2_+ \;\middle|\; \begin{array}{rcl} r_{E_{II}}(\pi)\pi t & \leqq & 1500 \\ \pi t & \geqq & 150 \\ 10 \leqq \pi \leqq 60, & & 5 \leqq t \leqq 24 \end{array} \right\}$$

mit $r_{E_{II}}(\pi) = r_{E_{II}}(\pi;r_{N3}) = 0,01(\pi-50)^2+1$ formuliert werden (vgl. auch DINKELBACH 1988, S. 28; DINKELBACH/PIRO 1990, S. 641).

Die **Stückkosten der Entsorgung** $k_E(\pi;r_N)$ $[GE/uNPE_3]$ in Abhängigkeit von der Intensität π und dem Entsorgungsgrad r_N sind wie folgt bestimmbar

$$\begin{aligned}
k_E(\pi;r_N) &= \sum_{l=4120}^{4910} q_l^{(p)}\, r_l(\pi;r_N) + \left(g_{pSt}^{(p)} + g_{uSt}^{(p)}\right) r_{St}(\pi;r_N) \\
&= 1/(1-r_N)\cdot\left(0,01135\pi^2 - 0,454\pi + 7,24\right).
\end{aligned}$$

Für alle zulässigen Outputmengen von $UNP3$ können die stückkostenminimale Anpassung ermittelt und die minimalen variablen Gesamtkosten einer innerbetrieblichen Entsorgung in Umweltschutzstelle E_{II} angegeben werden.

Zur graphischen Veranschaulichung von $GT_{E_{II}}$ dient Abbildung 3.5. Durch das Viereck $ABCD$ werden die gegebenen zeitlichen ($5 \leqq t \leqq 24$) und intensitätsmäßigen

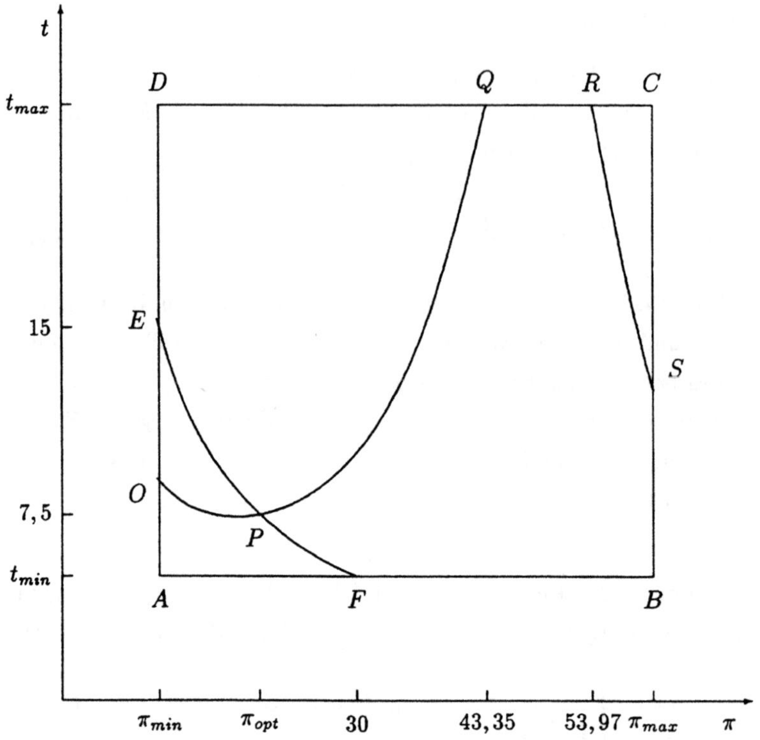

Abbildung 3.5: Graphische Darstellung von $GT_{E_{II}}$ im (π, t)-Diagramm

($10 \leqq \pi \leqq 60$) Anpassungsmöglichkeiten wiedergegeben. Die Kurve EF repräsentiert die Mindestoutputmenge von 150 [$uNPE_3$]. Die Kapazitätsbeschränkung der Entsorgung E_{II} auf 1500 [KE_{II}] wird durch die Kurven OQ und RS dargestellt. Die GUTENBERG-Technologie $GT_{E_{II}}$ und somit die Menge der zulässigen (π, t)-Kombinationen wird durch den Kurvenzug $PFBSRQ$ umschrieben.

Die **stückkostenminimale Intensität** π_{opt} ist unabhängig vom Entsorgungsgrad r_N und beträgt $\pi_{opt} = 20$ [$uNPE_3/ZE$]; es sind $k_E(\pi_{opt}; r_N) = 2,7/(1 - r_N)$ und $k_E(\pi_{opt}; r_{N3}) = 5,4$ [$GE/uNPE_3$]. Mit der stückkostenoptimalen Intensität ist in $t_1 = 150/\pi_{opt} = 7,5$ [ZE] die verlangte Mindestoutputmenge $u_1 = 150$ [$uNPE_3$] herstellbar (vgl. Punkt $P = (20; 7,5)$ in Abbildung 3.5). Bei einem Entsorgungsgrad $r_N = r_{N3}$ ist damit die verfügbare Kapazität von E_{II} ausgeschöpft, denn es ist $r_{E_{II}}(\pi_{opt})\pi_{opt}t_1 = 1/(1 - r_{N3}) \cdot 5 \cdot 20 \cdot 7,5 = 1500$ [KE_{II}]. Eine Erhöhung der Outputmenge u über die Mindestoutputmenge u_1 hinaus ist durch eine **simultane zeitliche und intensitätsmäßige Anpassung** entlang der durch $r_{E_{II}}(\pi)\pi t = 1500$ definierten Kurve OQ bis zur Erreichung von $t_{max} = 24$ [ZE] möglich. Im Punkt $Q = (43,35; 24)$ ist eine Outputmenge von $u_2 = 1040,4$ [$uNPE_3$] erreichbar. Die **minimalen variablen Gesamtkosten** betragen für $150 \leqq u \leqq 1040,4$

$$K_1^*(u) = k_E(\pi; r_{N3})u = \left(0,0227\pi^2 - 0,908\pi + 14,48\right)u$$

mit $\pi = r_{E_{II}}^{-1}\left(1500/u\right) = 50 - \sqrt{150.000/u - 100}$. Daraus resultiert

$$K_1^*(u) = 3405 + 23,56u - 1,362u\sqrt{150.000/u - 100}.$$

Eine weitere Erhöhung der Outputmenge über u_2 hinaus ist durch eine **intensitätsmäßige Anpassung** bei $t_{max} = 24$ [ZE] möglich, bis die Kapazitätsgrenze von E_{II} im Punkt $R = (53,97; 24)$ (vgl. Abbildung 3.5) erreicht wird. Die Funktion der minimalen variablen Gesamtkosten für $1040,4 \leqq u \leqq 1295,4$ lautet

$$K_2^*(u) = \left(0,0227\pi^2 - 0,908\pi + 14,48\right)u$$

mit $\pi = u/24$. Es ist

$$K_2^*(u) = 0,00003941u^3 - 0,037833u^2 + 14,48u.$$

Insgesamt hat die Funktion der minimalen variablen Gesamtkosten $K_E^*(u)$ der Entsorgung bei einem gewünschten Entsorgungsgrad $r_N = r_{N3}$ folgendes Aussehen

$$K_E^*(u) = \begin{cases} K_1^*(u) & \text{für} \quad 150 \leqq u \leqq 1040,4 \\ K_2^*(u) & \text{für} \quad 1040,4 \leqq u \leqq 1295,4. \end{cases}$$

Damit können für jede Outputmenge $u \in [150; 1295,4]$ von $UNP3$ bzw. für jede in die Entsorgung E_{II} eingebrachte Menge $x_{N3} = u/r_{N3} \in [300; 2590,8]$ von $NP3$ die minimalen variablen Gesamtkosten $K_E^*(u)$ $[GE]$ und die minimalen variablen Stückkosten $k_E^*(u)$ $[GE/uNPE_3]$ der Entsorgung angegeben werden.

In den diesem Kapitel vorausgegangenen Überlegungen wurde die betriebliche Entsorgung E_{II} bei stückkostenoptimaler Intensität $\pi_{opt} = 20$ $[uNPE_3/ZE]$ betrieben. Es sind $m_{E_{II}}^{(p)} = m_{E_{II}}(\pi_{opt}) = 5$ $[KE_{II}/NPE_3]$ (vgl. Kapitel 1.2.4.2), $d_{4120E_{II}}^{(p)} = d_{4120E_{II}}(\pi_{opt}) = 1/20$ $[FE_{4120}/KE_{II}]$ und $d_{StE_{II}}^{(p)} = d_{StE_{II}}(\pi_{opt}) = 8/5$ $[vBGE_{St}/KE_{II}]$ (vgl. Kapitel 3.2.4.3 und 3.3.2.2). Lassen die technischen Gegebenheiten eine Variation von Intensität π und Zeit t in einer Umweltschutzstelle zu, sind auf der Variation von π und t basierende kapazitätserhöhende Anpassungsprozesse möglich und sinnvoll, wie hier exemplarisch für die betriebliche Entsorgung E_{II} gezeigt wurde.

Wird in einer Kosten- bzw. Umweltschutzstelle die Intensität variiert, liegt stets der Fall der **verfahrensbedingten Heterogenität der Kostenverursachung** vor (vgl. KILGER 1981, S. 145). Die verfahrensbedingte Heterogenität führt zu einem nichtlinearen Verlauf der minimalen variablen Gesamtkosten $K_E^*(u)$ der Entsorgung; die Grenzkosten $K_E^{*\prime}(u)$ der Entsorgung sind variabel, d.h. von der Beschäftigung u abhängig. Eine wesentliche Prämisse einer flexiblen Plankostenrechnung fordert aber die Linearität von Gesamtkostenverläufen und somit die Konstanz der Grenzkosten. Daher muß für $K_E^*(u)$ zunächst eine geeignete **lineare Approximation** gefunden werden. Um möglichst große Abweichungen zu vermeiden, sollte eine stückweise Annäherung entwickelt werden, die den nichtlinearen Gesamtkostenverlauf durch mehrere lineare Teilstücke approximiert (vgl. KILGER 1981, S. 155ff.; LACKES 1989, S. 264ff.). Für jedes der Teilstücke muß eine eigene Bezugsgröße und letztlich ein eigener Kostenstellenplan erstellt werden (vgl. Kapitel 3.2.4.3).

Für ausgewählte Entscheidungsprobleme der kurzfristigen operativen Planung konnte die Relevanz von Kostendaten gezeigt werden, die von einer internen Umweltkostenrechnung **unmittelbar** zur Verfügung gestellt werden können. Dabei ist aber unterstellt, daß die den Schutz der natürlichen Umwelt betreffenden Aspekte **kontinuierlich** betriebswirtschaftlich planbar und auch steuerbar sind. Aber gerade Anforderungen zum Schutz der natürlichen Umwelt „können vielmehr plötzlich, mitunter krisenhaft greifen, sie können in wechselnder Struktur auf unterschiedlichste Bereiche zugleich einwirken, und sie können u.U. den unternehmerischen Sachverstand zum Zeitpunkt ihres plötzlichen Einwirkens (zumindest partiell) überfordern“ (WAGNER/JANZEN 1991, S. 124). Als Folge der fehlenden Vorhersehbarkeit von Eintrittszeitpunkt sowie

Art und Höhe der Anforderungen zum Schutz der natürlichen Umwelt sind die kostenwirtschaftlichen Konsequenzen für die betroffenen Unternehmen nur ungenau bzw. kaum bestimmbar. Dies kann bei der Bereitschaft zu einer aktiven Umweltpolitik zu einer vorbeugenden Technologieanpassung führen, wobei Emissionsniveaus unterhalb der geltenden Standards realisiert werden, um so mögliche zukünftige Verschärfungen der öffentlichen Grenzwertfestsetzungen bereits vorwegzunehmen oder auch der Kostenwirksamkeit zukünftig erhöhter Umweltabgaben vorzubeugen (vgl. WAGNER 1992, S. 919). In Ergänzung dazu kann sich ein Unternehmen durch ein eher langfristig vorausschauendes Denken und Handeln zum Aufspüren von Veränderungen in den ökologischen Rahmenbedingungen des Unternehmens einstellen (vgl. Kapitel 2.2). Die dazu geeigneten Instrumente der Informationsversorgung und Entscheidungsunterstützung werden üblicherweise unter dem Schlagwort **umweltbezogenes** oder auch **ökologisches Controlling** zusammengefaßt (vgl. u.a. WAGNER/JANZEN 1991, S. 120f.).

In dieser Schrift soll ein Entscheidungsproblem näher beleuchtet werden, für das die interne Umweltkostenrechnung **mittelbar**, etwa in Form von **Sonderrechnungen** relevante Kostendaten zur Verfügung stellen kann. Dabei soll eine in absehbarer Zeit zu erwartende Verschärfung des Grenzwertes bei Emission des nicht verwertbaren Nebenprodukts $NP3$ vorweggenommen und ihre Wirkung auf kurzfristige Entscheidungen beurteilt werden können. Auf diese Weise kann eine interne Umweltkostenrechnung zur Erfüllung zumindest eines Teils der Aufgaben eines umweltbezogenen Controllings beitragen.

Man betrachte wiederum Reduktionssystem E_{II}. Der Grenzwert der Emission von $NP3$ werde durch den Entsorgungsgrad r_N $[uNPE_3/NPE_3]$ abgebildet. Eine **Verschärfung des Emissionsgrenzwertes** von $NP3$ wird dabei durch eine **Erhöhung des Entsorgungsgrades** r_N ausgedrückt. Zur Beurteilung der kostenwirtschaftlichen Konsequenzen einer Verschärfung des Emssionsgrenzwertes von $NP3$ kann die Bestimmung der minimalen variablen Gesamtkosten der Entsorgung für **unterschiedliche Entsorgungsgrade** r_N herangezogen werden (vgl. auch BESCHORNER 1976, S. 60). Im Rahmen einer **parametrischen Sensitivitätsanalyse** soll dieses Abhängigkeitsverhältnis näher untersucht werden (vgl. DINKELBACH 1969, S. 29f. und 1971, S. 476).

E_{II} werde durch die GUTENBERG-Technologie GT_p beschrieben, die aus $GT_{E_{II}}$ durch **parametrische Variation** des Entsorgungsgrades r_N in einem vorgegebenen Intervall entstanden ist. Es ist

$$GT_p := \left\{ \begin{pmatrix} \pi \\ t \end{pmatrix} \in \mathbb{R}^2_+ \;\middle|\; \begin{array}{rcl} r_{E_{II}}(\pi; r_N)\pi t & \leqq & 1500 \\ \pi t & \geqq & 300 r_N \\ 10 \leqq \pi \leqq 60, & & 5 \leqq t \leqq 24 \end{array} \right\}$$

mit $r_{E_{II}}(\pi; r_N) = 1/(1 - r_N) \cdot (0{,}005(\pi - 50)^2 + 0{,}5)$ und $r_N \in [0; 1]$.

Die Stückkosten der Entsorgung $k_E(\pi; r_N)$ in Abhängigkeit von der Intensität π und dem Entsorgungsgrad r_N lauten $k_E(\pi; r_N) = 1/(1 - r_N) \cdot (0{,}01135\pi^2 - 0{,}454\pi + 7{,}24)$ $[GE/uNPE_3]$. – Findet keine Rückstandsumwandlung, d.h. keine „Produktion" von $UNP3$ statt, ist $r_N = 0$. Im Falle $r_N = 1$ wird die in die Entsorgung E_{II} eingebrachte Menge von $NP3$ vollständig in $UNP3$ umgewandelt; man kann auch sagen, die Inputmenge von $NP3$ wird bei der „Produktion" von $UNP3$ vollständig aufgezehrt.

$GT_p^{(n)}$ bezeichne die Menge der zulässigen (π, t)-Kombinationen für einen vorgegebenen Entsorgungsgrad $r_N = r_{N3}^{(n)}$. In Abbildung 3.6 ist die GUTENBERG-Technologie GT_p für ausgewählte Entsorgungsgrade – $r_{N3}^{(1)} = 1/3$, $r_{N3}^{(2)} = 1/2$, $r_{N3}^{(4)} = 2/3$ und $r_{N3}^{(5)} = 10/11$ – dargestellt. Die **optimalen Lösungsfunktionen** $K_E^*(u; r_N)$ und die **optimalen Lösungsrelationen** $u^*(r_N)$, $r_N \in [0; 1]$ sind in Tabelle 3.15 zusammengefaßt.

Bei einem Entsorgungsgrad $r_N = r_{N3}^{(1)} = 1/3$ bezeichnet $GT_p^{(1)}$ die Menge der zulässigen (π, t)-Kombinationen; sie wird in Abbildung 3.6 durch den Kurvenzug $E'F'BS'R'Q'O'$ umschrieben. Mit der stückkostenminimalen Intensität $\pi_{opt} = 20$ $[uNPE_3/ZE]$ ist in $t_1 = 300 r_{N3}^{(1)}/\pi_{opt} = 5 = t_{min}$ $[ZE]$ die verlangte Mindestoutputmenge von $u_1 = 300 r_{N3}^{(1)} = 100$ $[uNPE_3]$ herstellbar (vgl. Punkt $F' = (20; 5)$). Mit der Intensität π_{opt} läßt sich der Reduktionsprozeß **zeitlich** bis zur Kapazitätsgrenze von 1500 $[KE_{II}]$ anpassen. Aus $r_{E_{II}}(\pi_{opt}; r_{N3}^{(1)})\pi_{opt} t_2 = 1500$ folgt $t_2 = 10$ $[ZE]$ (vgl. Punkt $M' = (20; 10)$). Eine Erhöhung der Outputmenge über $u_2 = \pi_{opt} t_2 = 20 \cdot 10 = 200$ $[uNPE_3]$ hinaus ist durch eine **simultane zeitliche und intensitätsmäßige Anpassung** entlang der durch $r_{E_{II}}(\pi; r_{N3}^{(1)})\pi t = 1500$ definierten Kurve $O'Q'$ bis zur Erreichung von $t_{max} = 24$ $[ZE]$ im Punkt $Q' = (39{,}45; 24)$ möglich. Eine weitere Erhöhung der Outputmenge ist durch eine **intensitätsmäßige Anpassung** bei $t_{max} = 24$ $[ZE]$ realisierbar, bis im Punkt $R' = (56{,}82; 24)$ die maximal mögliche Outputmenge erreicht ist. Die Funktion der **minimalen variablen Gesamtkosten** $K_E^*(u; r_{N3}^{(1)})$ **der Entsorgung** hat folgendes Aussehen

$$K_E^*(u; r_{N3}^{(1)}) = \begin{cases} 4{,}05u & 100 \leqq u \leqq 200 \\ 3405 + 17{,}67u - 1{,}0215u\sqrt{200.000/u - 100} & 200 \leqq u \leqq 946{,}9 \\ 0{,}000029557u^3 - 0{,}028375u^2 + 10{,}86u & 946{,}9 \leqq u \leqq 1363{,}9. \end{cases}$$

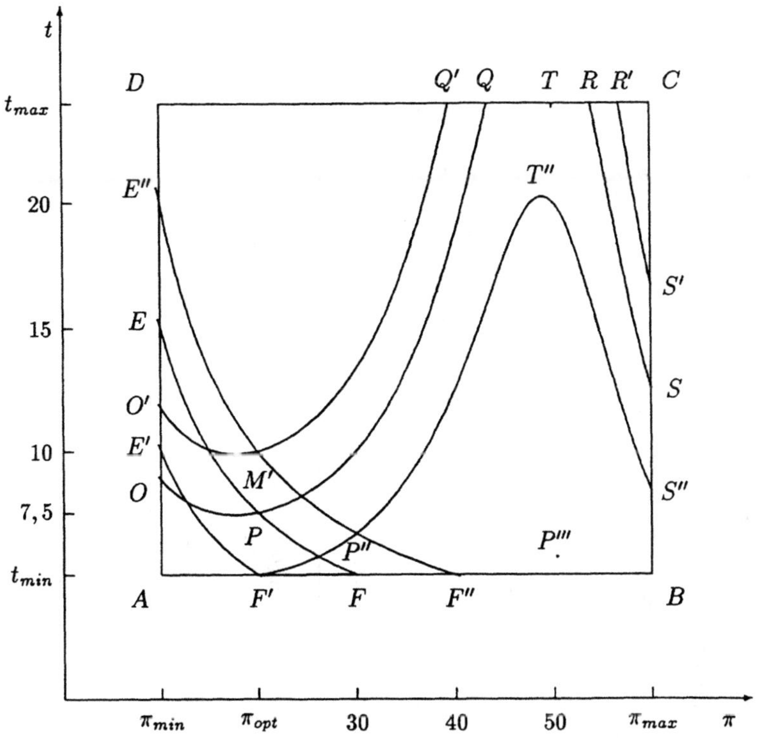

Abbildung 3.6: Graphische Darstellung von GT_p für ausgewählte Entsorgungsgrade $r_N \in [0; 1]$ im (π, t)-Diagramm

r_N	$K_E^*(u;r_N)$
$0 \leqq r_N < 1/3$	$1/(1-r_N)\begin{cases} 0{,}000454u^3 - 0{,}0908u^2 + 7{,}24u & 300r_N \leqq u \leqq 100 \\ 2{,}7u & 100 \leqq u \leqq 300(1-r_N) \\ 3405(1-r_N) + 11{,}78u - 0{,}681u\sqrt{300.000(1-r_N)/u - 100} & 300(1-r_N) \leqq u \leqq 24\pi_1 \\ 0{,}000019705u^3 - 0{,}0189166u^2 + 7{,}24u & 24\pi_1 \leqq u \leqq 24\pi_2 \end{cases}$ mit $\pi_1 = 50 - \sqrt{300.000(1-r_N)/u - 100}$ und $\pi_2 = 50 + \sqrt{300.000(1-r_N)/u - 100}$
$1/3 \leqq r_N < 1/2$	$1/(1-r_N)\begin{cases} 2{,}7u & 300r_N \leqq u \leqq 300(1-r_N) \\ 3405(1-r_N) + 11{,}78u - 0{,}681u\sqrt{300.000(1-r_N)/u - 100} & 300(1-r_N) \leqq u \leqq 24\pi_1 \\ 0{,}000019705u^3 - 0{,}0189166u^2 + 7{,}24u & 24\pi_1 \leqq u \leqq 24\pi_2 \end{cases}$ mit $\pi_1 = 50 - \sqrt{300.000(1-r_N)/u - 100}$ und $\pi_2 = 50 + \sqrt{300.000(1-r_N)/u - 100}$
$1/2 \leqq r_N < 3/5$	$1/(1-r_N)\begin{cases} 3405(1-r_N) + 11{,}78u - 0{,}681u\sqrt{300.000(1-r_N)/u - 100} & 300r_N \leqq u \leqq 24\pi_1 \\ 0{,}000019705u^3 - 0{,}0189166u^2 + 7{,}24u & 24\pi_1 \leqq u \leqq 24\pi_2 \end{cases}$ mit $\pi_1 = 50 - \sqrt{300.000(1-r_N)/u - 100}$ und $\pi_2 = 50 + \sqrt{300.000(1-r_N)/u - 100}$
$3/5 \leqq r_N \leqq 10/11$	$1/(1-r_N)\left(3405(1-r_N) + 11{,}78u - 0{,}681u\sqrt{300.000(1-r_N)/u - 100}\right) \quad 300r_N \leqq u \leqq 3000(1-r_N)$
$10/11 < r_N \leqq 1$	$GT_p = \emptyset$

Tabelle 3.15: Minimale variable Gesamtkosten $K_E^*(u;r_N)$ der Entsorgung

Für Entsorgungsgrade $0 \leqq r_N < r_{N3}^{(1)} = 1/3$ liegt die gewünschte Mindestoutputmenge unterhalb der mit stückkostenminimaler Intensität π_{opt} in t_{min} $[ZE]$ herstellbaren Menge, d.h. $u_1 = 300r_N < \pi_{opt}t_{min} = 20 \cdot 5 = 100$ $[uNPE_3]$. Der Reduktionsprozeß kann somit zunächst bei $t_1 = t_{min}$ bis zum Punkt $F' = (20; 5)$ **intensitätsmäßig** angepaßt werden. Eine Erhöhung der Outputmenge über 100 $[uNPE_3]$ hinaus ist in analoger Weise zu dem für $r_N = r_{N3}^{(1)} = 1/3$ geschilderten Anpassungsprozeß möglich (vgl. Tabelle 3.15).

Für $r_N = r_{N3}^{(2)} = 1/2$ ist $GT_p^{(2)} = GT_{E_{II}}$; $GT_p^{(2)}$ wird in Abbildung 3.6 durch den Kurvenzug $PFBSRQ$ umschrieben (vgl. auch Abbildung 3.5). Die gewünschte Mindestoutputmenge $u_1 = 300r_{N3}^{(2)} = 150$ $[uNPE_3]$ ist mit der stückkostenoptimalen Intensität π_{opt} in $t_1 = 150/\pi_{opt} = 7,5$ $[ZE]$ realisierbar. Damit ist die verfügbare Kapazität von 1500 $[KE_{II}]$ erschöpft, so daß eine Erhöhung der Outputmenge über u_1 hinaus nicht länger durch eine zeitliche Anpassung, sondern zunächst vermöge einer simultanen zeitlichen und intensitätsmäßigen Anpassung möglich ist (vgl. Tabelle 3.15). Für Entsorgungsgrade $r_N > r_{N3}^{(2)} = 1/2$ kann die gewünschte Mindestoutputmenge nicht mit der stückkostenoptimalen Intensität π_{opt} realisiert werden, da $t_1 > t_2$ mit $t_1 = 300r_N/\pi_{opt}$ und $r_{E_{II}}(\pi_{opt}; r_N)\pi_{opt}t_2 = 1500$.

Bei einem Entsorgungsgrad $r_N = r_{N3}^{(3)} = 3/5$ ist eine gewünschte Mindestoutputmenge $u_1 = 300r_{N3}^{(3)} = 180$ $[uNPE_3]$ zu realisieren. Die maximal mögliche Outputmenge ist im Punkt $T = (50; 24)$ (vgl. Abbildung 3.6) erreichbar; eine weitere Erhöhung der Outputmenge durch eine intensitätsmäßige Anpassung bei t_{max} ist **nicht** mehr möglich. Die minimalen variablen Gesamtkosten der Entsorgung lauten $K_E^*(u; r_{N3}^{(3)}) = 3405 + 29,45u - 1,7025u\sqrt{120.000/u - 100}$ für $180 \leqq u \leqq 1200$.

Für $r_N = r_{N3}^{(4)} = 2/3 \in [3/5; 10/11]$ bezeichnet $GT_p^{(4)}$ die Menge der zulässigen (π, t)-Kombinationen; sie wird in Abbildung 3.6 durch den Kurvenzug $P''F''BS''T''$ umschrieben. Es ist $K_E^*(u; r_{N3}^{(4)}) = 3405 + 35,34u - 2,043u\sqrt{100.000/u - 100}$ für $200 \leqq u \leqq 1000$. Bei einem Entsorgungsgrad $r_N = r_{N3}^{(5)} = 10/11$ resultiert $GT_p^{(5)}$; sie entspricht dem Punkt P'''; es ist $K_E^*(u; r_{N3}^{(5)}) = 38.745$ $[GE]$. Für $r_{N3}^{(6)} > r_{N3}^{(5)}$ ist $GT_p^{(6)} = \emptyset$.

Als ein erstes Ergebnis kann festgehalten werden, daß mit steigendem Entsorgungsgrad die Menge der zulässigen (π, t)-Kombinationen stets kleiner wird, d.h., es ist

$$r_{N3}^{(6)} > r_{N3}^{(5)} > r_{N3}^{(4)} > r_{N3}^{(3)} > r_{N3}^{(2)} > r_{N3}^{(1)}$$

und

$$GT_p^{(6)} \subset GT_p^{(5)} \subset GT_p^{(4)} \subset GT_p^{(3)} \subset GT_p^{(2)} \subset GT_p^{(1)}$$

	$r_{N3}^{(1)} = 1/3$		$r_{N3}^{(2)} = 1/2$		$r_{N3}^{(4)} = 2/3$	
x_{N3}	$u(r_{N3}^{(1)})$	$K_E^*(u; r_{N3}^{(1)})$	$u(r_{N3}^{(2)})$	$K_E^*(u; r_{N3}^{(2)})$	$u(r_{N3}^{(4)})$	$K_E^*(u; r_{N3}^{(4)})$
300	100	405	150	810	200	2301
600	200	810	300	2301	400	7532
1420,3	473,4	3086	710,2	9937	946,9	32.291
1500	500	3394	750	10.860	1000	38.745
2590,8	863,6	8545	1295,4	40.940	–	–
2840,7	946,9	9937	–	–	–	–
4091,7	1363,9	37.022	–	–	–	–

Tabelle 3.16: $K_E^*(u; r_N)$ für zulässige Inputmengen von $NP3$ und ausgewählte Entsorgungsgrade r_N

(vgl. Abbildung 3.6). Mit steigendem Entsorgungsgrad r_N steigt die Mindestoutputmenge $u_1 = 300r_N$, da $du_1/dr_N = 300 > 0$ ist. Gleichzeitig steigt mit steigendem Entsorgungsgrad r_N der Kapazitätsbedarf der Entsorgung E_{II} zur Erstellung einer Outputeinheit von $UNP3$, denn es ist $\partial r_{E_{II}}(\pi, r_N)/\partial r_N > 0$. Ein Entsorgungsgrad $r_N > r_{N3}^{(5)} = 10/11$ (vgl. Punkt P''') ist aufgrund der technischen Gegebenheiten der Entsorgung E_{II} nicht realisierbar.

Als ein zweites Ergebnis ist festzuhalten, daß in Abhängigkeit des Entsorgungsgrades r_N, $r_N \in [0; 1]$ für jede durch den eigentlichen Produktionsprozeß verursachte Menge x_{N3} $[NPE_3]$ des nicht verwertbaren Nebenprodukts $NP3$ angegeben werden kann, ob ihre Umwandlung in $UNP3$ in Entsorgung E_{II} kapazitätsmäßig möglich ist und mit welchen Kosten $K_E^*(u; r_N)$ $[GE]$ dies verbunden ist; desweiteren kann die nach Rückstandsumwandlung verbleibende Emissionsmenge y_{N3}, $y_{N3} = (1 - r_N)x_{N3} = u(1 - r_N)/r_N$ $[NPE_3]$ angegeben werden. In Tabelle 3.16 sind für einige zulässige Inputmengen x_{N3} von $NP3$ und Entsorgungsgrade r_N, $r_N \in [0; 1]$ die Outputmengen $u(r_N)$ von $UNP3$ sowie die minimalen variablen Gesamtkosten $K_E^*(u; r_N)$ einer innerbetrieblichen Entsorgung zusammengefaßt.

Wird auf die nach Rückstandsumwandlung emittierte Menge des nicht verwertbaren Nebenprodukts $NP3$ eine **Umweltabgabe** h $[GE/NPE_3]$ erhoben (im Gegensatz zu den Überlegungen des Kapitels 1.2.4.2), die etwa zur Beseitigung der durch Emission von $NP3$ verursachten Umweltbeeinträchtigungen verwendet werden soll, dürfen diese Kosten nicht vernachlässigt werden. Es sind vielmehr variable Gesamtkosten $K_E(x_{N3}; r_N; u; h)$ der Entsorgung in Höhe der minimalen variablen Gesamtkosten $K_E^*(u; r_N)$ einer innerbetrieblichen Entsorgung zuzüglich der mit einer Umweltabgabe h belegten Emissionsmenge $y_{N3} = (1 - r_N)x_{N3}$ zu berücksichtigen, d.h.

$$K_E(x_{N3}; r_N; u; h) \quad = \quad K_E^*(u; r_N) + h(1 - r_N)x_{N3}$$

mit $r_N \in [0; 10/11]$ und $u = r_N x_{N3}$. Sind die durch den eigentlich Produktionsprozeß verursachte und zu entsorgende Menge x_{N3} des nicht verwertbaren Nebenprodukts $NP3$ sowie die Umweltabgabe h bekannt, kann ein **optimaler Entsorgungsgrad** r_N^* bestimmt werden, bei dem die Gesamtkosten der Entsorgung ihr Minimum annehmen. Die durch den eigentlichen Produktionsprozeß verursachte Menge von $NP3$ werde mit $x_{N3} = 1500$ $[NPE_3]$ angenommen. Es ist $u = r_N x_{N3} = 1500 r_N$ $[uNPE_3]$. Die Umweltabgabe betrage $h = 180$ $[GE/NPE_3]$ je emittierte Nebenprodukteinheit von $NP3$.

Zur Bestimmung eines **optimalen Entsorgungsgrades** r_N^* ist das nichtlineare Programm

$$(NLP) \quad min \quad \{K_E(r_N) \mid r_N \in [0; 10/11]\}$$

mit $K_E(r_N) = K_E^*(u; r_N) + 180 \cdot 1500(1 - r_N)$ und $u = 1500 r_N$ zu lösen. Die optimale Lösung bezüglich (NLP) lautet $r_N^* = 0,648$ $[uNPE_3/NPE_3]$; es sind $u = 1500 r_N^* = 972$ $[uNPE_3]$ und $K_E^*(972; r_N^*) = 30.405,75$ $[GE]$; nach Rückstandsumwandlung werden noch $y_{N3} = (1 - r_N^*)1500 = 528$ $[NPE_3]$ emittiert; die minimalen variablen Gesamtkosten der Entsorgung betragen $K_E(r_N^*) = K_E^*(972; r_N^*) + 270.000(1 - r_N^*) = 125.445,75$ $[GE]$.

In den diesem Kapitel vorausgegangenen Überlegungen wurde ein Entsorgungsgrad $r_{N3} = r_{N3}^{(2)} = 1/2$ als wünschenswert angesehen. Für Entsorgungsgrade $r_N > r_{N3}^{(2)} = 1/2$ ist $K_E^*(u; r_N) > K_E^*(u; r_{N3}^{(2)})$ für alle zulässigen Outputmengen u (vgl. auch Tabelle 3.16). Erwartet das Unternehmen eine Verschärfung des Grenzwertes der Emission von $NP3$ und reagiert durch eine Erhöhung des Entsorgungsgrades r_N, $r_N > r_{N3}^{(2)} = 1/2$, muß es höhere Kosten einer innerbetrieblichen Entsorgung in Kauf nehmen. Für den Fall, daß die Emission des nicht verwertbaren Nebenproduktes $NP3$ mit einer Umweltabgabe h je emittierte Nebenprodukteinheit belegt wird, kann die Wahl eines Entsorgunsgrades r_N, $r_N > r_{N3}^{(2)}$, auch ohne Verschärfung des Emissionsgrenzwertes von $NP3$ sinnvoll sein. Es ist

$$K_E^*(u; r_N^*) > K_E^*(u; r_{N3}^{(2)})$$

aber

$$K_E^*(u; r_N^*) + hu(1 - r_N^*)/r_N^* < K_E^*(u; r_{N3}^{(2)}) + hu(1 - r_N^{(2)})/r_N^{(2)}$$

für alle zulässigen Outputmengen u und $h = 180$ $[GE/NPE_3]$.

Mit diesen Überlegungen konnte gezeigt werden, daß die interne Umweltkostenrechnung in der Lage ist, relevante Daten zur Beurteilung von in absehbarer Zeit zu erwartenden Änderungen ökologischer Rahmenbedingungen – hier eine Verschärfung des Emissionsgrenzwertes des nicht verwertbaren Nebenprodukts $NP3$ – zur Verfügung zu stellen. Damit kann die interne Umweltkostenrechnung wesentliche Aufgaben eines umweltbezogenen Controllings übernehmen.

Bei Entscheidungsproblemen der langfristigen operativen Planung stehen in dieser Schrift Vorüberlegungen zur Konzeption einer **internen Umweltinvestitionsrechnung** im Vordergrund. Hierfür kann die interne Umweltkostenrechnung Plandaten liefern, die zunächst in geeigneter Weise korrigiert werden müssen. – Die Bestimmung des Mengen- und Wertegerüsts der prozeß- und umweltschutzbedingten Plankosten erfolgt im Rahmen einer den Überlegungen des Kapitels 3.2.4 genügenden innerbetrieblichen Leistungsverrechnung. Im Kostenrechnungsteilsystem der Kalkulation können die Plankosten für den Umweltschutz einzelnen Umweltschutzmaßnahmen verursachungsgerecht zugeordnet werden (vgl. Kapitel 3.3.2.3).

Diese Kosteninformationen können für Investitionsentscheidungen über die Einrichtung neuer Umweltschutzmaßnahmen, über Kapazitätserweiterungen bei bereits installierter Umweltschutzmaßnahmen, über Forschungs- und Entwicklungsprojekte im Bereich des Umweltschutzes ... relevant sein, sofern es sich um **zahlungswirksame** Kosten für den Umweltschutz bzw. einzelner Umweltschutzmaßnahmen handelt (vgl. u.a. LANGE 1978, S. 167ff.; BETGE 1988, S. 527ff.; RÜCKLE 1989, S. 54ff.; HAASIS 1991, S. 12, 20ff.). Dazu müssen die Kosteninformationen der internen Umweltkostenrechnung zunächst um kalkulatorische Abschreibungen und kalkulatorische Zinsen bereinigt sowie an zu erwartende Preissteigerungen der primären Produktionsfaktoren angepaßt werden (vgl. KILGER 1981, S. 784ff. und 1987, S. 276f.). „Hierbei gilt analog zum Grenzkostenprinzip der Grundsatz, daß einem Investitionsobjekt nur die von ihm verursachten zusätzlichen Ein- und Auszahlungen als entscheidungsrelevante Größen zugeordnet werden“ (KILGER 1981, S. 784). Eine aus den Kostendaten der internen Umweltkostenrechnung abgeleitete und einem Investitionsobjekt, einer Umweltschutzmaßnahme, eindeutig zuordenbare Zahlungsreihe kann mittels der Wirtschaftlichkeitskriterien der Investitionsrechnung beurteilt werden. Eine Investitionsrechnung, deren

Aufgaben in der Beurteilung von langfristigen Umweltschutzmaßnahmen liegt und die dazu Plandaten von einer internen Kostenrechnung empfängt, kann als interne Umweltinvestitionsrechnung bezeichnet werden.

Zusammenfassung und Ausblick

Die zu Beginn dieser Schrift aufgeworfenen Fragen zu einzelnen Problembereichen sind durch die Untersuchung wie folgt beantwortbar geworden:

Bei Zugrundelegung einer funktionalen Umweltdefinition ist die durch unternehmerische Tätigkeiten verursachte Umweltinanspruchnahme danach zu differenzieren, ob sie die Produktions-, Regelungs- bzw. Trägerfunktionen der natürlichen Umwelt betrifft. Eine Erfassung der Inanspruchnahme von Produktions- und Trägerfunktionen ist grundsätzlich möglich. Eine exakte Bestimmung der Inanspruchnahme der Regelungsfunktionen der natürlichen Umwelt scheint hingegen aufgrund der äußerst komplexen naturwissenschaftlichen Zusammenhänge unmöglich.

Im betrieblichen Produktionsfaktorensystem nimmt die natürliche Umwelt eine Zwischenstellung ein. In ihrer Einheit aus Produktions-, Regelungs- und Trägerfunktionen ist die natürliche Umwelt ein Potentialfaktor, im Gegensatz dazu ist die Inanspruchnahme einzelner Umweltgüter, die beliebig teilbar sind und bei ihrem Einsatz im Produktionsprozeß untergehen, als Verbrauchsfaktor anzusehen.

Zur Bewertung eines Produktionsfaktors natürliche Umwelt nach ökologischen Knappheitskalkülen wird zunächst eine „mengenmäßige" kostenrechnerische Bewertung dieser Verzehrarten in Betracht gezogen. Mit Hilfe der Äquivalenzkoeffizienten der ökologischen Buchhaltung kann eine „mengenmäßige" Bewertung eines Produktionsfaktors natürliche Umwelt erreicht werden.

Der einer internen Umweltkostenrechnung zugrundegelegte ökologische Kostenbegriff basiert auf der Konzeption des wertmäßigen Kostenbegriffs. Er ist aus dem substantiellen (wertmäßigen) Kostenbegriff durch Erweiterung sowohl des Mengengerüsts als auch des Wertegerüsts um die ökologische Dimension entstanden. Der ökologische Kostenbegriff ist grundsätzlich geeignet, als Planungs-, Steuerungs- und Kontrollgröße für das betriebliche Umweltschutzziel zu fungieren.

Alle technisch realisierbaren und die gesetzlichen Umweltschutzauflagen erfüllenden Umweltschutzmaßnahmen können zum Gegenstandsbereich des betrieblichen Umweltschutzes gehören. Davon können alle kurzfristig realisierbaren Umweltschutzmaßnahmen als Kalkulationsobjekte in eine interne Umweltkostenrechnung eingehen.

Hinsichtlich des Kostenrechnungsteilsystems der Kostenartenrechnung ergeben sich keine Änderungsempfehlungen. Kosten für den Umweltschutz können keine eigenständige primäre Kostenart darstellen. Eine Aufteilung der primären Kostenarten hinsichtlich ihrer prozeß- bzw. umweltschutzbedingten Verursachung im System der Kostenartenrechnung kann auch nur unvollständig durchgeführt werden. Der überwiegende Teil der Kosten für den Umweltschutz ist erst im Kostenrechnungsteilsystem der Stellenrechnung bestimmbar. Das auf der Kostenartengliederung des Gemeinschaftskontenplans der Industrie basierende faktororientierte Gliederungsschema gewährleistet eine vollständige Erfassung und die Bildung sauberer Kostenarten.

Im Kostenrechnungsteilsystem der Stellenrechnung wird zunächst eine Einteilung des Unternehmens in reine Kostenstellen des Primär- sowie Sekundärbereichs und Umweltschutzstellen empfohlen. Mit einer solchen Stellenstruktur entfällt zum einen die Festlegung von prozeß- und umweltschutzbedingten Bezugsgrößen innerhalb einer Kostenstelle und zum anderen werden Abgrenzungsprobleme, die aus der Notwendigkeit der Differenzierung der primären Kosten einer gemischten Stelle nach umweltschutz- bzw. prozeßbedingter Verursachung resultierten, von vornherein vermieden. Im Rahmen der innerbetrieblichen Leistungsverrechnung wird mit der Analyse der Leistungsverflechtung zwischen sekundären Kosten- und Umweltschutzstellen das Mengengerüst der prozeß- und umweltschutzbedingten Kosten dargelegt. Nach Durchführung der innerbetrieblichen Leistungsverrechnung liegt auch das Wertegerüst in Form der prozeß- und umweltschutzbedingten Grenzkosten- sowie Fixkostenverrechnungssätze vor. Diese Überlegungen führen zum Ausweis von prozeß- bzw. umweltschutzbedingten sekundären Kostenarten in den Stellenplänen von reinen Kosten- und Umweltschutzstellen. Damit ist die Transparenz der Kosten für den Umweltschutz im System der Stellenrechnung sichergestellt.

Aufbauend auf den Ergebnissen der Kostenstellenrechnung kann im Kostenrechnungsteilsystem der Kalkulation eine verursachungsgerechte Zuordnung der geplanten beschäftigungsproportionalen und -fixen Gesamtkosten einer Periode für den Umweltschutz auf die Umweltschutzmaßnahmen erreicht werden. Eine Zerlegung der Kosten für den Umweltschutz und der Kosten einzelner Umweltschutzmaßnahmen in primäre Kostenarten macht die Kostenstruktur transparent. Damit können die Wirkungen von Preisänderungen und/oder Mengenänderungen bei den primären Produktionsfaktoren unmittelbar aufgezeigt werden.

Soll die interne Umweltkostenrechnung durch Verarbeitung von Kosteninformationen der Gestaltung des Unternehmensprozesses dienen, muß neben die Planung der Kosten für den Umweltschutz ihre Kontrolle treten. Zur Kontrolle der Kosten für den Umweltschutz wird ein eigenständiger Kostenkontrollansatz vorgeschlagen. Dieser weist ein System von Kostenteilabweichungen aus, die aus der Änderung jeweils genau einer maßgeblichen Kosteneinflußgröße resultieren.

Zur Lösung von Problemen, für die Kosten für den Umweltschutz entscheidungsrelevante Kosten darstellen, muß eine interne Umweltkostenrechnung die Bereitstellung dieser Kostendaten gewährleisten. Als ein Aufgabenbereich der kurzfristigen Planung wird die Verfahrensplanung herausgegriffen. Für zwei Entscheidungsprobleme der Verfahrenswahl - zum einen die Wahl zwischen mehreren Umweltschutzstellen bzw. Umweltschutzmaßnahmen und zum anderen die Entscheidung über kapazitätserhöhende Anpassungsprozesse in Umweltschutzstellen - wird die Bereitstellung von relevanten Kostendaten durch eine interne Umweltkostenrechnung gezeigt. - Eine interne Umweltkostenrechnung ist auch gleichermaßen in der Lage, in absehbarer Zeit zu erwartende Änderungen in den ökologischen Rahmenbedingungen des Unternehmens zu antizipieren und ihre Wirkung auf kurzfristige Entscheidungen zu beurteilen. Damit kann sie wesentliche Aufgaben eines umweltbezogenen Controllings übernehmen. Insgesamt kann die Eignung einer internen Umweltkostenrechnung als betriebliches Umwelt-Informationssystem durch die Überlegungen dieser Schrift als belegt gelten.

Als ein weiterer Forschungsschwerpunkt einer umweltorientierten Entwicklung einer flexiblen Plankostenrechnung kommt ihr Ausbau zu einer ökologieorientierten Kosten-Nutzen-Rechnung in Frage. Auch einer ökologieorientierten Kosten-Nutzen-Rechnung liegt der ökologische Kostenbegriff zugrunde. Es sind aber alle dem Unternehmen zurechenbaren Umweltinanspruchnahmen bzw. Umweltbelastungen durch geeignete Umweltschutzmaßnahmen zu minimieren. Zur Beurteilung der Umweltschutzmaßnahmen werden zum einen die durch ihre Realisierung verursachten Kosten herangezogen. Zum anderen muß ihr Beitrag zur Erreichung, Erhaltung oder auch Verbesserung einer als wünschenswert angesehenen Umweltqualität, ein ökologischer Nutzen, bestimmt werden. Zur Konzeption einer ökologieorientierten Kosten-Nutzen-Rechnung sind somit neben neuen Objekten der Rechnungslegung auch neue Rechnungszwecke und Zielgrößen zu definieren.

Anhang A
Allgemeine Darstellung der innerbetrieblichen Leistungsverrechnung in einer internen Umweltkostenrechnung

Den nachfolgenden Überlegungen liegen die folgenden **Plandaten** zugrunde.

$K^{(p)}_{P\,Pr_\nu}$:= Summe der beschäftigungs**proportionalen** primären Plankosten einer sekundären Stelle ν $[GE/\text{Periode}]$ $(\nu = 1, \dots, S_p, S_p + 1, \dots, S)$,

$K^{(p)}_{F\,Pr_\nu}$:= Summe der beschäftigungs**fixen** primären Plankosten einer sekundären Stelle ν $[GE/\text{Periode}]$ $(\nu = 1, \dots, S_p, S_p + 1, \dots, S)$,

$B^{(p)}_\nu$:= Planbeschäftigung einer sekundären Stelle ν $[BGE_\nu/\text{Periode}]$ $(\nu = 1, \dots, S_p, S_p + 1, \dots, S)$,

$v^{(p)}_\nu$:= verwertbarer (dezimaler) Anteil der Planbeschäftigung der Stelle ν, dessen Erstellung erwünscht ist $[vBGE_\nu/BGE_\nu]$ $(\nu = 1, \dots, S_p, S_p + 1, \dots, S)$,

$r^{(p)}_{P_{\mu\nu}}$:= beschäftigungsproportionale Planverbrauchsmenge, die Stelle ν von Stelle μ **empfängt** $[BGE_\mu/\text{Periode}]$ $(\nu, \mu = 1, \dots, S_p, S_p + 1, \dots, S)$,

$a^{(p)}_{\mu\nu}$:= (dezimaler) Anteil der **verwertbaren** Planbeschäftigung der Stelle μ, den Stelle ν von Stelle μ **empfängt** $(\nu, \mu = 1, \dots, S_p, S_p + 1, \dots, S)$.

Als **Variablen** werden

$g^{(p)}_{p_\nu}$:= geplanter **prozeßbedingter** Grenzkostenverrechnungssatz der sekundären Kostenstelle ν $[GE/vBGE_\nu]$ $(\nu = 1, \dots, S_p)$,

$g^{(p)}_{u_\nu}$:= geplanter **umweltschutzbedingter** Grenzkostenverrechnungssatz der sekundären Stelle ν $[GE/vBGE_\nu]$ $(\nu = 1, \dots, S_p, S_p + 1, \dots, S)$

definiert.

Aus den Überlegungen des Kapitels 3.2.4.1 resultieren drei lineare Gleichungssysteme, die zunächst zu einem linearen Gleichungssystem zusammengefaßt werden. Zur besseren Übersicht wird für das erste lineare inhomogene Gleichungssystem

$$v^{(p)}_\nu B^{(p)}_\nu g^{(p)}_{p_\nu} = K^{(p)}_{P\,Pr_\nu} + \sum_{\mu=1}^{S_p} r^{(p)}_{P_{\mu\nu}} g^{(p)}_{p_\mu} \qquad (\nu = 1, \dots, S_p)$$

die Matrixschreibweise

$$\left(g_{p_1}^{(p)}, g_{p_2}^{(p)}, \ldots, g_{p_{S_p}}^{(p)}\right)\left(\begin{pmatrix} v_1^{(p)}B_1^{(p)} & 0 & \cdots & 0 \\ 0 & v_2^{(p)}B_2^{(p)} & \cdots & 0 \\ \vdots & \vdots & & \vdots \\ 0 & 0 & \cdots & v_{S_p}^{(p)}B_{S_p}^{(p)} \end{pmatrix} - \begin{pmatrix} r_{P_{11}}^{(p)} & r_{P_{12}}^{(p)} & \cdots & r_{P_{1S_p}}^{(p)} \\ r_{P_{21}}^{(p)} & r_{P_{22}}^{(p)} & \cdots & r_{P_{2S_p}}^{(p)} \\ \vdots & \vdots & & \vdots \\ r_{P_{S_p1}}^{(p)} & r_{P_{S_p2}}^{(p)} & \cdots & r_{P_{S_pS_p}}^{(p)} \end{pmatrix}\right)$$

$$= \left(K_{P\,Pr_1}^{(p)}, K_{P\,Pr_2}^{(p)}, \ldots, K_{P\,Pr_{S_p}}^{(p)}\right)$$

bzw.

$$\mathbf{g}_{pS_p}^{(p)}\left(\mathbf{V}_{S_p}^{(p)}\mathbf{B}_{S_p}^{(p)} - \mathbf{R}_{P_{S_pS_p}}^{(p)}\right) = \mathbf{K}_{P\,Pr_{S_p}}^{(p)}$$

gewählt. Das lineare homogene Gleichungssystem

$$v_\nu^{(p)}B_\nu^{(p)}g_{u_\nu}^{(p)} = \sum_{\mu=1}^{S_p} r_{P_{\mu\nu}}^{(p)}g_{u_\mu}^{(p)} + \sum_{\mu=S_p+1}^{S} r_{P_{\mu\nu}}^{(p)}g_{u_\mu}^{(p)} \quad (\nu = 1, \ldots, S_p).$$

wird als

$$\left(g_{u_1}^{(p)}, g_{u_2}^{(p)}, \ldots, g_{u_{S_p}}^{(p)}\right)\left(\mathbf{V}_{S_p}^{(p)}\mathbf{B}_{S_p}^{(p)} - \mathbf{R}_{P_{S_pS_p}}^{(p)}\right)$$

$$-\left(g_{u_{S_p+1}}^{(p)}, g_{u_{S_p+2}}^{(p)}, \ldots, g_{u_S}^{(p)}\right)\begin{pmatrix} r_{P_{S_p+1\,1}}^{(p)} & r_{P_{S_p+1\,1}}^{(p)} & \cdots & r_{P_{S_p+1\,S_p}}^{(p)} \\ r_{P_{S_p+2\,1}}^{(p)} & r_{P_{S_p+2\,1}}^{(p)} & \cdots & r_{P_{S_p+2\,S_p}}^{(p)} \\ \vdots & \vdots & & \vdots \\ r_{P_{S\,1}}^{(p)} & r_{P_{S\,2}}^{(p)} & \cdots & r_{P_{S\,S_p}}^{(p)} \end{pmatrix} = (0, 0, \ldots, 0)$$

bzw.

$$\mathbf{g}_{u_{S_p}}^{(p)}\left(\mathbf{V}_{S_p}^{(p)}\mathbf{B}_{S_p}^{(p)} - \mathbf{R}_{P_{S_pS_p}}^{(p)}\right) - \mathbf{g}_{u_{S_u}}^{(p)}\mathbf{R}_{P_{S_uS_p}}^{(p)} = \mathbf{o}_{S_p}$$

geschrieben. Das zweite lineare inhomogene Gleichungssystem

$$v_\nu^{(p)}B_\nu^{(p)}g_{u_\nu}^{(p)} = K_{P\,Pr_\nu}^{(p)} + \sum_{\mu=1}^{S_p} r_{P_{\mu\nu}}^{(p)}\left(g_{p_\mu}^{(p)} + g_{u_\mu}^{(p)}\right) + \sum_{\mu=S_p+1}^{S} r_{P_{\mu\nu}}^{(p)}g_{u_\mu}^{(p)} \quad (\nu = S_p + 1, \ldots, S)$$

wird in der Form

$$\mathbf{g}_{uS_u}^{(p)}\left(\begin{pmatrix} v_{S_p+1}^{(p)}B_{S_p+1}^{(p)} & 0 & \cdots & 0 \\ 0 & v_{S_p+2}^{(p)}B_{S_p+2}^{(p)} & \cdots & 0 \\ \vdots & \vdots & & \vdots \\ 0 & 0 & \cdots & v_S^{(p)}B_S^{(p)} \end{pmatrix} - \begin{pmatrix} r_{P_{S_p+1\,S_p+1}}^{(p)} & r_{P_{S_p+1\,S_p+2}}^{(p)} & \cdots & r_{P_{S_p+1\,S}}^{(p)} \\ r_{P_{S_p+2\,S_p+1}}^{(p)} & r_{P_{S_p+2\,S_p+2}}^{(p)} & \cdots & r_{P_{S_p+2\,S}}^{(p)} \\ \vdots & \vdots & & \vdots \\ r_{P_{S\,S_p+1}}^{(p)} & r_{P_{S\,S_p+2}}^{(p)} & \cdots & r_{P_{S\,S}}^{(p)} \end{pmatrix}\right)$$

$$-\left(\mathbf{g}_{pS_p}^{(p)} + \mathbf{g}_{uS_p}^{(p)}\right)\begin{pmatrix} r_{P_{1S_p+1}}^{(p)} & r_{P_{1S_p+2}}^{(p)} & \cdots & r_{P_{1S}}^{(p)} \\ r_{P_{2S_p+1}}^{(p)} & r_{P_{2S_p+2}}^{(p)} & \cdots & r_{P_{2S}}^{(p)} \\ \vdots & \vdots & & \vdots \\ r_{P_{S_pS_p+1}}^{(p)} & r_{P_{S_pS_p+2}}^{(p)} & \cdots & r_{P_{S_pS}}^{(p)} \end{pmatrix} = \left(K_{P\,Pr_{S_p+1}}^{(p)}, K_{P\,Pr_{S_p+2}}^{(p)}, \ldots, K_{P\,Pr_S}^{(p)}\right)$$

bzw.

$$\mathbf{g}_{uS_u}^{(p)}\left(\mathbf{V}_{S_u}^{(p)}\mathbf{B}_{S_u}^{(p)} - \mathbf{R}_{P_{S_uS_u}}^{(p)}\right) - \left(\mathbf{g}_{pS_p}^{(p)} + \mathbf{g}_{uS_p}^{(p)}\right)\mathbf{R}_{P_{S_pS_u}}^{(p)} = \mathbf{K}_{P\,Pr_{S_u}}^{(p)}$$

dargestellt (vgl. auch WENKE 1956, S. 559f.). Die Abbildung von Prozeßstrukturen durch Matrizenmodelle setzt die Zerlegung der abzubildenden Tatbestände in einzelne Strukturelemente, hier Kosten- und Umweltschutzstellen, voraus (vgl. KLOOCK/LIMMER 1981, Sp. 1182f.). - Aus der Zusammenfassung der drei Gleichungssysteme resultiert

$$\left(\mathbf{g}_{pS_p}^{(p)}, \mathbf{g}_{uS_p}^{(p)}, \mathbf{g}_{uS_u}^{(p)}\right)\begin{pmatrix} \mathbf{V}_{S_p}^{(p)}\mathbf{B}_{S_p}^{(p)} - \mathbf{R}_{P_{S_pS_p}}^{(p)} & \mathbf{O}_{S_pS_p} & -\mathbf{R}_{P_{S_pS_u}}^{(p)} \\ \mathbf{O}_{S_pS_p} & \mathbf{V}_{S_p}^{(p)}\mathbf{B}_{S_p}^{(p)} - \mathbf{R}_{P_{S_pS_p}}^{(p)} & -\mathbf{R}_{P_{S_pS_u}}^{(p)} \\ \mathbf{O}_{S_uS_p} & -\mathbf{R}_{P_{S_uS_p}}^{(p)} & \mathbf{V}_{S_u}^{(p)}\mathbf{B}_{S_u}^{(p)} - \mathbf{R}_{P_{S_uS_u}}^{(p)} \end{pmatrix}$$

$$= \left(\mathbf{K}_{P\,Pr_{S_p}}^{(p)}, \mathbf{o}_{S_p}, \mathbf{K}_{P\,Pr_{S_u}}^{(p)}\right),$$

wobei $\mathbf{O}_{S_pS_p}$ und $\mathbf{O}_{S_uS_p}$ Nullmatrizen darstellen. In einer kurzen Schreibweise wird vereinfachend $\mathbf{g}^{(p)}\mathbf{VBR} = \mathbf{K}^{(p)}$ verwendet.

Zunächst werden einige Vorüberlegungen zur Existenz einer **eindeutigen nichtnegativen** Lösung des Gleichungssystems angestellt. Werden alle Elemente der μ-ten Zeile der Matrix **VBR** durch den verwertbaren Anteil der Planbeschäftigung, $v_\mu^{(p)}B_\mu^{(p)}$, der liefernden Stelle μ dividiert, erhält man den zur Produktion in Stelle ν erforderlichen Anteil der verfügbaren Leistungseinheiten der Stelle μ, $a_{\mu\nu}^{(p)} = r_{P_{\mu\nu}}^{(p)}/v_\mu^{(p)}B_\mu^{(p)}$ ($\nu \neq \mu; \nu, \mu = 1, \ldots, S_p, S_p+1, \ldots, S$), bzw. den Anteil der lieferbaren Stellenleistungen der Stelle μ nach Abzug eines eventuellen Eigenverbrauchs von der verwertbaren Planbeschäftigung, $1-a_{\mu\nu}^{(p)} = (v_\mu^{(p)}B_\mu^{(p)}-r_{P_{\mu\nu}}^{(p)})/v_\mu^{(p)}B_\mu^{(p)}$ $(\nu = \mu; \nu, \mu = 1, \ldots, S_p, S_p+1, \ldots, S)$. Das vorab beschriebene Gleichungssystem läßt sich danach als

$$\left(\mathbf{g}_{pS_p}^{(p)}, \mathbf{g}_{uS_p}^{(p)}, \mathbf{g}_{uS_u}^{(p)}\right) \begin{pmatrix} \mathbf{V}_{S_p}^{(p)}\mathbf{B}_{S_p}^{(p)} & & \\ & \mathbf{V}_{S_p}^{(p)}\mathbf{B}_{S_p}^{(p)} & \\ & & \mathbf{V}_{S_u}^{(p)}\mathbf{B}_{S_u}^{(p)} \end{pmatrix} \left(\mathbf{E} - \begin{pmatrix} \mathbf{A}_{S_pS_p}^{(p)} & & \mathbf{A}_{S_pS_u}^{(p)} \\ & \mathbf{A}_{S_pS_p}^{(p)} & \mathbf{A}_{S_pS_u}^{(p)} \\ & \mathbf{A}_{S_uS_p}^{(p)} & \mathbf{A}_{S_uS_u}^{(p)} \end{pmatrix}\right)$$

$$= \left(\mathbf{K}_{P\,Pr_{S_p}}^{(p)}, \mathbf{o}_{S_p}, \mathbf{K}_{P\,Pr_{S_u}}^{(p)}\right)$$

bzw.

$$\mathbf{g}^{(p)}\mathbf{VB}(\mathbf{E} - \mathbf{A}^{(p)}) = \mathbf{K}^{(p)}$$

darstellen; $\mathbf{E}$ bezeichnet dabei eine Einheitsmatrix der Ordnung $2S_p + S_u$. Die **quadratische** Matrix $\mathbf{A}^{(p)}$ erfüllt die Eigenschaften einer **Minkowski-Leontief Matrix** mit $a_{\mu\nu}^{(p)} \geqq 0$ $(\nu, \mu = 1, \ldots, S_p, S_p + 1; \ldots, S)$ und $\sum_{\nu=1}^{S_p} a_{\mu\nu}^{(p)} + \sum_{\nu=S_p+1}^{S} a_{\mu\nu}^{(p)} \leqq 1$ $(\mu = 1, \ldots, S_p, S_p + 1, \ldots, S)$ (vgl. ROSENBLATT 1957, S. 326).

Das Gleichungsystem

$$\mathbf{g}^{(p)} = \mathbf{K}^{(p)} \left(\mathbf{VB}\left(\mathbf{E} - \mathbf{A}^{(p)}\right)\right)^{-1}$$

hat genau dann eine **eindeutige** Lösung, wenn $Rg(\mathbf{VB}(\mathbf{E} - \mathbf{A}^{(p)})) = Rg(\mathbf{VB}(\mathbf{E} - \mathbf{A}^{(p)}); \mathbf{K}^{(p)}) = 2S_p+S_u$ gilt, d.h., der Rang der Matrix $\mathbf{VB}(\mathbf{E}-\mathbf{A}^{(p)})$ muß dem Rang der erweiterten Matrix $(\mathbf{VB}(\mathbf{E}-\mathbf{A}^{(p)}); \mathbf{K}^{(p)})$ und der Ordnung der Matrix $\mathbf{A}^{(p)}$ entsprechen (vgl. u.a. ENGELN-MÜLLGES/REUTTER 1981, S. 44f.).

Die Voraussetzungen für die Existenz einer **eindeutigen nichtnegativen** Lösung werden in der deutschen Kostenrechnungsliteratur oftmals unvollständig wiedergegeben (vgl. etwa GÖBEL 1965, S. 747f.); in der amerikanischen Literatur sind sie seit Jahrzehnten bewiesen (vgl. u.a. SOLOW 1952, S. 36ff.; ROSENBLATT 1957, S. 326ff.; vgl. auch MÜNSTERMANN 1969, S. 134).

In ROSENBLATTs Beitrag werden Minkowski-Leontief Matrizen als gerichtete Graphen dargestellt. Die Minkowski-Leontief Matrix $\mathbf{A}^{(p)}$ läßt sich als **gerichteter Graph** $G(E, \Gamma)$ mit $\nu, \mu \in E$ darstellen. Die Elemente von E sind die Kostenstellen des Sekundärbereichs und Umweltschutzstellen; sie heißen auch **Knoten** von G. Das Tupel

(μ, ν) mit $\nu \in \Gamma(\mu)$ heißt **gerichtete Kante** (Pfeil) von G; es beschreibt den Sachverhalt, daß Stelle ν von Stelle μ Leistungen **empfängt**. Mit $P = \{(\mu, \nu) \; / \; \nu, \mu \in E; \; \nu \in \Gamma(\mu)\}$ wird die Menge aller Pfeile bezeichnet (vgl. ROSENBLATT 1957, S. 326; MÜNSTERMANN 1969, S. 111f.; DINKELBACH 1992, S. 210, insb. Def. (5.2)); P beschreibt die **Struktur** der innerbetrieblichen Leistungsverflechtung.

Es sei $G(E, \Gamma)$ ein gerichteter Graph und c eine Abbildung, die jedem Pfeil $(\mu, \nu) \in P$ eine reelle Zahl $c_{\mu\nu}$ zuordnet, dann heißt das Tripel $N = (E, \Gamma, c)$ **bewerteter gerichteter Graph** (Netzwerk); die Abbildung c heißt auch **Pfeilbewertung** (vgl. DINKELBACH 1992, S. 211, insb. Def. (5.7)). Die Pfeilbewertung entspricht hier dem Leistungsfluß zwischen den Kostenstellen des Sekundärbereichs und den Umweltschutzstellen, d.h.

$$c_{\mu\nu} \quad = \quad a_{\mu\nu}^{(p)} \begin{cases} > 0 & \text{für } \nu \in \Gamma(\mu) \\ = 0 & \text{für } \nu \notin \Gamma(\mu) \end{cases} \qquad \nu, \mu \in E$$

Ein gerichteter Graph $H(F, \Gamma)$ wird **Untergraph** (Subgraph) von $G(E, \Gamma)$ genannt, $H \subset G$, wenn $F \subseteq E$ gilt (vgl. ROSENBLATT 1957, S. 326). Ein Untergraph $H \subset G$ ist genau dann ein **zyklisches Netz** der Ordnung m ($m > 0$), wenn H m Knoten aus G enthält und jeder Knoten in H mit jedem anderen Knoten in H in Verbindung steht (vgl. ROSENBLATT 1957, S. 327). - Der gerichtete Graph $G_B(E_B, \Gamma)$ mit $E_B := \{St, \text{Ü}, E_I, E_{II}, F_I\}$ kann in beliebige Untergraphen zerlegt werden; aber nur der Untergraph $H_B(F_B, \Gamma)$ mit $F_B := \{St, E_I\} \subset E_B$ ist ein zyklisches Netz (vgl. Abbildung 3.2 in Kapitel 3.2.4.1).

Ein zyklisches Netz $H \subset G$ der Ordnung m ($m > 0$) ist genau dann **maximal** in G, wenn jedes zyklische Netz in G ein Untergraph von H ist oder keinen Knoten mit H gemeinsam hat (vgl. ROSENBLATT 1957, S. 327). - Da $H_B \subset G_B$ einziges zyklisches Netz in G_B ist, ist H_B auch maximales zyklisches Netz in G_B (vgl. Abbildung 3.2).

Ein zyklisches Netz $H \subset G$ der Ordnung m ($m > 0$) heißt genau dann **geschlossen** in G, wenn H maximales zyklisches Netz in G ist und jeder Knoten in G, der von einem Knoten in H erreicht werden kann, zu H gehört (vgl. ROSENBLATT 1957, S. 327). - Der Untergraph $H_B \subset G_B$ ist nicht geschlossen in G_B, da beispielsweise der Knoten $\text{Ü} \in E_B$ von Knoten St erreicht werden kann, aber $\text{Ü} \notin F_B$ ist (vgl. Abbildung 3.2).

Die Bedingungen für die Existenz einer eindeutigen nichtnegativen Lösung können zu drei Prämissen zusammengefaßt werden

1. $\sum_{\nu=1}^{S_p} a_{\mu\nu}^{(p)} + \sum_{\nu=S_p+1}^{S} a_{\mu\nu}^{(p)} \leqq 1$ $(\mu = 1, \ldots, S_p, S_p+1, \ldots, S)$ **und** $\sum_{\nu=1}^{S_p} a_{\mu\nu}^{(p)} + \sum_{\nu=S_p+1}^{S} a_{\mu\nu}^{(p)} < 1$ für $\mu \in \{1, \ldots, S_p, S_p+1, \ldots, S\}$ mit $a_{\mu\nu}^{(p)} \geqq 0$ $(\nu, \mu = 1, \ldots, S_p, S_p+1, \ldots, S)$ (Verflechtungsprämisse),

2. $K_{P\,Pr_\nu}^{(p)} \geqq 0$ $(\nu = 1, \ldots, S_p, S_p+1, \ldots, S)$ **und** $K_{P\,Pr_\nu}^{(p)} > 0$ $\nu \in \{1, \ldots, S_p, S_p+1, \ldots, S\}$ (Nichtnegativitätsprämisse),

3. Für den zur Matrix $\mathbf{A}^{(p)}$ korrespondierenden gerichteten Graphen $G(E, \Gamma)$ existiert für jedes in $G(E, \Gamma)$ geschlossene zyklische Netz $H \subset G(E, \Gamma)$ ein Knoten μ, für den $\sum_{\nu=1}^{S_p} a_{\mu\nu}^{(p)} + \sum_{\nu=S_p+1}^{S} a_{\mu\nu}^{(p)} < 1$ gilt (Positionsprämisse)

(vgl. ROSENBLATT 1957, S. 330f.; MÜNSTERMANN 1969, S. 134f.).

Diese drei Prämissen sind durch die realen Tatbestände der innerbetrieblichen Leistungsverflechtung stets erfüllt. Werden Leistungsbeziehungen zwischen Kostenstellen des Sekundärbereichs und Umweltschutzstellen berücksichtigt, ist stets $a_{\mu\nu}^{(p)} \geqq 0$ $(\nu, \mu = 1, \ldots, S_p, S_p+1, \ldots, S)$ und $\sum_{\nu=1}^{S_p} a_{\mu\nu}^{(p)} + \sum_{\nu=S_p+1}^{S} a_{\mu\nu}^{(p)} \leqq 1$ $(\mu = 1, \ldots, S_p, S_p+1, \ldots, S)$ erfüllt, denn eine Stelle kann nicht mehr (verwertbare) Leistungen abgeben, als sie erstellt hat. Sofern eine einzige sekundäre Stelle μ Leistungen an Hauptkostenstellen abgibt, ist auch stets der Fall $\sum_{\nu=1}^{S_p} a_{\mu\nu}^{(p)} + \sum_{\nu=S_p+1}^{S} a_{\mu\nu}^{(p)} < 1$ für $\mu \in \{1, \ldots, S_p, S_p+1, \ldots, S\}$ gegeben (vgl. KRUSCHWITZ 1979a, S. 112). Die Nichtnegativitätsprämisse verlangt, daß die beschäftigungsproportionalen primären Plankosten stets nichtnegativ sind, $K_{P\,Pr_\nu}^{(p)} \geqq 0$ $(\nu = 1, \ldots, S_p, S_p+1, \ldots, S)$, und in mindestens einer sekundären Stelle ν **müssen** primäre Kosten anfallen, $K_{P\,Pr_\nu}^{(p)} > 0$ für $\nu \in \{1, \ldots, S_p, S_p+1, \ldots, S\}$ (vgl. u.a. GÖBEL 1965, S. 748). Auch die Positionsprämisse ist durch die realen Tatbestände stets erfüllt. Ein geschlossenes zyklisches Netz aus sekundären Kostenstellen und Umweltschutzstellen, für das sich **kein** Knoten μ mit $\sum_{\nu=1}^{S_p} a_{\mu\nu}^{(p)} + \sum_{\nu=S_p+1}^{S} a_{\mu\nu}^{(p)} < 1$ finden ließe, beteiligte sich nämlich nicht am eigentlichen Produktionsprozeß (vgl. MÜNSTERMANN 1969, S. 135). Somit führt die simultane Bestimmung der Verrechnungssätze bei Erfüllung der genannten Voraussetzungen stets zu betriebswirtschaftlich sinnvollen Lösungen.

Anhang B

Beispieldaten

l	$d_{lSt}^{(p)}$	$d_{lF_I}^{(p)}$	$d_{lü}^{(p)}$	$d_{lE_I}^{(p)}$	$d_{lE_{II}}^{(p)}$	$b_{lSt}^{(p)}$	$b_{lF_I}^{(p)}$	$b_{lü}^{(p)}$	$b_{lE_I}^{(p)}$	$b_{lE_{II}}^{(p)}$
4001	0	0,87272	0	0	0	0	0,87272	0	0	0
4120	0,01828	0,4	1,5	0,10416	0,05	0,02491	1,21780	1,79895	0,17890	0,08986
4124	0	0,05454	0,2	0	0	0	0,06181	0,2	0	0
4125	0	0	0	0,00416	0,00746	0,00017	0,02003	0,00208	0,00468	0,00774
4201	0,00082	0	0	0	0	0,00092	0,02017	0,01109	0,00277	0,00147
4219	0,00972	0	0	0	0	0,01093	0,23863	0,13125	0,03281	0,0175
4301	0	0,05454	0	0	0	0	0,05454	0	0	0
4315	0	0	0,16	0,00757	0,00586	0,00031	0,03172	0,16378	0,00852	0,00637
4502	0,00021	0,00568	0,07625	0,00078	0,00166	0,00027	0,01782	0,07953	0,00160	0,00210
4801	0,01386	0,76277	2,828	0,06875	0,06666	0,01846	1,45935	3,04956	0,12414	0,09620
4909	0	0,04090	0	0	0	0	0,04090	0	0	0
4910	0	0	0,12	0,00568	0,0044	0,00023	0,023793	0,12284	0,00639	0,00477

Tabelle 3.10: Direktbedarfs- und Gesamtbedarfsmatrix primärer Kostenarten

l	$\delta^{(p)}_{p_l St}$	$\delta^{(p)}_{u_l St}$	$\delta^{(p)}_{p_l F_l}$	$\delta^{(p)}_{u_l F_l}$
4001	0	0	1	0
4120	0,7340	0,2660	0,5512	0,4488
4124	0	0	0,8824	0,1176
4125	0	1	0	1
4201	0,8889	0,1111	0,6044	0,3956
4219	0,8889	0,1111	0,6044	0,3956
4301	0	0	1	0
4315	0	1	0	1
4502	0,7830	0,2170	0,4968	0,5032
4801	0,7509	0,2491	0,6636	0,3364
4909	0	0	1	0
4910	0	1	0	1

Tabelle 3.11: Prozeß- bzw. umweltschutzbedingte Anteile am Gesamtbedarf einer primären Kostenart in sekundären Kostenstellen

Anhang C
Allgemeine Darstellung einer Kostenabweichungsanalyse in einer internen Umweltkostenrechnung

Den nachfolgenden Überlegungen liegen die folgenden Plan- bzw. Istdaten zugrunde.

$q_l^{(s)}, q_l^{(i)}$:= Planpreis bzw. Isteinstandspreis des primären Produktionsfaktors l $[GE/FE_l]$,

$r_{P_l}^{(s)}, r_{P_l}^{(i)}$:= beschäftigungsproportionaler Plan- bzw. Istperiodenbedarf des primären Produktionsfaktors l $[FE_l/\text{Periode}]$,

$d_{l\tau}^{(s)}, d_{l\tau}^{(i)}$:= beschäftigungsproportionaler Plan- bzw. Istdirektbedarf des primären Produktionsfaktors l in Stelle τ $[FE_l/vBGE_\tau]$,

$b_{l\tau}^{(s)}, b_{l\tau}^{(i)}$:= beschäftigungsproportionaler Plan- bzw. Istgesamtbedarf des primären Produktionsfaktors l in Stelle τ $[FE_l/vBGE_\tau]$,

$g_{p_\nu}^{(s)}, g_{p_\nu}^{(i)}$:= **prozeßbedingter** Plan- bzw. Istgrenzkostenverrechnungssatz der sekundären Kostenstelle ν $[GE/vBGE_\nu]$ $(\nu = 1, \ldots, S_p)$,

$g_{u_\nu}^{(s)}, g_{u_\nu}^{(i)}$:= **umweltschutzbedingter** Plan- bzw. Istgrenzkostenverrechnungssatz der sekundären Stelle ν $[GE/vBGE_\nu]$ $(\nu = 1, \ldots, S_p, S_p + 1, \ldots, S)$,

$r_{P_{\nu\tau}}^{(s)}, r_{P_{\nu\tau}}^{(i)}$:= beschäftigungsproportionale Plan- bzw. Istverbrauchsmenge, die Stelle τ von Stelle ν **empfängt** $[vBGE_\nu/\text{Periode}]$ $(\nu = 1, \ldots, S_p, S_p + 1, \ldots, S)$,

$d_{\nu\tau}^{(s)}, d_{\nu\tau}^{(i)}$:= beschäftigungsproportionaler Plan- bzw. Istdirektbedarf des sekundären Produktionsfaktors ν bzw. der verwertbaren Leistung der sekundären Stelle ν in Stelle τ $[vBGE_\nu/vBGE_\tau]$ $(\nu = 1, \ldots, S_p, S_p + 1, \ldots, S)$,

$b_{\nu\tau}^{(s)}, b_{\nu\tau}^{(i)}$:= beschäftigungsproportionaler Plan- bzw. Istgesamtbedarf des sekundären Produktionsfaktors ν in Stelle τ $[vBGE_\nu/vBGE_\tau]$ $(\nu = 1, \ldots, S_p, S_p + 1, \ldots, S)$,

$v_\tau^{(s)} B_\tau^{(p)}, v_\tau^{(i)} B_\tau^{(i)}$:= verwertbare Plan- bzw. Istgesamtbeschäftigung der Stelle τ $[vBGE_\tau/\text{Periode}]$

$(l = 1, \ldots, L_{P_\tau}; \tau = 1, \ldots, S_p, S_p + 1, \ldots, S, S + 1, \ldots, S + M)$,

$x_i^{(s)}, x_i^{(i)}$:= absatzbestimmte Plan- bzw. Istproduktionsmenge des erwünschten Hauptprodukts der Endkostenstelle i $[PE_i/\text{Periode}]$ $(i = 1, \ldots, M)$,

AHG := Block der Kostenteilabweichungen höheren Grades

Wird die Kostenkontrolle in mehrstufigen Produktionsprozessen nach einem Endkostenansatz auf der Basis von Direktbedarfskoeffizienten durchgeführt, können die **Ex-post-Sollkosten** definiert werden als

$$K_P^{(s)} = \sum_{l=1}^{L_{P_r}} \sum_{i=1}^{M} q_l^{(s)} d_{li}^{(s)} x_i^{(s)} + \sum_{\nu=1}^{S_p} \sum_{i=1}^{M} (g_{p_\nu}^{(s)} + g_{u_\nu}^{(s)}) d_{\nu i}^{(s)} x_i^{(s)} + \sum_{\nu=S_p+1}^{S} \sum_{i=1}^{M} g_{u_\nu}^{(s)} d_{\nu i}^{(s)} x_i^{(s)},$$

mit $d_{\nu i}^{(s)} = r_{P_{\nu i}}^{(s)} / (v_i^{(s)} B_i^{(s)})$ $(\nu = 1, \ldots, S_p, S_p + 1, \ldots, S; i = 1, \ldots, M)$ (vgl. Kapitel 3.2.4.1). Endkosten werden in Endkostenstellen i $(i = 1, \ldots, M)$ erfaßt, in denen die Erstellung der absatzbestimmten Produktionsmengen der erwünschten Hauptprodukte erfolgt. Endkostenstellen sind nicht zwingend Hauptkostenstellen; eine sekundäre Kostenstelle kann sowohl als leistungsliefernde Hilfkostenstelle als auch leistungsempfangende Endkostenstelle auftreten.

Die **Istendkosten** genügen der Bestimmungsgleichung

$$K_P^{(i)} = \sum_{l=1}^{L_{P_r}} \sum_{i=1}^{M} q_l^{(i)} d_{li}^{(i)} x_i^{(i)} + \sum_{\nu=1}^{S_p} \sum_{i=1}^{M} (g_{p_\nu}^{(i)} + g_{u_\nu}^{(i)}) d_{\nu i}^{(i)} x_i^{(i)} + \sum_{\nu=S_p+1}^{S} \sum_{i=1}^{M} g_{u_\nu}^{(i)} d_{\nu i}^{(i)} x_i^{(i)},$$

mit $d_{\nu i}^{(i)} = r_{P_{\nu i}}^{(i)} / (v_i^{(i)} B_i^{(i)})$ $(\nu = 1, \ldots, S_p, S_p + 1, \ldots, S; i = 1, \ldots, M)$.

Sind die Ex-post-Solldaten als Istdaten korrigiert um die jeweilige individuelle Abweichung darstellbar, gelten die folgenden Zusammenhänge

$$\begin{array}{lllllll}
q_l^{(s)} & = & q_l^{(i)} + \Delta q_l & \text{mit} & \Delta q_l & = & q_l^{(s)} - q_l^{(i)} \quad (l = 1, \ldots, L_{P_r}), \\
d_{li}^{(s)} & = & d_{li}^{(i)} + \Delta d_{li} & \text{mit} & \Delta d_{li} & = & d_{li}^{(s)} - d_{li}^{(i)} \quad (l = 1, \ldots, L_{P_r}; i = 1, \ldots, M), \\
g_{p_\nu}^{(s)} & = & g_{p_\nu}^{(i)} + \Delta g_{p_\nu} & \text{mit} & \Delta g_{p_\nu} & = & g_{p_\nu}^{(s)} - g_{p_\nu}^{(i)} \quad (\nu = 1, \ldots, S_p), \\
g_{u_\nu}^{(s)} & = & g_{u_\nu}^{(i)} + \Delta g_{u_\nu} & \text{mit} & \Delta g_{u_\nu} & = & g_{u_\nu}^{(s)} - g_{u_\nu}^{(i)} \quad (\nu = 1, \ldots, S_p, S_p + 1, \ldots, S), \\
d_{\nu i}^{(s)} & = & d_{\nu i}^{(i)} + \Delta d_{\nu i} & \text{mit} & \Delta d_{\nu i} & = & d_{\nu i}^{(s)} - d_{\nu i}^{(i)} \quad (\nu = 1, \ldots, S_p, S_p + 1, \ldots, S; \\
 & & & & & & \qquad i = 1, \ldots, M), \\
x_i^{(s)} & = & x_i^{(i)} + \Delta x_i & \text{mit} & \Delta x_i & = & x_i^{(s)} - x_i^{(i)} \quad (i = 1, \ldots, M).
\end{array}$$

Die **Kostengesamtabweichung** ΔK_P wird als Differenz von Soll- und Istendkosten ermittelt, d.h. $\Delta K_P = K_P^{(s)} - K_P^{(i)}$. Unter Verwendung der dargelegten Zusammenhänge kann sie wie folgt in **Kostenteilabweichungen** ersten, zweiten sowie dritten Grades zerlegt werden

$$\begin{aligned}\Delta K_P = & \sum_{l=1}^{L_{Pr}}\sum_{i=1}^{M} \Delta q_l d_{li}^{(i)} x_i^{(i)} + q_l^{(i)} \Delta d_{li} x_i^{(i)} + q_l^{(i)} d_{li}^{(i)} \Delta x_i \\ & +\Delta q_l \Delta d_{li} x_i^{(i)} + \Delta q_l d_{li}^{(i)} \Delta x_i + q_l^{(i)} \Delta d_{li} \Delta x_i + \Delta q_l \Delta d_{li} \Delta x_i + \\ & \sum_{\nu=1}^{S_p}\sum_{i=1}^{M} (\Delta g_{p_\nu} + \Delta g_{u_\nu}) d_{\nu i}^{(i)} x_i^{(i)} + (g_{p_\nu}^{(i)} + g_{u_\nu}^{(i)}) \Delta d_{\nu i} x_i^{(i)} + (g_{p_\nu}^{(i)} + g_{u_\nu}^{(i)}) d_{\nu i}^{(i)} \Delta x_i \\ & +(\Delta g_{p_\nu} + \Delta g_{u_\nu}) \Delta d_{\nu i} x_i^{(i)} + (\Delta g_{p_\nu} + \Delta g_{u_\nu}) d_{\nu i}^{(i)} \Delta x_i \\ & +(g_{p_\nu}^{(i)} + g_{u_\nu}^{(i)}) \Delta d_{\nu i} \Delta x_i + (\Delta g_{p_\nu} + \Delta g_{u_\nu}) \Delta d_{\nu i} \Delta x_i + \\ & \sum_{\nu=S_p+1}^{S}\sum_{i=1}^{M} \Delta g_{u_\nu} d_{\nu i}^{(i)} x_i^{(i)} + g_{u_\nu}^{(i)} \Delta d_{\nu i} x_i^{(i)} + g_{u_\nu}^{(i)} d_{\nu i}^{(i)} \Delta x_i \\ & +\Delta g_{u_\nu} \Delta d_{\nu i} x_i^{(i)} + \Delta g_{u_\nu} d_{\nu i}^{(i)} \Delta x_i + g_{u_\nu}^{(i)} \Delta d_{\nu i} \Delta x_i + \Delta g_{u_\nu} \Delta d_{\nu i} \Delta x_i .\end{aligned}$$

Kostenteilabweichungen **ersten Grades** können auf Änderungen genau einer originären bzw. derivativen Kosteneinflußgröße zurückgeführt werden. Sie geben das Kostenänderungspotential je Einflußgröße als mögliche, einflußgrößenspezifische Änderung der Gesamtkostenabweichung an (vgl. KLOOCK/DÖRNER 1988, S. 132). Bei Abweichungen **höheren Grades**, die auf Änderungen von mindestens zwei originären bzw. derivativen Kosteneinflußgrößen zurückgeführt werden können, ist eine eindeutige Bestimmung der Abweichungsursache nicht möglich. Deshalb werden im folgenden nur die Abweichungen ersten Grades explizit betrachtet; Abweichungen höheren Grades werden zunächst in einem Abweichungsblock AHG' zusammengefaßt. Die Kostengesamtabweichung ist unter Verzicht auf den expliziten Ausweis der Abweichungen höheren Grades in der Form

$$\begin{aligned}\Delta K_P = & \sum_{l=1}^{L_{Pr}}\sum_{i=1}^{M} \Delta q_l d_{li}^{(i)} x_i^{(i)} + q_l^{(i)} \Delta d_{li} x_i^{(i)} + q_l^{(i)} d_{li}^{(i)} \Delta x_i + \\ & \sum_{\nu=1}^{S_p}\sum_{i=1}^{M} (\Delta g_{p_\nu} + \Delta g_{u_\nu}) d_{\nu i}^{(i)} x_i^{(i)} + (g_{p_\nu}^{(i)} + g_{u_\nu}^{(i)}) \Delta d_{\nu i} x_i^{(i)} + (g_{p_\nu}^{(i)} + g_{u_\nu}^{(i)}) d_{\nu i}^{(i)} \Delta x_i + \\ & \sum_{\nu=S_p+1}^{S}\sum_{i=1}^{M} \Delta g_{u_\nu} d_{\nu i}^{(i)} x_i^{(i)} + g_{u_\nu}^{(i)} \Delta d_{\nu i} x_i^{(i)} + g_{u_\nu}^{(i)} d_{\nu i}^{(i)} \Delta x_i + AHG'\end{aligned}$$

darstellbar (vgl. auch KLOOCK/DÖRNER 1988, S. 141).

Eine Kostenteilabweichung gilt als **induzierte** Kostenteilabeichung, wenn sie auf Änderungen derivativer Kosteneinflußgrößen beruht, da sie letztendlich durch Änderungen originärer Kosteneinflußgrößen hervorgerufen wird (vgl. BOMMES 1984, S. 124). Induzierte Kostenteilabweichungen lassen eine eindeutige Lokalisation der für Kostenabweichungen maßgeblichen Ursachen, nämlich die Änderungen originärer Einflußgrößen, nicht unmittelbar zu; sie müssen deshalb auf den Einfluß der jeweiligen originären Kosteneinflußgröße zurückgeführt werden (vgl. KLOOCK/DÖRNER 1988, S. 133).

Die in ΔK_P enthaltenen induzierten Teilabweichungen auf der Basis der derivativen Einflußgrößen Δg_{p_ν} ($\nu = 1, \ldots, S_p$) und Δg_{u_ν} ($\nu = 1, \ldots, S_p, S_p + 1, \ldots, S$) lassen sich bei Zusammenfassung der Teilabweichungen zweiten Grades in einem Abweichungsblock T' zerlegen in

$$\begin{aligned}
&\Big(\sum_{\nu=1}^{S_p}\sum_{i=1}^{M}(\Delta g_{p_\nu} + \Delta g_{u_\nu})d_{\nu i}^{(i)}x_i^{(i)}\Big) + \Big(\sum_{\nu=S_p+1}^{S}\sum_{i=1}^{M}\Delta g_{u_\nu}d_{\nu i}^{(i)}x_i^{(i)}\Big)\\
&= \Big(\sum_{\nu=1}^{S_p}\sum_{i=1}^{M}d_{\nu i}^{(i)}x_i^{(i)}\sum_{l=1}^{L_{Pr}}\Delta q_l b_{l\nu}^{(i)} + \sum_{\nu=1}^{S_p}\sum_{i=1}^{M}d_{\nu i}^{(i)}x_i^{(i)}\sum_{l=1}^{L_{Pr}}q_l^{(i)}\Delta b_{l\nu}\Big)\\
&+\Big(\sum_{\nu=S_p+1}^{S}\sum_{i=1}^{M}d_{\nu i}^{(i)}x_i^{(i)}\sum_{l=1}^{L_{Pr}}\Delta q_l b_{l\nu}^{(i)} + \sum_{\nu=S_p+1}^{S}\sum_{i=1}^{M}d_{\nu i}^{(i)}x_i^{(i)}\sum_{l=1}^{L_{Pr}}q_l^{(i)}\Delta b_{l\nu}\Big) + T'.
\end{aligned}$$

Dabei werden die Grenzkostenverrechnungssätze im Unterschied zu der in Kapitel 3.2.4 gewählten Vorgehensweise nach

$$\begin{aligned}
(g_{p_\nu} + g_{u_\nu}) &= \sum_{l=1}^{L_{Pr}} q_l b_{l\nu} \quad (\nu = 1, \ldots, S_p)\\
g_{u_\nu} &= \sum_{l=1}^{L_{Pr}} q_l b_{l\nu} \quad (\nu = S_p + 1, \ldots, S)
\end{aligned}$$

bestimmt, wobei

$$b_{l\nu} = d_{l\nu} + \sum_{\mu=1}^{S} b_{l\mu}d_{\mu\nu} \quad \text{mit} \quad d_{l\nu} = r_{P_{l\nu}}/(v_\nu B_\nu - r_{P_{\nu\nu}})$$

$$\text{und} \quad d_{\mu\nu} = \begin{cases} r_{P_{\mu\nu}}/(v_\nu B_\nu - r_{P_{\nu\nu}}) & : \nu \neq \mu \\ 0 & : \nu = \mu \end{cases}$$

($l = 1, \ldots, L_{Pr}; \nu = 1, \ldots, S_p, S_p + 1, \ldots, S$) unterstellt ist (vgl. KLOOCK 1969, S. 70 und S. 78; KLOOCK/DÖRNER 1988, S. 133; Kapitel 3.2.4.1). Die Abweichungen zweiten Grades T' werden mit AHG' zu einem Abweichungsblock AHG'' zusammengefaßt.

Die in obiger Zerlegung enthaltenen **primärpreisinduzierten Preisabweichungen**

$$\sum_{\nu=1}^{S_p}\sum_{i=1}^{M}d_{\nu i}^{(i)}x_i^{(i)}\sum_{l=1}^{L_{Pr}}\Delta q_l b_{l\nu}^{(i)} + \sum_{\nu=S_p+1}^{S}\sum_{i=1}^{M}d_{\nu i}^{(i)}x_i^{(i)}\sum_{l=1}^{L_{Pr}}\Delta q_l b_{l\nu}^{(i)} = \sum_{l=1}^{L_{Pr}}\sum_{i=1}^{M}\Delta q_l x_i^{(i)}\sum_{\nu=1}^{S}b_{l\nu}^{(i)}d_{\nu i}^{(i)}$$

sind wie folgt umwandelbar. Der Gesamtbedarf $b_{li}^{(i)}$ eines primären Produktionsfaktors l zur Erstellung einer Einheit der verwertbaren Beschäftigung in Endkostenstelle

i setzt sich aus dem Primärbedarf $d_{li}^{(i)}$ und dem Sekundärbedarf des primären Faktors l in Endkostenstelle i zusammen. Der Sekundärbedarf entspricht der Summe der über sekundäre Kosten- und Umweltschutzstellen von Endkostenstelle i in Anspruch genommenen Mengen des Faktors l. Somit gilt die Bestimmungsgleichung

$$b_{li}^{(i)} = d_{li}^{(i)} + \sum_{\nu=1}^{S} b_{l\nu}^{(i)} d_{\nu i}^{(i)} \quad (l = 1, \ldots, L_{Pr}; i = 1, \ldots, M)$$

(vgl. KLOOCK 1969, S. 77f.). Desweiteren ist der beschäftigungsproportionale Periodenbedarf $r_{P_l}^{(i)}$ des primären Produktionsfaktors l nach

$$r_{P_l}^{(i)} = \sum_{i=1}^{M} b_{li}^{(i)} x_i^{(i)} \quad (l = 1, \ldots, L_{Pr})$$

bestimmbar. Demnach kann man schreiben

$$\begin{aligned}
&\sum_{l=1}^{L_{Pr}} \sum_{i=1}^{M} \Delta q_l x_i^{(i)} \sum_{\nu=1}^{S} b_{l\nu}^{(i)} d_{\nu i}^{(i)} \\
&= \sum_{l=1}^{L_{Pr}} \sum_{i=1}^{M} \Delta q_l x_i^{(i)} (b_{li}^{(i)} - d_{li}^{(i)}) \\
&= \sum_{l=1}^{L_{Pr}} \Delta q_l \sum_{i=1}^{M} b_{li}^{(i)} x_i^{(i)} - \sum_{l=1}^{L_{Pr}} \Delta q_l \sum_{i=1}^{M} d_{li}^{(i)} x_i^{(i)} \\
&= \sum_{l=1}^{L_{Pr}} \Delta q_l r_{P_l}^{(i)} - \sum_{l=1}^{L_{Pr}} \Delta q_l \sum_{i=1}^{M} d_{li}^{(i)} x_i^{(i)} \\
&= \sum_{l=1}^{L_{Pr}} \Delta q_l \left(\sum_{\substack{\nu=1 \\ \nu \notin \{1,\ldots,M\}}}^{S_p} d_{l\nu}^{(i)} v_\nu^{(i)} B_\nu^{(i)} + \sum_{\nu=S_p+1}^{S} d_{l\nu}^{(i)} v_\nu^{(i)} B_\nu^{(i)} \sum_{i=1}^{M} d_{li}^{(i)} v_i^{(i)} B_i^{(i)} \right) \\
&\quad - \sum_{l=1}^{L_{Pr}} \Delta q_l \sum_{i=1}^{M} d_{li}^{(i)} x_i^{(i)} \\
&= \sum_{l=1}^{L_{Pr}} \Delta q_l \left(\sum_{\substack{\nu=1 \\ \nu \notin \{1,\ldots,M\}}}^{S_p} d_{l\nu}^{(i)} v_\nu^{(i)} B_\nu^{(i)} + \sum_{\nu=S_p+1}^{S} d_{l\nu}^{(i)} v_\nu^{(i)} B_\nu^{(i)} + \sum_{i=1}^{M} d_{li}^{(i)} (v_i^{(i)} B_i^{(i)} - x_i^{(i)}) \right)
\end{aligned}$$

(vgl. KLOOCK/DÖRNER 1988, S. 141). Dabei bezeichnet $(v_i^{(i)} B_i^{(i)} - x_i^{(i)})$ den Teil der verwertbaren Gesamtbeschäftigung einer Endkostenstelle i $(i = 1, \ldots, M)$, der nicht absatzbestimmt ist, also als Produktionsmenge eines verwertbaren Zwischenprodukts unternehmensintern weiterverarbeitet werden kann (vgl. auch Kapitel 1.2.4.2). Die Differenzierung in sekundäre Kostenstellen ν, die nicht Endkostenstellen sind, d.h. $(\nu = 1, \ldots, S_p) \wedge \nu \notin \{1, \ldots, M\}$, und Endkostenstellen i $(i = 1, \ldots, M)$ ist zur Vermeidung von Doppelerfassungen erforderlich.

Die in der Zerlegung der induzierten Teilabweichungen auf Basis der derivativen Einflußgrößen Δg_{p_ν} $(\nu = 1,\ldots,S_p)$ und Δg_{u_ν} $(\nu = 1,\ldots,S_p,S_p+1,\ldots,S)$ enthaltenen **verbrauchsinduzierten Preisabweichungen**

$$\sum_{\nu=1}^{S_p}\sum_{i=1}^{M} d_{\nu i}^{(i)} x_i^{(i)} \sum_{l=1}^{L_{Pr}} q_l^{(i)} \Delta b_{l\nu} + \sum_{\nu=S_p+1}^{S}\sum_{i=1}^{M} d_{\nu i}^{(i)} x_i^{(i)} \sum_{l=1}^{L_{Pr}} q_l^{(i)} \Delta b_{l\nu} = \sum_{\nu=1}^{S}\sum_{i=1}^{M}\sum_{l=1}^{L_{Pr}} d_{\nu i}^{(i)} x_i^{(i)} q_l^{(i)} \Delta b_{l\nu}$$

sind wegen

$$\Delta b_{l\nu} = \sum_{l'=1}^{L_S}\sum_{l''=L_{Pr}+1}^{L_S} b_{ll'}^{(i)} \Delta d_{l'l''} b_{l''\nu}^{(i)} + b_{ll'}^{(i)} \Delta d_{l'l''} \Delta b_{l''\nu}^{(i)}$$

(vgl. KLOOCK/DÖRNER 1988, S. 134) bei Zusammenfassung der Teilabweichungen zweiten Grades zu einem Abweichungsblock T'' darstellbar als

$$\sum_{\nu=1}^{S}\sum_{i=1}^{M}\sum_{l=1}^{L_{Pr}} d_{\nu i}^{(i)} x_i^{(i)} q_l^{(i)} \Delta b_{l\nu} = \sum_{\nu=1}^{S}\sum_{i=1}^{M}\sum_{l=1}^{L_{Pr}} d_{\nu i}^{(i)} x_i^{(i)} q_l^{(i)} \sum_{l'=1}^{L_S}\sum_{l''=L_{pr}+1}^{L_S} b_{ll'}^{(i)} \Delta d_{l'l''} b_{l''\nu}^{(i)} + T''$$

(vgl. KLOOCK/DÖRNER 1988, S. 141). Die Abweichungen zweiten Grades T'' werden mit AHG'' zu einem Abweichungsblock AHG zusammengefaßt.

Mit Verwendung des Index $l' = 1,\ldots,L_{Pr},L_{Pr}+1,\ldots,L_{S_p},L_{S_p}+1,\ldots,L_S$ werden alle verrechneten – primären und sekundären – Kostenarten in eine Reihenfolge gebracht. Mit $l' = 1,\ldots,L_{Pr}$ werden die primären Kostenarten der Kostenartengruppen 40/41 bis 48 erfaßt (vgl. Tabelle 3.1). Die sekundären Kostenarten $l' = L_{Pr}+1,\ldots,L_{S_p}$ entsprechen den prozeß- und umweltschutzbedingten Stellenleistungen der sekundären Kostenstellen ν $(\nu = 1,\ldots,S_p)$; die sekundären Kostenarten $l' = L_{S_p}+1,\ldots,L_S$ entsprechen den umweltschutzbedingten Stellenleistungen der Umweltschutzstellen ν $(\nu = S_p+1,\ldots,S)$. Index l'' ist ein Index für die Sekundärstellen. Desweiteren kann man schreiben

$$\begin{aligned}
&\sum_{\nu=1}^{S}\sum_{i=1}^{M}\sum_{l=1}^{L_{Pr}} d_{\nu i}^{(i)} x_i^{(i)} q_l^{(i)} \sum_{l'=1}^{L_S}\sum_{l''=L_{Pr}+1}^{L_S} b_{ll'}^{(i)} \Delta d_{l'l''} b_{l''\nu}^{(i)} \\
&= \sum_{i=1}^{M}\sum_{l''=L_{Pr}+1}^{L_S} \Big(\sum_{l'=1}^{L_S}\sum_{l=1}^{L_{Pr}} q_l^{(i)} b_{ll'}^{(i)} \Delta d_{l'l''} \Big) x_i^{(i)} \sum_{\nu=1}^{S} b_{l''\nu}^{(i)} d_{\nu i}^{(i)} \\
&= \sum_{i=1}^{M}\sum_{l''=L_{Pr}+1}^{L_S} \Big(\sum_{l'=1}^{L_{Pr}} q_{l'}^{(i)} \Delta d_{l'l''} + \sum_{l'=L_{Pr}+1}^{L_{S_p}} (g_{p_{l'}}^{(i)} + g_{u_{l'}}^{(i)}) \Delta d_{l'l''} \\
&\qquad + \sum_{l'=L_{S_p}+1}^{L_S} g_{u_{l'}}^{(i)} \Delta d_{l'l''} \Big) x_i^{(i)} \sum_{\nu=1}^{S} b_{l''\nu}^{(i)} d_{\nu i}^{(i)},
\end{aligned}$$

da $b_{ll'}^{(i)} = 1$ für $l = l'$ und $b_{ll'}^{(i)} = 0$ für $l \neq l'$ $(l, l' = 1, \ldots, L_{P_r})$ (vgl. KLOOCK 1969, S. 71f.) sowie $(g_{p_{l'}}^{(i)} + g_{u_{l'}}^{(i)}) = \sum_{l=1}^{L_{P_r}} q_l^{(i)} b_{ll'}^{(i)}$ $(l' = L_{P_r} + 1, \ldots, L_{S_p})$ bzw. $g_{u_{l'}}^{(i)} = \sum_{l=1}^{L_{P_r}} q_l^{(i)} b_{ll'}^{(i)}$ $(l' = L_{S_p} + 1, \ldots, L_S)$ (vgl. S. 194) gelten.

Darüber hinaus gilt

$$b_{l''i}^{(i)} = \sum_{\nu=1}^{S} b_{l''\nu}^{(i)} d_{\nu i}^{(i)} + \delta_{l''i} \quad \text{mit} \quad \delta_{l''i} = \begin{cases} 1 & : \; l'' = i \\ 0 & : \; \text{sonst} \end{cases}$$

(vgl. KLOOCK 1969, S. 78), so daß obiger Ausdruck auch als

$$\sum_{l''=L_{P_r}+1}^{L_S} \Bigg(\sum_{l'=1}^{L_{P_r}} q_{l'}^{(i)} \Delta d_{l'l''} + \sum_{l'=L_{P_r}+1}^{L_{S_p}} (g_{p_{l'}}^{(i)} + g_{u_{l'}}^{(i)}) \Delta d_{l'l''} + \sum_{l'=L_{S_p}+1}^{L_S} g_{u_{l'}}^{(i)} \Delta d_{l'l''} \Bigg) \sum_{i=1}^{M} (b_{l''i}^{(i)} - \delta_{l''i}) x_i^{(i)}$$

geschrieben werden kann. Da die verwertbare Gesamtbeschäftigung $v_{l''}^{(i)} B_{l''}^{(i)}$ einer sekundären Stelle l'' $(l'' = L_{P_r} + 1, \ldots, L_{S_p}, L_{S_p} + 1, \ldots, L_S)$ in Analogie zur Bestimmung des beschäftigungsproportionalen Periodenbedarfs $r_{P_l}^{(i)}$ des primären Produktionsfaktors l $(l = 1, \ldots, L_{P_r})$ der Bestimmungsgleichung

$$v_{l''}^{(i)} B_{l''}^{(i)} = \sum_{i=1}^{M} b_{l''i}^{(i)} x_i^{(i)} \quad (l'' = L_{P_r} + 1, \ldots, L_{S_p}, L_{S_p} + 1, \ldots, L_S)$$

genügt (vgl. S. 195), resultiert daraus

$$\sum_{l''=L_{P_r}+1}^{L_S} \Bigg(\sum_{l'=1}^{L_{P_r}} q_{l'}^{(i)} \Delta d_{l'l''} + \sum_{l'=L_{P_r}+1}^{L_{S_p}} (g_{p_{l'}}^{(i)} + g_{u_{l'}}^{(i)}) \Delta d_{l'l''} + \sum_{l'=L_{S_p}+1}^{L_S} g_{u_{l'}}^{(i)} \Delta d_{l'l''} \Bigg) (v_{l''}^{(i)} B_{l''}^{(i)} - x_{l''}^{(i)}).$$

Nach Ersetzen der Indices $l'' = L_{P_r}+1, \ldots, L_{S_p}, L_{S_p}+1, \ldots, L_S$ durch $\nu = 1, \ldots, S_p, S_p + 1, \ldots, S$ und $l' = 1, \ldots, L_{P_r}$ durch $l = 1, \ldots, L_{P_r}$ sowie $l' = L_{P_r} + 1, \ldots, L_{S_p}$ durch

$\nu = 1, \ldots, S_p$ bzw. $l' = L_{S_p} + 1, \ldots, L_S$ durch $\nu = S_p + 1, \ldots, S$ resultiert

$$\begin{aligned}
&\sum_{l=1}^{L_{Pr}} q_l^{(i)} \Bigg(\sum_{\substack{\nu=1 \\ \nu \notin \{1,\ldots,M\}}}^{S_p} \Delta d_{l\nu} v_\nu^{(i)} B_\nu^{(i)} + \sum_{\nu=S_p+1}^{S} \Delta d_{l\nu} v_\nu^{(i)} B_\nu^{(i)} \\
&\qquad + \sum_{\substack{i=1 \\ i \in \{1,\ldots,S_p\}}}^{M} \Delta d_{li} \big(v_i^{(i)} B_i^{(i)} - x_i^{(i)} \big) \Bigg) \\
&+ \sum_{\substack{\nu=1 \\ \nu \notin \{1,\ldots,M\}}}^{S_p} \Big(\sum_{\mu=1}^{S_p} (g_{p_\mu}^{(i)} + g_{u_\mu}^{(i)}) \Delta d_{\mu\nu} + \sum_{\mu=S_p+1}^{S} g_{u_\mu}^{(i)} \Delta d_{\mu\nu} \Big) v_\nu^{(i)} B_\nu^{(i)} \\
&+ \sum_{\nu=S_p+1}^{S} \Big(\sum_{\mu=1}^{S_p} (g_{p_\mu}^{(i)} + g_{u_\mu}^{(i)}) \Delta d_{\mu\nu} + \sum_{\mu=S_p+1}^{S} g_{u_\mu}^{(i)} \Delta d_{\mu\nu} \Big) v_\nu^{(i)} B_\nu^{(i)} \\
&+ \sum_{\substack{i=1 \\ i \in \{1,\ldots,S_p\}}}^{M} \Big(\sum_{\mu=1}^{S_p} (g_{p_\mu}^{(i)} + g_{u_\mu}^{(i)}) \Delta d_{\mu i} + \sum_{\mu=S_p+1}^{S} g_{u_\mu}^{(i)} \Delta d_{\mu i} \Big) \big(v_i^{(i)} B_i^{(i)} - x_i^{(i)} \big)
\end{aligned}$$

(vgl. auch KLOOCK/DÖRNER 1988, S. 142).

Faßt man die auf Änderungen der originären Einflußgrößen zurückgeführten induzierten Teilabweichungen mit den in ΔK_P enthaltenen Abweichungen ersten Grades auf Basis der originären Einflußgrößen zusammen, ergibt sich der folgende Kostenkontrollansatz

$$
\begin{aligned}
\Delta K_P &= \sum_{l=1}^{L_{Pr}} \sum_{i=1}^{M} \Delta q_l d_{li}^{(i)} x_i^{(i)} + \sum_{l=1}^{L_{Pr}} \sum_{i=1}^{M} q_l^{(i)} \Delta d_{li} x_i^{(i)} + \sum_{l=1}^{L_{Pr}} \sum_{i=1}^{M} q_l^{(i)} d_{li} \Delta x_i^{(i)} \\
&+ \sum_{l=1}^{L_{Pr}} \sum_{\substack{\nu=1 \\ \nu \notin \{1,\ldots,M\}}}^{S_p} \Delta q_l d_{l\nu} v_\nu^{(i)} B_\nu^{(i)} + \sum_{l=1}^{L_{Pr}} \sum_{\nu=S_p+1}^{S} \Delta q_l d_{l\nu}^{(i)} v_\nu^{(i)} B_\nu^{(i)} \\
&+ \sum_{l=1}^{L_{Pr}} \sum_{i=1}^{M} \Delta q_l d_{li}^{(i)} \left(v_i^{(i)} B_i^{(i)} - x_i^{(i)}\right) \\
&+ \sum_{l=1}^{L_{Pr}} \sum_{\substack{\nu=1 \\ \nu \notin \{1,\ldots,M\}}}^{S_p} q_l^{(i)} \Delta d_{l\nu} v_\nu^{(i)} B_\nu^{(i)} + \sum_{l=1}^{L_{Pr}} \sum_{\nu=S_p+1}^{S} q_l^{(i)} \Delta d_{l\nu} v_\nu^{(i)} B_\nu^{(i)} \\
&+ \sum_{l=1}^{L_{Pr}} \sum_{\substack{i=1 \\ i \in \{1,\ldots,S_p\}}}^{M} q_l^{(i)} \Delta d_{li} \left(v_i^{(i)} B_i^{(i)} - x_i^{(i)}\right) \\
&+ \sum_{\substack{\nu=1 \\ \nu \notin \{1,\ldots,M\}}}^{S_p} \left(\sum_{\mu=1}^{S_p} \left(g_{p_\mu}^{(i)} + g_{u_\mu}^{(i)}\right) \Delta d_{\mu\nu} + \sum_{\mu=S_p+1}^{S} g_{u_\mu}^{(i)} \Delta d_{\mu\nu} \right) v_\nu^{(i)} B_\nu^{(i)} \\
&+ \sum_{\nu=S_p+1}^{S} \left(\sum_{\mu=1}^{S_p} \left(g_{p_\mu}^{(i)} + g_{u_\mu}^{(i)}\right) \Delta d_{\mu\nu} + \sum_{\mu=S_p+1}^{S} g_{u_\mu}^{(i)} \Delta d_{\mu\nu} \right) v_\nu^{(i)} B_\nu^{(i)} \\
&+ \sum_{\substack{i=1 \\ i \in \{1,\ldots,S_p\}}}^{M} \left(\sum_{\mu=1}^{S_p} \left(g_{p_\mu}^{(i)} + g_{u_\mu}^{(i)}\right) \Delta d_{\mu i} + \sum_{\mu=S_p+1}^{S} g_{u_\mu}^{(i)} \Delta d_{\mu i} \right) \left(v_i^{(i)} B_i^{(i)} - x_i^{(i)}\right) \\
&+ \sum_{\nu=1}^{S_p} \sum_{i=1}^{M} \left(g_{p_\nu}^{(i)} + g_{u_\nu}^{(i)}\right) \Delta d_{\nu i} x_i^{(i)} + \sum_{\nu=1}^{S_p} \sum_{i=1}^{M} \left(g_{p_\nu}^{(i)} + g_{u_\nu}^{(i)}\right) d_{\nu i}^{(i)} \Delta x_i \\
&+ \sum_{\nu=S_p+1}^{S} \sum_{i=1}^{M} g_{u_\nu}^{(i)} \Delta d_{\nu i} x_i^{(i)} + \sum_{\nu=S_p+1}^{S} \sum_{i=1}^{M} g_{u_\nu}^{(i)} d_{\nu i}^{(i)} \Delta x_i + AHG.
\end{aligned}
$$

Dabei können in einfacher Weise die **Primärpreisabweichungen in Endkostenstellen** i – beschrieben durch den ersten und sechsten Summanden von ΔK_P – zusammengefaßt werden zu

$$
\sum_{l=1}^{L_{Pr}} \sum_{i=1}^{M} \Delta q_l d_{li}^{(i)} x_i^{(i)} + \sum_{l=1}^{L_{Pr}} \sum_{i=1}^{M} \Delta q_l d_{li}^{(i)} \left(v_i^{(i)} B_i^{(i)} - x_i^{(i)}\right) = \sum_{l=1}^{L_{Pr}} \sum_{i=1}^{M} \Delta q_l d_{li}^{(i)} v_i^{(i)} B_i^{(i)}.
$$

Ist eine Endkostenstelle i zugleich Hilfskostenstelle, d.h. $i \in \{1,\ldots,S_p\}$, gilt $x_i^{(i)} + (v_i^{(i)} B_i^{(i)} - x_i^{(i)}) = v_i^{(i)} B_i^{(i)}$ $(i = 1,\ldots,M) \wedge i \in \{1,\ldots,S_p\}$; ist $i \notin \{1,\ldots,S_p\}$, d.h., Endkostenstelle i ist eine Hauptkostenstelle, deren gesamte verwertbare Beschäftigung absatzbestimmt ist, dann gilt $v_i^{(i)} B_i^{(i)} = x_i^{(i)}$ $(i = 1,\ldots,M) \wedge i \notin \{1,\ldots,S_p\}$. Demnach können die **Direktverbrauchsabweichungen primärer Kostenarten in Endkostenstellen** i – beschrieben durch den zweiten und neunten Summanden von ΔK_P – wie folgt zusammengefaßt werden

$$
\sum_{l=1}^{L_{Pr}} \sum_{i=1}^{M} q_l^{(i)} \Delta d_{li} x_i^{(i)} + \sum_{l=1}^{L_{Pr}} \sum_{\substack{i=1 \\ i \in \{1,\ldots,S_p\}}}^{M} q_l^{(i)} \Delta d_{li} \left(v_i^{(i)} B_i^{(i)} - x_i^{(i)}\right) = \sum_{l=1}^{L_{Pr}} \sum_{i=1}^{M} q_l^{(i)} \Delta d_{li} v_i^{(i)} B_i^{(i)}.
$$

Nach der gleichen Überlegung können die **Direktverbrauchsabweichungen sekundärer Kostenarten in Endkostenstellen** i – beschrieben durch den zwölften, dreizehnten und fünfzehnten Summanden von ΔK_P zusammengefaßt werden, d.h.

$$\begin{aligned}
&\sum_{\substack{i=1\\ i\in\{1,\ldots,S_p\}}}^{M}\left(\sum_{\mu=1}^{S_p}(g_{p\mu}^{(i)}+g_{u\mu}^{(i)})\Delta d_{\mu i}+\sum_{\mu=S_p+1}^{S} g_{u\mu}^{(i)}\Delta d_{\mu i}\right)(v_i^{(i)}B_i^{(i)}-x_i^{(i)})\\
&+\sum_{\nu=1}^{S_p}\sum_{i=1}^{M}(g_{p\nu}^{(i)}+g_{u\nu}^{(i)})\Delta d_{\nu i}x_i^{(i)}+\sum_{\nu=S_p+1}^{S}\sum_{i=1}^{M} g_{u\nu}^{(i)}\Delta d_{\nu i}x_i^{(i)}\\
&=\sum_{\nu=1}^{S_p}\sum_{i=1}^{M}(g_{p\nu}^{(i)}+g_{u\nu}^{(i)})\Delta d_{\nu i}v_i^{(i)}B_i^{(i)}+\sum_{\nu=S_p+1}^{S}\sum_{i=1}^{M} g_{u\nu}^{(i)}\Delta d_{\nu i}v_i^{(i)}B_i^{(i)}.
\end{aligned}$$

Insgesamt resultiert der folgende Kostenkontrollansatz

$$\begin{aligned}
\Delta K_P \;=\;& \left(\sum_{l=1}^{L_{P_r}}\sum_{\substack{i=1\\ i\notin\{1,\ldots,S_p\}}}^{M}\Delta q_l d_{li}^{(i)}v_i^{(i)}B_i^{(i)}+\sum_{l=1}^{L_{P_r}}\sum_{\nu=1}^{S_p}\Delta q_l d_{l\nu}^{(i)}v_\nu^{(i)}B_\nu^{(i)}\right.\\
&\left.+\sum_{l=1}^{L_{P_r}}\sum_{\nu=S_p+1}^{S}\Delta q_l d_{l\nu}^{(i)}v_\nu^{(i)}B_\nu^{(i)}\right)\\
+&\left(\sum_{l=1}^{L_{P_r}}\sum_{\substack{i=1\\ i\notin\{1,\ldots,S_p\}}}^{M} q_l^{(i)}\Delta d_{li}v_i^{(i)}B_i^{(i)}+\sum_{l=1}^{L_{P_r}}\sum_{\nu=1}^{S_p} q_l^{(i)}\Delta d_{l\nu}v_\nu^{(i)}B_\nu^{(i)}\right.\\
&\left.+\sum_{l=1}^{L_{P_r}}\sum_{\nu=S_p+1}^{S} q_l^{(i)}\Delta d_{l\nu}v_\nu^{(i)}B_\nu^{(i)}\right)\\
+&\left(\sum_{\nu=1}^{S_p}\sum_{\substack{i=1\\ i\notin\{1,\ldots,S_p\}}}^{M} g_{p\nu}^{(i)}\Delta d_{\nu i}v_i^{(i)}B_i^{(i)}+\sum_{\mu=1}^{S_p}\sum_{\nu=1}^{S_p} g_{p\mu}^{(i)}\Delta d_{\mu\nu}v_\nu^{(i)}B_\nu^{(i)}\right)\\
+&\left(\sum_{\nu=1}^{S_p}\sum_{\substack{i=1\\ i\notin\{1,\ldots,S_p\}}}^{M} g_{u\nu}^{(i)}\Delta d_{\nu i}v_i^{(i)}B_i^{(i)}+\sum_{\mu=1}^{S}\sum_{\nu=1}^{S_p} g_{u\mu}^{(i)}\Delta d_{\mu\nu}v_\nu^{(i)}B_\nu^{(i)}\right.\\
&+\sum_{\mu=1}^{S_p}\sum_{\nu=S_p+1}^{S}(g_{p\mu}^{(i)}+g_{u\mu}^{(i)})\Delta d_{\mu\nu}v_\nu^{(i)}B_\nu^{(i)}+\sum_{\nu=S_p+1}^{S}\sum_{\substack{i=1\\ i\notin\{1,\ldots,S_p\}}}^{M} g_{u\nu}^{(i)}\Delta d_{\nu i}v_i^{(i)}B_i^{(i)}\\
&\left.+\sum_{\mu=S_p+1}^{S}\sum_{\nu=1}^{S} g_{u\mu}^{(i)}\Delta d_{\mu\nu}v_\nu^{(i)}B_\nu^{(i)}\right)\\
+&\left(\sum_{l=1}^{L_{P_r}}\sum_{i=1}^{M} q_l^{(i)}d_{li}^{(i)}\Delta x_i\right)+\left(\sum_{\nu=1}^{S_p}\sum_{i=1}^{M} g_{p\nu}^{(i)}d_{\nu i}^{(i)}\Delta x_i\right)+\left(\sum_{\nu=1}^{S}\sum_{i=1}^{M} g_{u\nu}^{(i)}d_{\nu i}^{(i)}\Delta x_i\right)+AHG
\end{aligned}$$

(vgl. auch KLOOCK/DÖRNER 1988, S. 140).

Der erste Ausdruck in runden Klammern beschreibt die Summe der kontrollrelevanten **Primärpreisabweichungen** in Hauptkostenstellen i ($i = 1, \ldots, M$) $\wedge\ i \notin \{1, \ldots, S_p\}$, sekundären Kostenstellen ν ($\nu = 1, \ldots, S_p$) und Umweltschutzstellen ν ($\nu = S_p + 1, \ldots, S$). Durch den stellenspezifischen Ausweis ist eine Differenzierung in prozeß- bzw. umweltschutzbedingte Primärpreisabweichungen unmittelbar möglich.

Im zweiten Klammerausdruck sind die kontrollrelevanten **Direktverbrauchsabweichungen primärer Kostenarten** aller betrachteten Stellen zusammengefaßt. Durch den stellenspezifischen Ausweis ist wiederum eine Differenzierung in prozeßbedingte Direktverbrauchsabweichungen primärer Kostenarten in Hauptkostenstellen sowie sekundären Kostenstellen und umweltschutzbedingte Direktverbrauchsabweichungen primärer Kostenarten in Umweltschutzstellen unmittelbar möglich.

Der dritte Ausdruck in runden Klammern erkärt die Summe der kontrollrelevanten **Direktverbrauchsabweichungen sekundärer prozeßbedingter Kostenarten** in Hauptkostenstellen i $(i = 1, \ldots, M) \wedge i \notin \{1, \ldots, S_p\}$ und sekundären Kostenstellen ν $(\nu = 1, \ldots, S_p)$.

Mit dem vierten Klammerausdruck ist die Summe der kontrollrelevanten **Direktverbrauchsabweichungen sekundärer umweltschutzbedingter Kostenarten** in Hauptkostenstellen i $(i = 1, \ldots, M) \wedge i \notin \{1, \ldots, S_p\}$, sekundären Kostenstellen ν $(\nu = 1, \ldots, S_p)$ und Umweltschutzstellen ν $(\nu = S_p + 1, \ldots, S)$ dargestellt.

Der fünfte Ausdruck in runden Klammern beschreibt die kontrollrelevanten **Absatzmengenabweichungen primärer Kostenarten** in Endkostenstellen i. Der sechste bzw. siebte Klammerausdruck definiert die **Absatzmengenabweichungen sekundärer prozeßbedingter** bzw. **umweltschutzbedingter Kostenarten** in Endkostenstellen i $(i = 1, \ldots, M)$.

Abkürzungsverzeichnis

AbfG	Abfallgesetz
AbwAG	Abwasserabgabengsetz
BFuP	Betriebswirtschaftliche Forschung und Praxis
BImSchG	Bundes-Immissionsschutzgesetz
DGfB	Deutsche Gesellschaft für Betriebswirtschaft
EStG	Einkommensteuergesetz
FÖB	Forschungsinformationsdienst Ökologisch orientierte Betriebswirtschaftslehre
HdWW	Handwörterbuch der Wirtschaftswissenschaft
HWB	Handwörterbuch der Betriebswirtschaft
HWO	Handwörterbuch der Organisation
HWProd	Handwörterbuch der Produktionswirtschaft
HWR	Handwörterbuch des Rechnungswesens
KRP	Kostenrechnungs-Praxis
N.A.C.A.	National Association of Cost Accountants
WHG	Wasserhaushaltsgesetz
WiSt	Wirtschaftswissenschaftliches Studium
WISU	Das Wirtschaftsstudium
ZfB	Zeitschrift für Betriebswirtschaft
ZfbF	Zeitschrift für betriebswirtschaftliche Forschung
ZfhF	Zeitschrift für handelswissenschaftliche Forschung
ZfU	Zeitschrift für Umweltpolitik & Umweltrecht

Symbolverzeichnis

$a_{\mu\nu}^{(p)}$:= (dezimaler) Anteil der verwertbaren Planbeschäftigung der Stelle μ, den Stelle ν von Stelle μ empfängt ($\nu, \mu = 1, \ldots, S_p, S_p + 1, \ldots, S$),

AHG := Block der Kostenteilabweichungen höheren Grades,

$b_{l\tau}^{(i)}$:= beschäftigungsproportionaler Istgesamtbedarf des primären Produktionsfaktors l in Stelle τ $[FE_l/vBGE_\tau]$ ($l = 1, \ldots, L_{P\tau}$; $\tau = 1, \ldots, S_p, S_p + 1, \ldots, S, S + 1 \ldots, S + M$),

$b_{l\tau}^{(p)}$, $b_{l\tau}^{(s)}$:= beschäftigungsproportionaler Plangesamtbedarf des primären Produktionsfaktors l in Stelle τ $[FE_l/vBGE_\tau]$ ($l = 1, \ldots, L_{P\tau}$; $\tau = 1, \ldots, S_p, S_p + 1, \ldots, S, S + 1, \ldots, S + M$),

$b_{\nu\tau}^{(i)}$:= beschäftigungsproportionaler Istgesamtbedarf des sekundären Produktionsfaktors ν in Stelle τ $[vBGE_\nu/vBGE_\tau]$ ($\nu = 1, \ldots, S_p, S_p + 1, \ldots, S$; $\tau = 1, \ldots, S_p, S_p + 1, \ldots, S, S + 1, \ldots, S + M$),

$b_{\nu\tau}^{(p)}$, $b_{\nu\tau}^{(s)}$:= beschäftigungsproportionaler Plangesamtbedarf des sekundären Produktionsfaktors ν in Stelle τ $[vBGE_\nu/vBGE_\tau]$ ($\nu = 1, \ldots, S_p, S_p + 1, \ldots, S$; $\tau = 1, \ldots, S_p, S_p + 1, \ldots, S, S + 1, \ldots, S + M$),

$B_i^{(p)}$:= Planbeschäftigung einer primären Stelle i $[BGE_i/\text{Periode}]$ ($i = 1, \ldots, M$),

$B_\nu^{(p)}$:= Planbeschäftigung einer sekundären Stelle ν $[BGE_\nu/\text{Periode}]$ ($\nu = 1, \ldots, S_p, S_p + 1, \ldots, S$),

$c_{p_\nu}^{(p)}$:= geplanter prozeßbedingter Fixkostenverrechnungssatz der sekundären Kostenstelle ν $[GE/BGE_\nu]$ ($\nu = 1, \ldots, S_p$),

$c_{u_\nu}^{(p)}$:= geplanter umweltschutzbedingter Fixkostenverrechnungssatz der sekundären Stelle ν $[GE/BGE_\nu]$ ($\nu = 1, \ldots, S_p, S_p + 1, \ldots, S$),

$d_{l\tau}^{(i)}$:= beschäftigungsproportionaler Istdirektbedarf des primären Produktionsfaktors l in Stelle τ $[FE_l/vBGE_\tau]$ ($l = 1, \ldots, L_{P\tau}$; $\tau = 1, \ldots, S_p, S_p + 1, \ldots, S, S + 1, \ldots, S + M$),

$d_{l\tau}^{(p)}$, $d_{l\tau}^{(s)}$:= beschäftigungsproportionaler Plandirektbedarf des primären Produktionsfaktors l in Stelle τ $[FE_l/vBGE_\tau]$ ($l = 1, \ldots, L_{P\tau}$; $\tau = 1, \ldots, S_p, S_p + 1, \ldots, S, S + 1, \ldots, S + M$),

$d_{\nu\tau}^{(i)}$:= beschäftigungsproportionaler Istdirektbedarf des sekundären Produktionsfaktors ν bzw. der verwertbaren Leistung der sekundären Stelle ν in Stelle τ $[vBGE_\nu/vBGE_\tau]$ ($\nu = 1, \ldots, S_p, S_p + 1, \ldots, S$; $\tau = 1, \ldots, S_p, S_p + 1, \ldots, S, S + 1 \ldots, S + M$),

$d_{\nu\tau}^{(p)}$, $d_{\nu\tau}^{(s)}$:= beschäftigungsproportionaler Plandirektbedarf des sekundären Produktionsfaktors ν in Stelle μ $[vBGE_\nu/vBGE_\mu]$ ($\nu, \mu = 1, \ldots, S_p, S_p + 1, \ldots, S$),

$e^{(p)}_{pVt_j}$:= geplante prozeßbedingte Sondereinzelkosten des Vertriebs für Produktart j $[GE/PE_j]$ $(j = 1, \ldots, N)$,

$e^{(p)}_{uVt_j}$:= geplante umweltschutzbedingte Sondereinzelkosten des Vertriebs für Produktart j $[GE/PE_j]$ $(j = 1, \ldots, N)$.

F_{it} := Abbaurate einer natürlichen Ressoucre i in Periode t $[NRE_i/\text{Periode}]$,

$F_{K_{it}}$:= Kritische Rate des Abbaus einer natürlichen Ressource i in Periode t $[NRE_i/\text{Periode}]$,

$g^{(i)}_{p_\nu}$:= prozeßbedingter Ist-Grenzkostenverrechnungssatz der sekundären Kostenstelle ν $[GE/BGE_\nu]$ $(\nu = 1, \ldots, S_p)$,

$g^{(p)}_{p_\nu}$, $g^{(s)}_{p_\nu}$:= geplanter prozeßbedingter Grenzkostenverrechnungssatz der sekundären Kostenstelle ν $[GE/BGE_\nu]$ $(\nu = 1, \ldots, S_p)$,

$g^{(i)}_{u_\nu}$:= umweltschutzbedingter Ist-Grenzkostenverrechnungssatz der sekundären Stelle ν $[GE/BGE_\nu]$ $(\nu = 1, \ldots, S_p, S_p + 1, \ldots, S)$

$g^{(p)}_{u_\nu}$, $g^{(p)}_{u_\nu}$:= geplanter umweltschutzbedingter Grenzkostenverrechnungssatz der sekundären Stelle ν $[GE/BGE_\nu]$ $(\nu = 1, \ldots, S_p, S_p + 1, \ldots, S)$

$g^{(p)}_{Vw_j}$:= geplanter Zuschlagsatz der variablen Verwaltungsgemeinkosten für Produktart j $(j = 1, \ldots, N)$,

$g^{(p)}_{Vt_j}$:= geplanter Zuschlagsatz der variablen Vertriebsgemeinkosten für Produktart j $(j = 1, \ldots, N)$,

$k^{(p)}_{pH_j}$:= geplante variable prozeßbedingte Herstellkosten, die Kuppelprodukt j zugerechnet werden $[GE/PE_j]$ $(j = 1, \ldots, N)$,

$k^{(p)}_{uH_j}$:= geplante variable umweltschutzbedingte Herstellkosten, die Kuppelprodukt j zugerechnet werden $[GE/PE_j]$ $(j = 1, \ldots, N)$,

$k^{(p)}_{pS_j}$:= geplante variable prozeßbedingte Selbstkosten, die Kuppelprodukt j zugerechnet werden $[GE/PE_j]$ $(j = 1, \ldots, N)$,

$k^{(p)}_{uS_j}$:= geplante variable umweltschutzbedingte Selbstkosten, die Kuppelprodukt j zugerechnet werden $[GE/PE_j]$ $(j = 1, \ldots, N)$,

$k^{(p)}_{H_j}$:= geplante variable Herstellkosten, die Kuppelprodukt j zugerechnet werden $[GE/PE_j]$ $(j = 1, \ldots, N)$,

$k^{(p)}_{PPr_\nu}$:= geplante primäre Stückkosten einer sekundären Stelle ν $[GE/BGE_\nu]$ $(\nu = 1, \ldots, S_p, S_p + 1, \ldots, S)$,

$k^{(p)}_{S_j}$:= geplante variable Selbstkosten, die Kuppelprodukt j zugerechnet werden $[GE/PE_j]$ $(j = 1, \ldots, N)$,

$K^{(p)}_{pF_i}$:= geplante prozeßbedingte Fertigungskosten des Kuppelprozesses in Stelle i $[GE/\text{Periode}]$ $(i = 1, \ldots, M)$,

$K^{(p)}_{pH_i}$:= geplante prozeßbedingte Herstellkosten des Kuppelprozesses in Stelle i $[GE/\text{Periode}]$ $(i = 1, \ldots, M)$,

$K_{pM_i}^{(p)}$:= geplante prozeßbedingte Materialkosten des Kuppelprozesses in Stelle i $[GE/\text{Periode}]$ $(i = 1, \ldots, M)$,

$K_{uF_i}^{(p)}$:= geplante umweltschutzbedingte Fertigungskosten des Kuppelprozesses in Stelle i $[GE/\text{Periode}]$ $(i = 1, \ldots, M)$,

$K_{uH_i}^{(p)}$:= geplante umweltschutzbedingte Herstellkosten des Kuppelprozesses in Stelle i $[GE/\text{Periode}]$ $(i = 1, \ldots, M)$,

$K_{uM_i}^{(p)}$:= geplante umweltschutzbedingte Materialkosten des Kuppelprozesses in Stelle i $[GE/\text{Periode}]$ $(i = 1, \ldots, M)$,

$K_E^{(p)}$:= Plankosten für Entsorgung $[GE/\text{Periode}]$

$K_F^{(p)}$:= Summe der geplanten beschäftigungsfixen Gesamtkosten $[GE/\text{Periode}]$,

$K_{F_E}^{(p)}$:= Summe der geplanten beschäftigungsfixen Kosten für Entsorgung $[GE/\text{Periode}]$,

$K_{F_P}^{(p)}$:= Summe der geplanten durch die Aufrechterhaltung der Betriebsbereitschaft verursachten prozeßbedingten Kosten $[GE/\text{Periode}]$,

$K_{F\,Pr_\nu}^{(p)}$:= Summe der beschäftigungsfixen primären Plankosten einer sekundären Stelle ν $[GE/\text{Periode}]$ $(\nu = 1, \ldots, S_p, S_p + 1, \ldots, S)$,

$K_{F_R}^{(p)}$:= Summe der geplanten beschäftigungsfixen Kosten für Recycling $[GE/\text{Periode}]$,

$K_{F_U}^{(p)}$:= Summe der geplanten durch die Aufrechterhaltung der Betriebsbereitschaft verursachten Kosten für den Umweltschutz $[GE/\text{Periode}]$,

$K_P^{(p)}$:= Summe der geplanten beschäftigungsproportionalen Gesamtkosten $[GE/\text{Periode}]$,

$K_{P_E}^{(p)}$:= Summe der geplanten beschäftigungsproportionalen Kosten für Entsorgung $[GE/\text{Periode}]$,

$K_{P_P}^{(p)}$:= Summe der geplanten durch die Erstellung der Beschäftigungsleistung verursachten prozeßbedingten Kosten $[GE/\text{Periode}]$,

$K_{P\,Pr_{l\tau}}^{(p)}$:= beschäftigungsproportionale Plankosten der primären Kostenart l in Stelle τ $[GE/\text{Periode}]$ $(l = 1, \ldots, L_{Pr}; \tau = 1, \ldots, S_p, S_p + 1, \ldots, S, S + 1, \ldots, S + M)$,

$K_{P\,Pr_\nu}^{(p)}$:= Summe der beschäftigungsproportionalen primären Plankosten einer sekundären Stelle ν $[GE/\text{Periode}]$ $(\nu = 1, \ldots, S_p, S_p + 1, \ldots, S)$,

$K_{P_R}^{(p)}$:= Summe der geplanten beschäftigungsproportionalen Kosten für Recycling $[GE/\text{Periode}]$,

$K_{P_U}^{(p)}$:= Summe der geplanten durch die Erstellung der Beschäftigungsleistung verursachten Kosten für den Umweltschutz $[GE/\text{Periode}]$,

$K_R^{(p)}$:= Plankosten für Recycling $[GE/\text{Periode}]$,

$K_U^{(p)}$:= Summe der geplanten Kosten für den Umweltschutz $[GE/\text{Periode}]$,

$q_l^{(i)}$	:=	Isteinstandspreis des primären Produktionsfaktors l $[GE/FE_l]$ $(l = 1, \ldots, L_{Pr})$,
$q_l^{(p)}$, $q_l^{(s)}$	:=	Planpreis des primären Produktionsfaktors l $[GE/FE_l]$ $(l = 1, \ldots, L_{Pr})$,
$r_{\mu\nu}^{(p)}$	:=	Planverbrauchsmenge, die Stelle ν von Stelle μ empfängt $[BGE_\mu/\text{Periode}]$ $(\nu, \mu = 1, \ldots, S)$,
$r_{P_{\mu\nu}}^{(i)}$	:=	beschäftigungsproportionale Istverbrauchsmenge, die Stelle ν von Stelle μ empfängt $[BGE_\mu/\text{Periode}]$ $(\nu, \mu = 1, \ldots, S_p, S_p + 1, \ldots, S)$,
$r_{P_{\mu\nu}}^{(p)}$, $r_{P_{\mu\nu}}^{(s)}$	:=	beschäftigungsproportionale Planverbrauchsmenge, die Stelle ν von Stelle μ empfängt $[BGE_\mu/\text{Periode}]$ $(\nu, \mu = 1, \ldots, S_p, S_p + 1, \ldots, S)$,
$v_\nu^{(p)}$	:=	verwertbarer (dezimaler) Anteil der Planbeschäftigung der Stelle ν, dessen Erstellung erwünscht ist $[BGE_\nu/BGE_\nu]$ $(\nu = 1, \ldots, S_p, S_p + 1, \ldots, S)$,
$x_i^{(s)}$, $x_i^{(i)}$	:=	absatzbestimmte Plan- bzw. Istproduktionsmenge des erwünschten Hauptprodukts der Endkostenstelle i $[PE_i/\text{Periode}]$ $(i = 1, \ldots, M)$,
$\alpha_{p_l}^{(p)}$	:=	(dezimaler) Anteil des Kostenbetrages der primären Kostenart l, der zur Erfüllung prozeßbedingter Zewcke aufgewendet wird $(l = 1, \ldots, L_{Pr})$,
$\alpha_{u_l}^{(p)}$	:=	(dezimaler) Anteil des Kostenbetrages der primären Kostenart l, der Kosten für den Umwelschutz darstellt $(l = 1, \ldots, L_{Pr})$
$\delta_{p_{l\nu}}^{(p)}$	:=	(dezimaler) Anteil des beschäftigungsproportionalen Gesamtbedarfs des primären Produktionsfaktors l, der in der sekundären Kostenstelle ν prozeßbedingt verursacht ist $(l = 1, \ldots, L_{Pr}; \nu = 1, \ldots, S_p)$,
$\delta_{u_{l\nu}}^{(p)}$	:=	(dezimaler) Anteil des beschäftigungsproportionalen Gesamtbedarfs des primären Produktionsfaktors l, der in der sekundären Stelle ν umweltschutzbedingt verursacht ist $(l = 1, \ldots, L_{Pr}; \nu = 1, \ldots, S_p, S_p + 1, \ldots, S)$,
π		Intensität $[uNPE/ZE]$,
$\varphi_{ij}^{(p)}$		die dem Kuppelprodukt j in Stelle i zugeordnete Äquivalenzziffer $(j = 1, \ldots, N; i = 1, \ldots, M)$.

Literaturverzeichnis

ADAM, D.: Entscheidungsorientierte Kostenbewertung. Wiesbaden: Gabler 1970.

AGTHE, K.: Stufenweise Fixkostendeckung im System des Direct Costing. In: ZfB 29. Jg. (1959), S. 404-418.

AHBE, St., A. BRAUNSCHWEIG, R. MÜLLER-WENK: Methodik für Ökobilanzen auf der Basis der ökologischen Optimierung. Schriftenreihe Umwelt Nr. 133, hrsg. v. Bundesamt für Umwelt, Wald und Landschaft (BUWAL). Bern 1990.

ALBACH, H.: Strategische Unternehmensplanung bei erhöhter Unsicherheit. In: ZfB 48. Jg. (1978), S. 702-715.

ALBACH, H.: Kosten, Transaktionen und externe Effekte im betrieblichen Rechnungswesen. In: ZfB 58. Jg. (1988), S. 1143-1170.

BEA, F. X., A. KÖTZLE: Die Eignung der Sonderabschreibungen nach §7d EStG zur Erreichung umweltpolitischer Ziele. In: Der Betrieb 30. Jg. (1977), Teil I: S. 556-559 und Teil II: S. 604-608.

BESCHORNER, D.: Die Aufgabenausweitung der unternehmerischen Rechenschaftslegung durch den Umweltschutzgedanken. Dissertation der Technischen Universität München. München 1976.

BETGE, P.: Bestimmung der sozialen Kosten des Einsatzes moderner Produktionstechnologien. In: ZfbF 40. Jg. (1988), S. 517-541.

Betriebswirtschaftlicher Ausschuß des Verbandes der Chemischen Industrie e.V.: Erfassung und Verrechnung der Aufwendungen für den Umweltschutz in der Chemischen Industrie. In: Der Betrieb 26. Jg. (1973), S. 2053-2057.

BÖHM, H.-H., F. WILLE: Deckungsbeitragsrechnung, Grenzpreisrechnung und Optimierung. 5. Aufl., München: Moderne Industrie 1974.

BÖRNER, D.: Direct Costing als System der Kostenrechnung. Dissertation der Ludwig-Maximilians-Universität zu München. München 1961.

BÖRNER, D.: Kapitalerhaltung und Substanzerhaltung. In: HWB, 4. Aufl., Stuttgart: Poeschel 1975, Sp. 2096-2113.

BOHR, K.: Produktionsfaktorsysteme. In: HWProd, Stuttgart: Poeschel 1979, Sp. 1481-1493.

BOMMES, W.: Darstellung und Beurteilung von Verfahren der Kostenabweichungsanalyse bei ein- und mehrstufigen Fertigungsprozessen. Essen: Apur 1984.

BRAUNSCHWEIG, A.: Die ökologische Buchhaltung als Instrument der städtischen Umweltpolitik. Grüsch: Rüegger 1988.

BRINK, H.-J.: Zur Planung des optimalen Fertigungsprogramms. Köln et al.: Heymanns 1969.

BÜHN, G.: Umweltschutzkosten. In: Praxis des Rechnungswesens. Heft 4, Stand September 1982, Ordner 1, Freiburg im Breisgau: Haufe 1982, Gruppe 3: Lexikon des Rechnungswesens, S. 3/174, 1-2.

BUSSE v. COLBE, W.: Substanzerhaltung. In: HWB, 3. Aufl., Stuttgart: Poeschel 1960, Sp. 5310-5321.

BUSSE v. COLBE, W., G. LAßMANN: Betriebswirtschaftstheorie. Bd. 1: Grundlagen, Produktions- und Kostentheorie. Berlin/Heidelberg/New York: Springer 1975.

BUSSMANN, K. F.: Industrielles Rechnungswesen. 2. Aufl., Stuttgart: Poeschel 1979.

CZERNEY, H. J., D. RIESTERER: Finanzierung von Umweltschutzmaßnahmen. Abschreibungsvergünstigungen und öffentliche Zuschüsse. Landsberg am Lech: Ecomed 1985.

DANTZIG, G. B.: Lineare Programmierung und Erweiterungen. Berlin/Heidelberg/New York: Springer 1966 (Originalausgabe: Princeton: University Press 1963).

DELLMANN, K.: Zum Stand der betriebswirtschaftlichen Theorie der Kostenrechnung. In: ZfB 49. Jg. (1979), S. 319-332.

DELLMANN, K.: Kosten- und Leistungsrechnungen. In: BAETGE, J. (Hrsg.): Vahlens Kompendium der Betriebswirtschaftslehre. Bd. 2, München: Vahlen 1984, S. 271-332.

Der Rat von Sachverständigen für Umweltfragen: Umweltgutachten 1987. Stuttgart/Mainz: Kohlhammer 1987.

DINKELBACH, W.: Sensitivitätsanalysen und parametrische Programmierung. Berlin/Heidelberg/ New York: Springer 1969.

DINKELBACH, W.: Anmerkungen zur Sensitivitätsanalyse. In: GROCHLA, E., N. SZYPERSKI (Hrsg.): Management-Informationssysteme. Eine Herausforderung an Wissenschaft und Forschung. Wiesbaden: Gabler 1971, S. 469-481.

DINKELBACH, W.: Modell – ein isomorphes Abbild der Wirklichkeit? In: GROCHLA, E., N. SZYPERSKI (Hrsg.): Modell- und computer-gestützte Unternehmensplanung. Wiesbaden: Gabler 1973, S. 151-162.

DINKELBACH, W.: Entscheidungsmodelle. In: HWO, 2. Aufl., Stuttgart: Poeschel 1980, Sp. 623-633.

DINKELBACH, W.: Entscheidungsmodelle. Berlin: De Gruyter 1982.

DINKELBACH, W.: Anmerkungen zum Produktionsfaktor Energie in der Betriebswirtschaftslehre. Diskussionsbeiträge des Fachbereichs Wirtschaftswissenschaft der Universität des Saarlandes, A8301. Saarbrücken 1983.

DINKELBACH, W.: GUTENBERG-Technologien als Grundlage einer betriebswirtschaftlichen Produktions- und Kostentheorie unter zusätzlicher Berücksichtigung von Recycling und Entsorgung. Diskussionsbeiträge des Fachbereichs Wirtschaftswissenschaft der Universität des Saarlandes, A8705. Saarbrücken 1988.

DINKELBACH, W.: Elemente einer umweltorientierten betriebswirtschaftlichen Produktions- und Kostentheorie auf der Grundlage von LEONTIEF-Technologien. In: KISTNER, K.-P. et al. (Hrsg.): Operations Research Proceedings 1989. Berlin et al.: Springer 1990, S. 60-70.

DINKELBACH, W.: Effiziente Produktionen in umweltorientierten LEONTIEF-Technologien. In: FANDEL, G., H. GEHRING (Hrsg.): Operations Research. Beiträge zur quantitativen Wirtschaftsforschung. Tomas Gal zum 65. Geburtstag. Berlin et al.: Springer 1991, S. 361-375.

DINKELBACH, W.: Operations Research. Ein Kurzlehr- und Übungsbuch. Berlin et al.: Springer 1992.

DINKELBACH, W., U. LORSCHEIDER: Entscheidungsmodelle und lineare Programmierung. Übungsbuch zur Betriebswirtschaftslehre. 2. Aufl., München/Wien: Oldenbourg 1990.

DINKELBACH, W., A. PIRO: Entsorgung und Recycling in der betriebswirtschaftlichen Produktions- und Kostentheorie: Leontief-Technologien. In: WISU 18. Jg. (1989), Teil I: S. 399-405 und Teil II: S. 474-480.

DINKELBACH, W., A. PIRO: Entsorgung und Recycling in der betriebswirtschaftlichen Produktions- und Kostentheorie: Gutenberg-Technologien. In: WISU 19. Jg. (1990), Teil I: S. 640-645 und Teil II: S. 700-705.

DÖRNER, E.: Plankostenrechnungen aus produktionstheoretischer Sicht. Bergisch Gladbach: Eul 1984.

DOROW, F.: Probleme der monetären Bewertung in einer Umweltökonomischen Gesamtrechnung. In: Statistisches Bundesamt (Hrsg.): Wege zu einer Umweltökonomischen Gesamtrechnung. Stuttgart: Metzler-Poeschel 1991a, S. 34-45.

DOROW, F.: Grundprogramm für ein Statistisches Umweltberichtssystem. In: Statistisches Bundesamt (Hrsg.): Wege zu einer Umweltökonomischen Gesamtrechnung. Stuttgart: Metzler-Poeschel 1991b, S. 20-33.

DYCKHOFF, H.: Berücksichtigung des Umweltschutzes in der betriebswirtschaftlichen Produktionstheorie. In: ORDELHEIDE, D., B. RUDOLPH, E. BÜSSELMANN (Hrsg.): Betriebswirtschaftslehre und ökonomische Theorie. Stuttgart: Poeschel 1991a, S. 275-309.

DYCKHOFF, H.: Organische Integration des Umweltschutzes in die Betriebswirtschaftstheorie. Arbeitsbericht Nr. 91/02 der Rheinisch-Westfälischen Technischen Hochschule Aachen. Aachen 1991b.

DYCKHOFF, H.: Betriebliche Produktion. Theoretische Grundlagen einer umweltorientierten Produktionswirtschaft. Berlin et al.: Springer 1992.

DYLLICK, Th.: Ökologisch bewußte Unternehmensführung. Herausforderung eines zukunftsorientierten Managements. In: DYLLICK, Th. (Hrsg.): Ökologische Lernprozesse in Unternehmungen. Bern/Stuttgart: Haupt 1991, S. 7-49.

EICHHORN, P.: Umweltschutz aus der Sicht der Unternehmenspolitik. In: ZfbF 24. Jg. (1972), S. 633-649.

EISELE, W.: Technik des betrieblichen Rechnungswesens. Buchführung – Kostenrechnung – Sonderbilanzen. 2. Aufl., München: Vahlen 1985.

ENDRES, A.: Umwelt- und Ressourcenökonomie. Darmstadt: Wissenschaftliche Buchgesellschaft 1985.

ENGELMANN, R.: Grundlagen und Aufbau der Kostenkontrolle unter Berücksichtigung stochastischer Aspekte. Dissertation der Universität des Saarlandes. Saarbrücken 1980.

ENGELN-MÜLLGES, G., F. REUTTER: Formelsammlung zur numerischen Mathematik mit Standard-FORTRAN-Programmen. 3. Aufl., Mannheim/Wien/Zürich: Bibliographisches Institut 1981.

FANDEL, G.: Produktion I. Produktions- und Kostentheorie. Berlin et al.: Springer 1987.

FASSBENDER, W.: Betriebsindividuelle Kostenerfassung und Kostenauswertung. Frankfurt am Main: Nowack 1964.

FEHL, U., P. OBERENDER: Grundlagen der Mikroökonomie. 1. Aufl., München: Vahlen 1976.

FLEISCHMANN, E., H. PAUDTKE: Rechnungswesen: Kosten des Umweltschutzes. In: VOGL, J., A. HEIGL, K. SCHÄFER (Hrsg.): Handbuch des Umweltschutzes. Grundwerk 1977, Bd. 8, Landsberg am Lech: Ecomed 1991, Teil III: Betriebswirtschaftliches Umweltschutzmanagement, S. III-7, 1-23.

FRANZ, K.-P.: Die Prozeßkostenrechnung – Darstellung und Vergleich mit der Plankosten- und Deckungsbeitragsrechnung. In: AHLERT, D., K.-P. FRANZ, H. GÖPPL (Hrsg.): Finanz- und Rechnungswesen als Führungsinstrument. Herbert Vormbaum zum 65. Geburtstag. Wiesbaden: Gabler 1990a, S. 109-136.

FRANZ, K.-P.: Die Prozeßkostenrechnung im Vergleich mit der Grenzplankosten- und Deckungsbeitragsrechnung. In: HORVATH, P. (Hrsg.): Strategieunterstützung durch das Controlling: Revolution im Rechnungswesen? Stuttgart: Poeschel 1990b, S. 195-210.

FREIMANN, J.: Instrumente sozial-ökologischer Folgenabschätzung im Betrieb. Wiesbaden: Gabler 1989.

FRESE, E., J. KLOOCK: Internes Rechnungswesen und Organisation aus der Sicht des Umweltschutzes. In: BFuP 41. Jg. (1989), S. 1-29.

FREY, B. S.: Umweltökonomik. In: HdWW, Bd. 8, Stuttgart/New York: Fischer; Tübingen: Mohr (Siebeck); Göttingen/Zürich: Vandenhoeck & Ruprecht 1980, S. 47-58.

FUNK, M.: Industrielle Energieversorgung als betriebswirtschaftliches Planungsproblem. Heidelberg: Physica 1990.

GÄLWEILER, A.: Unternehmensplanung. Grundlagen und Praxis. Frankfurt am Main/New York: Herder & Herder 1974.

GANS, K.: Die analytische Kostenplanung als Grundlage der Grenzplan-Kostenrechnung. In: SCHEER, A.-W. (Hrsg.): Grenzplankostenrechnung. Stand und aktuelle Probleme. Hans Georg Plaut zum 70. Geburtstag. Wiesbaden: Gabler 1988, S. 209-227.

GLASER, H.: Zur Erfassung von Teilabweichungen und Abweichungsüberschneidungen bei der Kostenkontrolle. In: KRP 1986, S. 141-148.

GLASER, H.: Kritische Anmerkungen zur Prozeßkostenrechnung. Unveröffentlichtes Manuskript zu einem Vortrag, gehalten auf der 11. Saabrücker Arbeitstagung: Rechnungswesen und EDV 1990.

GLASER, H.: Prozeßkostenrechnung als Kontroll- und Entscheidungsinstrument. In: SCHEER, A.-W. (Hrsg.): Rechnungswesen und EDV, 12. Saarbrücker Arbeitstagung 1991. Heidelberg: Physica 1991, S. 222-240.

GLASER, H.: Prozeßkostenrechnung – Darstellung und Kritik. In: ZfbF 44. Jg. (1992a), S. 275-288.

GLASER, H.: Kostenkontrolle durch Abweichungsanalyse. In: MÄNNEL, W. (Hrsg.): Handbuch Kostenrechnung. Wiesbaden: Gabler 1992b, S. 476-485.

GÖBEL, H.: Kostenstellenrechnung und Kostenflußanalyse als Matrizenrechnung. In: ZfB 35. Jg. (1965), S. 738-752.

GÖRG, M.: Recycling als umweltpolitisches Instrument der Unternehmung. Eine theoretische und empirische Analyse. Berlin: Marchal und Matzenbacher 1981.

GROCHLA, E.: Planung, Organisation der. In: HWO, 1. Aufl., Stuttgart: Poeschel 1969, Sp. 1305-1317.

GÜNTHER, K.: Möglichkeiten des umweltbewußten, kostengünstigen Einkaufs aus der Sicht der Betriebe. In: PIEROTH, E., L. WICKE (Hrsg.): Chancen der Betriebe durch Umweltschutz. Plädoyer für ein offensives, gewinnorientiertes Umweltmanagement. Freiburg im Breisgau: Haufe 1988, S. 121-129.

GUTENBERG, E.: Grundlagen der Betriebswirtschaft. Erster Band: Die Produktion. 1. Aufl., Berlin/Göttingen/Heidelberg: Springer 1951.

GUTENBERG, E.: Grundlagen der Betriebswirtschaft. Erster Band: Die Produktion. 24. Aufl., Berlin/Heidelberg/New York: Springer 1983.

HAASIS, H.-D.: Entwicklung und Analyse von Emissionsminderungsstrategien mittels eines optimierenden Energie-Umwelt-Modells. Dissertation der Universität Fridericiana Karlsruhe (Technische Hochschule). Karlsruhe 1987.

HAASIS, H.-D.: Umweltbezogene Kosten- und Investitionsrechnung, Kostenschätzung für Umweltschutzmaßnahmen. In: Umwelt und Energie. Handbuch für die betriebliche Praxis. Heft 6, Stand Dezember 1991, Ordner 2, Freiburg im Breisgau: Haufe 1991, Gruppe 12: Betriebswirtschaft/ Volkswirtschaft, S. 12, 1-36.

HANSMEYER, K.-H.: Umweltschutz, Produktion und. In: HWProd, Stuttgart: Poeschel 1979, Sp. 2029-2043.

HARRIS, J. N.: What Did We Earn Last Month? N.A.C.A.-Bulletin vom 15.01.1936.

HAUSCHILDT, J.: Zielsysteme. In: HWO, 2. Aufl., Stuttgart: Poeschel 1980, Sp. 2419-2430.

HAX, H.: Die Bestimmung von Preisuntergrenzen bei Zusatzaufträgen. In: Deutsche Gesellschaft für Betriebswirtschaft (Hrsg.): Steigende Kosten – Sinkende Zuwachsraten – Verschärfter Wettbewerb. Vorträge des 16. Deutschen Betriebswirtschafter-Tages. Berlin: DGfB 1963, S. 323-333.

HAX, H.: Kostenbewertung mit Hilfe der mathematischen Programmierung. In: ZfB 35. Jg. (1965), S. 197-210.

HAX, H.: Verrechnungspreise. In: HWR, 2. Aufl., Stuttgart: Poeschel 1981, Sp. 1688-1699.

HAX, K.: Rezension von W. KILGER, Einführung in die Kostenrechnung. In: ZfbF 29. Jg. (1977), S. 560-562.

HEIGL, A.: Umweltschutzkosten, Abrechnung der. In: HWR, 2. Aufl., Stuttgart: Poeschel 1981, Sp. 1591-1598.

HEIGL, A.: Einleitung – Betriebswirtschaft im Zeichen des Umweltschutzes. In: VOGL, J., A. HEIGL, K. SCHÄFER (Hrsg.): Handbuch des Umweltschutzes. München: 43. Erg. Lfg., Stand September 1989a, Bd. 8, Landsberg am Lech: Ecomed 1991, Teil III: Betriebswirtschaftliches Umweltschutzmanagement, S. III-0, 3-14.

HEIGL, A.: Ertragsteuerliche Anreize für Investitionen in den Umweltschutz. In: BFuP 41. Jg. (1989b), S. 66-81.

HEINEN, E.: Kosten und Kostenrechnung. Wiesbaden: Gabler 1975.

HEINEN, E.: Betriebswirtschaftliche Kostenlehre. Kostentheorie und Kostenentscheidungen. 6. Aufl., Wiesbaden: Gabler 1983.

HEINEN, E., A. PICOT: Können in betriebswirtschaftlichen Kostenauffassungen soziale Kosten berücksichtigt werden? In: BFuP 26. Jg. (1974), S. 345-366.

HELLWIG, K.: Bewertung von Ressourcen. Heidelberg: Physica 1987.

HEMPELMANN, R.: Investitionen und Kostenfunktionen für Emissionsminderungsmaßnahmen im Energieumwandlungssektor. Dissertation der Universität Fridericiana Karlsruhe. Karlsruhe 1982.

HÖH, H.: Ansätze zur inhaltlichen Abgrenzung des Umweltbegriffs in einer Umweltökonomischen Gesamtrechnung. In: Statistisches Bundesamt (Hrsg.): Wege zu einer Umweltökonomischen Gesamtrechnung. Stuttgart: Metzler-Poeschel 1991, S. 13-19.

HÖH, H., P. ROEMER: Klassifikationen. In: Statistisches Bundesamt (Hrsg.): Wege zu einer Umweltökonomischen Gesamtrechnung. Stuttgart: Metzler-Poeschel 1991, S. 46-60.

HORVATH, P., R. MAYER: Prozeßkostenrechnung. Der neue Weg zu mehr Kostentransparenz und wirkungsvolleren Unternehmensstrategien. In: Controlling 1. Jg. (1989), S. 214-219.

HUMMEL, S.: Wirklichkeitsnahe Kostenerfassung. Neue Erkenntnisse für eine eindeutige Kostenermittlung. Berlin: Schmidt 1970.

HUMMEL, S., W. MÄNNEL: Kostenrechnung. Bd. 1: Grundlagen, Aufbau und Anwendung. 4. Aufl., Wiesbaden: Gabler 1986.

ISFORT, G.: Umweltpolitik und betriebliche Zielerreichung. Zürich/Frankfurt am Main/Thun: Deutsch 1977.

JAHNKE, B.: Betriebliches Recycling. Wiesbaden: Gabler 1986.

KEITER, H.: Umweltschutzkosten. In: Umwelt und Energie. Handbuch für die betriebliche Praxis. Grundwerk, Stand Oktober 1980, Ordner 1, Freiburg im Breisgau: Haufe 1980, Gruppe 3: Lexikon „Umwelt und Energie", S. 3/96, 1-8.

KERN, W., K. FALLASCHINSKI: Betriebswirtschaftliche Produktionsfaktoren. In: WISU, Teil I: 7. Jg. (1978), S. 580-584 und Teil II: 8. Jg. (1979), S. 15-18.

KIESCHKE, H. U.: Zur Abschreibungsvergünstigung für Umweltschutzinvestitionen. In: Der Betrieb 35. Jg. (1982), S. 192-198.

KILGER, W.: Optimale Produktions- und Absatzplanung. Opladen: Westdeutscher Verlag 1973a.

KILGER, W.: Schmalenbachs Beitrag zur Kostenlehre. In: ZfbF 25. Jg. (1973b), S. 522-540.

KILGER, W.: Produktionsfaktor. In: HWB, 4. Aufl., Stuttgart: Poeschel 1975, Sp. 3097-3101.

KILGER, W.: Produktionskosten, Planung der. In: HWProd, Stuttgart: Poeschel 1979, Sp. 1539-1557.

KILGER, W.: Flexible Plankostenrechnung und Deckungsbeitragsrechnung. 8. Aufl., Wiesbaden: Gabler 1981.

KILGER, W.: Systematische Schwachstellenanalyse und Reorganisation der Kosten- und Leistungsrechnung. In: KILGER, W., A.-W. SCHEER (Hrsg.): Rechnungswesen und EDV, 6. Saarbrücker Arbeitstagung 1985. Würzburg/Wien: Physica 1985, S. 117-154.

KILGER, W.: Industriebetriebslehre. Bd. I, Wiesbaden: Gabler 1986.

KILGER, W.: Einführung in die Kostenrechnung. 3. Aufl., Wiesbaden: Gabler 1987.

KIRCHGEORG, M.: Ökologieorientiertes Unternehmensverhalten. Typologien und Erklärungsansätze auf empirischer Grundlage. Wiesbaden: Gabler 1990.

KISTNER, K.-P.: Zur Erfassung von Umwelteinflüssen der Produktion in der linearen Aktivitätsanalyse. In: WiSt 12. Jg. (1983), S. 389-395.

KISTNER, K.-P.: Umweltschutz in der betrieblichen Produktionsplanung. In: BFuP 41. Jg. (1989), S. 30-50.

KISTNER, K.-P.: Postoptimale Analyse linearer Programme in der betriebswirtschaftlichen Theorie. In: FANDEL, G., H. GEHRING (Hrsg.): Operations Research. Beiträge zur quantitativen Wirtschaftsforschung. Tomas Gal zum 65. Geburtstag. Berlin et al.: Springer 1991, S. 167-182.

KLOOCK, J.: Betriebswirtschaftliche Input-Output-Modelle. Ein Beitrag zur Produktionstheorie. Wiesbaden: Gabler 1969.

KLOOCK, J.: Produktionskosten, Kontrolle der. In: HWProd, Stuttgart: Poeschel 1979, Sp. 1525-1539.

KLOOCK, J.: Produktion. In: BAETGE, J. (Hrsg.): Vahlens Kompendium der Betriebswirtschaftslehre. Bd. 1, München: Vahlen 1984, S. 241-298.

KLOOCK, J.: Perspektiven der Kostenrechnung aus investitionstheoretischer und anwendungsorientierter Sicht. In: GAUGLER, E., H. G. MEISSNER, N. THOM (Hrsg.): Zukunftsaspekte der anwendungsorientierten Betriebswirtschaftslehre. Erwin Grochla zum 65. Geburtstag. Stuttgart: Poeschel 1986, S. 289-302.

KLOOCK, J.: Umweltkostenrechnung. In: SCHEER, A.-W. (Hrsg.): Rechnungswesen und EDV, 11. Saarbrücker Arbeitstagung 1990. Heidelberg: Physica 1990a, S. 129-156.

KLOOCK, J.: Ökologieorientierte Kostenrechnung als Umweltkostenrechnung. Diskussionsbeiträge zum Rechnungswesen der Wirtschafts- und Sozialwissenschaftlichen Fakultät der Universität zu Köln, Nr. 2. Köln 1990b.

KLOOCK, J.: Umweltschutz in der betrieblichen Abwasserwirtschaft. In: WISU 19. Jg. (1990c), Teil I: S. 107-113 und Teil II: S. 171-175.

KLOOCK, J.: Kostenrechnung mit integrierter Umweltschutzpolitik als Umweltkostenrechnung. In: MÄNNEL, W. (Hrsg.): Handbuch Kostenrechnung. Wiesbaden: Gabler 1992, S. 929-940.

KLOOCK, J., W. BOMMES: Methoden der Kostenabweichungsanalyse. In: KRP 1982, S. 225-237.

KLOOCK, J., E. DÖRNER: Kostenkontrolle bei mehrstufigen Produktionsprozessen. In: OR-Spektrum 10. Jg. (1988), S. 129-143.

KLOOCK, J., K. H. LIMMER: Matrizen, Anwendung im Rechnungswesen. In: HWR 2. Aufl., Stuttgart: Poeschel 1981, Sp. 1181-1192.

KLOOCK, J., G. SIEBEN, Th. SCHILDBACH: Kosten- und Leistungsrechnung. 5. Aufl., Düsseldorf: Werner 1990.

KNAYER, M.: Taktische und strategische Kosten. In: Der Betrieb 22. Jg. (1969), S. 1253-1257.

KNAYER, M.: Taktische Kosten – eine neue Kostengruppe. In: KRP 1971, S. 19-26.

KOCH, H.: Zur Diskussion über den Kostenbegriff. In: ZfbF 10. Jg. (1958), S. 355-399.

KOOPMANS, T. C.: Analysis of Production as an Efficient Combination of Activities. In: KOOPMANS, T. C. (Ed.): Activity Analysis of Production and Allocation. New York/London: Wiley & Sons 1951, S. 33-97.

KOSIOL, E.: Aufbauorganisation. In: HWO, 1. Aufl., Stuttgart: Poeschel 1969, S. 172-191.

KOSIOL, E.: Kosten- und Leistungsrechnung: Grundlagen, Verfahren, Anwendungen. Berlin/New York: De Gruyter 1979.

KRÄMER, H.: Die Erschließung innovativer strategischer Geschäftsbereiche als Beitrag zum aktiven Umweltschutz. In: WAGNER, G. R. (Hrsg.): Unternehmung und ökologische Umwelt. München: Vahlen 1990, S. 138-148.

KREIKEBAUM, H.: Strategische Unternehmensplanung. In: SEIDEL, E., H. STREBEL (Hrsg.): Umwelt und Ökonomie. Reader zur ökologieorientierten Betriebswirtschaftslehre. Wiesbaden: Gabler 1991, S. 223-245.

KRUSCHWITZ, L.: Innerbetriebliche Leistungsverrechnung mit nicht-exakten und iterativen Methoden. In: KRP 1979a, S. 105-116.

KRUSCHWITZ, L.: Rechenaufwand und Genauigkeit nicht-exakter und iterativer Verfahren der internen Leistungsverrechnung. In: KRP 1979b, S. 257-264.

KÜTING, K., P. LORSON: Grenzplankostenrechnung versus Prozeßkostenrechnung. Quo vadis Kostenrechnung? In: Betriebs-Berater 46. Jg. (1991), S. 1421-1433.

LANGE, C.: Umweltschutz- und Unternehmensplanung. Die betriebliche Anpassung an den Einsatz umweltpolitischer Instrumente. Wiesbaden: Gabler 1978.

LACKES, R.: EDV-orientiertes Kosteninformationssystem. Flexible Plankostenrechnung und neue Technologien. Wiesbaden: Gabler 1989.

MÄNNEL, W.: Bedeutung der Erlösrechnung für die Ergebnisrechnung. In: MÄNNEL, W. (Hrsg.): Handbuch Kostenrechnung. Wiesbaden: Gabler 1992, S. 631-655.

MALINSKY, A., D. KANATSCHNIG: Projektbeschreibung „Wirtschaftsökologie". In: FÖB, Ausgabe 4/5 1990, S. 5-6.

MEDICKE, W.: Die geschlossene Kostenträgerrechnung im System der Grenzplankostenrechnung. In: MÄNNEL, W. (Hrsg.): Handbuch Kostenrechnung. Wiesbaden: Gabler 1992, S. 689-702.

MEFFERT, H.: Strategisches Marketing und Umweltschutz – Bericht aus einem Forschungsprojekt. In: WAGNER, G. R. (Hrsg.): Unternehmung und ökologische Umwelt. München: Vahlen 1990, S. 73-96.

MELLER, E.: Möglichkeiten des inner- und überbetrieblichen Recyclings. In: PIEROTH, E., L. WICKE (Hrsg.): Chancen der Betriebe durch Umweltschutz. Plädoyer für ein offensives, gewinnorientiertes Umweltmanagement. Freiburg im Breisgau: Haufe 1988, S. 151-172.

MELLEROWICZ, K.: Kosten und Kostenrechnung. Bd. I: Theorie der Kosten. 5. Aufl., Berlin/New York: De Gruyter 1973.

MELLEROWICZ, K.: Neuzeitliche Kalkulationsverfahren. 6. Aufl., Freiburg im Breisgau: Haufe 1977.

MICHALSKI, W.: Grundlegung eines operationalen Konzepts der Social Costs. Tübingen: Mohr (Siebeck) 1965.

MÖLLER, H., R. OSTERKAMP, W. SCHNEIDER: Umweltökonomik. Ein Überblick zur Einführung in die ökonomische Analyse von Umweltproblemen. Königstein/Ts.: Athenäum 1981.

MÜLLENDORF, R.: Umweltbezogene Unternehmungsentscheidungen unter besonderer Berücksichtigung der Energiewirtschaft. Frankfurt am Main: Haag + Herchen 1981.

MÜLLER, H.: Grundlagen und praktische Anwendung der Primärkostenrechnung. In: KRP 1980, S. 201-210.

MÜLLER-WENK, R.: Die ökologische Buchhaltung. Ein Informations- und Steuerungsinstrument für umweltkonforme Unternehmenspolitik. Frankfurt am Main/New York: Campus 1978.

MÜLLER-WENK, R.: „Ökologische Buchhaltung" – Eine Einführung. In: SEIDEL, E., H. STREBEL (Hrsg.): Umwelt und Ökonomie. Reader zur ökologieorientierten Betriebswirtschaftslehre. Wiesbaden: Gabler 1991, S. 257-274.

MÜNSTERMANN, H.: Unternehmensrechnung. Untersuchungen zur Bilanz, Kalkulation, Planung mit Einführungen in die Matrizenrechnung, Graphentheorie und Lineare Programmierung. Wiesbaden: Gabler 1969.

NEUMANN, M.: Wachstumspolitik. In: HdWW, Bd. 8, Stuttgart/New York: Fischer; Tübingen: Mohr (Siebeck); Göttingen/Zürich: Vandenhoeck & Ruprecht 1980, S. 462-475.

NORDEN, H.: Saubere Kostenarten. In: Der praktische Betriebswirt. 20. Jg. (1940), S. 578-583.

NORK, M. E.: Umweltschutz in unternehmerischen Entscheidungen. Eine theoretische und empirische Analyse. Wiesbaden: Deutscher Universitäts-Verlag 1992.

OSPELT, F.: Unternehmenspolitik und Umweltschutz. Anleitung zur Einführung der ökologischen Dimension in die Unternehmung. Wien: Orac 1977.

PLAUT, H.-G.: Entwicklungsformen der Plankostenrechnung. Vom Standard-Cost-Accounting zur Grenzplankostenrechnung. In: JACOB, H. (Hrsg.): Schriften zur Unternehmensführung. Bd. 22: Neuere Entwicklungen in der Kostenrechnung (II). Wiesbaden: Gabler 1976, S. 5-24.

PLAUT, H.-G., H. MÜLLER, W. MEDICKE: Grenzplankostenrechnung und Datenverarbeitung. München: Moderne Industrie 1973.

PLEIN, P.-A.: Umweltschutzorientierte Fertigungsstrategien. Wiesbaden: Deutscher Universitäts-Verlag 1989.

PRESSMAR, D. B.: Kosten- und Leistungsanalyse im Industriebetrieb. Wiesbaden: Gabler 1971.

RENTZ, O.: Techno-Ökonomie betrieblicher Emissionsminderungsmaßnahmen. Berlin: Schmidt 1979.

RIEBEL, P.: Die Kuppelproduktion. Betriebs- und Marktprobleme. Köln/Opladen: Westdeutscher Verlag 1955.

RIEBEL, P.: Kuppelprodukte, Kalkulation der. In: HWR, 1. Aufl., Stuttgart: Poeschel 1979, Sp. 994-1006.

RIEBEL, P.: Kuppelproduktion. In: HWProd, Stuttgart: Poeschel 1979, Sp. 1009-1022.

RIEBEL, P.: Einzelkosten- und Deckungsbeitragsrechnung. Grundfragen einer markt- und entscheidungsorientierten Unternehmensrechnung. 6. Aufl., Wiesbaden: Gabler 1990.

RIEBEL, P., H. PAUDTKE, W. ZSCHERLICH: Verrechnungspreise für Zwischenprodukte. Opladen: Westdeutscher Verlag 1973.

RIESTERER, D.: Abschreibungsvergünstigungen nach §7d EStG für Investitionen zur Vermeidung von Beeinträchtigungen durch Emissionen, Abwasser und Abfall (Unternehmen). In: VOGL, J., A. HEIGL, K. SCHÄFER (Hrsg.): Handbuch des Umweltschutzes. 19. Erg. Lfg., Stand März 1985, Bd. 8, Landsberg am Lech: Ecomed 1991, Teil III: Betriebswirtschaftliches Umweltschutzmanagement, S. III-9.1, 3-38.

ROSENBLATT, D.: On Linear Models and the Graphs of Minkowski-Leontief-Matrices. In: ECONOMETRICA Vol. 25 (1957), pp. 325-338.

ROTH, U.: Umweltkostenrechnung. Grundlagen und Konzeption aus betriebswirtschaftlicher Sicht. Wiesbaden: Deutscher Universitäts-Verlag 1992.

RÜCKLE, D.: Investitionskalküle für Umweltschutzinvestitionen. In: BFuP 41. Jg. (1989), S. 51-81.

RUNGE, M.: Müllvermeidung. Möglichkeiten der Vermeidung von Hausmüll auf ordnungspolitischem Wege – dargestellt am Beispiel von Verpackungsmüll. München: Kyrill & Method 1989.

SCHEER, A.-W.: Der wissenschaftliche Beitrag von Hans Georg Plaut zur Gestaltung des innerbetrieblichen Rechnungswesens. In: SCHEER, A.-W. (Hrsg.): Grenzplankostenrechnung. Stand und aktuelle Probleme. Hans Georg Plaut zum 70. Geburtstag. Wiesbaden: Gabler 1988, S. 3-9.

SCHMALENBACH, E.: Grundlagen der Selbstkostenrechnung und Preispolitik. 2. Aufl., Leipzig: Gloeckner 1925.

SCHMALENBACH, E.: Buchführung und Kalkulation im Fabrikgeschäft. Leipzig: Gloeckner 1928 (Unveränderter Nachdruck aus der Deutschen Metallindustrie-Zeitung, 15. Jg. (1899)).

SCHMALENBACH, E.: Pretiale Wirtschaftslenkung. Band 1: Die optimale Geltungszahl. Bremen: Industrie- und Handelsverlag 1948.

SCHMALENBACH, E.: Kostenrechnung und Preispolitik. 8. Aufl., Köln/Opladen: Westdeutscher Verlag 1963.

SCHMID, U.: Umweltschutz – Eine strategische Herausforderung für das Management. Frankfurt am Main et al.: Lang 1989.

SCHMIDT, R.-B.: Unternehmensphilosophie und Umweltschutz. In: SEIDEL, E., H. STREBEL (Hrsg.): Umwelt und Ökonomie. Reader zur ökologieorientierten Betriebswirtschaftslehre. Wiesbaden: Gabler 1991, S. 181-193.

SCHNEIDER, E.: Die innerbetriebliche Leistungsverrechnung in der Kostenarten- und Kostenstellenrechnung. In: ZfhF 35. Jg. (1941), S. 253-275.

SCHREINER, M.: Umweltmanagement in 22 Lektionen. Ein ökonomischer Weg in eine ökologische Wirtschaft. Wiesbaden: Gabler 1988.

SCHREINER, M.: Ökologische Herausforderungen an die Kosten- und Leistungsrechnung. In: FREIMANN, J. (Hrsg.): Ökologische Herausforderung der Betriebswirtschaftslehre. Wiesbaden: Gabler 1990, S. 197-214.

SCHREINER, M.: Auswirkungen einer umweltorientierten Unternehmensführung auf die Kosten- und Leistungsrechnung. In: MÄNNEL, W. (Hrsg.): Handbuch Kostenrechnung. Wiesbaden: Gabler 1992, S. 941-952.

SCHWEITZER, M., H.-U. KÜPPER: Systeme der Kostenrechnung. 5. Aufl., Landsberg am Lech: Moderne Industie 1991.

SEICHT, G.: Moderne Kosten- und Leistungsrechnung. Grundlagen und praktische Gestaltung. 3. Aufl., Wien: Industrieverlag 1981.

SEICHT, G.: Die Entwicklung der Grenzplankosten- und Deckungsbeitragsrechnung. In: SCHEER, A.-W. (Hrsg.): Grenzplankostenrechnung. Stand und aktuelle Probleme. Hans Georg Plaut zum 70. Geburtstag. Wiesbaden: Gabler 1988, S. 31-51.

SEIDEL, E., H. MENN: Ökologisch orientierte Betriebswirtschaft. Stuttgart et al.: Kohlhammer 1988.

SIEBEN, G., Th. SCHILDBACH: Substanz- und Kapitalerhaltung. In: HWR, 2. Aufl., Stuttgart: Poeschel 1981, Sp. 1511-1528.

SIEBERT, H.: Ökonomische Theorie der Umwelt. Tübingen: Mohr (Siebeck) 1978.

SIEGMANN, H. P.: Umweltschutz ist Chefsache. Methoden und Wege zum umweltorientierten Management. In: ALBACH, H. (Hrsg.): Betriebliches Umweltmanagement. Wiesbaden: Gabler 1990, S. 55-61.

SOLOW, R.: On the Structure of Linear Models. In: ECONOMETRICA Vol. 20 (1952), pp. 29-46.

STÄDELE-VOLLMER, E.: Querschnittsinformationen – Überwindung der Grenzen der traditionellen Kostenrechnung. In: SCHEER, A.-W. (Hrsg.): Rechnungswesen und EDV, 11. Saarbrücker Arbeitstagung 1990. Heidelberg: Physica 1990, S. 631-644.

STEGER, U.: Umweltmanagement. Erfahrungen und Instrumente einer umweltorientierten Unternehmensstrategie. Wiesbaden: Gabler 1988.

STEGER, U.: Unternehmensführung und ökologische Herausforderung. In: WAGNER, G. R. (Hrsg.): Unternehmung und ökologische Umwelt. München: Vahlen 1990a, S. 48-57.

STEGER, U.: Integrierter Umweltschutz als Gegenstand eines Umweltmanagements. In: KREIKEBAUM, H. (Hrsg.): Integrierter Umweltschutz. Eine Herausforderung für das Innovationsmanagement. Wiesbaden: Gabler 1990b, S. 33-43.

STEVEN, M.: Umwelt als Produktionsfaktor? In: ZfB 61. Jg. (1991), S. 509-523.

STÖLZLE, W.: Ansätze zur Erfassung von Umweltschutzkosten in der betriebswirtschaftlichen Kostenrechnung. In: ZfU 13. Jg. (1990), S. 379-412.

STREBEL, H.: Umwelt und Betriebswirtschaft. Die natürliche Umwelt als Gegenstand der Unternehmenspolitik. Berlin: Schmidt 1980.

STREBEL, H.: Integrierter Umweltschutz – Merkmale, Voraussetzungen, Chancen. In: KREIKEBAUM, H. (Hrsg.): Integrierter Umweltschutz. Eine Herausforderung für das Innovationsmanagement. Wiesbaden: Gabler 1990, S. 3-16.

STRÜMPEL, B., St. LONGOLIUS: Leitbilder des integrierten Umweltschutzes zwischen Handlungsprogramm und Leerformel. In: KREIKEBAUM, H. (Hrsg.): Integrierter Umweltschutz. Eine Herausforderung für das Innovationsmanagement. Wiesbaden: Gabler 1990, S. 73-85.

TILLMANN, K. H.: Die Bewertung von marktpreislosen Kuppelprodukten in der Kostenrechnung der chemischen Industrie. In: ZfhF 6. Jg. (1954), S. 156-172.

TROGE, A.: Möglichkeiten zur Verbesserung der Gewinnsituation der Betriebe durch integrierten Umweltschutz. In: PIEROTH, E., L. WICKE (Hrsg.): Chancen der Betriebe durch Umweltschutz. Plädoyer für ein offensives, gewinnorientiertes Umweltmanagement. Freiburg im Breisgau: Haufe 1988, S. 95-120.

Umweltbundesamt (Hrsg.): Daten zur Umwelt 1988/89. Berlin: Schmidt 1989.

VIEREGGE, R.: Integrierter Umweltschutz aus der Sicht der Umweltpolitik. In: KREIKEBAUM, H. (Hrsg.): Integrierter Umweltschutz. Eine Herausforderung für das Innovationsmanagement. Wiesbaden: Gabler 1990, S. 87-103.

VORMBAUM, H.: Grundlagen des betrieblichen Rechnungswesens. Stuttgart et al.: Kohlhammer 1977.

VORMBAUM, H., H. G. RAUTENBERG: Kostenrechnung III für Studium und Praxis. Plankostenrechnung. Baden Baden/Bad Homburg vor der Höhe: Verlag für Unternehmensführung 1985.

WAGNER, G. R.: Unternehmung und ökologische Umwelt – Konflikt oder Konsens? In: WAGNER, G. R. (Hrsg.): Unternehmung und ökologische Umwelt. München: Vahlen 1990, S. 1-28.

WAGNER, G. R.: Kosten der Umwelterhaltung in ihrer Bedeutung für die Unternehmenspolitik. In: MÄNNEL, W. (Hrsg.): Handbuch Kostenrechnung. Wiesbaden: Gabler 1992, S. 917-928.

WAGNER, G. R., H. JANZEN: Ökologisches Controlling. Mehr als ein Schlagwort? In: Controlling 3. Jg. (1991), S. 120-129.

WALTER, R.: Schutz der Umwelt durch Gewinnung von Sekundärrohstoffen. In: ALBACH, H. (Hrsg.): Betriebliches Umweltmanagement. Wiesbaden: Gabler 1990, S. 83-94.

WENKE, K.: Kostenanalysen mit Matrizen. In: ZfB 26. Jg. (1956), S. 558-576.

WENKE, K.: Zur Kalkulation von Kuppelprodukten. In: ZfB 31. Jg. (1961), S. 12-29.

WICKE, L.: Gemeinlastprinzip. In: Umwelt und Energie. Handbuch für die betriebliche Praxis. Grundwerk, Stand Oktober 1980, Ordner 1, Freiburg im Breisgau: Haufe 1980, Gruppe 3: Lexikon „Umwelt und Energie“, S. 3/41, 1-4.

WICKE, L.: Plädoyer für ein offensives Umweltmanagement. In: PIEROTH, E., L. WICKE (Hrsg.): Chancen der Betriebe durch Umweltschutz. Plädoyer für ein offensives, gewinnorientiertes Umweltmanagement. Freiburg im Breisgau: Haufe 1988, S. 11-33.

WICKE, L.: Umweltökonomie. Eine praxisorientierte Einführung. 3. Aufl., München: Vahlen 1991.

WICKE, L., H.-D. HAASIS, F. SCHAFHAUSEN, W. SCHULZ: Betriebliche Umweltökonomie. Eine praxisorientierte Einführung. München: Vahlen 1992.

WINJE, D., U. LORENZ: Energieverbrauchsreduzierung und Verringerung der Umweltbelastung durch verbesserte Meß-, Steuer- und Regeltechnik. In: PIEROTH, E., L. WICKE (Hrsg.): Chancen der Betriebe durch Umweltschutz. Plädoyer für ein offensives, gewinnorientiertes Umweltmanagement. Freiburg im Breisgau: Haufe 1988, S. 130-150.

WITTMANN, W.: Betriebswirtschaftslehre. In: HdWW, Bd. 1, Stuttgart/New York: Fischer; Tübingen: Mohr (Siebeck); Göttingen/Zürich: Vandenhoeck & Ruprecht 1977, S. 585-609.

ZÄPFEL, G.: Produktionswirtschaft. Operatives Produktions-Management. De Gruyter: Berlin/ New York 1982.

ZWERGEL, A.: Taktische Kosten. Kriterien der Auswahl neuer Produkte im Maschinenbau. In: KRP 1973, S. 201-210.

GPSR Compliance

The European Union's (EU) General Product Safety Regulation (GPSR) is a set of rules that requires consumer products to be safe and our obligations to ensure this.

If you have any concerns about our products, you can contact us on ProductSafety@springernature.com

In case Publisher is established outside the EU, the EU authorized representative is:

Springer Nature Customer Service Center GmbH
Europaplatz 3
69115 Heidelberg, Germany

Batch number: 10815974

Printed by Printforce, the Netherlands